L'INTELLECT

Compendium du livre *De l'âme*

DU MÊME TRADUCTEUR À LA MÊME LIBRAIRIE

Transferts du sujet. La noétique d'Averroès selon Jean de Jandun, Sic et Non, 2003

Sujet libre. Pour Alain de Libera, avec L. Cesalli (dir.), 2018

La philosophie arabe à l'étude / Studying Arabic Philosophy. Sens, limites et défis d'une discipline moderne Meaning, Limits and Challenges of a Modern Discipline, avec Olga L. Lizzini (éd.), Sic et Non, 2019

GUILLAUME D'AUVERGNE, *De l'âme (VII-9)*, Sic et Non, 1998

THOMAS D'AQUIN, *Les créatures spirituelles*, Sic et Non, 2010

THOMAS D'AQUIN, *L'âme et le corps*, avec B. C. Bazán (introduction), Sic et Non, 2016

AVICENNE (?), *Épître sur les prophéties*, avec Olga L. Lizzini (introduction), Translatio, 2018

Sic et Non
Collection dirigée par ALAIN DE LIBERA

AVERROÈS (IBN RUŠD)

L'INTELLECT

Compendium du livre *De l'âme*

Introduction, traduction, notes et commentaires
par J.-B. BRENET
Texte arabe établi et présenté
par D. WIRMER

Ouvrage publié avec le concours du Centre national du livre,
avec le soutien de l'Université Paris 1 Panthéon-Sorbonne
et du groupe de Recherches Antiquité, Moyen Âge, transmission Arabe (GRAMATA)

PARIS
LIBRAIRIE PHILOSOPHIQUE J. VRIN
6 place de la Sorbonne, V^{e}
2022

Imprimé en France

ISSN 1248-7279
ISBN 978-2-7116-3023-3

www.vrin.fr

INTRODUCTION

Toute sa vie, Ibn Rušd (Averroès, 1126-1198) aura écrit sur l'intellect. On en connaît le terme : son *Grand Commentaire* sur le traité *De l'âme* d'Aristote. C'est là, scrupuleusement attentif au texte du Stagirite traduit en arabe, que le Cordouan fait de l'intellect humain une substance non seulement éternelle, mais séparée par son être des corps individuels et unique pour toute l'espèce. Traduit en latin dès le début du XIIIe siècle, le livre fera scandale et lui vaudra sur des siècles sa réputation de *Commentator* délirant et impie. Mais cette doctrine célèbre n'est pas sortie d'un jet de la tête de son concepteur. Elle a son histoire, ses jalons, elle est le fruit d'une maturation durant laquelle, d'œuvres en œuvres, Averroès affine sa compréhension, réaménage ses références, systématise ses lectures, critique les autres aussi bien que lui-même. De cette herméneutique au long cours, le *Compendium* du livre *De l'âme* est le premier temps. Nous en traduisons ici le chapitre sur l'intellect qui concentre l'essentiel du problème. Dans ces pages de jeunesse qu'Averroès corrigera plusieurs fois, on voit naître, balbutiante, instable, mais prometteuse, une philosophie. C'est de ce laboratoire qu'il faut partir pour en mesurer les tensions et la force.

Présentation générale du Compendium *du livre* De l'âme[1]

La date de composition. Il s'agit assurément d'un texte précoce. C'est la première œuvre d'Averroès consacrée à l'âme, écrite « à la même période qu'un ensemble d'autres *Ǧawāmiʿ*[2] et Abrégés (*muḫtaṣarāt*)

1. On se contente sur ce point de résumer certaines conclusions de l'article de M. Geoffroy, tiré de sa thèse de doctorat : « Sources et origines de la théorie de l'intellect d'Averroès (I) », *Mélanges de l'Université Saint Joseph* 66 (2015-2016), p. 181-302. Plusieurs de ses résultats méritent des nuances, que nous tâcherons d'apporter ailleurs. Pour la thèse de M. Geoffroy elle-même, à laquelle notre travail doit tant, voir M. Geoffroy, *Sources et origines de la théorie de l'intellect d'Averroès*, Thèse de Doctorat (EPHE, Section des sciences religieuses), 2009. La partie finale de cette thèse avait fait l'objet d'une parution : « Averroès sur l'intellect comme cause agente et cause formelle, et la question de la "jonction" – I* », *in* J.-B. Brenet (éd.), *Averroès et les averroïsmes juif et latin. Actes du colloque international, Paris 16-18 juin 2005*, Turnhout, 2007, p. 77-110.

2. Le mot, ici au pluriel (sing. *Ǧāmiʿ*), désigne les *Compendia*.

de *fiqh*, de grammaire, de logique, de physique et de métaphysique, durant la seconde moitié des années cinquante du XIIe siècle et au début des années soixante »[1]. À quel moment, plus exactement ? Ǧ. al-ʿAlawī proposait pour le *Compendium* (qu'il appelle *Muḫtaṣar*, « Abrégé ») « les dates hypothétiques de 553/1158 ou 555/1169, soit "juste avant" ou "juste après" » l'ensemble des *Compendia* de *Phys.*, *De cael.*, *De gen. et corr.*, *Meteor.*[2] M. Geoffroy conteste la justification d'al-ʿAlawī mais n'affine pas davantage. Il note simplement que le *Compendium* du livre *De l'âme* n'est ni équivalent aux tout premiers textes que sont les *Abrégés* comme ceux sur la logique, dans lesquels Averroès ne se soucie aucunement de commenter Aristote, ni absolument conforme aux *Compendia* sur la *Physique*, les traités *Du ciel*, *De la génération et la corruption*, les *Météorologiques* et la *Métaphysique*, dans lesquels la référence à Aristote paraît plus directe et plus appuyée[3]. Faut-il y voir un texte intermédiaire au sein de la première période ? Quoi qu'il en soit, comme l'édition du texte arabe par D. Wirmer le montre, Averroès y reviendra plusieurs fois pour l'amender, si bien que le *Compendium* du livre *De l'âme* est d'allure composite et revêt un statut transversal dans l'œuvre du Commentateur.

Le titre. Les manuscrits ne permettent pas de trancher[4]. Celui de *Ǧāmiʿ* (*Compendium*) sur le livre *De l'âme* est sans doute le plus adéquat. Pour M. Geoffroy, on l'a dit, le texte n'est pas un *Muḫtaṣar* (un « Abrégé », sur le modèle des *Abrégés de logique*)[5], et l'édition moderne d'al-Ahwānī parle à tort d'un *Talḫīṣ* puisque le terme vaut pour les *Paraphrases* ou *Commentaires moyens*[6]. Le terme de *Muḫtaṣar* est toutefois employé par Averroès lui-même dans le texte[7]. On le traduit ici par *Compendium*, et même s'il ne s'agit pas à proprement parler d'un résumé du livre *De l'âme* d'Aristote (la suite va le montrer), nous retenons ce titre : *Compendium* sur le livre *De l'âme*.

1. M. Geoffroy, *Sources et origines de la théorie de l'intellect d'Averroès*, p. 188.

2. Ǧ. al-ʿAlawī, *al-Matn al-rušdī. Madḫal ilā qirāʾa ǧadīda*, Casablanca, 1986, p. 52-54.

3. Voir M. Geoffroy, « Sources et origines... », p. 188-189, puis p. 211-212. On y revient dans les lignes qui suivent.

4. Voir *ibid.*, n. 27, p. 188.

5. Voir *ibid.*, p. 211. M. Geoffroy renvoie à raison à A. Elamrani-Jamal, « Averroès, de l'*Epitomé* au *Commentaire Moyen* du *De anima*, questions de méthode », *in* C. Baffioni (éd.), *Averroes and the Aristotelian Heritage*, Naples, 2004, p. 121-136, ici p. 123, n. 6.

6. Averroès, cela étant, en a bien composé un : *Middle Commentary on Aristotle's* De anima. A Critical Edition of the Arabic Text with English Translation, Notes and Introduction by Alfred L. Ivry, Provo (Utah), 2002 ; traduction française du chapitre sur l'intellect par A. Elamrani-Jamal, *in* A. de Libera, E. Elamrani-Jamal et A. Galonnier (éd.), *Langages et Philosophie. Hommage à Jean Jolivet*, Paris, 1997, p. 292-301.

7. Voir trad. p. 154, § 66.

Le rapport à Aristote, les sources. Trois points sont remarquables. Premièrement, le rapport à Aristote n'est ni exclusif ni même prioritaire. Même si Averroès prétend se soucier de « l'intention » du Stagirite (c'est-à-dire de la fin qu'il vise dans son traité), c'est aux commentateurs qu'il se réfère pour mener son examen[1]. Dans ce texte de jeunesse qu'est le *Compendium* du livre *De l'âme*, autrement dit, le choix d'Aristote « comme autorité suprême de la *falsafa* » n'est pas encore affirmé[2] : « le fil conducteur de l'étude de la science de l'âme se présente d'abord chez le philosophe cordouan en référence à une tradition commentariste dans laquelle le Stagirite n'est qu'une référence indirecte et parfois lointaine »[3].

Deuxièmement, le rapport à Aristote est si biaisé dans le *Compendium* qu'il n'est pas même certain qu'Averroès ait eu en mains et connu son *De anima* à l'époque de sa rédaction[4]. Après en avoir examiné les traces éventuelles, M. Geoffroy conclut radicalement par la négative : « D'autres échos plus discrets au *De an.* d'Aristote se trouvent dans le texte du *Compendium* de l'âme, et nous n'avons ici examiné que les plus significatifs. Aucune de ces mentions, explicites ou non, ne semble indiquer une lecture directe du texte d'Aristote. On ne trouve dans le *Compendium* aucune correspondance avec le texte du *De an.* d'Aristote, ni avec la progression suivie par l'œuvre du Stagirite, comme ce serait le cas dans les commentaires ultérieures d'Ibn Rušd au *De anima.* »[5]

1. Les « commentateurs » principaux auxquels Averroès se réfère explicitement (tantôt positivement, tantôt négativement) sont peu nombreux : Alexandre d'Aphrodise et Thémistius chez les grecs; al-Fārābī, Ibn Sīnā et Ibn Bāǧǧa chez les « arabes ». Comme nous le verrons, les sources directes sur lesquelles Averroès s'appuie dans le *Compendium* du livre *De l'âme* sont Alexandre d'Aphrodise (ici pour son *De anima* et « son » *De intellectu* – Averroès n'en remet jamais en cause l'authenticité) et Ibn Bāǧǧa (pour son *Discours sur la jonction de l'intellect avec l'homme*, son *Epître de l'adieu* et sa *Conduite de l'isolé*).

2. M. Geoffroy, « Sources et origines... », p. 187.

3. *Ibid.*, p. 187-188. Pour quelques remarques générales sur le rapport d'Averroès aux commentateurs, par ailleurs, voir Th.-A. Druart, « Averroes : The Commentator and the Commentators », *in* L. Schrenk (éd.), *Aristotle and Late Antiquity*, Washington, DC, 1994, p. 184-202; A. Elamrani-Jamal, « Averroès, le *commentateur* d'Aristote? », *in* M. A. Sinaceur (éd.), *Penser avec Aristote*, Toulouse-Paris, 1991, p. 643-651.

4. Ce fut sans doute aussi le cas d'al-Fārābī quand il écrivait son *Epître sur l'intellect*; voir M. Geoffroy, « La Tradition arabe du Περὶ νοῦ d'Alexandre d'Aphrodise et les origines de la théorie farabienne des quatre degrés de l'intellect », *in* C. D'Ancona et G. Serra (éd.), *Aristotele e Alessandro di Afrodisia nella tradizione araba*, Padova, 2002, p. 191-231.

5. M. Geoffroy, « Sources et origines... », p. 206. Selon M. Geoffroy, contrairement à ce que suggère l'éditeur al-Ahwānī, on peut douter du fait « que l'absence du livre d'Aristote (il est seulement question de son "intention") tienne à une option délibérée » (*ibid.*, p. 207). Il n'y a pour lui que trois possibilités : a) ou bien le *De anima* d'Aristote n'était pas encore parvenu en *al-Andalus*, b) ou bien il y circulait, mais Averroès n'avait

Troisièmement, Averroès ne se fonde pas vaguement sur les commentateurs grecs et arabes pour enquêter sur l'âme dans son *Compendium*. Son analyse est commandée par sa lecture précise du *Livre de l'âme* (*Kitāb al-nafs*) d'Ibn Bāǧǧa (m. 1138)[1], lecteur d'un Alexandre d'Aphrodise arabe que le Cordouan a lui-même sous les yeux[2]. « On peut en effet reconnaître dans la "science de l'âme" d'Ibn Rušd, écrit M. Geoffroy, un moment pré-aristotélicien, où le philosophe se construit une doctrine qui ne doit rien, directement, à Aristote, mais tout ou presque à son devancier andalou Ibn Bāǧǧa, lui-même tributaire d'Alexandre d'Aphrodise. La première œuvre psychologique d'Ibn Rušd est un *Compendium* sur la science aristotélicienne de l'âme, tirée de la lecture de ceux qu'Ibn Rušd considérait à l'époque comme les commentateurs autorisés de l'œuvre d'Aristote. »[3]

Pourquoi, donc, le jeune Ibn Rušd se repose-t-il sur Ibn Bāǧǧa comme meilleur interprète de la science aristotélicienne de l'âme alors qu'il le

pas pu encore s'en procurer une copie, c) ou enfin Averroès possédait le texte mais pensait pouvoir se fier aux commentateurs. Ainsi écrit-il, p. 210 : « Ibn Rushd avait-il déjà eu accès au texte du Stagirite? Peut-être, mais dans ce cas, il faut admettre qu'il n'en tira aucun parti, soit qu'il n'eût pas vu alors d'intérêt particulier à se référer directement à l'œuvre de celui qui deviendrait plus tard pour lui "la source de toute philosophie", soit qu'il eût manqué de référence, de sources exégétiques ayant pu le guider dans l'étude d'un écrit jugé particulièrement difficile »; cette dernière possibilité étant exclue, « reste donc : soit que l'idée qu'Ibn Rushd se faisait à l'époque de la formation philosophique n'impliquait pas de lire cette œuvre d'Aristote ni de s'y référer, soit qu'il n'ait pas disposé du texte parce qu'aucune copie ne s'en trouvait dans l'Espagne musulmane ou qu'il n'avait pas réussi à s'en procurer une » (*ibid.*).

1. Le *Kitāb al-nafs* d'Ibn Bāǧǧa, écrit M. Geoffroy (*ibid.*, p. 215) est « *la* source du *Compendium* de l'âme, le texte préexistant qui sert de fil conducteur à sa rédaction ». Parmi les « arabes », « il connaît l'œuvre d'Ibn Sīnā mais il ne l'utilise pas, car confrontée avec les autres sources dont il dispose, celle-ci paraît décidément fort éloignée de l'"intention d'Aristote" : Ibn Sīnā est un mauvais commentateur d'Aristote » (*ibid.*, p. 215).

2. Son autre référence grecque majeure est la *Paraphrase* du *De anima* de Thémistius, qu'il cite de façon critique (on y revient dans les notes) : voir *In Libros Aristotelis* De anima *Paraphrasis* (*Paraphrase* du traité *De l'âme* d'Aristote), éd. R. Heinze, Berlin, 1889; pour le texte arabe, voir *An Arabic Translation of Themistius' Commentary on Aristotle's* De anima, éd. M. C. Lyons, Columbia (South Carolina)-Oxford (England), 1973.

3. M. Geoffroy, « Sources et origines... », p. 190. S'agissant de la dépendance à Ibn Bāǧǧa, M. Geoffroy renvoie à D. Wirmer, *Über den Intellekt. Auszüge aus seinen drei Kommentaren zu Aristoteles'* De anima, Freiburg-Basel-Wien, 2008, p. 330-331; aux annotations de l'édition du *Kitāb al-nafs* par M. al-Maʿṣūmī, Beyrouth, 1412 h./1992 (cf. *Ibn Bajjah's 'ilm al-nafs*, english translation and notes by M. S. Hasan Ma'sumi, New Dehli, 1992); à M. Alūzād, « Ḥuḍūr Ibn Bāǧǧa fī ǧawāmiʿ al-nafs li-Ibn Rušd. Min al-tamāṯul ilā tadšīn al-infiṣāl », *in* M. al-Miṣbāḥī (éd.), *al-Ufuq al-kawnī li-fikr Ibn Rušd. A'māl al-nadwa al-duwaliyya bi-munāsabat murūr ṯamāniya qurūn 'alā wafāt Ibn Rušd, Murrākuš, 12-15 dīsambar 1998* <Actes du colloque Ibn Rušd, Marrakech, 12-15 décembre 1998>, Marrakech, 2001, p. 75-102.

rejetterait fermement plus tard? « La réponse est vraisemblablement que l'œuvre du philosophe de Saragosse lui semblait fiable parce que sa conformité à l'"intention d'Aristote" pouvait être garantie par un autre témoignage, parallèle, celui du Commentateur par excellence, Alexandre dans le *De anima* <que tous deux lisaient dans la version arabe, aujourd'hui perdue, d'Isḥaq ibn Ḥunayn>. La raison en est que le livre d'Ibn Bāǧǧa apparaît principalement inspiré par cette œuvre : le *Livre de l'âme* d'Ibn Bāǧǧa est lui-même, en bonne partie, un résumé du *De anima* d'Alexandre. »[1]

Passées ces considérations générales, présentons le fil directeur du texte en précisant certains des aspects qu'on vient de relever[2].

Trois choses peuvent être dégagées quand on ouvre le *Compendium* du livre *De l'âme* : a) le *but* qu'Averroès se fixe dans cette œuvre ; b) le *cadre* dans lequel il inscrit son analyse ; c) la *question* qu'il pose et qu'il place à l'horizon de tout l'examen.

(a) Le but (*ġaraḍ*) général du texte est énoncé d'emblée :

> l'intention de ce discours est de consigner (*an nuṯbita*), parmi les propos des commentateurs au sujet de la science de l'âme, ceux qui nous sont apparus les plus conformes à la science naturelle, et les plus convenables à l'intention d'Aristote.[3]

Cela rejoint l'examen de M. Geoffroy. (i) En premier lieu, la référence n'est pas immédiatement Aristote mais les « commentateurs », c'est-à-dire pour Averroès les grecs Alexandre d'Aphrodise et Thémistius puis, chez les « arabes », al-Fārābī, Ibn Sīnā et Ibn Bāǧǧa, ces derniers n'ayant pas tous la même valeur à ses yeux. Le projet du *Compendium* semble être

1. M. Geoffroy, « Sources et origines… », p. 217. Quant à Alexandre, pour juger qu'il était plus proche d'Aristote, « il dut suffire à Ibn Rušd de considérer d'autres écrits (*Métaphysique, De Caelo, Météorologiques*) pour lesquels les commentaires d'Alexandre apparaissaient en effet très fidèles aux textes aristotéliciens qu'il lisait, cette fidélité ayant dû contraster à ses yeux avec l'éloignement considérable dont faisait preuve Ibn Sīnā et qu'il avait sans doute constaté à la lecture du *Šifā'* » (*ibid.*, p. 222).

2. Pour une présentation de l'ensemble du *Compendium*, voir A. Ivry, « Averroes' *Short Commentary* on Aristotle's *De anima* », *Documenti e studi sulla tradizione filosofica medievale* 8 (1997), p. 512-513 ; pour une comparaison avec les autres commentaires, voir A. Ivry, « Averroes' Three Commentaries on *De anima* », *in* G. Endress, J. A. Aertsen (éd.), *Averroes and the Aristotelian Tradition. Sources, Constitution and Reception of the Philosophy of Ibn Rushd (1126-1198)*, Proceedings of the Fourth Symposium Averroicum (Cologne, 1996), Leiden-Boston-Köln, 1999, p. 199-216 ; sur le chapitre concernant l'intellect, voir H. A. Davidson, *Alfarabi, Avicenna, and Averroes, on Intellect. Their Cosmologies, Theories of the Active Intellect, and Theories of Human Intellect*, New York-Oxford, 1992, p. 265-274.

3. Averroès, *Talḫīṣ kitāb al-nafs*, éd. F. al-Ahwānī le Caire, 1950, p. 3, 3-5 (traduction M. Geoffroy, « Sources et origines… », p. 189).

celui d'une somme où figureraient, triés et collectés dans le bon ordre, les enseignements des exégètes d'Aristote jugés les plus essentiels à la connaissance de la psychologie.

(ii) Deuxièmement, ce qu'Averroès entend puiser chez les commentateurs sur la science de l'âme est ce qui est « le plus conforme à la science de la nature ». Jusque dans la noétique, autrement dit, la psychologie s'inscrit nettement dans un cadre physique[1].

(iii) Troisièmement, quand bien même le rapport au Stagirite paraît plus lointain que dans les autres *Compendia*[2], ce qu'Averroès entend recueillir des commentateurs sur l'âme reste « le plus convenable à l'intention d'Aristote », la norme ultime demeurant donc la visée du Premier maître dans son *De anima* et l'ensemble de son système.

Insistons sur le point (ii), qui correspond à (b)[3]. Que le cadre de l'étude de l'âme soit la science de la nature signifie que dans le champ ordonné du savoir l'examen de l'âme se fonde sur des conclusions physiques antérieures. Averroès le dit clairement au début du chapitre sur l'âme rationnelle que nous traduisons :

1. Le problème sera de voir ce qu'il advient de ce rapport à la physique dans la jonction terminale à l'intellect séparé. Autrement dit, la perfection intellectuelle de l'homme est-elle encore une perfection *naturelle ?*

2. C'est la lecture de M. Geoffroy, à laquelle nous souscrivons. Sur la différence entre le *Compendium* du livre *De l'âme* et les autres *Compendia* dans leur référence à Aristote, voir M. Geoffroy, « Sources et origines… », p. 189 : « Les quatre *Compendia* (de *Phys.* à *Meteor.*) ainsi que celui de métaphysique, remontant à cette première période d'activité d'Ibn Rušd, revendiquent explicitement la référence à "Aristote". Dans le *Compendium* de la *Métaphysique*, l'intention exprimée est de "collecter les énoncés généraux (*aqāwīl ʿāmma*) dans les livres (*maqālāt*) qu'*Aristote* a écrits au sujet de la science de la métaphysique, selon notre méthode habituelle dans les livres précédents". Ces "livres précédents" désignent les *Compendia* (*Phys.*, *De cael.*, *De gen. et corr.*, *Meteor.*), qui se présentent en effet comme des résumés des textes d'Aristote. Dans le *Compendium* de la *Physique*, le *skopos* (*ġaraḍ*) annoncé était d'"aborder les livres *d'Aristote* afin d'en extraire les propos scientifiques (litt. *ʿilmiyya*, autrement dit démonstratifs) selon ce qui est requis par sa doctrine". Les *incipit* des autres *Compendia*, qui se présentent comme la poursuite de cette entreprise, s'expriment de la même façon : "son but <le but d'Aristote> dans ce livre traduit par *al-samāʾ wa-al-ʿālam* (*De caelo*) est de parler des premiers corps simples qui sont des parties, etc." » ; « Son but <celui d'Aristote, toujours> dans ce livre <*De gen. et corr.*> est de parler des trois changements qui sont la génération, la corruption et la croissance, etc. »

3. On passe sur la question (par ailleurs fondamentale) de savoir où la psychologie se situe chez Aristote lui-même dans l'ordre des sciences, quel est le statut du *De anima*, etc. *Cf.* ce passage célèbre des *Parties des animaux* I, 1, 641 a18 *sq.* ; trad. J. M. Leblond, Flammarion, 1995, p. 43 : « Or, si cela c'est l'âme, ou une partie de l'âme, ou, au moins, ce qui n'existe pas sans âme (l'âme disparue il n'y a plus d'animal et aucune des parties ne demeure la même, sinon seulement par la configuration extérieure, comme ceux qui, dans la légende, ont été changés en pierres), s'il en est ainsi, *il appartiendra au naturaliste de parler de l'âme, du moins de ce qui fait de l'animal ce qu'il est ; le naturaliste doit connaître ce qu'est l'âme ou cette partie spéciale de l'âme, et tout ce qui accompagne son essence.* » Nous soulignons.

> Les choses que nous prenons comme prémisses pour clarifier ces points sont de deux sortes : ce sont soit les conclusions de syllogismes apparues clairement dans une partie précédente de cette science, soit des choses qui sont ici certaines par elles-mêmes. Il se peut aussi que les arguments utilisés dans cet <examen> soient constitués de ces deux types de prémisses. Nous indiquerons de quel type il s'agit lorsque nous l'utiliserons[1].

Le Cordouan adosse son discours sur l'âme à des principes physiques déjà démontrés qu'il convient de postuler pour mener correctement le raisonnement en psychologie, « même si, dit-il, Aristote ne les a pas formulés explicitement au début de son livre, <…> conformément à son habitude de concision »[2].

Quels sont ces principes qu'il présuppose pour établir ce qu'est la substance (*ǧawhar*) de l'âme et ses concomitants (*lawāḥiq*)? En voici la liste ordonnée, qui combine des extraits de la *Physique* (livre I), des traités *Du Ciel*, *De la génération et de la corruption*, des *Météorologiques* (livre IV) et des *Parties des animaux*[3] :

1) La *Physique*, livre I, 1 :

– tous les corps générables et corruptibles sont composés de matière et de forme; ni la matière ni la forme ne sont en elles-mêmes, séparément, un corps, même si c'est par leur rassemblement que le corps advient;

– la matière première n'est pas douée de forme par essence et n'existe pas en acte; l'être qui lui est propre tient à sa capacité de recevoir les formes;

– la puissance, toutefois, ne constitue pas sa substance[4];

– la matière première ne peut être dépourvue de formes.

1. Averroès, *Compendium* du livre *De l'âme*, *infra* p. 110, § 4.

2. Averroès, , *Talḫīṣ kitāb al-nafs*, éd. F. al-Ahwānī, p. 8, 13 *sq.* (on cite plus longuement ce passage *infra*). La démarche d'Averroès est complètement distincte de celle d'Aristote. Le Cordouan ne tient par exemple aucun compte de la doxographie du Stagirite au livre I de son *De anima*.

3. On reprend ici la présentation d'A. Elamrani-Jamal, « Averroès, de l'*Epitomé* au *Commentaire Moyen* du *De anima*, questions de méthode », qui suit le texte d'Averroès.

4. Averroès, *Talḫīṣ kitāb al-nafs*, éd. F. al-Ahwānī, p. 4, 1-4 (trad. M. Geoffroy, « Sources et origines… », p. 229-230) : « Il a été expliqué <dans la *Phys.*, ou plutôt ses commentaires> que la matière première de ces corps n'est pas pourvue de forme par sa propre essence, qu'elle est non existante en acte, et que l'être qui lui est propre n'est sien qu'en tant qu'elle est en puissance de recevoir les formes, non en tant que la puissance serait sa substance, mais en tant que cela est consécutif à sa substance, et <comme> une ombre qui l'accompagne (*ẓillun muṣāhibun la-hā*) ». Sur le rapport entre matière première et puissance, qui a donné lieu à des disputes scolastiques, *cf.* J.-B. Brenet, *Les possibilités de jonction. Averroès-Thomas Wylton*, Berlin-Boston, 2013, p. 24-27.

2) Le traité *Du ciel* :
– les corps dont les formes existent en premier dans la matière première et dont celle-ci ne peut être dépourvue sont les quatre corps simples : le feu, l'eau, l'air et la terre[1].

3) *De la génération et de la corruption*
– ces quatre corps simples sont les éléments à partir desquels tous les corps dont les parties sont semblables (c'est-à-dire les homéomères) sont engendrés ; l'agent ultime de ce mélange, ce sont les corps célestes.

4) les *Météorologiques*, livre IV
– le vrai mélange et le tempérament relatifs aux corps dont les parties sont semblables qui existent dans l'eau et sur la terre, résultent de la coction ; celle-ci a lieu par la chaleur qui convient à la chose subissant la coction ; les différences de ces corps ne peuvent être rapportées qu'au tempérament[2] ;
– les éléments et les corps célestes suffisent pour expliquer l'existence de ces corps et fournir les choses par lesquelles ils subsistent.

5) les *Parties des animaux* :
– les compositions sont de trois espèces[3] :

1. Averroès, *Talḫīṣ kitāb al-nafs*, éd. F. al-Ahwānī, p. 5, 1-6 (trad. M. Geoffroy, « Sources et origines... », p. 235) : « Il a en outre été expliqué dans *Le Ciel et le monde* que les corps dont les formes se trouvent dans la matière première selon une existence première et dont la matière ne peut être dépourvue sont les quatre corps simples, le feu, l'air, l'eau et la terre ; et il a également été expliqué dans *La Génération et la corruption* à propos de ces <corps> simples qu'ils sont les éléments de tous les corps homéomères (*mutašābihat al-aǧzā'*), et que l'engendrement (*tawallud*) de ceux-ci à partir d'eux ne se fait que selon le mélange et la mixtion. »

2. Averroès, *Talḫīṣ kitāb al-nafs*, éd. F. al-Ahwānī, p. 5, 8-6, 2 (trad. M. Geoffroy, « Sources et origines... », p. 237) : « Il a été expliqué dans le quatrième <livre> des *Météorologiques* (*al-āṯār al-ʿulwiyya*) que le mélange (*iḫtilāṭ*) véritable, la mixtion (*mizāǧ*), dans tous les corps homéomères qui viennent à l'existence dans l'eau et sur terre, se produit du fait de la coction (*ṭabḫ*), et que la coction a lieu grâce à la chaleur appropriée à cette chose qui subit la coction : c'est la chaleur naturelle (*ġarīziyya*) qui est propre à chaque existant. Les différences entre ces corps homéomères tiennent uniquement à la mixtion. Leur agent proche, c'est la chaleur qui les mélange <M. Geoffroy lit *al-māziǧ la-hā*, avec le manuscrit du Caire, là où al-Ahwānī et le manuscrit de Madrid lisent *al-mumāziǧ la-hā*, *i.e.* "qui leur est mélangée"> et leur cause ultime, les corps célestes. En somme, il y a été expliqué que les éléments et les corps célestes sont suffisants pour <expliquer> l'existence de ces corps homéomères, et produire ce dont ils sont constitués. En effet, toutes leurs différences sont attribuées aux quatre qualités. »

3. Averroès, *Talḫīṣ kitāb al-nafs*, éd. F. al-Ahwānī, p. 6, 3-7 (trad. M. Geoffroy, « Sources et origines... », p. 241) : « Outre tout cela, il a été expliqué dans le *Livre des animaux* que les compositions sont de trois sortes : la première est celle qui résulte de l'existence des corps

(i) la composition résultant des éléments simples dans la matière première qui, par essence, n'est pas douée de forme; (ii) la composition qui résulte de ces éléments simples : ce sont les corps dont les parties sont semblables; (iii) la composition des organes fonctionnels tels que le cœur ou le foie dont l'existence la plus parfaite appartient à l'animal achevé;

– le générateur le plus proche de ces corps n'est pas la chaleur des éléments, mais une puissance semblable à celle du métier artisanal qu'accompagne une chaleur appropriée au façonnement et à la formation (*al-taḫlīq wa-l-taṣwīr*)[1];

– la nutrition dans le corps n'a lieu que par une puissance nutritive; cette puissance nutritive et sensitive est engendrée dans l'animal par ce qui lui est semblable; elle a un agent extrême séparé. C'est ce qu'on appelle « intellect ». Mais son agent le plus proche est la puissance animale qui est dans le corps;

– les puissances de l'âme sont une par le sujet qui leur est le plus proche, à savoir la chaleur fondamentale (*al-ḥarāra al-ġarīziyya*), et multiples par leurs facultés.

Venons-en au point (c). Outre le but et le cadre du problème, quelle est la question posée à l'horizon? Quelle est la question des questions, en somme, s'il ne s'agit pas seulement de dire ce qu'est l'âme et ce que sont ses concomitants?

Cette question directrice apparaît très tôt dans le texte. Immédiatement après le rappel synthétique des prémisses physiques, on lit :

> Telles sont les choses qui, si on les considère, nous permettent d'accéder à la connaissance de la substance de l'âme et de ses concomitants de la

simples à partir de la matière première, dépourvue de forme par son essence. La seconde est la composition qui résulte de ces <corps> simples, et qui donne les corps homéomères. La troisième est la composition des corps organiques, qui existe le plus complètement dans les animaux parfaits, comme le cœur et le foie. »

1. Averroès, *Talḫīṣ kitāb al-nafs*, éd. F. al-Ahwānī, p. 6, 9-7, 4 (trad. M. Geoffroy, « Sources et origines… », p. 255) : « Il a été expliqué en outre dans ce livre <*De animal.*> que le générateur (*mukawwin*) prochain de ces corps organiques n'est pas la chaleur élémentaire, car les seules actions de celle-ci sont le durcissement, le dessèchement ainsi que les autres choses attribuées aux corps homéomères. Au contraire, leur générateur est une puissance semblable à celle du métier artisanal, comme le dit Aristote. Et celle-ci s'accompagne également d'une chaleur appropriée au façonnement (*taḫlīq*), à la formation (*taṣwīr*) et à la configuration (*iʿṭāʾ al-šakl*). Ce qui donne à cette forme la chaleur et la forme de complexion par laquelle elle agit sur l'animal ou la plante à reproduction sexuée, c'est l'individu de la même espèce que ce qui est généré à partir de lui, ou d'une espèce compatible, en tant que cet individu est animé par l'intermédiaire (*bi-tawassuṭ*) de la puissance et de la chaleur, qui est celle qui existe dans la semence et le sperme. »

manière la plus parfaite et la plus aisée. Même si Aristote ne les a pas explicitement évoquées au début de son livre, il doit néanmoins s'être appuyé sur elles implicitement, conformément à son habitude de concision. Et *de là il devient possible de connaître ce qu'on désire <connaître> le plus à propos <de l'âme>, c'est-à-dire de savoir s'il est possible qu'elle soit séparée ou pas ?*[1]

Ce qu'on retrouve plus bas, en conclusion de l'analyse qu'Averroès projette :

> Ainsi que le dit Aristote, « *si l'on trouve que l'âme, ou une partie de l'âme, possède une action qui lui est propre, ceci pourra être séparable* » (*in wuǧida li-al-nafs aw li-ǧuzʾ min aǧzāʾihā fiʿlun mā yaḫuṣṣu-hā, amkana an yufāriqa*).[2]

La question dernière n'est pas celle de la substance de l'âme et de ses concomitants, par conséquent, mais celle de la possibilité de sa « séparation », qu'il faut assurément comprendre, en un sens ontologique fort, comme séparation *d'avec le corps*. Dans ce cadre physique, autrement dit, la perspective de l'enquête sur l'intellect humain est métaphysique, et plus précisément eschatologique. L'enjeu n'est rien moins que la survie, la rémanence, l'immortalité.

Sur ce point crucial, qui donne au texte sa portée, c'est bien à Aristote qu'Averroès se rapporte. La référence implicite est celle-ci, au début du *De anima* :

> Par ailleurs, on est aussi embarrassé avec les affections de l'âme (τὰ πάθη τῆς ψυχῆς) : est-ce que toutes appartiennent également en commun à l'être animé (πότερόν ἐστι πάντα κοινὰ καὶ τοῦ ἔχοντος) ou bien en est-il encore quelqu'une qui soit propre à l'âme elle-même (ἢ ἔστι τι καὶ τῆς ψυχῆς ἴδιον αὐτῆς) ? Il est, en effet, nécessaire, mais difficile, d'en avoir une idée, bien qu'il apparaisse que, dans la grande majorité des cas, l'âme ne subit, ni ne fait rien sans le corps. Ainsi, se mettre en colère, s'emporter, désirer ou, d'une manière globale, sentir. Et c'est surtout l'opération de l'intelligence qui ressemble à un phénomène propre (μάλιστα δ' ἔοικεν ἰδίῳ τὸ νοεῖν). Néanmoins, si cette dernière constitue encore une sorte de représentation ou ne va pas sans représentation (εἰ δ' ἐστὶ καὶ τοῦτο φαντασία τις ἢ μὴ ἄνευ φαντασίας), il ne saurait être question d'admettre non plus qu'elle se passe du corps (οὐκ ἐνδέχοιτ' ἂν οὐδὲ τοῦτ' ἄνευ σώματος εἶναι). <…>

1. Averroès, *Talḫīṣ kitāb al-nafs*, éd. F. al-Ahwānī, p. 8, 11 *sq.* (trad. M. Geoffroy, « Sources et origines… », p. 228). Nous soulignons.
2. *Ibid.*, nous soulignons, p. 192-193.

> Donc, s'il est une des opérations ou des affections de l'âme qui lui soit propre (εἰ μὲν οὖν ἔστι τι τῶν τῆς ψυχῆς ἔργων ἢ παθημάτων ἴδιον), on peut admettre que l'âme se sépare (ἐνδέχοιτ' ἂν αὐτὴν χωρίζεσθαι), mais dans le cas où aucune ne lui est propre, elle ne peut être séparée.[1]

Dans son *Grand Commentaire* au *De anima*, Averroès donnera de ce texte fondamental, altéré en arabe, une lecture minutieuse et décisive pour comprendre sa conception la plus mûre de l'intellect[2]. Il n'est pas sûr toutefois que la question que posait ici Aristote, quelles qu'en soient l'importance et les implications, ait constitué à ses yeux l'essentiel de ce traité de biologie générale, centré sur l'animal et non pas sur l'homme, qu'est son *Peri psuchès*. Et comme on l'a dit, de fait, ce n'est pas directement du texte du Stagirite mais d'Ibn Bāğğa qu'Averroès extrait cette interrogation sur la séparation ontologique de l'âme dont il fait la toile de fond de son *Compendium*. On lit ceci, en effet, dans le traité *De l'âme* du philosophe de Saragosse :

> Parmi les choses qui concernent l'âme en particulier et auxquelles on désire si ardemment répondre que c'est presque comme si la recherche de la science de l'âme se faisait tout entière en vue de cela, il y a de *savoir si <l'âme> fait partie des choses séparables ou si elle n'est pas séparable du tout*. C'est pourquoi on trouve qu'Aristote dit, au début du premier livre <du *De anima*> : *"S'il se trouve que l'âme possède une action qui lui est propre, sans le corps, celle-ci pourra être séparable"*[3].

1. Aristote, *De l'âme* I, 1, 403a2 *sq.*; trad. Bodéüs, p. 83 *sq.*

2. *Cf.* le *textus* de l'arabo-latine : Averroès, *Commentarium magnum in Aristotelis De anima libros*. Recensuit F. Stuart Crawford, Cambridge (Mass.), 1953, I, 12, p. 16, 1-2 : « Et est dubium de passionibus anime, utrum omnes sint communes, et sint cum hoc ei in quo sunt, aut quedam etiam approprientur anime ». Pour une lecture de ce passage difficile dans le *Grand Commentaire*, voir J.-B. Brenet, *Les possibilités de jonction*, p. 187 *sq.*; *cf.* M. Geoffroy (dont nous ne partageons pas toute la lecture), « Sources et origines… », p. 269-275. *Cf.* Averroès, *Middle Commentary on Aristotles's De anima*, éd. Ivry, p. 6, 1 *sq.* : « <Aristote> dit : parmi les choses dont on doute, <il y a le fait de savoir> si toutes les passions des âmes sont communes au corps et à l'âme – je veux dire <de savoir> si, leur existence relevant de l'âme (*wuğūdu-hā li-al-nafs*), elle relève <aussi> nécessairement du corps – ou bien s'il y a quelque chose qui soit propre à l'âme », etc. Nous traduisons.

3. Ibn Bāğğa, *De l'âme* (« Kitāb al-nafs li-bni Bāğğa », éd. Ǧ. Rāšiq; et « al-Qawl fī al-quwwa al-nāṭiqa li-bni Bāğğa », éd. M. Alūzād *et al.*, *in* M. Alozade (dir.), *Les Cahiers du Groupe de recherche sur la philosophie islamique, II*, Fès, 1999, p. 87-209; 220-334), p. 97, 6-11 (trad. M. Geoffroy, « Sources et origines… », p. 192; nous soulignons). Sur cette question, comme pour tout ce qui concerne Ibn Bāğğa, *cf.* D. Wirmer, *Vom Denken der Natur zur Natur des Denkens. Ibn Bāğğas Theorie der Potenz als Grundlegung der Psychologie*, Berlin-München-Boston, 2014.

C'est donc Ibn Bāǧǧa, dans une tradition déjà distincte des préoccupations d'Aristote, qui isole cette question de la séparation, et c'est lui qui la lègue au jeune Averroès comme interrogation principale du *Compendium* du livre *De l'âme*. Le chapitre sur l'intellect suit cette ligne.

Le chapitre sur l'intellect

Le texte porte sur l'âme rationnelle, plus exactement sur l'intellect, la *puissance* rationnelle de l'âme humaine, et la question centrale que pose Averroès est de savoir si cette puissance est toujours en acte, à l'œuvre dans une pensée continue, ou tantôt en puissance et tantôt en acte, sujette à un exercice intermittent, fragmenté. Mais ce problème, ajoute-t-il, en contient un autre, qui enveloppe ce qu'on désire connaître plus que tout au sujet de l'intellect, à savoir s'il est *lui-même* adventice ou bien éternel, ou bien encore – ce qui déjà pointe vers la singulière ambivalence de l'homme – s'il est composé d'une chose éternelle et d'une chose adventice. Quel est donc l'acte de l'intellect? quel est son mode? Et qu'en déduire concernant sa substance, qui rejaillira sur l'être de l'individu?

Selon Averroès, le rapport entre ces questions est le suivant. Si l'intellect est toujours en acte, c'est qu'il est en lui-même éternel; mais s'il lui arrive seulement d'être en acte, par moments, si son acte, autrement dit, est adventice, survient puis se corrompt, c'est soit qu'il est lui-même engendrable et corruptible, soit qu'il est un composé d'éternité et de temps, de permanence et de fugacité. Avant de conclure l'une ou l'autre chose de la survenue de l'acte intellectif, toutefois, ce sont d'autres points qu'il conviendra d'examiner. Car si l'intellect n'est pas toujours en acte, s'il est d'abord en puissance, puis actualisé, c'est qu'il a une matière, ce qui demande d'établir, premièrement, ce qu'est cette « matière » de l'intellect, puis de déterminer quel est le moteur qui vient l'actuer et jusqu'où il le peut. L'essentiel du chapitre est là.

L'argumentation principale

Examinons le développement plus en détail[1]. Après avoir justifié l'existence d'une puissance intellective dans l'homme (puisqu'à chaque type d'objet doit correspondre une faculté et que l'homme a rapport, de fait, à des « intentions » ou notions *universelles* que ni le sens ni l'imagination ne peuvent appréhender), Averroès distingue avec la tradition deux sortes

1. Nous ne commentons pas le texte dans son intégralité, cependant. Nous renvoyons aux notes de la traduction pour les indications nécessaires.

d'intellect : l'intellect pratique, orienté vers l'action et la production, et l'intellect théorétique, où se joue l'existence absolument la meilleure. Pour chacun d'eux, il pose les mêmes questions mais règle en quelques lignes le cas plus simple de l'intellect pratique.

Pour ce dernier, en effet, il n'est guère de controverse. Les intelligibles pratiques sont pour tous les péripatéticiens engendrables et corruptibles. Ils le sont, dit Averroès, parce qu'ils n'adviennent en nous que par expérience et que celle-ci est elle-même produite par ces puissances adventices que sont le sens et l'imagination[1]. Cela suffit pour une conclusion[2].

Le cas de l'intellect théorétique, en revanche, est plus complexe et son examen occupe l'essentiel du chapitre. Pour en parler, le Cordouan considère d'abord ses objets, les intelligibles théorétiques (c'est-à-dire nos concepts, quand ils ne sont pas orientés vers l'action ou la production), et la question est de savoir là aussi s'ils sont toujours en acte ou bien d'abord en puissance, puis en acte, autrement dit s'ils sont engendrés, et donc en quelque façon matériels.

Pour l'établir, Averroès considère qu'il convient de déterminer sur quel mode ces intelligibles auxquels nous avons mentalement affaire sont « joints » à nous. C'est leur mode de jonction qui révèlera leur mode d'être.

Le terme de « jonction » est technique et fort. Il caractérise avant tout dans la *falsafa* la forme de liaison la plus aboutie que l'intellect de l'homme est censé entretenir avec l'intellect dit « agent » (l'intelligence séparée la plus basse dans l'univers) au terme de son parcours scientifique. Mais le jeune Averroès en fait d'abord un usage large qui dit le simple rapport, le lien courant que nous, les humains (les corps intelligents – ou plutôt les intelligences charnelles – que nous sommes en tant qu'humains), entretenons avec les formes universelles qui constituent nos pensées. Penser, intelliger, c'est être « joint » à des intelligibles, et la question est de savoir sur quel mode cette jonction se fait.

Or, dit le Cordouan, il n'y a que deux cas de figure possibles. Ou bien la jonction de ces intelligibles théorétiques avec nous est « une jonction

1. Voir p. 114, § 10 : « il est clair que la plus grande partie des intelligibles de ce type qui se produisent en nous ne se produit que par l'expérience. Or il n'est d'expérience que par la sensation, premièrement, puis deuxièmement par l'imagination. Et si c'est le cas, alors ces intelligibles requièrent la sensation et l'imagination pour exister, et nécessairement, donc, ils sont adventices du fait de l'adventicité de ces dernières, et corruptibles du fait de la corruption de l'imagination. »

2. Ce qui ne veut pas dire qu'il n'y ait pas, déjà à ce niveau, quelques subtilités relatives au statut de l'image (sujet ou moteur de l'intelligible ?) ; voir les notes du passage, p. 176-181.

semblable à la jonction des choses séparées avec les matières <auxquelles elles peuvent être liées> », et il donne l'exemple de l'intellect agent (qui est toujours en acte, par essence) quand il nous est joint lors de son « acquisition » (c'est-à-dire quand *on en vient à le penser* sans que lui, immuable, déjà là, ait changé en quoi que ce soit)[1] ; ou bien la jonction de ces intelligibles avec nous est une jonction « matérielle », à savoir la jonction qu'ont les formes non séparées avec les matières dans lesquelles nécessairement elles se trouvent[2].

Pour savoir, donc, si les intelligibles théorétiques sont éternels ou adventices, il faut saisir comment ils se rapportent à nous, dans quelle forme de jonction, et l'alternative est *semble-t-il* qu'ils sont pour nous soit comme des réalités séparées en quelque façon reliées, connectées, unies à des « matières », soit comme de véritables formes matérielles, proprement inhérentes aux substrats qu'elles informent et, quant à l'être, essentiellement solidaires d'eux.

Cette question qui structure le chapitre sur l'intellect est la reprise d'un problème qu'on lit aux premières pages du *Compendium* du livre *De l'âme*. Averroès écrit en effet dans son introduction que si l'âme rationnelle devait être séparable – elle qui, pourtant, existe ici-bas avec le corps –,

> il doit être solidement établi <…> *de quelle manière peut exister, dans la matière* (*fī l-hayūlā*), *une forme séparée* (*ṣūra mufāriqa*), si elle existe, et par quels lieux et méthodes on peut la connaître, si c'est le cas.
>
> Nous disons qu'il ne peut y avoir séparation, pour les êtres relatifs (*mansūba*) aux choses matérielles, que si leur relation avec <ces choses matérielles> n'est pas la relation de la forme à la matière et que leur jonction (*ittiṣāl*) avec la matière, donc, n'est pas une jonction selon sa substance : à la manière dont on dit (a) de l'intellect agent qu'il est dans le sperme et la semence, et (b) du moteur premier qu'il est dans la dernière sphère.
>
> En effet, la relation de la forme à la matière, en tant que <cette forme> est une forme matérielle, est une relation dans laquelle il est impossible de concevoir la séparation. Car cette position se contredit elle-même, puisque

1. Ce qui demande évidemment de comprendre ce que cette « acquisition » recouvre ; nous le précisons plus bas.

2. Voir p. 120-122, § 17-18. : « Pour mener à bien cette <analyse>, comme nous l'avons dit au début de ce livre, il nous faut examiner si la jonction de ces <intelligibles théorétiques> avec nous est une jonction semblable à la jonction des choses séparées avec les matières <auxquelles elles peuvent être liées>, comme on dit de l'intellect agent <par exemple> qu'il nous est joint au moment de l'acquisition <…>. Ou bien alors nous disons que la jonction de ces intelligibles avec nous est une jonction matérielle, à savoir la jonction qu'ont les formes <non séparées par essence> avec les matières <dans lesquelles elles se trouvent>. »

> l'une des choses que celui qui pratique cette science pose comme évidente est qu'il va de soi que cette forme naturelle est constituée (*tataqawwamu*) par la matière, et pour cette raison, adventice (*ḥādiṯa*), et dépendante, pour sa venue à l'être, du <ou : et faisant suite au> changement (*taġayyur*) et de <ou : et à> la nature de celui-ci.[1]

Si l'âme est séparable du corps – c'est la question obsédante –, elle ne saurait être une forme proprement matérielle, laquelle est par définition dépendante de la matière qu'elle informe. La forme matérielle, dit Averroès, est *constituée* par sa matière, elle vient à être et subsiste par elle. Si l'âme humaine n'est pas de ce type, donc, parce qu'elle serait indépendante ontologiquement, qu'elle pourrait survivre à la corruption du corps, perdurer intacte, indemne, son lien à la matière ne peut être une jonction « selon la substance » qui ferait dépendre son être de ce dans quoi elle se trouve. L'âme rationnelle serait alors « dans » le corps, certes, mais sur un mode singulier qu'Averroès illustre par deux exemples techniques : a) celui de l'intellect agent « dans » le sperme, b) celui du premier moteur « dans » la plus haute des sphères[2].

C'est à cela que le chapitre sur l'intellect fait écho. Les intelligibles théorétiques, dont on veut savoir s'ils sont éternellement en acte ou pas, sont-ils joints à nous comme des formes séparées, à la manière, par exemple, dont l'intellect agent nous est joint dans l'acquisition[3], ou bien encore, précisait-il au début du *Compendium*, à la façon dont ce même intellect est joint au sperme dans l'engendrement d'un enfant, ou à la façon dont le premier moteur est joint au ciel qu'il meut ? Avant de voir ce qu'Averroès dit de la première hypothèse (les intelligibles comme formes séparées), tâchons brièvement d'en préciser les termes et les paradigmes, qui renseignent sur le cadre théorique dans lequel le jeune Averroès inscrit sa réflexion.

1. Averroès, *Talḫīṣ kitāb al-nafs*, éd. F. al-Ahwānī, p. 8, 16-9, 8 (trad. M. Geoffroy, légèrement modifiée, *Sources et origines de la théorie de l'intellect d'Averroès*, p. 188-189). Il ne suffit pas, autrement dit, de parvenir à démontrer que l'âme rationnelle est séparable. Ce qu'il faut, c'est expliquer comment il se fait que cette âme séparable *existe en n'étant pas séparée*.

2. Sur l'équivocité de l'être-dans, voir le texte majeur d'Aristote, *Phys.* IV, 3, 210a14-24 ; trad. Pellegrin, p. 211. *Cf.* Alexandre d'Aphrodise *De anima*, éd. I. Bruns, Berlin, 1887, 13, 9 *sq.* (cf. *De l'âme*, texte grec introduit, traduit et annoté par M. Bergeron et R. Dufour, Paris, 2008, p. 85 *sq.*) ; *cf.* Alexandre d'Aphrodise, *Mantissa*, § 5, « Que l'âme n'est pas dans un sujet » (Alexandre d'Aphrodise, *De l'âme II (Mantissa)*, trad. R. Dufour, Québec, 2013, p. 40 *sq.*). Sur les différents sens de l'être-dans chez Alexandre, et le cas de la forme « dans » la matière, voir M. Rashed, *Essentialisme. Alexandre d'Aphrodise entre logique, physique et cosmologie*, Berlin-New York, 2007, p. 172-181.

3. Sur la conception que le jeune Averroès se fait de l'acquisition, voir *infra*, p. 68-71.

Comme l'intellect agent dans la semence

Premier modèle : les intelligibles théorétiques (ou l'intellect, si l'on veut) seraient joints à nous comme l'intellect agent est « dans » la semence[1].

Averroès songe à la doctrine de la génération substantielle qu'Aristote expose en *Métaphysique* Z, 7-9, *Physique* I, 7, dans le *De generatione animalium*, II, 3[2] et dans le *De generatione et corruptione*. Le problème est d'établir comment il se fait que l'embryon naisse de la rencontre des deux semences, mâle et femelle, et plus précisément de comprendre en vertu de quoi le sperme permet l'advenir d'un nouvel être vivant formellement semblable à son père. La réponse, à suivre Averroès dans le *Compendium*, serait que *l'intellect agent* se trouve *dans* la semence du géniteur, et qu'il y agit à la manière de l'art présent dans une matière qu'il instrumentalise pour reproduire la forme de l'artefact existant dans l'esprit de l'artisan.

1. Sur cette question, voir G. Freudenthal, *Aristotle's Theory of Material Substance : Heat and Pneuma, Forma and Soul*, Oxford, 1995 ; « The Medieval Astrologization of Aristotle's Biology : Averroes on the Role of the Celestial Bodies in the Generation of Animate Beings », *Arabic Sciences and Philosophy* 12 (2002), p. 111-137 ; « The Medieval Astrologization of the Aristotelian Cosmos : from Alexander of Aphrodisias to Averroes », *Mélanges de l'Université Saint-Joseph* 59 (2006), p. 29-68 ; « Averroes'changing Mind on the Role of the Active Intellect in the Generation of Animal Beings », *in* A. Hasnawi (éd.), *La lumière de l'intellect. La pensée scientifique et philosophique d'Averroès dans son temps*, Leuven, 2011, p. 319-328 ; H. A. Davidson, *Alfarabi, Avicenna, and Averroes, on Intellect. Their Cosmologies, Theories of the Active Intellect, and Theories of Human Intellect*, chap. 6 ; C. Cerami, *Génération et Substance. Aristote et Averroès entre physique et métaphysique*, Boston-Berlin, 2015, chap. VIII et IX.

2. C'est dans ce chapitre qu'apparaît l'idée célèbre, au cœur des noétiques médiévales, que l'intellect, seul, « vient du dehors ». Il est question de la semence, de ce qu'elle transmet, des puissances de l'âme qui apparaissent dans l'embryon (à quel moment, dans quel ordre, par quel biais), et Aristote écrit : « En réalité, il n'est pas possible que toutes les facultés de l'âme existent d'avance, et voici qui le prouve ; pour tous les principes dont l'action est corporelle, il est clair qu'ils ne sauraient exister sans un corps ; pas de marche, par exemple, sans pieds. Par conséquent, il est également impossible que les facultés soient introduites du dehors. Car elles ne peuvent ni s'introduire d'elles-mêmes, puisqu'elles sont inséparables du corps, ni pénétrer par l'intermédiaire d'un corps : en effet, le sperme est un résidu de la nourriture en voie d'élaboration. Reste donc que l'intellect seul vienne du dehors et que seul il soit divin : car une activité corporelle n'a rien de commun avec son activité à lui (λείπεται δὴ τὸν νοῦν μόνον θύραθεν ἐπεισιέναι καὶ θεῖον εἶναι μόνον· οὐθὲν γὰρ αὐτοῦ τῇ ἐνεργείᾳ κοινωνεῖ σωματικὴ ἐνέργεια) » (*De la génération des animaux*, II, 3, 73b2124-736b29 ; trad. P. Louis, p. 60-61). Chez Alexandre d'Aphrodise, qui combine *Métaphysique* XII, 6-9, *De anima* III, 5 et *De generatione animalium* II, 3, cet intellect « du dehors » n'est rien que l'intellect divin, lui-même identique à l'intellect agent. Dans la tradition de l'Alexandre arabe, l'intellect du dehors s'identifie à l'intellect « acquis », c'est-à-dire à l'intellect agent (ou divin) qui, en tant qu'on l'intellige, entre en nous.

Ce n'est pas le détail de ce mode d'action, ici, qui intéresse le Cordouan, mais le modèle alternatif d'« inhérence » qu'offre la présence de l'intellect agent dans le sperme. En tant que réalité séparée, cet intellect n'existe pas dans la semence comme une forme matérielle qui ferait par sa composition exister son substrat et en dépendrait elle-même quant à son être ; il ne s'y trouve que comme un agent, par nature extrinsèque, en quelque façon inscrit dans l'instrument qu'il mobilise.

L'idée est triplement remarquable. Premièrement, ce n'est pas Aristote. Même si pour le Stagirite le sperme agit en tant que véhicule de la forme du géniteur qu'il va actualiser dans les menstrues, et même si l'on peut dire que l'intellect de l'enfant à naître, quoique « dans » le sperme, survient « du dehors » (en tant, peut-être, qu'il n'actualise pas de parties en puissance dans les menstrues, qu'il n'y trouve pas de correspondant actualisable)[1], il n'est pas question dans ce passage d'Aristote de l'intellect « agent » de la tradition (lequel serait, en toute génération, l'agent des formes). De fait, deuxième point, la source d'Averroès est de nouveau le livre *De l'âme* d'Ibn Bāǧǧa : c'est lui qui conçoit la puissance générative comme *un intellect en acte* (*ʿaql bi-al-fiʿl*) comparable à l'art, qu'Averroès assimile à l'intellect agent[2]. Troisièmement, la présence de ce modèle baǧǧien confirme la « jeunesse » du *Compendium* du livre *De l'âme*, puisque le Commentateur le récusera fermement. Pour le dernier Averroès, ce que l'on trouve dans la semence, et plus exactement dans la partie pneumatique de sa chaleur[3], ce n'est plus un intellect séparé mais la « puissance informatrice » (*quwwa mutaṣawwira* ; *virtus informativa*) dont parle Galien pour expliquer la dynamique d'engendrement du vivant dans la matière[4]. La thèse d'Ibn Bāǧǧa, à ses yeux, n'est désormais plus qu'un avatar de la doctrine avicennienne du *dator formarum* (le donateur de formes, *wāhib al-ṣuwar*), laquelle ne serait elle-même qu'une

1. Telle fut la belle proposition de D. Lefebvre dans une conférence donnée au colloque « Aristote en tant que… » (« Aristote en tant que péripatéticien »), que nous avions organisé en hommage à Annick Jaulin (Paris, 11-12 septembre 2014).

2. *Cf.* Ibn Bāǧǧa, *Livre de l'âme* (*Kitāb al-nafs*), éd. Alozade, p. 118, 10 *sq.* ; *cf.* trad. al-Maʿṣūmī, p. 40, ainsi que sa n. 54, p. 153-155.

3. Voir Aristote, *Génération des animaux*, II, 3, 736b33 *sq.* : « il y a toujours dans le sperme ce qui rend les semences fécondes, c'est-à-dire ce qu'on appelle la chaleur. Or cette chaleur n'est ni du feu ni une substance de ce genre, mais le gaz emmagasiné dans le sperme et dans l'écume, et la nature inhérente à ce gaz, <nature> qui est analogue à l'élément astral » (trad. P. Louis, p. 61).

4. Sur l'idée que l'image chez Averroès assure dans le déploiement de l'intellectualité humaine cette puissance « formatrice », voir J.-B. Brenet, *Je fantasme. Averroès et l'espace potentiel*, Lagrasse, 2017, p. 61-65.

sorte de platonisme conférant indûment à des réalités séparées et donc immatérielles (les « Idées », ou l'équivalent) une causalité en surplomb qui viendrait directement infuser les formes dans la matière préparée[1].

Cette critique se lit dans le *Commentaire moyen* du *De generatione animalium*. La puissance qu'on trouve dans la semence du père et qui rend compte de la génération substantielle,

> Galien l'appelle la puissance informatrice, et ce n'est ni l'âme nutritive, comme Avicenne l'imaginait, ni un intellect séparé, comme cela ressort des propos d'Abū Bakr <Ibn Bāǧǧa> dans son livre *De l'âme*. La puissance à laquelle Aristote fait référence, quand il dit que dans les éléments se trouve une certaine puissance animée, est <une puissance> liée à l'âme. <…> Certains ont <donc> estimé que le principe et la puissance existant dans la substance de la semence et donnant l'âme ou l'engendrant était une puissance séparée, puisque la semence elle-même n'a pas d'âme et qu'il ne semble pas, du reste, qu'une âme produise <elle-même> une âme qui lui est semblable. C'est ce que pense Abū Bakr ibn al-Ṣāʾiġ <Ibn Bāǧǧa>, lequel imagine que telle fut dans ce passage l'opinion d'Aristote lui-même, et il soutient que c'est cela que ce dernier voulait dire quand il affirme que cette <puissance> est appelée intellect.[2]

Mais une telle position, on l'a dit, « est semblable à celle qui postule l'existence des Idées »[3], et son erreur, contre l'avis d'Aristote en *Métaphysique* VII, est de ne pas comprendre que « la chose qui engendre est celle-là même qui transforme la matière dans laquelle la forme se trouve en puissance, et cela jusqu'à la faire passer à l'acte »[4]. Passé le *Compendium* du livre *De l'âme*, c'est cette doctrine qu'on retrouvera chez Averroès. Ce n'est pas l'intellect agent ou quelque autre agent séparé qui introduit du dehors la forme de l'être engendré dans une matière disposée à la recevoir. Ce qui engendre, c'est la semence, et cela en permettant l'émergence de la forme dans la matière qui la possède en puissance et sur

1. Sur cette critique d'Averroès, voir, outre les références aux travaux de G. Freudenthal et C. Cerami données plus haut, J.-B. Brenet, « Le feu agit-il en tant que feu ? Causalité et synonymie dans les *Quaestiones* sur le *De sensu et sensato* de Jean de Jandun », *in* Ch. Grellard et P.-M. Morel (dir.), *Les "Parva Naturalia" d'Aristote. Fortune antique et médiévale*, Paris, 2010, p. 163-195.

2. Averroès, *Commentaire moyen* du *De generatione animalium*, II, in *Aristotelis Opera cum Averrois commentariis*, Venise, 1562-1574, vol. 6 (réimp. Frankurt am Main, 1962), f. 75 K8 *sq.* (trad. C. Cerami, *Génération et substance*, p. 512 *sq.* ; traduction modifiée).

3. *Ibid.*, f. 75 M3 *sq.* (« Sed huiusmodi sententia similatur illi quae ponit ideam »).

4. *Ibid.* (« haec res generans est ipsum transmutans materiam, in qua est forma in potentia, donec ponat ipsam in actu »).

laquelle elle agit matériellement. La semence, toutefois, opère en vertu d'une puissance génératrice qu'elle tient du géniteur, laquelle puissance est simplement véhiculée par sa chaleur, attachée à elle, quoique sans mélange[1]. La *virtus formativa* ne constitue donc pas avec le sperme un composé hylémorphique, elle ne se sert du corps chaud que comme d'un outil dont elle n'est pas la forme. Le Cordouan l'explique dans son *Grand Commentaire* de la *Métaphysique* (Z9 1034a30-1034b7) :

> Dans le *Livre des animaux* Aristote dit de ces facultés <qui donnent la forme de chaque être vivant> qu'elles sont semblables à l'intellect, voulant dire qu'elles accomplissent l'acte de l'intellect. En effet, ces facultés sont semblables à l'intellect en tant qu'elles n'agissent pas par un organe corporel. Et c'est par là que ces facultés génératrices, que les médecins appellent "formatrices", diffèrent des facultés naturelles qui se trouvent dans le corps des animaux. Celles-ci, en effet, agissent certes à la manière de l'intellect pratique, mais par un instrument déterminé et des organes spécifiques. En revanche, la faculté formatrice, elle, n'agit par aucun organe particulier <…>. *Elle agit seulement par la chaleur qui se trouve dans la semence, non en tant qu'elle en est la forme, comme l'âme dans la chaleur naturelle, mais en tant qu'elle y est comprise d'une manière semblable à celle dont l'âme est comprise dans les corps célestes*[2].

C'est la puissance formatrice qui est dans la semence, dans la chaleur vitale de la semence, et si elle n'est pas absolument séparée comme le serait un Intellect[3], elle n'est pas non plus formellement inhérente ou

1. Voir M. Geoffroy, *Sources et origines de la théorie de l'intellect d'Averroès*, p. 126 *sq.*; p. 137-138.

2. Averroès, *Tafsīr mā ba'd al-ṭabī'at* (« *Grand Commentaire* » *de la* Métaphysique), texte arabe inédit établi par M. Bouyges, *s. j.*, 2e éd., Beyrouth, 1973, Z9 (1034a30-b7), c. 31, vol. 2, p. 884, 3-13 (trad. M. Geoffroy, *Sources et origines de la théorie de l'intellect d'Averroès*, p. 127 ; 128 ; 129 ; 139 ; *cf.* Averroès, *In VII Metaph.*, c. 31 ; éd. Venise, 1562, vol. 8, f. 181rF-vG ; on lit pour la dernière phrase : *Sed universaliter non agit nisi per calorem, qui est in semine; non ita quod sit forma in eis, sicut anima in calore naturali, sed ita quod sit inclusa in eius, sicut anima est inclusa in corporibus coelestibus*).

3. Outre le fait que tout renvoie à l'agent lointain qu'est l'intellect divin, notons toutefois que dans le cas de l'engendrement de l'homme (c'est-à-dire de sa puissance intellective séparée), l'intervention de l'intellect agent, lui-même séparé, est requise (sans qu'Averroès en précise les modalités). Voir en effet la fin délicate du commentaire cité, qui justifie l'introduction de l'intellect agent par Aristote : « Aristote n'a été poussé à introduire un intellect actif séparé de la matière pour l'advenue (*ḥudūṯ*) des puissances intellectuelles que parce que, selon lui, les puissances intellectuelles ne sont pas mélangées à la matière. Et il est nécessaire que ce qui n'est pas mélangé à la matière en quelque façon procède de (*'an*) ce qui n'est absolument pas mélangé à la matière, de même que tout ce qui est mélangé à la matière procède de ce qui est mélangé à la matière » (Averroès, *Grand commentaire* de

immanente comme une âme inférieure, elle agit comme un principe compris dans cette chaleur à la manière dont l'âme du corps céleste est seulement attenante à son substrat.

S'il s'agit de penser la manière singulière qu'ont nos intelligibles de se joindre à la matière, cette nouvelle doctrine, qui n'était pas celle d'Averroès à l'époque du *Compendium*, fonctionne aussi, puisque la puissance formatrice n'est pas la forme proprement matérielle de la semence. Quoi qu'il en soit, en la présentant le Commentateur a promu un autre modèle, cosmologique, qui nous conduit au second paradigme qu'il convoque dans son *Compendium* du livre *De l'âme*.

Comme le premier moteur dans la dernière sphère

Deuxième paradigme : l'intellect humain serait joint à la matière comme le premier moteur est dans la dernière sphère. La référence sous-jacente est Aristote, *Physique* VIII, 10, 267b6 *sq.* Dans ce passage notoirement délicat, le Stagirite finit par localiser le premier moteur de l'univers pourtant incorporel : « il est <…> nécessaire, écrit-il, que <le moteur> soit au centre ou sur un cercle, car ce sont les principes. Mais les choses plus proches du moteur seront plus rapides ; or tel est le mouvement sur le cercle ; *c'est donc là* (*ekei*) *qu'est le moteur* »[1]. L'arabe est littéral : *fa-al-muḥarrik iḏan hunāka.*[2]

En quel sens, précisément, est-il « là » ? Alexandre d'Aphrodise en donnait une glose remarquable, qui fut peut-être suggestive pour Averroès :

> au centre> il ne faut pas entendre ici "dans quelque chose" comme "dans un lieu" (car il a été prouvé sans partie), ni non plus comme étant une forme de ce dans quoi il est – car il serait ainsi âme et entéléchie de la puissance du premier corps –, *mais comme une substance dans une*

la *Métaphysique*, VII, 1034a30-b7, c. 31 ; éd. Bouyges, vol. II, p. 886 ; *cf.* éd. Venise, 1562, vol. 8, f. 182vK-L ; nous reprenons ce texte dans une note de la traduction *infra*). Il ne nous semble pas que ce passage concerne *l'intellection* (plutôt que la puissance intellective) et rende raison de l'advenir de la pensée en acte (c'est ce que défend C. Cerami dans une page suggestive de *Génération et substance*, p. 664-665), ni qu'on puisse, pour expliquer l'engendrement de la faculté intellective dans l'homme, faire jouer seulement la séparation de la *vis formativa* (c'est ce que fait M. Geoffroy dans *Sources et origines de la théorie de l'intellect d'Averroès*, p. 132 : « la *vis formativa* artisanale n'étant pas mélangée à la matière qu'elle investit, son œuvre doit nécessairement s'achever dans la production d'une forme-faculté qui n'est plus mélangée au corps, l'intellect »). Nous reprendrons cela ailleurs.

1. Aristote, *Physique*, VIII, 10, 267b6 *sq.*, trad. P. Pellegrin, Paris, 2000, p. 447-448.

2. Arisṭūṭālīs (Aristote), *al-Ṭabīʿa* (*La Physique*), trad. Isḥāq ibn Ḥunayn, éd. A. Badawī, vol. 2, Le Caire, 1965, p. 932, 13.

substance, incorporelle par soi, et non comme une forme. Si en effet le ciel est quelque chose d'animé et qu'il se meuve selon l'âme qui est en lui et qui est sa forme, néanmoins, outre le fait d'être mû par l'âme qui est en lui, il a besoin de quelque chose d'autre, qui lui procure le principe de son mouvement. Pour tous les êtres animés, de fait, un certain étant extérieur devient pour eux cause et principe du mouvement local selon l'âme, si du moins ce sont bien l'impulsion et le désir de quelque chose qui accomplissent le mouvement selon le lieu des êtres animés.[1]

Le moteur serait « là », à la surface de la dernière sphère, non pas comme dans un lieu, ni comme une forme, mais « comme une substance dans une substance »[2] (étonnamment, la formule se retrouve dans le *De intellectu*, 112, 9 *sq.*, dans un passage où « Alexandre »[3] rappelle la position d'un individu[4], qu'il critique, selon lequel l'intellect divin serait en toutes choses comme une substance dans une substance[5]).

Dans son *Grand Commentaire* de la *Physique*, Averroès évoque pour justifier la formule d'Aristote une sorte de localisation par l'effet. De ce premier moteur, dont l'être n'est pas dans la matière, on peut dire qu'il est « dans les lieux où son effet apparaît (*in illis locis, in quibus effectus eius apparet*) ». Et en ce sens, du reste, la philosophie rejoint ce sur quoi « toutes les religions s'accordent, à savoir que Dieu habite dans le ciel » (*omne leges conueniunt in hoc quod Deus habitat in coelo*)[6]. Cela étant,

1. M. Rashed, *Alexandre d'Aphrodise, Commentaire perdu à la Physique d'Aristote (Livres IV-VIII). Les scholies byzantines*, Berlin-Boston, de Gruyter, 2011, scholie n° 818, p. 639. Dans le scolie n° 821, Alexandre précise que le premier moteur serait sur toute la surface, tout le pourtour de la dernière sphère, le problème étant, donc, que cette surface devrait être une substance. Sur ce point, voir M. Rashed, *Alexandre d'Aphrodise, Commentaire perdu à la Physique d'Aristote*, p. 156 *sq.*; *Essentialisme*, p. 319.

2. Voir M. Rashed, *Alexandre d'Aphrodise, Commentaire perdu à la Physique d'Aristote*, p. 157, n. 317.

3. La question de l'attribution du texte est discutée, comme on sait.

4. Sur ce point, voir les notes de Sharples et d'Accattino à leurs traductions du texte.

5. Voir Alexandre d'Aphrodise, *De l'intellect*, in *De l'âme II (Mantissa)*, trad. R. Dufour, p. 26 : « il affirmait donc que l'intellect se trouve également dans la matière, comme une substance dans une substance, et qu'il est en acte, puisqu'il accomplit sans cesse ses activités propres. » Alexandre aurait-il pu employer en physique pour son propre compte une formule correspondant à une position à laquelle, en noétique, il ne souscrivait pas ?

6. *Aristotelis de physico auditu libri octo cum Averrois [...] commentariis*, Venise, apud Junctas, 1562-1564 (réimp. Franfurt am Main, 1962), t. 4, VIII, c. 84, f. 432E-F ; le moteur céleste, écrit Averroès plus largement (puisque cela ne concerne plus seulement le Premier moteur, mais tout moteur du ciel) « n'est dans un lieu que parce que le mouvement qu'il produit est dans un lieu » (« non enim est in loco, nisi quia motum ex eo est in loco » ; (*ibid.*, VII, c. 9, f. 312EF). Sur ce point majeur, voir B. Canova, « Aristote et le Coran dans le *Kitāb al-Kašf ʿan manāhiǧ al-adilla* d'Averroès », *in* J.-B. Brenet (éd.), *Averroès et les averroïsmes juif et latin*, p. 193-213. Pour le texte, voir Averroès, *Kitāb al-kašf ʿan manāhiǧ*

c'est dans le *De substantia orbis* qu'on trouve le plus grand nombre d'indications concernant plus largement la manière qu'a une Intelligence motrice d'être « dans » son ciel. L'idée récurrente est que le moteur céleste est dans le ciel non pas comme dans un lieu ou une matière, mais comme dans un « sujet », c'est-à-dire dans une réalité ontologiquement indépendante dont l'être de l'Intelligence ne dépend pas et qui, donc, ne subsiste pas par elle. La perfection « séparée », autrement dit, n'est pas la forme du composé hylémorphique courant qui, en actuant sa matière, est elle-même parachevée par elle[1]. On lit ainsi dans le *De substantia orbis* :

> Puisqu'il est apparu à <Aristote> au sujet des corps célestes que leurs formes existent dans leurs sujets (*existere in suis subiectis*), mais d'une existence (*existentia*) <telle> qu'elles ne sont pas divisées par la division du sujet, et que la cause en est qu'elles n'existent pas dans les sujets (*non existunt in subiectis*) selon qu'ils sont divisibles, il lui est apparu que ces formes ne sont pas constituées par le sujet (*non constituuntur per subiectum*) ; au contraire, elles sont séparées dans l'être (*abstractae in esse*).[2]

al-adilla fī ʿaqāʾid al-milla, éd. al-Ǧābirī, Beyrouth, 1998 (voir *La découverte des méthodes démonstratives des dogmes religieux, et l'exposé des ambiguïtés déviatrices et des innovations déroutantes résultants de l'interprétation de ces dogmes*, trad. A. el Ghannouchi, Carthage, 2016 ; trad. partielle par M. Geoffroy, dans : Averroès, L'*Islam et la raison. Anthologie de textes juridiques, théologiques et polémiques*, Paris, 2000, p. 95-160). Voir, par ailleurs, P. Lettinck, *Aristotle's* Physics *and Its Reception in the Arabic World, With an Edition of the Unpublished Parts of Ibn Bâjja's* Commentary on the Physics, Leiden-New York-Köln, 1994, p. 631 ; voir aussi, pour un autre exemple dans la tradition arabe, P. Adamson et R. Wisnovsky, « Yaḥyā Ibn ʿAdī on the Location of God », *Oxford Studies in medieval Philosophy* 1 (2013), p. 205-228. Enfin, *cf.* Avicenne (?), *Epître sur les prophéties*, trad. et notes J.-B. Brenet, introd. O. L. Lizzini, Paris, 2018, p. 106-108.

1. *Cf.* Averroès, *Grand Commentaire* du *De Anima*, II, c. 11, éd. Crawford, p. 147, 18-21 : « Il est clair, tandis que le cas de l'intellect n'est pas encore tranché, que certaines des facultés de l'âme sont les perfections (*perfectiones*) de <certaines> parties du corps, à la manière dont les formes naturelles sont parachevées par la matière (*secundum quod forme naturales perficiuntur per materiam*) ; or, il est impossible qu'une telle chose soit séparée de ce par quoi elle est parachevée » (nous traduisons).

2. Averroès, *De substantia orbis*, I ; éd. Venise, 1562-1574 (réimpr. Frankfurt am Main, 1962), vol. 9, f. 5rEF (nous traduisons) ; cf. *Averroes'De substantia orbis*, critical ed. of the Hebrew Text with English transl. and commentary by A. Hyman, Cambridge (Mass.) and Jerusalem, 1986, p. 68-69 ; *cf.* Alvaro de Toledo, *Commentarii in tractatum Averrois de substantia orbis*, éd. P. M. Alonso, *in* Alvaro de Toledo, *Comentario al « De substantia orbis » de Averroes (aristotelismo y averroismo) por Alvaro de Toledo*, Madrid, 1941, p. 108 et 110.

Les formes « séparées » sont séparées « dans l'être » (*in esse*). Comme substances, les formes séparées ne requièrent pas les corps qu'elles meuvent pour subsister et ces corps ne tiennent pas immédiatement d'elles leur constitution comme corps, si bien qu'ils seront dits « sujets » plus proprement que matière[1]. C'est à ce modèle-là qu'il faudrait aussi songer, par conséquent, si l'intellect humain devait être pour le corps une perfection séparée.

Les intelligibles théorétiques, des formes séparées ?

L'écueil du platonisme

Voilà sommairement en quel sens on peut comprendre les paradigmes qu'Averroès évoque quand il envisage que les intelligibles théorétiques puissent nous être liés comme des formes séparées. L'hypothèse, toutefois, semble être écartée sur-le-champ pour plusieurs raisons qui, toutes, se résument à une chose : le rejet de Platon. Si les intelligibles théorétiques auxquels nous avons affaire couramment sont des formes séparées, cela signifie qu'ils sont toujours déjà en acte, qu'en eux-mêmes ils ne changent en rien, et donc que si nous ne les pensons pas depuis l'enfance, cela ne tient qu'à un état interne d'empêchement qui disparaîtrait à l'âge adulte (l'humidité, en l'occurrence, qui viendrait au départ les recouvrir). L'intelligible serait là, immédiatement pensable, mais nous ne serions pas immédiatement prêts à le penser.

Dans ces conditions, où penser signifierait se ressouvenir[2], un moteur intellectuel serait par ailleurs inutile puisque l'intelligible comme tel n'aurait pas véritablement à être produit. Une telle motion ne serait au mieux une cause que par accident, à la manière dont on dit de celui qui frotte un miroir oxydé qu'il est cause par accident de sa réflexion. L'idée d'abstraction, par conséquent, ne serait plus qu'une métaphore; l'intelligible ne serait pas vraiment mû parce qu'il ne serait pas vraiment

Dans son *Grand Commentaire* de la *Physique*, Averroès écrit plusieurs fois que les moteurs célestes sont entièrement séparés *dans l'être et dans la définition* de ce qu'ils meuvent (voir Averroès, *Grand Commentaire* de la *Physique*, c. 37, f. 376L, f. 377A ; c. 44, f. 384LM ; c. 52, f. 392L ; cf. *ibid.*, c. 52, f. 393C, et c. 28, f. 366FG).

1. Averroès, *De substantia orbis*, chap. 2, f. 6GH (nous soulignons) : « le corps céleste est comme la matière de cette forme séparée, parce que c'est une matière existant en acte et que, donc, elle ne ressemble à la matière qu'en ceci seulement que c'est une matière déterminée à recevoir la forme, † et *c'est la raison pour laquelle on la dit "sujet" plutôt que "matière" (et ideo dignius dicitur subiectum quam materia)* » ; nous traduisons.

2. Voir *infra*, p. 120, § 17 ; p. 134, § 38.

en puissance, mais seulement caché, recouvert, latent[1]. C'est tout Aristote qu'il faudrait abandonner[2].

La première conclusion qui paraît s'imposer est donc que ces intelligibles théorétiques ne nous sont *pas* joints comme des formes séparées et que, dans cette mesure, ils ne sont pas éternels. Est-ce à dire pour autant qu'il s'agit de formes strictement matérielles ?

L'intelligible théorétique joint à nous comme une forme matérielle

Seconde hypothèse : les intelligibles théorétiques seraient « joints » à nous *d'une jonction matérielle*, comprenons : *proprement* matérielle, c'est-à-dire de cette jonction qu'ont les formes non séparées avec les matières qu'elles informent et dans lesquelles, constituant un composé, elles existent.

Il faut rappeler qu'en ce cas aussi Averroès parle de jonction (*ittiṣāl*). La jonction n'est pas le terme qui dit singulièrement le type de rapport qu'une « forme » ou qu'une réalité *séparée* entretient avec son substrat (avec le substrat que, nonobstant sa séparation, elle se trouve avoir), comme si l'alternative devait être entre « jonction » d'un côté (pour les réalités séparées) et « information » de l'autre (ou inhérence, ou constitution, etc., pour les formes matérielles, non séparées). On doit plutôt parler de jonction dans les deux cas, le problème étant de déterminer *le type* de jonction auquel on a affaire.

Comment procéder, dès lors, pour savoir de quelle sorte nos intelligibles théorétiques relèvent ? Averroès le précise plusieurs fois. Dans notre chapitre, il écrit d'abord que c'est « en dénombrant les choses essentielles aux formes matérielles en tant qu'elles sont matérielles, puis

1. Si ces intelligibles nous étaient joints comme des formes séparées, alors, « s'agissant de leur existence en acte, il n'y aurait pas de différence entre l'existence qu'ils ont pour nous dans l'enfance et à l'âge mûr, si ce n'est qu'ils seraient durant l'enfance submergés par l'humidité. Nous serions en somme obligés de dire qu'il y a en nous un état nous empêchant de les saisir, mais que, lorsque le sujet qui les reçoit a atteint sa disposition dernière, ces intelligibles apparaissent clairement en lui et qu'il les saisit. Ainsi n'y aurait-il aucun besoin d'un moteur du même genre qu'eux pour que les intelligibles nous adviennent, je veux dire <un moteur> qui fût un intellect ; et si c'était le cas, ce ne pourrait être que par accident, tout de même que celui qui débarrasse le miroir de la rouille est d'une certaine façon cause de l'impression des formes en lui. De même, <dans ces conditions>, ce que nous disons d'eux, à savoir qu'ils existent pour nous en "puissance" depuis l'enfance, ne s'entendrait pas en donnant <à « puissance »> le sens <exact> de la puissance matérielle, mais <seulement> d'une manière métaphorique, <en un sens> qui ressemblerait au sens de ce qu'appellent "puissance" les partisans de la latence <des formes> » (*infra*, p. 120, § 17).

2. Le jeune Averroès ne le dit pas aussi nettement, mais c'est bien de cela qu'il s'agit ; il cite, de fait, la critique qu'Aristote fait des Idées de Platon en *Métaphysique* B ; voir *infra*, p. 136, § 42.

en examinant si ces intelligibles se caractérisent par certaines de ces choses ou pas »[1]. Repère-t-on dans nos concepts, autrement dit, ne fût-ce qu'en partie, ce qui vaut pour les formes matérielles *comme telles?* Y retrouve-t-on quelque marque propre de la jonction matérielle? Au début du *Compendium*, il parlait ainsi de « recenser tous les prédicats attribuables aux formes matérielles en tant qu'elles sont matérielles » afin d'établir si certains de ces prédicats s'appliquaient à l'âme intellective[2].

Il s'agit donc de dresser la liste des propriétés des formes matérielles en tant que formes matérielles et d'examiner si les intelligibles théorétiques (et notre intellect, sous-jacent) en sont absolument dépourvus, ce qui en ferait des formes séparées éternelles, ou bien s'ils en partagent quelques-unes, ce qui suffirait à les ranger dans le groupe des formes non séparées, adventices et corruptibles.

Les caractéristiques communes des formes matérielles comme telles

Il n'existe pas qu'une seule sorte de forme matérielle dans la nature. De la matière première jusqu'à l'âme imaginative qu'on trouve dans l'animal non humain, les formes s'étagent, se rangent, s'ordonnent de la plus simple à la plus complexe : viennent d'abord les formes des éléments (l'air, l'eau, la terre, le feu), puis celle des homéomères, puis celle des anhoméomères, et enfin dans le vivant, de degré en degré, l'âme nutritive, le sens et l'imagination[3]. Chaque niveau de forme a certes ses caractéristiques propres[4], mais ce sont les traits essentiels, les propriétés que les formes matérielles ont toutes en commun qui intéressent Averroès, et il en distingue quatre[5] :

1. *Infra*, p. 122, § 18.
2. Averroès, *Talḫīṣ kitāb al-nafs*, éd. F. al-Ahwānī, p. 11, 4-15.
3. Voir les notes de la traduction. (Signalons, pour le plaisir, que V. Hugo a sa version de l'échelle des êtres dans les *Contemplations.* Voir son « Ecrit sur un exemplaire de la Divina commedia », juillet 1843 : « Un soir, dans le chemin je vis passer un homme/Vêtu d'un grand manteau comme un consul de Rome, /Et qui me semblait noir sur la clarté des cieux./Ce passant s'arrêta, fixant sur moi ses yeux/ Brillants, et si profonds qu'ils en étaient sauvages, /Et me dit : – J'ai d'abord été, dans les vieux âges, /Une haute montagne emplissant l'horizon ; /Puis, âme encore aveugle et brisant ma prison, /Je montai d'un degré dans l'échelle de êtres, /Je fus un chêne, et j'eus des autels et des prêtres, /Et je jetai des bruits étranges dans les airs ; /Puis je fus un lion rêvant dans les déserts, /Parlant à la nuit sombre avec sa voix grondante ; /Maintenant, je suis homme, et je m'appelle Dante. »)
4. Voir *infra*, p. 122 *sq*.
5. Voir p. 132 *sq*. Dans sa classification, Averroès ne rappelle pas explicitement le trait fondamental, qui apparaît au début du *Compendium*, à savoir que la jonction qui caractérise la forme matérielle est celle dans laquelle la forme est « constituée », subsiste (*mutaqawwima*) par la matière qu'elle informe (*Talḫīṣ kitāb al-nafs*, éd. F. al-Ahwānī, p. 11, 4 *sq.*).

a) elles font suite par essence (*bi-ḏāt*) à un changement (*taġayyur)* (إنما يكون تابعا لتغير بالذات وجودها) ;

b) elles sont multipliées par la multiplication de leur sujet (*mawḍūʿ*), nombrées par leur nombre (تكون متعددة بالذات بتعدد الموضوع ومتكثرة بتكثره) ;

c) elles sont composées d'une chose qui fait office de forme et d'une chose qui fait office de matière (أنها مركبة من شيء يجري منها مجرى الصورة, وشيء يجري منها مجرى المادة) ;

d) leur intelligible (*maʿqūl*) est autre que leur être (*mawǧūd*) (المعقول منها غير الموجود)

La démarche d'Averroès, cependant, n'est pas celle qu'on attendait. Plutôt que de vérifier si chacun de ces traits communs aux formes matérielles en tant que matérielles vaut aussi pour les intelligibles théorétiques, il emprunte une voie d'allure plus rapide qui inverse l'enquête. N'y a-t-il pas chez les intelligibles, demande-t-il, des propriétés suffisant à montrer *d'emblée* qu'ils ne sont *pas* des formes matérielles mais des réalités séparées ? Au lieu de s'assurer pas à pas que ces intelligibles n'ont *rien* des formes matérielles, ne peut-on repérer immédiatement qu'ils ont *quelque chose* des réalités séparées, ou du moins quelque chose de non matériel suffisant à les distinguer par essence de ces formes inférieures ?

Les intelligibles apparemment *distincts des formes matérielles*

C'est ce qu'il examine dans un premier temps. Les intelligibles, de fait, possèdent cinq caractères qui *semblent* les opposer *a priori* « au reste des formes de l'âme » :

i) leur existence (*wuǧūd*) désignée (*al-mušār ʾilay-hi*) est identique à leur existence (*wuǧūd*) intelligible (وأما صور المعقولات فقد يظن أن وجودها المعقول هو نفس وجودها المشار اليه) ; et si ce ne devait pas être le cas, dit Averroès, la distinction ne serait pas du même type que celle qu'on trouve dans les formes animées inférieures

ii) leur saisie, leur appréhension (*idrāk*) est infinie (إدراكها غير متناه)

iii) dans la perception intellectuelle, la saisie (*idrāk*) est identique au saisi (*mudrak*) (هذا الإدراك العقلي أن الإدراك فيه هو المدرك)

iv) la saisie des intelligibles théorétiques n'a pas lieu par le biais d'une passion (*infiʿāl*) (إدراكها ليس يكون بانفعال)

v) l'intellect s'accroît avec la vieillesse (العقل يتزيد مع الشيخوخة)

Tels sont les traits immédiats qu'on reconnaît aux intelligibles théorétiques et qui paraissent devoir les distinguer essentiellement des formes inférieures (c'est-à-dire des images et de la forme imaginative, des sentis et de la forme sensorielle, etc.). Si l'on se rappelle l'alternative de départ (les intelligibles sont-ils éternels, et donc joints à nous comme des réalités séparées, ou bien adventices et corruptibles, et donc joints à nous comme des formes véritablement matérielles ?), on pourrait ainsi être tenté d'en conclure, réglant la discussion (et en dépit des premières objections qui avaient été faites contre l'hypothèse de leur séparation), que les intelligibles humains ne sont pas des formes matérielles, qu'ils ne le sont aucunement, mais qu'ils sont à l'inverse éternels et toujours en acte comme des formes séparées.

Ce n'est pas ce que fait Averroès. Les caractéristiques qu'on a relevées disent certes quelque chose de ces intelligibles. Elles indiquent qu'ils ne sont pas strictement identiques aux formes matérielles inférieures qu'on trouve en l'homme. Elles montrent, pour parler comme Averroès, reprenant lui-même Ibn Bāǧǧa, qu'ils sont « dépourvus *de la relation individuelle* qu'on trouve chez le reste des puissances de l'âme », c'est-à-dire qu'ils n'ont pas ce rapport d'inscription, d'inhérence, d'existence dans leurs matières qui spécifie les formes individuelles et fait qu'en elles l'intelligible (leur intelligibilité, leur *ma'qūl*), qui ne s'obtient que par abstraction de ces matières, est distinct « au plus haut point » de leur être concret (leur *mawǧūd*). Cela, certes, est suffisant pour poser que l'intelligible n'est ni l'image ni le senti, et que l'intellect n'est pas constitutivement assimilable à l'imaginative ou au sens. Mais de cette différence indéniable à l'idée radicalement inverse que « ces intelligibles existent toujours purement en acte », la conséquence n'est pas bonne. C'est même une faute logique. Tout ce qui est composé de feu, assurément, brille. Mais tout ce qui brille, dit Averroès, n'est pas nécessairement composé de feu, et c'est la même chose ici : ce qui existe toujours en acte est certes dépourvu de la « relation individuelle » qui caractérise les formes les plus basses dans leur rapport à la matière, à leur substrat, mais il ne suffit pas de constater qu'une chose n'entretient pas ce rapport individuel pour en déduire qu'elle est toujours en acte. Pour être dépourvus du rapport individuel typique des formes matérielles inférieures, autrement dit, nos intelligibles sont-ils en eux-mêmes soustraits *à toute forme* de matérialité ? La suite va montrer que non et reconnaître aux concepts humains, entre séparation pure et matérialité grossière, un statut ambivalent.

Les traits communs des intelligibles et des formes matérielles

Deux choses fondamentales, rappelle Averroès, caractérisent les formes matérielles en tant que telles. Premièrement, le fait qu'elles découlent par essence d'un changement, et donc qu'elles adviennent, qu'elles viennent à être, qu'elles soient engendrées comme forme d'un substrat au terme d'un certain processus d'altération. Deuxièmement, le fait qu'elles soient essentiellement multipliées par la multiplication de leurs sujets, c'est-à-dire que leurs matières, véritablement, les individuent ou les pluralisent. Or, dit Averroès, ces deux aspects se retrouvent chez les intelligibles de l'homme.

Les intelligibles font suite par essence à un changement

Premièrement, les intelligibles humains eux aussi font suite par essence à un changement[1]. Cela vient de ce qu'ils procèdent nécessairement de l'expérience, c'est-à-dire des affections du sens, de l'imagination et de la mémoire[2]. Nos concepts ne sont ni innés ni infusés. C'est seulement du rapport physique au monde que se dégage la pensée qu'on en a. Ainsi n'y aura-t-il de concept de couleur, par exemple, que pour le voyant et non pas pour l'aveugle[3]. Qu'un sens vienne à manquer, et c'est d'une science qu'on se retrouve privé[4].

L'option empiriste d'Averroès est si radicale, du reste, qu'il assure que cette dépendance à l'égard des altérations de la sensation vaut non seulement pour les intelligibles manifestement abstraits, produits dans l'élaboration des sciences[5], mais aussi et d'abord pour les intelligibles

1. Nous renvoyons aux notes de la traduction (*infra*, n. 137-156) pour des éléments d'analyse détaillés.

2. La question serait de savoir en quel sens l'expérience (par les sens et l'imagination) constitue un « changement ». Voir *infra*, p. 134, § 35-36 : « Nous disons que quand on considère comment nous adviennent les intelligibles, et en particulier les intelligibles dont sont composées les prémisses empiriques, il apparaît que, pour qu'ils nous adviennent, nous sommes d'abord contraints de sentir, puis d'imaginer, la perception de l'universel nous devenant alors possible. C'est pourquoi celui qui est privé de l'un des sens est privé d'un certain intelligible. Ainsi l'aveugle de naissance ne perçoit-il jamais l'intelligible de la couleur ; sa perception, en lui, n'est pas possible. De même celui qui n'a pas la sensation des individus d'une certaine espèce n'en a pas l'intelligible – comme c'est le cas, chez nous, pour l'éléphant. Mais ce n'est pas tout : outre ces deux puissances <du sens et de l'imagination>, il est besoin de la puissance de la mémoire et de la répétition de cette sensation, plusieurs fois, jusqu'à ce que s'allume pour nous l'universel. C'est pourquoi ces intelligibles ne nous adviennent que dans le temps. »

3. Comme on le suggère en note (*infra*, n. 138-140, p. 208-211), il n'est pas sûr, cependant, que le système d'Averroès, compte tenu de l'influence des *Parva naturalia* arabes, très altérés, soit ici absolument cohérent.

4. Voir P. Pellegrin, « "Si un sens nous manquait". *De anima* III, 1, 424b22-425a13 », *in* G. Guyomarc'h, Cl. Louguet et Ch. Murgier (éd.), *Aristote et l'âme humaine. Lectures de* De anima III *offertes à Michel Crubellier*, Leuven-Paris-Bristol, CT, 2020, p. 1-18.

5. Intelligibles qu'il appelle, d'un terme ambigu – car *tous* les intelligibles, en vérité, sont empiriques –, « empiriques ». Sur cela, voir n. 137, p. 207-208.

« premiers », ces premiers concepts et premières propositions, au fondement de la moindre pensée et de l'édifice même du savoir, dont on ignore quand et comment ils nous sont advenus[1]. Sans doute ne se *rappelle*-t-on plus les conditions de leur survenue parce qu'elle a lieu tôt, « dès le début » dit le texte, c'est-à-dire dès lors que l'homme paraît et qu'il se met à toucher[2], mais l'essentiel est bien dans le fait que, précisément, ils *surviennent*, si bien qu'il n'est pas d'intelligible théorétique *a priori*, ou donné, comme une couche de sens minimal que requerrait la mise en branle puis la constitution de la science[3]. De ce premier point de vue, incontestablement, l'intelligible de l'homme passe à l'acte et il est « matériel ».

Les intelligibles sont multipliés par la multiplication de leurs sujets

L'autre propriété que les intelligibles de l'homme partagent avec les formes matérielles est d'être multipliés par la multiplication de leurs sujets[4]. Dans le cas des intelligibles, dit Averroès, cela tient au fait qu'ils « s'appuient sur leurs sujets extérieurs à l'âme ». La phrase n'est pas claire immédiatement. Que sont ces sujets extérieurs à l'âme ? En quel sens parle-t-on de « sujet » ? Et que désigne ce verbe, d'allure peu technique : s'appuyer ?

Il faut comprendre que le fait d'être multiplié par la multiplication de son sujet ne désigne pas la même chose pour la forme proprement matérielle et pour cette forme qu'est l'intelligible théorétique[5]. Si une forme proprement matérielle est multipliée par la multiplication de son sujet, c'est en tant qu'elle est *inscrite en* lui (qu'elle lui est inhérente,

1. *Infra*, p. 134, § 37 : « Et il semble en aller de même pour l'autre genre d'intelligibles, ceux dont nous ne savons pas quand ils adviennent ni comment ils adviennent, sinon que pour ces derniers, étant donné que leurs individus ont été perçus par nous depuis le début, /76/ nous ne nous souvenons pas, dans leur cas, quand nous est advenu cet état qui nous advient dans l'expérience. Cela est manifeste par soi, parce que ces intelligibles ne sont pas un autre genre d'intelligibles opposé aux <intelligibles> empiriques, et pour cette raison, nécessairement, leur advenue <en nous> se fait de la même façon. »

2. Voir n. 147, p. 213-215.

3. Il ne s'agira pas d'oublier, évidemment, l'intervention de l'intellect agent (et de l'intelligible pur, plus largement) dont l'existence toujours en acte précède et conditionne l'acte de pensée de l'individu. On parle ici des intelligibles *du monde* que l'homme a, qu'il produit, tandis qu'il progresse dans la pensée.

4. Il faut y passer plus de temps, compte tenu de l'importance de cette partie pour la thèse et la révision du chapitre.

5. Voir *infra*, p. 136 *sq.*, où il explique que les intelligibles sont multipliés d'une autre façon que celle selon laquelle les formes individuelles sont multipliées.

qu'elle s'y trouve) : le « sujet », c'est ici le substrat, ou la matière, et l'idée courante consiste à dire que la matière réceptrice individue la forme qu'elle reçoit, que la forme est *telle* en tant que forme de *telle* matière. La thèse de la multiplication de la forme matérielle par la multiplication de son sujet n'est donc qu'une autre façon de formuler le principe, admis par Averroès, d'une individuation de la forme par la matière qui l'accueille[1].

Avec les intelligibles théorétiques, cela doit s'entendre autrement. Averroès aurait certes pu le dire aussi, puisque dans le *Compendium* l'intellect matériel *n'est pas une substance unique* – comme dans le *Grand Commentaire* –, mais une disposition individuelle, et qu'on peut envisager que l'intelligible en acte soit en quelque façon multiplié par son récepteur. Mais ce n'est pas ce que le Commentateur défend ici. Quand il pose que les intelligibles sont multipliés par la multiplication de leurs sujets du fait qu'ils n'existent qu'en s'appuyant sur ces sujets, il est effectivement question de l'intelligible théorétique *en acte* (c'est-à-dire de l'intelligible d'une chose du monde en tant qu'il est perçu par l'intellect), mais le « sujet » dont la pluralité assure la multiplication de cet intelligible n'est pas *ce dans quoi* ce dernier se trouve (comme la matière dans laquelle la forme matérielle existe), mais *ce sur quoi il s'appuie*, ou plus précisément *ce qui, en tant qu'il s'y appuie, conditionne son existence en acte*[2].

D'un côté, donc, pour la forme proprement matérielle, le « sujet » désigne la matière réceptrice, la matière dans laquelle la forme vient à être; de l'autre, pour l'intelligible théorétique, le « sujet » désigne la chose extérieure à l'âme par laquelle, en tant qu'il s'y appuie, cet intelligible existe. Le terme de sujet est équivoque, par conséquent, et cela se retrouvera dans le *Grand Commentaire* du *De anima*[3]. On peut

1. Sur cela, voir M. Di Giovanni, « Individuation by Matter in Averroes'Metaphysics », *Documenti e studi sulla tradizione filosofica medievale* 18 (2007), p. 187-210.

2. Sur une justification possible de cet emploi du terme « sujet », voir J.-B. Brenet, « Averroès a-t-il inventé une théorie des deux sujets de la pensée ? », *Tópicos. Revista de filosofía* (Universidad Panamericana, México) 29 (2005), p. 53-86. Il faut songer, en effet, à Aristote, *De an*. III, 2, 425b13-14 (trad. Bodéüs) : « le même sens alors percevra la vue et la couleur *qui lui est sujette* (τοῦ ὑποκειμένου χρώματος) » ; ainsi que *ibid*., III, 2, 426b8-10 : « Donc, chaque sens porte sur le sensible *qui lui est assujetti* (τοῦ ὑποκειμένου αἰσθητοῦ), avec pour résidence l'organe sensoriel en tant que tel, et il juge des différences que présente *le sensible qui lui est assujetti* ». Sur le « sujet » chez Ibn Bāǧǧa, voir sa *Conduite de l'isolé*, § 213 et suiv., éd. Genequand, *in* Ibn Bāǧǧa, *La conduite de l'isolé et deux autres épîtres*, Paris, 2010, p. 178 *sq.* ; et § 223 surtout, p. 181 : « Le substrat ne peut être dit que de deux manières, soit ce qui reçoit un effet par relation, soit l'existant corporel en relation à son intelligible. »

3. Qu'on songe seulement au passage sur les « deux sujets » de l'intelligible en acte, l'intellect matériel d'un côté, l'image de l'autre (voir Averroès, *L'intelligence et la pensée. Grand Commentaire du* De anima, *Livre III (429a10–435b25)*, trad. A. de Libera, Paris, 1998,

bien, au sens de « substrat », considérer qu'il concerne aussi l'intelligible théorétique. On peut dire que la chose est le sujet-substrat de l'intelligible *en puissance*, c'est-à-dire qu'elle est ce dans quoi il se trouve en puissance ; et l'on pourrait dire aussi, on l'a évoqué, que l'intellect matériel est le sujet-substrat de l'intelligible théorétique en acte, puisqu'il en est le récepteur ; mais *ici*, quand il est écrit que l'intelligible théorétique est multiplié par la multiplication de son sujet, « sujet » désigne la chose extérieure dont cet intelligible est précisément l'intelligible, en tant qu'il en est abstrait, c'est-à-dire donc ce à partir de quoi il vient à être et par rapport à quoi il est. C'est la première idée : une forme matérielle est multipliée par la matière dans laquelle elle se trouve ; un intelligible théorétique en acte est multiplié par la multiplication de la chose extérieure dont il est l'intelligible et sur laquelle, en tant que tel, il « s'appuie ».

Que sont les sujets extérieurs à l'âme ? Ce sont les individus, les choses singulières dont les intelligibles qu'on conçoit sont tirés par abstraction et dont ils sont les intelligibles. Pour l'intelligible « cheval », par exemple, les sujets seraient Bucéphale, Vizir ou Marengo, etc. Ce que veut dire Averroès, et qui constitue déjà une thèse fondamentale, c'est que les intelligibles n'existent comme intelligibles en acte qu'en tant qu'on les rapporte aux choses concrètes de l'expérience dont ils sont dégagés pour en signifier abstraitement l'essence. L'intelligible n'est pas seulement abstrait du particulier, de tels ou tels particuliers, il y est, une fois abstrait, continûment rapporté. L'intelligible en acte est pensé en vis-à-vis, n'est saisi que dans ce rapport ou couplage. La conception vraie, autrement dit, n'est pas isolément la perception pure d'une essence une fois celle-ci dégagée du sensible, mais c'est la perception conjointe d'une essence et de sa base empirique, du socle d'instances dont cette essence est tirée. Sans cette liaison constante au réel concret de l'expérience, l'intelligible en acte n'existe pas ; ou plutôt, il n'existe pas comme vrai. Ainsi les intelligibles « bouc-cerf » ou « phénix » sont-ils faux parce qu'ils n'ont pas d'ancrage mondain, de référence existante, parce qu'il n'est pas dans le monde objectif de bouc-cerf ou de phénix auxquels, tandis qu'on les pense, on pourrait les rapporter[1].

p. 69-70 ; éd. Crawford, III, c. 5, p. 400, 379 *sq.*). Dans les deux cas, le terme n'a pas le même sens : il désigne le substrat dans le cas de l'intellect, et le « moteur » – d'un terme qu'emploie d'ailleurs Averroès lui-même – dans le cas de l'image. On y revient dans les notes de la traduction.

1. Sur le bouc-cerf, voir Aristote, *De l'interprétation*, 16a16 ; *Premiers Analytiques*, I, 38, 49b24 ; sur le bouc-cerf et le phénix comme exemples de choses qui n'existent pas mais peuvent être définies, voir al-Fārābī, *Kitāb al-burhān* (*Livre de la démonstration*), in *al-Manṭiq ʿinda l-Fārābī*, éd. M. Fakhry, Beyrouth, 1987, p. 19-96, ici p. 80, 19. La référence

L'intelligible théorétique, donc, *en tant qu'on le conçoit*, est constamment référé aux individus sensibles dont il est l'intelligible et dans cette mesure, ces individus étant multiples, numériquement distincts, il est lui-même multiplié. Ce qui multiplie l'intelligible, c'est la multiplicité des sujets en référence auxquels, toujours, on le conçoit. L'intelligible « cheval » sera multiple du fait qu'il n'existe pour celui qui le pense que comme l'intelligible tiré, dans des contextes chaque fois singuliers, de ces chevaux-ci ou de ceux-là[1]. Toute intellection est incarnée, en situation, chacun pense continûment les pieds sur terre, sur le sol précis de son expérience, si bien que toute intellection est l'intellection de quelque chose, c'est-à-dire non pas seulement d'une essence, mais de l'essence *de quelque chose*, d'une réalité ou plutôt de plusieurs réalités déterminées qui restent présentes tandis qu'on intellige et dont la présence, comme en miroir, conditionne l'effectuation même de cette intellection.

La thèse est plus précise, toutefois. Averroès ne parle pas que des sujets de l'intelligible extérieurs à l'âme, à savoir des individus réels dont l'universel dépend originairement; il parle aussi des *images* de ces sujets, des formes « spirituelles » imaginées issues de la sensation de ces individus réels. La thèse complète est que l'intelligible théorétique se multiplie en tant qu'il n'existe en acte qu'en étant appuyé sur des individus divers, *c'est-à-dire* en fait, compte tenu de la nécessaire médiation de l'imagination, *sur les images elles-mêmes singulières de ces*

directe d'Averroès est Ibn Bāǧǧa, *Conjonction de l'intellect avec l'homme*, éd. Genequand, § 28, p. 192 (« c'est pourquoi nous disons que le cheval est l'intelligible de quelque chose, et que le *nasnās* et la goule ne sont aucunement l'intelligible de quelque chose »); Ibn Bāǧǧa, *Epître de l'adieu*, éd. Genequand, § 79, p. 114 (la discussion dépend de la notion de « chose » (*šay'*), et sur cela, quoique dans un autre cadre, voir J. Jolivet, « Aux origines de l'ontologie d'Ibn Sīnā », *in* J. Jolivet et R. Rashed (éd.), *Etudes sur Avicenne*, Paris, 1984, p. 11-28). S'agissant des formes « vides », ou « vaines », *cf.* aussi Avicenne, *Epître sur la disparition des formes intelligibles vaines après la mort* (voir J. Michot, « "L'épître sur la disparition des formes intelligibles vaines après la mort" d'Avicenne. Edition critique, traduction et index », *Bulletin de Philosophie Médiévale* 29 (1987), p. 152-170). Plus largement, sur la question de la « référence vide » au Moyen Âge, voir A. de Libera, *La référence vide. Théories de la proposition*, Paris, 2002.

1. Ibn Bāǧǧa le dit très clairement dans sa *Conjonction de l'intellect avec l'homme*, éd. Genequand, § 28, p. 192 (trad. légèrement modifiée) : « en tant que <ces intelligibles> ont cette relation à leurs substrats, dont ils proviennent et par lesquels ils parviennent à l'esprit, ils sont nécessairement en relation avec des substrats. Ces substrats sont autres que ceux à partir desquels ils se sont produits dans l'esprit de Zayd. Par exemple, le concept universel que nous désignons par le terme cheval est un concept intelligible, comme cela a été montré en bien des endroits, et n'est devenu intelligible qu'à partir d'individus distincts des individus à partir desquels le cheval est devenu intelligible à Zayd par exemple, et distincts des individus à partir desquels il t'est devenu intelligible. »

individus-sujets[1]. La base prochaine de l'universel, son dernier appui, c'est l'image, non la chose[2], et cette image, à titre de pôle objectif, est toujours co-présente dans l'intellection. L'âme ne pense pas sans images, dit Aristote, et Averroès comprend ici, s'opposant aux Idées séparées de Platon, qu'on ne pense l'intelligible qu'*à partir* des images dont on l'abstrait *et avec elles*[3].

L'idée d'appui sur l'image comporte ces deux dimensions : le fondement, le point de départ, et la référence, la co-présence, ou mieux : la synergie. On peut y voir une lecture forte de *De an.* III, 7, 431a16-17 (« l'âme ne pense jamais sans représentation ») associé à *De an.* III, 8, 432a8 (« quand on pense, il est nécessaire d'avoir *en même temps* (*hama*) quelque représentation à penser »)[4], et dans le *Compendium* du livre *De l'âme*, Averroès utilise deux termes-clés pour l'expliciter. Celui d'*ittiṣāl*, d'abord, quand il parle d'une *jonction* (*ittiṣāl*) essentielle des intelligibles théorétiques avec les images[5] ; celui d'*irtabaṭa*, ensuite, quand il rappellera que ces intelligibles « n'existent qu'en étant *liés* (*murtabiṭa*) aux formes imaginées, qu'ils existent avec elles et cessent d'exister avec elles »[6].

On retrouvera ce lexique dans le *Grand Commentaire* du *De anima*. Pour défendre que « l'âme n'intellige rien sans l'imagination » (431a16-17), Averroès écrit en effet dans ce dernier texte que « les intelligibles universels sont liés (*colligata*) aux images, et qu'ils disparaissent si

1. Le passage par l'image – nécessaire, quoi qu'il en soit – règle mieux encore le problème de la multiplication de l'intelligible : l'intelligible « cheval » d'Alexandre le Grand, de Caligula et de Napoléon se distingue en ce que, pour l'un, il s'appuie sur Bucéphale (et d'autres chevaux à lui), pour l'autre sur Incitatus (et d'autres chevaux à lui), et pour le dernier sur Vizir et Marengo ; mais comment se multiplie-t-il chez deux personnes faisant l'expérience en même temps des mêmes chevaux particuliers ? Précisément par leurs images singulières des chevaux identiques.

2. *Cf.* Ibn Bāǧǧa, *Conjonction de l'intellect avec l'homme*, § 30, éd. Genequand, p. 192 : « <l'intelligible> est relatif à ces formes spirituelles ».

3. Ce point capital, qu'Averroès continuera de défendre dans le *Grand Commentaire* du *De Anima*, se retrouve dans le monde latin ; voir J.-B. Brenet, « Thomas d'Aquin pense-t-il ? Retours sur *Hic homo intelligit* », *Revue des Sciences Philosophique et Théologiques* 93/2 (2009), p. 229-250, spéc. p. 244-248 (« Le rapport à l'image ») ; *Les possibilités de jonction. Averroès-Thomas Wylton*, Berlin-New York, 2013, p. 65-75. Sur les conséquences majeures d'une telle position dans l'anthropologie scolastique, *cf.* B. C. Bazán, *Thomas d'Aquin. L'âme humaine*, éd. J.-B. Brenet, Paris, à paraître.

4. Trad. Thillet. *Cf.* J.-B. Brenet, *Les possibilités de jonction*, p. 65-66.

5. Cf. *infra*, p. 138, § 43.

6. Cf. *infra*, p. 148, § 61. *Cf.* Ibn Bāǧǧa, *Conjonction de l'intellect avec l'homme*, § 29, éd. Genequand, p. 192 : l'intelligible en moi « est lié (*murtabiṭ*) à l'individu que j'ai vu ».

elles disparaissent »[1] ; puis pour gloser l'idée que si l'individu pensant « voit quelque chose, il voit nécessairement des images déterminées » (432a8)[2], il soutient qu'en raison de la dépendance de l'intellect au sens, « l'intellect qui est en nous ne voit quelque chose, c'est-à-dire ne le pense, que s'il le pense *joint à* (*coniunctum cum*) une image »[3]. Dans le *Grand Commentaire*, en revanche, Averroès ne reprendra plus à son compte le vocabulaire de l'appui, qu'il attribuera exclusivement à Ibn Bāǧǧa avec lequel il aura rompu[4].

1. Averroès, *L'intelligence et la pensée*, p. 138 (éd. Crawford, III, c. 30, p. 469, 26-27). Texte complet : Averroès, *L'intelligence et la pensée*, c. 30, p. 138 : « <Aristote> dit ensuite : *Et c'est pourquoi l'âme ne conçoit rien sans l'imagination.* C'est-à-dire : et puisque le rapport des images à l'intellect matériel est comme le rapport des sensibles au sens<commun>, il en résulte nécessairement que l'intellect matériel ne conçoit pas de sensible indépendamment de l'imagination. Et à ce propos il dit explicitement que les intelligibles universels (*intellecta universalia*) sont liés aux images, et qu'ils disparaissent si elles disparaissent (*colligata sunt cum ymaginibus, et corrupta per corruptionem earum*). Et il dit aussi expressément que le rapport des intelligibles aux images est comme le rapport de la couleur au corps coloré… ».

2. L'arabo-latine lit « si igitur uiderit, necessario uidet ymagines aliquas », censé traduire « ὅταν τε θεωρῇ, ἀνάγκη ἅμα φάντασμά τι θεωρεῖν ». L'usage des notions de *continuatio* (*jonction*) et de *colligatio*, ou plutôt de *copulatio* (*lien*), dans le *Grand Commentaire* du *De Anima*, déborde par ailleurs ces deux cas ; on n'en fait pas ici le détail.

3. Averroès, *L'intelligence et la pensée*, c. 39, p. 172 (trad. légèrement modifiée ; éd. Crawford, III, c. 39, p. 506, 35-36). Texte complet, c. 39, p. 172 : « <Aristote> dit ensuite : *Et c'est pourquoi celui qui ne sent rien n'apprend rien.* C'est-à-dire : et puisque l'"intention" intelligible est identique à la chose que le sens perçoit dans le senti, nécessairement celui qui ne sent rien n'apprend rien par l'intellect selon la connaissance et la distinction. Il dit ensuite : *Si par conséquent il voit*, etc. C'est-à-dire : et c'est aussi la raison pour laquelle l'intellect qui est en nous ne voit quelque chose et ne le pense que s'il le pense joint à une image (*ipse non intelliget ipsum nisi coniunctum cum sua ymagine*). En effet, les images sont les sensibles de l'intellect, et elles lui tiennent lieu des sensibles ». Dans leur lecture des gloses du Manuscrit de Modène, Biblioteca Estense, α. J. 6. 23 (ff. 54v-58v), M. Geoffroy et C. Sirat ont toutefois pu repérer que le *coniunctum* latin recouvrait ici l'arabe *mutalabbis* (qui signifie « revêtu de » plutôt que « conjoint à » : ce que l'intellect saisit, il le saisit *revêtu de l'image*). Voir la glose 218 (ad *De an.* 431b23-432a3), *in* M. Geoffroy et C. Sirat, *De la faculté rationnelle. L'original arabe du Grand Commentaire (šarḥ) d'Averroès au* De anima *d'Aristote* (III, 5, 429a10-432a14), Édition diplomatique et critique des gloses du manuscrit de Modène, Roma, Aracne Editrice, 2021, p. 482 : « … *al-ʿaql allaḏī fī-nā iḏā raʾā šayʾan wa-taṣawwara-hu innamā yataṣawwaru-hu mutalabbisan bi-ḫayāli-hi* » (« l'intellect qui est en nous, lorsqu'il voit une chose et qu'il se la représente, se la représente revêtue de sa forme imaginée et avec celle-ci »).

4. Averroès, *L'intelligence et la pensée*, p. 158-159 (éd. Crawford, III, c. 36, p. 491, 337-345) : « Dans <l'épître sur la jonction de l'intellect avec l'homme>, <Ibn Bāǧǧa> pose comme prémisse que la multiplicité n'affecte les intelligibles des choses qu'en vertu de la multiplication des formes spirituelles qui leur servent de substrat (*cum quibus sustinebuntur*) dans chaque individu <percevant>, et que c'est par là que l'intelligible du cheval en moi est distinct de son intelligible en toi – de quoi il découle, selon la conversion des opposés, que si un intelligible n'a pas une forme spirituelle qui lui sert de substrat (*formam spiritualem a qua sustentatur*), cet intelligible sera identique en toi et en moi. »

C'est bien d'Ibn Bāğğa, de fait, que le jeune Averroès du *Compendium* tire cette idée que les intelligibles s'appuient sur les choses dont ils sont les intelligibles, puis sur leurs images, et pour préciser cette dépendance de l'intelligible à ses sujets (choses et images), il recourt comme lui à la notion technique de *relation*[1]. Que l'intelligible théorétique n'existe en acte qu'en étant rapporté d'abord[2] à son ou ses sujets extérieurs signifie qu'il lui est relié, qu'il n'existe que *relativement à* eux, c'est-à-dire qu'il n'advient mentalement que dans la saisie corrélative des individus réels dont on l'a abstrait. Les « intelligibles des choses existantes », écrit Ibn Bāğğa dans son *Discours sur la conjonction de l'intellect avec l'homme*, sont saisis « en tant qu'ils sont les perceptions de leurs sujets et leur intelligible est relatif à ces sujets dans la mesure où il subsiste par cette relation »[3]. C'est la même chose ici. L'intelligible théorétique est un relatif; il est toujours l'intelligible de… ; non pas, on le redit, d'un contenu (ce qui va de soi), mais d'un individu concret, et en fait de son image individuelle. L'intelligible théorétique n'existe jamais isolément, affranchi, ailé. Il n'est jamais, quoiqu'abstrait, orphelin, flottant, sans origine et sans attaches. L'intelligible est toujours l'intelligible d'un être ou plutôt d'une image ou d'un bouquet d'images et ne s'appréhende véritablement qu'avec elles. L'image, autrement dit, n'est pas seulement l'amorce de l'intelligible, elle est son pendant continu, son repère constant, puisque la caractéristique

1. *Cf.* Ibn Bāğğa, *Conjonction de l'intellect avec l'homme*, éd. Genequand, § 27-31, p. 191-193; § 37, p. 195 : « c'est ainsi que leurs intellects se multiplient et que l'on pense que l'intellect est multiple, car le relatif est relatif à ce qui lui est relatif. Comme le concept intelligible est pour eux un relatif et que les particuliers de sa relation sont multiples, la relation de l'intelligible de l'homme à ses particuliers chez Ğarīr est autre que la relation de l'intelligible de l'homme à ses particuliers chez Imru al-Qays. » Sur l'appui, *cf.* Ibn Bāğğa, *Conduite de l'isolé*, § 213, éd. Genequand, p. 178; § 68; *Epître de l'adieu*, § 79, éd. Genequand, p. 114.

2. *Cf.* Ibn Bāğğa, *Conjonction de l'intellect avec l'homme*, éd. Genequand, § 30, p. 192 : il faut la chose individuelle pour la penser vraiment, mais il suffit de l'image vraie de la chose pour continuer de la penser, pour pouvoir y repenser, quand bien même elle serait morte, disparue. La chose passe, autrement dit, tandis que son image reste (sauf en cas de perte de mémoire), et le concept est relatif à l'image.

3. Ibn Bāğğa, *Conjonction de l'intellect avec l'homme*, § 27, éd. Genequand, p. 191-192 (nous traduisons : … *min ḥayṯu hiya idrākāt li-mawḍūʿāti-hā wa-maʿqūlat min-hā ṣārat muḍāfat ilā tilka al-mawḍūʿāt ʿalā ʾan qiwāma-hā bi-tilka iḍāfa*); la traduction de Ch. Genequand nous paraît peu compréhensible, p. 191-193 : « …. c'est-à-dire qu'on les saisit en tant que perceptions de leurs substrats et intelligés à partir d'eux, qui sont relatifs à ces substrats de manière qu'ils ont leur subsistance par cette relation. » Les sujets dont parle Ibn Bāğğa sont d'abord les choses extérieures mais aussi leurs images; on s'en assure quand il écrit par contraste : « quant à l'intellect dont l'intelligible est lui-même, il n'a pas *de forme spirituelle comme substrat* … » (*ibid.*, § 38, p. 195).

d'un relatif est de n'exister que tant qu'existe son corrélat. De même donc que le père, le père en acte, n'existe que tant qu'existe le fils, l'intelligible en acte n'existe que tant qu'existe et que co-opère l'image.

Compte tenu de cette insistance sur l'image, on ne s'étonnera pas de lire dans l'une des révisions du *Compendium* une préfiguration de la théorie des « deux sujets » de la pensée caractéristique, dans l'anti-averroïsme latin, de la noétique du *Grand Commentaire* du *De anima*[1]. Tandis qu'Averroès abandonne l'idée que l'intellect matériel soit une simple disposition des images, en effet, pour proposer d'en faire « une substance qui est en puissance tous les intelligibles mais qui n'est en elle-même aucune d'entre les choses »[2], il note en corrigeant la thèse initiale de son *Compendium* qu'« il est manifeste, s'agissant des intelligibles, qu'ils sont liés à deux sujets : <l'un> éternel, et c'est celui dont le rapport aux <intelligibles en acte> est le rapport de la matière première aux formes sensibles ; et le second engendrable et corruptible, et ce sont les formes imaginées, lesquelles sont sous un certain rapport sujet, et sous un autre, moteur »[3].

La thèse affleurait déjà chez Ibn Bāǧǧa[4], mais c'est bien dans le *Grand Commentaire* qu'elle paraîtra nettement : l'intelligible en acte a « deux sujets », dira Averroès, l'intellect matériel, d'un côté, qui en fait « un étant du monde » (un intelligible existant en acte – la formule est d'origine farabienne), et l'image, par laquelle il est vrai, c'est-à-dire par laquelle il est l'intelligible de quelque chose, l'intelligible existant en acte de quelque chose de réel[5].

L'idée par ailleurs que cette dépendance à l'image s'impose pour sauver les phénomènes se retrouve de façon similaire dans les deux œuvres. « Si nous soutenions que les universels ne se multiplient pas par la multiplication des images de leurs individus sentis, écrit le jeune Averroès dans son *Compendium*,

1. Sur cela, voir entre autres D. Black, « Consciousness and Self-Knowledge in Aquinas's Critique of Averroes'Psychology », *Journal of the History of Philosophy* 31 (1993), p. 349-385 ; « Models of the mind : metaphysical presuppositions of the averroist and thomistic accounts of intellection », *Documenti e Studi sulla tradizione filosofica medievale* 15 (2004), p. 319-352 ; A. de Libera, *Archéologie du sujet*. III. *La double révolution*, Paris, 2014, p. 165-244 ; J.-B. Brenet, *Transferts du sujet. La noétique d'Averroès selon Jean de Jandun*, Paris, 2003, p. 311-328 ; « Averroès a-t-il inventé une théorie des deux sujets de la pensée ? » ; *Je fantasme*, chap. 7 et 11.

2. *Infra*, p. 150, § 61.

3. *Ibid*.

4. Ibn Bāǧǧa, *Conduite de l'isolé*, § 213, éd. Genequand, p. 178.

5. Voir Averroès, *L'intelligence et la pensée*, p. 69-70 ; éd. Crawford, III, c. 5, p. 400, 379 *sq*.

> il s'ensuivrait des choses abominables, comme le fait que tout intelligible se produisant chez moi se produirait chez toi, de sorte que lorsque j'aurais appris une chose, tu l'aurais apprise aussi, et que lorsque je l'aurais oubliée, tu l'aurais oubliée toi aussi. Mais il n'y aurait alors plus aucunement d'apprentissage ni d'oubli, et toutes les sciences d'Aristote existeraient en acte pour qui n'aurait <pourtant> pas encore lu ses livres.[1]

Même chose dans le *Grand Commentaire* – alors même que la noétique d'Averroès a changé, puisque le Cordouan considère désormais que l'intellect matériel est non seulement une substance séparée, mais une substance *unique* pour toute l'espèce humaine, et que *c'est cette unicité-là, en tant qu'elle conditionne celle de l'intelligible comme tel, qui pose problème*. Notons ce passage, par exemple :

> si la perfection première est une et la même pour tous les hommes et n'est pas multipliée par leur nombre, il faudra que, quand j'acquiers un certain intelligible, tu acquières exactement le même, et que quand j'oublie un certain intelligible, tu l'oublies également.[2]

Ou encore ceci (où il est question de l'unicité de la *res intellecta*) :

> Ce mode selon lequel nous posons l'essence de l'intellect matériel résout toutes les questions existant au sujet de notre thèse que l'intellect est à la fois un et multiple (*unus et multa*). Car, si la chose conçue en moi et en toi était une sous tous les modes, il faudrait que, quand je connais un certain intelligible, toi aussi tu le connaisses, et bien d'autres impossibilités. Et si nous posions qu'il est multiple, il faudrait que la chose conçue en moi et en toi soit une en espèce et deux en individu, et ainsi la chose conçue aurait une chose conçue, et on régresserait à l'infini. Il serait alors impossible que l'élève apprît du maître, à moins que le savoir qui est dans le maître ne soit une puissance engendrant et créant le savoir qui est dans l'élève, sur le mode par lequel un feu <singulier> en engendre un autre semblable en espèce – ce qui est impossible. Et le fait que ce qui est connu (*scitum*) soit le même dans le maître et l'élève est ce qui a fait croire à Platon que la science (*disciplina*) était une réminiscence. Par conséquent, si nous posons que la chose intelligible qui est en moi et en toi est multiple dans le sujet selon lequel elle est vraie, c'est-à-dire les formes de l'imagination, et une

1. *Infra*, p. 138, § 45. *Cf.* là aussi Ibn Bāǧǧa, *Conjonction de l'intellect avec l'homme*, § 21, éd. Genequand, p. 190 ; § 25, p. 191. Voir de nouveau les notes de la traduction.

2. Averroès, *L'intelligence et la pensée*, p. 62 ; éd. Crawford, III, c. 5, p. 393, 177 *sq.* (« *si prima perfectio esset eadem omnium hominum, et non numerata per numerationem eorum, contingeret quod, cum ego acquirerem aliquod intellectum, et tu etiam acquireres illud idem, et quando ego obliviscerer aliquod intellectum, ut tu etiam.* »)

dans le sujet par lequel elle est un intellect qui est (et c'est l'intellect matériel), ces questions sont parfaitement résolues.[1]

Quoi qu'il en soit, l'idée principale qui ressort de ce développement sur l'image est que les intelligibles théorétiques sont composés, c'est-à-dire ici composés d'une forme, constituée par l'intellect agent, et d'une matière, fournie par l'image-substrat[2]. « Il est clair, écrit Averroès, qu'il y a dans les intelligibles une partie qui disparaît et une partie qui demeure. C'est la raison pour laquelle *l'examen de ceux qui s'en sont occupés a vacillé.* »[3] Contre l'alternative du départ, les intelligibles humains ne sont ni

1. *Ibid.*, c. 5, p. 80; éd. Crawford, III, c. 5, p. 411, 707 *sq.* (« *Et iste modus secundum quem posuimus essentiam intellectus materialis dissolvit omnes questiones contingentes huic quod ponimus quod intellectus est unus et multa. Quoniam, si res intellecta apud me et apud te fuerit una omnibus modis, continget quod, cum ego scirem aliquod intellectum, ut tu scires etiam ipsum, et alia multa impossibilia. Et si posuerimus eum esse multa, continget ut res intellecta apud me et apud te sit una in specie et due in individuo; et sic res intellecta habebit rem intellectam, et sic procedit in infinitum. Et sic erit impossibile ut discipulus addiscat a magistro, nisi scientia que est in magistro sit virtus generans et creans scientiam que est in disciPulo, ad modum secundum quem iste ignis generat alium ignem sibi similem in specie; quod est impossibile. Et hoc quod scitum est idem in magistro et disciPulo ex hoc modo fecit Platonem credere quod disciplina esset rememoratio. Cum igitur posuerimus rem intelligibilem que est apud me et apud te multam in subiecto secundum quod est vera, scilicet formas ymaginationis, et unam in subiecto per quod est intellectus ens (et est materialis), dissolvuntur iste questiones perfecte.* »)

2. Sur la composition des intelligibles dans le *Grand Commentaire* du *De anima*, voir la n. 193, p. 228-229 de la traduction.

3. *Infra*, p. 142, § 52. *Cf.* Ibn Bāğğa, *Conjonction de l'intellect avec l'homme*, § 27, éd. Genequand, p. 191 ; Averroès, *L'intelligence et la pensée*, p. 69 (éd. Crawford, III, c. 5, p. 400, 376-379). Voir aussi c. 5, p. 73 *sq.* : « il est aussi manifeste que la matière et la forme s'unissent l'une à l'autre d'une manière telle que l'agrégat qui en résulte ne fait qu'un. C'est par excellence le cas de l'intellect matériel et de l'"intention" intelligible en acte : ce qui se compose à partir d'eux n'est pas une troisième <chose> distincte d'eux, comme c'est le cas des autres composés de matière et de forme. Par conséquent, il est impossible que la jonction de <cet> intelligible (*intellecti*) avec l'homme ait lieu sans la jonction de l'une de ces deux parties avec lui <l'homme>, que ce soit cette partie de lui (c'est-à-dire de l'intelligible) qui est comme <sa> matière ou l'<autre> partie qui est comme <sa> forme. Et puisqu'il est <maintenant> établi à partir des précédents discussions qu'il est impossible que l'intelligible soit uni avec chacun des hommes et multiplié par leur nombre pour ce qui est de la partie de lui qui est comme <sa> matière, à savoir l'intellect matériel, il reste que la jonction des intelligibles avec nous autres hommes se fait par la jonction des "intentions" intelligibles avec nous, <plus précisément> de cette partie des <"intentions" intelligibles> qui est en nous d'une certaine manière comme <leur> forme – et ce sont les "intentions" imaginées » (« *Et est etiam manifestum quod materia et forma copulantur adinvicem ita quod congregatum ex eis sit unicum, et maxime intellectus materialis et intentio intellecta in actu; quod enim componitur ex eis non est aliquod tertium aliud ab eis sicut est de aliis compositis ex materia et forma. Continuatio igitur intellecti cum homine impossibile est ut sit nisi per continuationem alterius istarum duarum partium cum eo, scilicet partis que est de*

des formes strictement matérielles (purement et simplement adventices et corruptibles), ni des Idées platoniciennes (absolument éternelles). Ils sont les deux, ou plutôt entre les deux. Les intelligibles humains ont quelque chose de l'un et l'autre ordre, relèvent des deux régions de l'univers. Ils ne sont pas de l'intelligibilité pure, de pur contenus noématiques, de pures idéalités (sans moteurs, sans vis-à-vis, sans porteurs), ce sont des intelligibles relatifs, des intelligibles couplés, comme des fils qu'on ne pourrait correctement voir que dans leurs pères[1].

Ils sont ambivalents, par conséquent. Nos concepts mêlent l'éternel et le fugace. Il est en eux une partie qui disparaît (qui s'évanouit, s'efface, qui brille puis s'éteint) et une partie qui demeure (qui perdure, qui tient, en permanence). L'individu ne s'ouvre à la stabilité du sens que dans un rapport évanouissant ; il n'accède à la vérité que par des concepts, mais par des concepts vivants, dont la relation au vrai est portée par le rythme d'un corps fragile.

Il faudrait pousser loin la conséquence d'une telle thèse. Rappelons-nous l'enjeu (*De an.* I, 1, 403a3 *sq.*) : s'il est un acte par soi de l'âme, elle peut être séparée, etc. Mais existe-t-il un tel acte si, dans la pensée, l'objet que cette âme saisit n'advient jamais que dans la synergie de l'intellect et de l'imagination, si l'âme n'opère en intelligeant qu'en imaginant dans le même temps, si l'âme n'intellige qu'en tant qu'elle imagine (et non pas, seulement, *pour avoir imaginé*, préalablement, et encore moins pour seulement posséder la faculté d'imaginer)[2]. La question sera de savoir si dans la « jonction », la jonction terminale, l'homme dépasse cette composition et accède *purement* à l'intelligible *pur* ou s'il demeure toujours dans une forme de mixité mentale.

La « matière » des intelligibles théorétiques

Averroès a posé que les intelligibles théorétiques étaient engendrables et corruptibles, ou du moins qu'il y avait en eux quelque chose de cet

eo quasi materia, et partis que est de ipso (scilicet intellecto) quasi forma. Et cum declaratum est ex predictis dubitationibus quod impossibile est ut intellectum copuletur cum unoquoque hominum et numeretur per numerationem eorum per partem que est de eo quasi materia, scilicet intellectum materialem, remanet ut continuatio intellectorum cum nobis hominibus sit per continuationem intentionis intellecte cum nobis (et sunt intentiones ymaginate), scilicet partis que est in nobis de eis aliquo modo quasi forma »).

1. Dans la langue de Frege, on dirait que tout concept est à la fois « pensée » et « représentation », laquelle représentation requiert un « porteur » (voir G. Frege, « La pensée », in *Écrits logiques et philosophiques*, trad. Cl. Imbert, Paris, 1971, p. 170-195).

2. Comme on le rappelle *infra*, al-Fārābī, lui, tranche nettement la question : l'âme humaine, en marche vers la substantialisation, en viendra à penser sans images.

ordre ; et puisqu'il n'est d'adventice qu'une réalité matérielle, il en déduit qu'ils ont une matière. Quelle est-elle ? C'est le nouveau problème.

Il faut se rappeler l'ouverture du chapitre pour comprendre ce qu'on demande exactement. Si la puissance intellective « est tantôt en puissance, tantôt en acte », écrivait Averroès, cela signifie qu'elle possède une matière, et si c'est le cas, poursuivait-il, « quelle est cette matière, et quel est son rang ? Quel est le sujet de cette prédisposition, de cette puissance (étant donné que la puissance fait partie de ce qui n'est pas séparé) ? S'agit-il d'un corps, d'une âme, ou d'un intellect ? »[1]

Quand on s'interroge sur la matière des intelligibles, autrement dit, la question posée est celle de la matière (*hayūlā*), ou du sujet (*mawḍūʿ*) – les deux termes étant synonymes, ici – de la puissance (*quwwa*) intellective comprise comme prédisposition (*istiʿdād*). Si les intelligibles sont adventices, c'est que l'intellect tantôt pense, tantôt ne pense pas, ou plutôt qu'il s'est mis à penser (que l'intellection, dans son cas, est toujours d'abord une mise en œuvre) ; si l'intellect humain se met à penser, c'est que la pensée effective est précédée d'une aptitude à penser et que cet intellect, donc, est d'abord en l'homme une puissance ; et si c'est le cas, toute prédisposition étant puissance d'un substrat, quelle est cette matière-sujet ? Le corps ? un intellect ? une âme ? Voilà ce qu'on cherche.

Deux précisions s'ajoutent, cependant, qui sont autant de problèmes. Premièrement, il est dit de cette prédisposition non seulement qu'elle est puissance d'un sujet, mais qu'elle existe *en* lui, qu'elle existe *dans* la matière dont elle est la puissance[2]. Or, l'inhérence, l'inhésion, l'être-dans n'a rien d'univoque – qu'on songe au texte d'Aristote cité *supra*, *Physique* IV, 3, 210a14-24 – et la puissance intellective, de fait, ne saurait être « dans » sa matière comme les formes inférieures dans les leurs ;

1. Voir *infra*, p. 108, § 2. Dans l'une de ses révisions, où Averroès a explicitement introduit l'idée que les intelligibles étaient composés, qu'il y avait en eux une partie (éternelle) faisant office de forme et une partie (adventice) faisant office de matière, il formule le problème ainsi : « et puisqu'il est apparu clairement qu'il y a dans les intelligibles une partie qui demeure et une partie engendrée et corruptible, et que tout ce qui et engendré possède une matière, examinons <à présent> ce qu'est la substance de cette matière et quel est son rang » (notre trad. *infra*, p. 142, § 53).

2. Voir *infra*, p. 146, § 57 (nous soulignons) : « Quant à moi, je dis : *cette matière dans laquelle existe cette prédisposition à recevoir les intelligibles*, allèguent-ils <*i.e.* Thémistius et les siens> – si seulement je le savais ! – qu'elle est une certaine chose en acte ou pas ? Ils ne sauraient échapper à cette <alternative>, car l'essence de la possibilité et de la prédisposition adventice relève de ce qui a nécessairement besoin d'un sujet, comme cela a été exposé au premier <livre> de la *Physique* » ; puis p. 148, § 61 : « Nous disons : puisqu'il est apparu que ces intelligibles sont adventices, il y a nécessairement une prédisposition qui les précède, et puisque la prédisposition fait partie des choses qui ne sont pas séparées, il est nécessaire *qu'elle existe dans un sujet* ».

elle y sera sans mélange, seulement attenante, sans quoi sa réception de l'universel comme tel n'aurait pas lieu[1]. Deuxièmement, la disposition qu'est l'intellect et dont on cherche à déterminer le sujet-substrat n'est pas vaguement puissance de penser ; elle est puissance de penser, dit Averroès, en tant que « prédisposition à *recevoir* les intelligibles »[2]. C'est le substrat d'une puissance passive, autrement dit, qu'on cherche, conformément à l'idée aristotélicienne que l'intellection est un « pâtir », qu'intelliger signifie pâtir en quelque façon de l'universel qu'on reçoit. Cela aura son importance lorsqu'il s'agira de comprendre *ce qui* véritablement constitue, par l'entremise de la prédisposition, le *réceptacle* de l'intelligible en acte.

Mais revenons au texte. Demander quelle est la matière des intelligibles, du fait qu'ils sont adventices, c'est chercher à saisir quel est le « sujet » de la puissance ou prédisposition qu'est l'intellect, et plus exactement l'intellect *dans sa perfection première* (ce qu'Averroès, héritier d'Alexandre d'Aphrodise comme tous les penseurs de la *falsafa*, appelle l'intellect matériel), c'est-à-dire le sujet en l'homme de la disposition à recevoir l'intelligible.

Il faut être minutieux dans cette formulation. Le *Compendium* du livre *De l'âme*, s'agissant de la notion de sujet, est traversé d'une grande équivocité lexicale et théorique qui conduit à ses révisions puis à son reniement.

Tâchons de préciser l'ambiguïté qui empoisonne le texte. En quel sens Averroès parle-t-il de « sujet » dans son *Compendium*, et en particulier dans son chapitre sur l'intellect ? Nous l'avons abordé en parlant de la multiplication des intelligibles pour noter que les « sujets » désignaient les individus extérieurs à l'âme (et par dérivation, implicitement, leurs images) dont les concepts étaient abstraits et auxquels ils se rapportaient. On peut toutefois l'exposer de façon plus complète.

Au début du chapitre, Averroès formule les principales questions de son enquête et, comme on l'a vu, il s'interroge sur la matière-sujet de cette puissance-disposition qu'est l'intellect : quelle est-elle, demande-t-il ? quel sera son rang ?[3] Le « sujet », ici, est le substrat de l'âme rationnelle entendue comme puissance intellective, comme faculté de penser ; c'est le substrat, en d'autres termes, de la perfection première de l'intellect, c'est-à-dire à la fois ce que la faculté de penser suppose dans l'homme

1. Voir *infra*, p. 152, § 64.

2. Voir la première citation précédente.

3. Voici le passage, de nouveau : « Si <l'âme intellective> est tantôt en puissance, tantôt en acte, elle possède nécessairement une matière. Quelle est alors cette matière, et quel est son rang ? quel est le sujet de cette disposition, de <cette> puissance (étant donné que la puissance fait partie de ce qui n'est pas séparé) ? S'agit-il d'un corps, d'une âme, ou d'un intellect ? »

pour exister (ce « sans quoi » elle ne saurait être, qui fonde son existence), et ce « dans quoi », à titre de disposition, elle se trouve (ces deux aspects pouvant s'envisager en un sens prochain : ce sera le substrat immédiat; ou lointain : ce sera le substrat éloigné).

On peut comparer cela à ce que dit Averroès de la faculté imaginative quelques pages auparavant :

> le sujet (*mawḍūʿ*) de cette puissance <imaginative>, ce dans quoi en réside la disposition (*istiʿdād*), est le sens commun, ce qui est indiqué par le fait que l'imagination *ne se trouve jamais qu'avec* la faculté du sens tandis que le sens peut se trouver sans l'imagination. En somme, il apparaît que la faculté sensorielle est antérieure par nature à cette faculté-ci, et que celle-ci entretient avec elle le même rapport que la nutritive avec la sensitive. On veut dire *le rapport de la perfection première qui se trouve dans la faculté imaginative avec la perfection première de la faculté sensorielle.*[1]

La « matière » ou bien le « sujet » de l'imaginative, c'est-à-dire le substrat prochain de sa perfection première, de ce qu'elle est comme puissance ou faculté d'imaginer, comme disposition à recevoir, à produire et à composer des images, c'est le sens commun, ou plutôt la puissance sensorielle commune, le sens commun dans sa perfection première, et cela dans la mesure où cette faculté de sentir doit précéder immédiatement l'imaginative dans l'ordre des capacités de l'homme ou de l'animal (ce qui signifie que seul l'animal doué de sens commun peut être doué d'imagination), et dans la mesure, aussi, où c'est dans le sens commun, de façon prochaine, que la disposition à imaginer s'enracine.

C'est la même question, donc, qui sera posée au niveau supérieur de l'intellect et qui donne un premier sens à la notion de « sujet » : celui du substrat proche ou éloigné d'une puissance psychique supérieure, celui de la perfection, de l'actualité inférieure qui en conditionne l'existence et en ouvre la possibilité. Tel ne sera plus le problème du *Grand Commentaire* du *De anima*, dont le bouleversement théorique se lit déjà dans l'une des révisions du *Compendium*[2]. Dans son *Grand Commentaire*, en effet,

1. Ibn Rušd, *Talḫīṣ kitāb al-nafs*, éd. al-'Ahwānī, p. 61, 19 *sq.*; nous soulignons. La citation est reprise, comme d'autres, dans les notes de la traduction.

2. On lit : « Aussi apparaît-il que l'intellect qui est en puissance doit être autre chose. Mais quelle chose? Si seulement je le savais! Peut-être est-ce, comme le dit Aristote, une substance qui est en puissance tous les intelligibles mais qui n'est en elle-même aucune d'entre les choses, car si elle était en elle-même quelque chose, elle n'intelligerait pas toutes les choses, étant donné que l'intellection est réception et que la chose ne se reçoit pas elle-même » (*infra*, p. 150, § 62). Passé le *Compendium*, en vérité, Averroès ne cessera de revenir, pour finalement l'abandonner, sur cette idée de l'intellect matériel comme disposition. Voir par exemple le remarquable effort exégétique qu'on lit dans l'une de ses épîtres où il suggère la possibilité d'une disposition (ou préparation) qui n'aurait pas « la

l'intellect matériel, c'est-à-dire l'intellect dans sa perfection première, l'intellect comme puissance de penser, comme récepteur en puissance de l'intelligible, ne sera plus conçu comme disposition *d'un sujet*, mais lui-même comme *sujet disposé*[1], et plus précisément comme *substance* éternelle séparée, réceptacle en puissance de l'universel[2]. Si l'on reprend la métaphore aristotélicienne de la tablette (*De l'âme*, III, 4, 429b31 *sq.*), l'intellect matériel ne sera plus comparé, conformément à l'interprétation d'Alexandre d'Aphrodise, *au non-écrit* de cette tablette susceptible de recevoir l'écriture[3], mais *à la tablette vierge elle-même*. Dans le *Compendium* initial, toutefois, Averroès n'en est pas là : de cette simple aptitude qu'est l'intellect, il cherche bien le sujet-support.

Les occurrences suivantes du terme « sujet » apparaissent dans le chapitre sur l'âme rationnelle du *Compendium* lorsqu'il est question de l'intellect pratique. Averroès vient d'affirmer que les intelligibles pratiques sont manifestement adventices, qu'ils existent en nous d'abord en puissance, puis en acte, puisqu'ils n'adviennent que par « expérience » et que cette expérience, en tant qu'elle procède de la sensation et de l'imagination, ne peut être elle-même qu'adventice, c'est-à-dire se produire, varier, se corrompre. Puis il enchaîne :

> Quant à savoir si les images jouent le rôle de sujet pour cette puissance ou bien celui de moteur, comme c'est le cas, pour la puissance imaginative, des résidus <laissés> par les sensibles dans le sens commun, il est évident que leur rôle vis-à-vis d'elle n'est pas celui de sujet. La notion imaginée,

nature de la relation », qui ne serait plus la disposition *d'un substrat* et existerait, dès lors, *comme une forme séparée* (voir *Epître 1*, dans *La béatitude de l'âme*, éditions, traductions annotées, études doctrinales et historiques d'un traité d'« Averroès », par M. Geoffroy et C. Steel, Paris, 2001, § 19-20, p. 210). De l'enquête sur le sujet de la disposition attenante qu'est l'intellect à la considération de l'intellect lui-même comme sujet potentiel séparé : c'est l'un des parcours qui caractérise la réflexion « noétique » d'Averroès.

1. Sur ce point, et la rupture avec Alexandre d'Aphrodise que cela constitue, voir la n. 233, p. 238.

2. Ce n'était déjà plus le cas dans le *Commentaire moyen* du *De anima*, où l'intellect matériel est compris comme « une chose composée de la disposition qui existe en nous et d'un intellect joint à cette disposition » (trad. Elamrani-Jamal, « Averroès : la doctrine de l'intellect matériel dans le *Commentaire moyen au "De anima"* d'Aristote », *in* A. de Libera, A. Elamrani-Jamal et A. Galonnier (éd.), *Langages et Philosophie. Hommage à Jean Jolivet*, Paris, 1997, § 9, p. 294). On n'entend pas présenter ici, cela va de soi, l'ensemble de la noétique rushdienne.

3. C'est encore ce qu'on lit dans l'une des versions du *Compendium* du livre *De l'âme* (et qui, notons-le au passage, répond à la question du sujet de la disposition intellective : c'est la puissance imaginative) : « C'est la raison pour laquelle Aristote compare cette prédisposition qui se trouve dans la puissance imaginative à recevoir les intelligibles à l'absence d'écriture sur la tablette, et l'âme, sujet de cette prédisposition, à la tablette » (*infra*, p. 152, § 64).

> en effet, est la notion intelligée elle-même, et elle joue donc le rôle de moteur. Pour cela, toutefois, elle ne suffit pas, car l'universel, quant à l'être, est distinct de l'image, et si les images seulement en étaient le moteur, <l'universel> serait nécessairement de la même espèce qu'elles, comme c'est le cas du senti et de l'imaginé – nous expliquerons cela davantage dans le chapitre sur l'intellect théorétique, où nous parlerons de l'existence de ce moteur <de l'universel> et de ce qu'il est. Si donc ce ne sont pas les images seulement qui sont motrices de cette puissance, et qu'elles sont l'une des choses par quoi s'accomplit la saisie de l'universel, elles sont d'une certaine façon comme le sujet de l'universel, car elles sont l'universel à la manière d'une prédisposition, en puissance, et celui-ci leur est lié[1].

Quel rôle les images jouent-elles vis-à-vis de l'intellect pratique, demande Averroès ? Sont-elles un « sujet » (*mawḍūʿ*), pour lui, ou bien un « moteur » (*muḥarrik*), à l'instar des sentis communs qui meuvent l'imagination ?

La réponse est triple. Premièrement, dit-il, l'image est assurément motrice de l'intellect pratique et non pas « sujet ». Le sujet est ici le contraire du moteur et désigne, comme dans ce qui précède, un substrat, ce dans quoi telle ou telle chose existe ou vient à être. Ce ne sera pas toujours le cas dans l'œuvre d'Averroès, notamment dans le *Grand Commentaire* du *De anima* où l'image, *en tant que motrice*, est paradoxalement nommée « sujet »[2], ni même déjà dans le *Compendium* du livre *De l'âme* où le Cordouan, comme on l'a vu, dit de l'individu extérieur à l'âme qu'il est le « sujet » de l'intelligible en acte. Dans cette première réponse, cela étant, Averroès soutient que l'image meut l'intellect pratique en acte, *et non pas qu'elle le reçoit*. L'intelligible *en acte* n'étant rien que l'image universalisée, en effet, si l'image devait être le sujet-substrat de cet intelligible, cela voudrait dire qu'une chose se recevrait elle-même, ce qui n'a pas de sens.

Deuxièmement, Averroès précise que si l'image est motrice de l'intellect pratique (en acte), elle ne saurait en être l'unique moteur. L'intelligible provient de l'image, certes, et il *est* l'image, en un sens, mais c'est une entité universelle, d'une autre espèce, et pour rendre raison de cette universalité (de ce transfert jusqu'à l'universalité, alors que le senti et l'imaginé, eux, sont individuels), il faudra nécessairement qu'intervienne un second moteur, un moteur noétique, intellectuel, du même ordre que

1. *Infra*, p. 116, § 10.
2. Sur cela, voir entre autres J.-B. Brenet, « Averroès a-t-il inventé une théorie des deux sujets de la pensée ? ».

son produit. La discussion sur cet autre moteur, l'intellect agent, dont l'action se combinera à celle de l'image, est renvoyée à la fin du chapitre.

Troisièmement, alors qu'il venait de soutenir que les images étaient un moteur et non pas le sujet de l'intellect pratique, Averroès apporte une nuance et finit par écrire que ces images, « d'une certaine façon », sont « comme le sujet de l'universel, car elles sont l'universel à la manière d'une disposition, en puissance, et celui-ci leur est lié. » L'image, donc, serait à la fois sujet et moteur de l'intellect pratique et de ses « universels ». Comprenons : sujet-substrat de l'universel *en puissance*, parce que c'est dans l'image qu'on pense, que c'est là, si l'on peut dire, que l'intelligible se trouve, au cœur du sédiment que le réel laisse dans le corps sentant; mais moteur de l'universel *en acte* (sous l'effet d'un autre moteur, d'un intellect toujours en acte, agent de l'intelligibilisation), parce que c'est de l'image que vient évidemment la détermination du concept.

Poursuivons. Le terme « sujet » reparaît dans le développement consacré à la multiplication des intelligibles théorétiques, lorsqu'Averroès dit d'eux qu'ils sont multipliés « par la multiplication de leurs sujets ». Comme on l'a vu, les sujets des intelligibles désignent les individus réels extérieurs à l'âme dont ces intelligibles sont dégagés par abstraction et sur lesquels, en tant qu'on les intellige et qu'ils sont vrais, ils s'appuient. Le sujet n'est plus le substrat, à l'état de perfection première (la faculté sensorielle, par exemple), d'une puissance elle-même dans sa perfection première (la faculté imaginative), mais le corrélat de l'intelligible en acte, c'est-à-dire à la fois son pôle individuel d'extraction (l'individu, ou l'ensemble d'individus concrets, suivis de leurs images, dont on l'extrait) et la référence permettant qu'on l'intellige dans sa vérité. Pour le dire autrement, le sujet cette fois n'est plus la faculté inférieure sans laquelle la faculté supérieure n'existerait pas, et « dans » laquelle, du reste, elle se trouve, mais, d'un terme anachronique, (i) *l'objet* de l'expérience à partir duquel l'abstraction se fait, c'est-à-dire (ii) le moteur individuel par lequel la puissance psychique peut être affectée, et (iii) le repère, enfin, relativement auquel son acte prend sens.

Vient ensuite la partie qui nous occupe sur la « matière des intelligibles ». Averroès va de nouveau user diversement du terme « sujet », mais l'on peut désormais lire plus rigoureusement sa réponse.

Dans un premier temps, le Cordouan écarte de cette enquête sur la matière des intelligibles ceux qui en postulent l'éternité – il s'agit, pour lui, de Platon, qui n'est pas nommé. Car si les intelligibles sont éternels, ils n'ont précisément pas de matière, laquelle constitue « la cause la plus propre de l'adventicité »[1]. Ou plutôt, précise-t-il, ils n'ont pas de matière à proprement parler. On pourra parler de « matière » des intelligibles, mais en un sens figuré. Quel sera ce sens ? Celui de notre disposition à saisir ces intelligibles. La matière des intelligibles n'est pas ici le principe qui les reçoit, qui les constitue, comme il en va pour les formes proprement matérielles, ce n'est que notre aptitude à les appréhender. Car les intelligibles, dans ce cadre platonicien, n'ont pas de matière en eux-mêmes, mais seulement en ce que leur saisie dépend de notre réceptivité, de notre ouverture, et s'ils paraissent adventices, ce n'est pas qu'ils le sont par soi mais que, à eux qui demeurent stables dans leur actualité, tantôt nous nous joignons, tantôt nous ne nous joignons pas. C'est l'intermittence de notre rapport aux intelligibles, autrement dit, qui fait ici leur instabilité, mais non leur nature. « Leur » matière leur est extérieure, elle est en nous, dans la variation, l'inconstance de nos intellections[2].

S'ensuit une critique de Thémistius et d'autres commentateurs anciens, puis de certains de leurs adeptes, comme Avicenne[3]. La position de Thémistius, selon l'Averroès du *Compendium*, combine deux aspects : d'un côté, l'exégète grec serait partisan de *l'éternité* de la puissance de penser qu'est l'intellect matériel ; de l'autre, il défendrait malgré cela *l'adventicité* des intelligibles que cet intellect reçoit, du fait que ces intelligibles « sont liés avec les formes imaginées »[4]. Quant à la position d'Avicenne, elle serait plus contradictoire encore. Avicenne défendrait à la fois, en effet, que les *intelligibles* – et non plus l'intellect matériel –

1. Voir *infra*, p. 144, § 54 : « <pour> qui pose que ces intelligibles existent toujours et éternellement en acte, <il s'ensuit qu'>ils ne possèdent pas de matière, sinon par similitude et en un sens figuré, car la matière <à proprement parler> est la cause la plus propre de l'adventicité. »

2. Voir ce texte que nous citons plus longuement en note dans la traduction : Averroès, *L'intelligence et la pensée*, p. 120 (éd. Crawford, III, c. 20, p. 452, 257 *sq.*) : « Et tu dois savoir qu'il n'y a aucune différence entre l'exégèse de Thémistius et des anciens commentateurs et l'opinion de Platon sur le fait que les intelligibles existant en nous sont éternels et qu'apprendre c'est se souvenir. Mais, pour Platon, ces intelligibles sont tantôt en nous et tantôt non, du fait que le sujet est tantôt préparé à les recevoir et tantôt non ; avant que nous les recevions, ils sont en eux-mêmes exactement tels qu'ils sont après <que nous les avons reçus> – ainsi, ils existent en dehors de l'âme exactement comme ils existent dans l'âme. »

3. Le cadre restreint de cette introduction ne permet pas une analyse de cette discussion.

4. *Infra*, p. 144, § 55. Sur la présentation différente qu'Averroès fera de cette position dans le *Grand commentaire* du *De anima*, voir les notes 202 et 217, p. 232 et 235-236 de la traduction. Et même si le dernier Averroès n'est pas thémistien, on notera une certaine proximité, au moins de surface, entre la présentation qu'il fait ici de Thémistius et sa propre doctrine dans son œuvre de maturité, laquelle combine l'éternité de l'intellect matériel et l'adventicité de l'intellection fondée sur les images individuelles.

« existent éternellement » *et* qu'ils sont « adventices », ce qui fait qu'ils posséderaient une matière, mais « une matière éternelle »[1].

Que faut-il en penser, demande Averroès, sinon qu'une telle thèse ruine le sens propre de la « puissance » que suppose l'adventicité et qu'elle reconduit à Platon (les intelligibles étant éternels, et seulement recouverts par l'humidité en nous) ? Thémistius, au moins, semble reconnaître à ces intelligibles « les déterminations de la véritable matière », postuler qu'ils sont véritablement en puissance, qu'une disposition réelle précède leur réception. Cela étant, sa doctrine, quant à la nature de cette « matière », n'est pas plus claire :

> cette matière dans laquelle existe cette prédisposition à recevoir les intelligibles, s'interroge en effet Averroès, allèguent-ils – si seulement je le savais ! – qu'elle est une certaine chose en acte ou pas ?[2]

On peut assurer d'emblée que cette « matière » doit être quelque chose en acte. Ce qui n'est absolument rien en acte est la matière première, et « il n'est pas possible de supposer que la matière première soit réceptrice de ces intelligibles »[3] – sans doute parce que la matière première ne reçoit que des formes individuelles (ou plutôt parce que la forme, en informant la matière, s'individualise), alors que l'intelligible est un universel. Mais « si c'est quelque chose en acte, c'est nécessairement soit un corps, soit une âme, soit un intellect, car il apparaîtra clairement dans ce qui suit qu'il n'existe pas ici de quatrième <genre d'>être »[4]. La phrase est remarquable quand on sait que ce qui précisément caractérisera le *Grand Commentaire* du *De anima* sera de faire de l'intellect matériel un « *quatrième* genre d'être » : non pas la matière première, la forme séparée ou le composé hylémorphique, mais une substance séparée en puissance, c'est-à-dire l'équivalent dans l'ordre intelligible de ce qu'est la matière dans l'ordre sensible[5]. Dans le premier état du *Compendium* du livre *De l'âme*, clairement, le Cordouan n'en est pas encore à ce degré d'élaboration. L'intellect matériel est ici envisagé comme disposition d'un substrat en acte, et ce substrat, dit-il, passant au crible la position de Thémistius, ne saurait être que trois choses : un corps, une âme ou un intellect.

1. *Infra*, p. 144, § 55.
2. *Infra*, p. 146, § 58.
3. *Infra*, p. 146, § 58.
4. *Infra*, p. 146, § 58.
5. Voir Averroès, *L'intelligence et la pensée*, p. 78 *sq.* (éd. Crawford, III, c. 5, p. 409, 654 *sq.)* Nous citons le texte dans les notes de la traduction.

Avant d'examiner sa critique puis sa propre réponse, il faut dès à présent noter un glissement qui trahit l'un des problèmes qui viendra miner le texte. En s'enquérant de la matière des intelligibles, on l'a dit, ce qu'Averroès cherche exactement c'est à déterminer le sujet, au sens de substrat, de l'intellect matériel compris comme « disposition à recevoir les intelligibles ». Quand il écarte la matière première, toutefois, il le fait en indiquant qu'elle ne peut être elle-même « réceptrice de ces intelligibles »[1], et il écrira plus bas, recourant à la même formule, vouloir définir « le sujet de ces intelligibles »[2]. Du sujet-substrat de la *disposition* à recevoir l'intelligible, autrement dit, Averroès est passé au sujet-substrat de *cet intelligible lui-même*. Ce n'est pas la même affaire. S'interroger sur le substrat de la *puissance* de penser (c'est-à-dire de l'intellect matériel, de la faculté intellective comme telle, à l'état de perfection *première*) est une chose ; réfléchir sur le substrat *de la pensée elle-même* (c'est-à-dire de l'acte de penser, de l'intelligible en acte, ou bien de la faculté intellective à l'état de perfection *seconde*) peut en être une autre, sauf à considérer que le sujet de la disposition à recevoir l'intelligible est nécessairement, par simple transitivité (ou d'abord parce que la disposition, en elle-même, n'est rien), le sujet de l'intelligible lui-même, ce qui en vérité ne va pas de soi. Ce problème, de fait, n'existera plus dans le *Grand Commentaire* du *De anima*, où Averroès distinguera nettement le « sujet », dans l'individu, *de* l'intellect matériel (lequel intellect, en effet, quoique substantiel, n'existe que dans l'individu doué d'une âme cogitative) du sujet-substrat *qu'est lui-même* l'intellect matériel (à savoir le sujet-récepteur de l'universel en acte) : l'intellect, autrement dit, sera certes toujours l'intellect *de...* (en l'occurrence, *de l'âme de quelqu'un*), mais il est, *lui*, en tant que substance, le *propre substrat* de son acte[3]. Dans le *Compendium*, c'est la difficulté produite par cette confusion qui va s'imposer.

1. *Infra*, p. 146, § 58.
2. *Infra*, p. 148, § 61.
3. C'est pourquoi le dernier Averroès ne peut plus aucunement souscrire à cette idée d'Alexandre d'Aphrodise quand il compare l'intellect matériel au non-écrit d'une tablette : « de même que la tablette dans laquelle se trouve l'aptitude à recevoir l'écriture pâtira si l'on écrit dessus, alors que l'aptitude elle-même ne pâtit en rien quand elle est menée à l'acte (car elle n'est pas un substrat), de même l'intellect ne pâtira de rien, puisqu'il n'est évidemment aucune des choses en acte » (*De l'âme*, 85, 1 *sq.* ; trad. Bergeron-Dufour, p. 203). Pour l'Averroès du *Grand Commentaire* du *De anima*, l'intellect matériel n'est *plus* simple disposition d'un substrat, *il est* le substrat, et l'on doit distinguer, donc – ce que le *Compendium* n'a pas les moyens théoriques de penser –, le substrat de la faculté intellectuelle (c'est-à-dire l'âme cogitative, dans l'homme) et le substrat *qu'est* la faculté intellectuelle (à savoir l'intellect matériel, qui reçoit *lui-même* l'intelligible, même si c'est de l'individu, selon Averroès, qu'on pourra prédiquer la pensée – ce que l'anti-averroïsme contestera).

Considérons d'abord la critique qu'Averroès fait de Thémistius, qui défend que l'intellect matériel est éternel. Le Cordouan y voit une impasse car le sujet-substrat de cet intellect, pour des raisons différentes, ne peut être ni le corps, ni l'âme, ni l'intellect.

Ce ne peut être le corps, parce qu'une matière individuée ne peut recevoir de l'universel[1]. Ce ne peut être une âme, parce que l'âme doit être engendrable et corruptible[2] et que la disposition d'une réalité adventice ne peut être elle-même qu'adventice, et non pas, donc, éternelle. Enfin, ce ne peut être un intellect, parce qu'un récepteur doit être dénué spécifiquement de ce qu'il reçoit, et qu'un intellect, s'il était ce substrat, serait déjà en acte cela même vis-à-vis de quoi il est en puissance. Si les intelligibles sont adventices, par conséquent, il y a bien une disposition à les recevoir qui les précède, mais Thémistius est incapable d'établir quel en est le substrat.

Quelle sera la réponse d'Averroès ? Il le dit ici, par élimination :

> puisqu'il est apparu que ces intelligibles sont adventices, il y a nécessairement une prédisposition qui les précède, et puisque la prédisposition fait partie des choses qui ne sont pas séparées, il est nécessaire qu'elle existe dans un sujet. Or, ce sujet ne peut être un corps, puisqu'on a expliqué que ces intelligibles ne sont pas matériels à la manière dont les formes corporelles sont matérielles, et il n'est pas possible non plus que ce soit un intellect, car ce qui est en puissance une certaine chose n'a en lui rien en acte de ce vis-à-vis de quoi il est en puissance. Dans ces conditions, le sujet de cette prédisposition est nécessairement une âme. Et il *n'y a rien qui paraisse plus proche d'être le sujet de ces intelligibles, parmi les puissances de l'âme, que les formes imaginées.* Car on a déjà expliqué que <les intelligibles> n'existent qu'en étant liés à elles, qu'ils existent avec elles et cessent d'exister avec elles. *C'est donc la prédisposition existant dans les formes imaginées à recevoir les intelligibles qui est le premier intellect, matériel*[3].

La « matière » de la disposition à recevoir les intelligibles, ce sont les images. C'est la thèse principale, qui caractérise sans doute le *Compendium* : les formes imaginées, dans l'âme, sont le sujet-substrat de l'intellect matériel. Dans la nutritive de l'animal, il y aurait une disposition à sentir et à imaginer que n'aurait pas la plante ; dans l'imaginative de l'homme, il y aurait une disposition à intelliger que n'aurait pas la simple bête.

1. Averroès, ici, ne le précise pas.

2. L'âme étant forme du corps, Averroès peut écrire, en effet : « si l'on en faisait une âme, elle serait *nécessairement* engendrable et corruptible » (p. 146, § 58 ; nous soulignons). Il n'en donne aucune justification.

3. *Infra*, p. 148, § 61.

Une fois de plus, c'est d'Ibn Bāǧǧa que le jeune Averroès croit pouvoir tirer sa doctrine. Dans le *Discours sur la conjonction de l'intellect avec l'homme* d'Ibn Bāǧǧa, on lit ceci :

> Les intelligibles <ne> sont <pas> des formes de l'esprit inné ; ce ne sont pas des formes de corps, en effet, ce qui n'est possible que lorsque <les formes> sont matérielles. Par exemple, la pierre n'est dans la matière que lorsqu'elle est un individu pierre, tandis que l'intelligible n'est absolument pas forme de la matière, ni forme spirituelle d'un corps qui existerait par elle comme les imaginations, mais *il est une forme dont la matière est les formes spirituelles imaginatives intermédiaires*[1].

C'est sur ce point précisément que la révision du *Compendium* sera la plus forte. Quel est le reproche qu'Averroès adresse à une telle position ? Celui de confondre indûment, pour l'image, le rôle de sujet-substrat et celui de moteur[2]. Si l'imaginative ou les images sont le sujet-substrat de la

1. Ibn Bāǧǧa, *Conjonction de l'intellect avec l'homme*, éd. Genequand, § 16, p. 188 *sq.* (trad. modifiée). La traduction de Ch. Genequand nous paraît fautive, ainsi que sa note explicative, p. 357-358 (quand bien même Averroès aurait « extrapolé », et en dépit, aussi, de ce qu'on lit dans le cadre d'une exposition de la position de Platon au § 49, p. 199 : « … la pensée est comme la faculté sensitive à l'égard des formes sensibles ou comme la faculté rationnelle à l'égard des choses imaginées. ») La dépendance à Ibn Bāǧǧa dans la formulation de cette thèse apparaît explicitement (mais de façon critique, désormais) dans le *Grand Commentaire* du *De anima*. Discutant de la nature de l'intellect matériel, Averroès y note en effet : « Il semble bien, d'après ses mots, qu'Abubacer ait voulu dire que l'intellect matériel est la faculté imaginative (*virtus ymaginativa*) en tant qu'elle est préparée à ce que les entités qui sont en elle soient conçues en acte (*secundum quod est preparata ad hoc quod intentiones que sunt in ea sint intellecte in actu*), et qu'il n'y a pas d'autre faculté servant de sujet à ces intelligibles (*alia virtus subiecta intellectis*) en dehors de cette faculté. » (Averroès, *L'intelligence et la pensée*, c. 5, p. 67 ; éd. Crawford, III, c. 5, p. 397, 299 *sq.*)

2. Il n'est pas qu'un reproche, en vérité ; on lit ceci par exemple dans la révision qui clôt le *Compendium* : « J'ai dit : ce que j'ai mentionné à propos de l'intellect matériel <dans les pages qui précèdent> est une chose qui m'était apparue jadis. Mais en reprenant l'examen des propos d'Aristote, il m'est apparu qu'il n'est aucunement possible, s'agissant de l'intellect matériel, que la substance recevant la puissance qui est en elle soit quelque chose en acte, c'est-à-dire l'une d'entre les formes, car si c'était le cas, il ne recevrait pas toutes les formes ». Autrement dit, quel que soit le lien qu'on envisage, l'intellect matériel, s'il doit être « vide », dénué de toutes formes, ne saurait être une « disposition », c'est-à-dire la puissance *de quelque chose* ; de là vient que l'intellect matériel, dans le *Grand Commentaire* du *De anima*, est proprement conçu comme une *substance* (tout en puissance) – même s'il est en quelque façon *la forme* de l'homme. Et cela apparaît déjà dans l'une des révisions de notre texte, sur un mode hypothétique : si l'on suit l'idée que l'intellect matériel est la prédisposition à penser existant dans les images, « ceci implique que la chose se reçoive elle-même, car la notion imaginée est en elle-même identique à la notion intelligée. Aussi apparaît-il que l'intellect qui est en puissance doit être autre chose. Mais quelle chose ? Si seulement je le savais ! *Peut-être est-ce, comme le dit Aristote, une substance qui est en puissance tous les intelligibles mais qui n'est en elle-même aucune d'entre les choses*, car si elle était par elle-même quelque chose, elle n'intelligerait pas toutes les choses, étant donné que l'intellection est réception et que la chose ne se reçoit pas elle-même. » (p. 150, § 62)

disposition à recevoir l'intelligible, et que cette thèse, en vérité, revient à faire d'elles le sujet-substrat de l'intelligible même, c'est-à-dire le support de la pensée en acte, cela implique contradictoirement que les images ne meuvent pas seulement l'intellect, qu'elles ne sont pas seulement les moteurs de sa perfection seconde, mais aussi que pour finir, comme dans une boucle, elles la reçoivent[1]. Pour le dire autrement, si les images sont le sujet de l'intellect matériel, cela implique qu'elles sont également le sujet de son acte, et cet acte, l'intelligé, n'étant rien que l'image universalisée, cela signifie que les images motrices dans l'intellection s'accueillent elles-mêmes, comme si le terrain d'extraction de l'intelligible constituait le lieu même de sa réimplantation[2].

À la fin de son *Compendium*, Averroès écrira ainsi dans une ultime correction :

> Quant aux notions imaginées, ce sont <en vérité> celles dont le rapport à l'intellect matériel est comme le rapport du sensible au sens, je veux dire du *visible* à la vue, et non le rapport de *l'œil* à la vue, c'est-à-dire celui du sujet <vis-à-vis de son acte>, comme nous l'avons dit <à tort> plus haut dans ce texte. Le premier à avoir affirmé une telle chose, c'est Abū Bakr ibn al-Ṣā'iġ <Ibn Bāǧǧa>, et il nous a induit en erreur[3].

1. Voir *infra*, p. 150, § 62, dans une révision qui suit immédiatement la reprise de la position baǧǧienne sur la nature de l'intellect matériel : « mais ceci implique que la chose se reçoive elle-même, car la notion imaginée est en elle-même identique à la notion intelligée » ; ou plus bas, dans une formulation plus prudente (car toutes les révisions n'ont pas le même âge) : « il convient mieux aux <formes> imaginées d'en être motrices <*i.e.* des intelligibles> que réceptrices. » (p. 152, § 65)

2. Chose absurde, dira nettement Averroès dans le *Grand Commentaire* du *De anima*. Voir par exemple *L'intelligence et la pensée*, p. 138-139 (éd. Crawford, III, c. 30, p. 469, 31 *sq.*) : « les intelligibles (*intellecta*) sont des "intentions" abstraites de la matière des formes de l'imagination (*intentiones formarum ymaginationis abstracte a materia*), et c'est pourquoi ils ont nécessairement besoin, dans cet état d'être <intelligible>, d'avoir une matière autre <*i.e.* l'intellect matériel> que la matière qu'ils avaient dans les formes de l'imagination. Et cela est évident pour ceux qui considèrent les choses par eux-mêmes. Car si les "intentions" imaginées étaient réceptrices des intelligibles, alors une chose se recevrait elle-même et le moteur serait mû. Et la déclaration d'Aristote – qu'il est nécessaire qu'il n'y ait pas d'"intention" existant en acte dans l'intellect matériel, que ce soit une "intention" intelligible en acte ou en puissance – suffit à réfuter cette opinion. Mais ce qui a fait errer cet homme <Avempace>, et nous aussi il y a longtemps. »

3. *Infra*, p. 160, § 74. Outre la note précédente, *cf.* Averroès, *L'intelligence et la pensée*, c. 5, p. 70 (éd. Crawford, III, c. 5, p. 400, 395 *sq.*) : « Et ce sujet de l'intellect qui, d'une certaine façon, est son moteur est ce qu'Avempace a réputé être le récepteur, car il le trouve tantôt en puissance et tantôt en acte, ce qui est le cas des sujets récepteurs, ce pourquoi <Avempace> a estimé que <la proposition> était convertible. Et cette analogie est plus parfaite entre le sujet qui meut la vue et le sujet qui meut l'intellect. De même en effet que le sujet qui meut la vue, à savoir la couleur, ne la meut que quand, en présence de lumière, la couleur devient couleur en acte après avoir été en puissance, de même les "intentions" imaginées ne meuvent l'intellect matériel que quand elles deviennent intelligibles en acte

L'image, pour l'intellect, est comme la couleur pour la vue, et non pas comme l'œil. Elle est, de son acte, le moteur, et non pas le sujet.

La doctrine du *Compendium* sur l'intellect comme prédisposition des images, ici, s'effondre. Et si le texte initial garde une valeur, finira par dire Averroès, c'est uniquement parce qu'il permet de discuter l'idée indiquée par Aristote que l'intellect matériel serait éternel. Cela, certes, n'a rien de faux pour le dernier Averroès, mais doit bien s'entendre, car l'intelligible humain, malgré tout, est produit, il est d'abord en puissance, il est « matériel » en quelque façon, et sur cette « matérialité » le *Compendium* insiste très justement.

Le texte, cependant, n'explique pas seulement que l'universel advient et qu'il passe à l'acte en ce qu'il serait mû par les images. L'image est en effet incapable de s'illimiter d'elle seule, de s'universaliser, de se hisser au rang supérieur de l'intelligibilité. Il faut pour cela un autre moteur, strictement intellectuel : l'intellect agent, dont le concours soulève de nouveaux problèmes. C'est un nouveau point qu'il convient d'aborder.

Le moteur noétique des intelligibles théorétiques et la jonction

Averroès défend plusieurs choses sur l'intellect agent dans son *Compendium* du livre *De l'âme*.

Premièrement, il l'introduit comme moteur de l'intelligible en acte : « puisque ces intelligibles existent premièrement en puissance et deuxièmement en acte <...>, et que tout ce qui, dans ce qui tient sa subsistance de la nature, est tel, possède un moteur qui le fait passer

après l'avoir été en puissance. C'est pour cela qu'Aristote a dû poser un intellect agent, comme on le verra ensuite, car c'est cet intellect qui fait passer ces "intentions" de la puissance à l'acte. De même, par conséquent, que la couleur qui est en puissance n'est pas la perfection première de la couleur qui est perçue, mais que le sujet qui est parfait par cette couleur <perçue> est la vue, de même aussi le sujet qui est parfait par la chose conçue n'est pas les entités imaginées qui sont intelligibles en puissance, mais c'est l'intellect matériel qui est parfait par les intelligibles ; et le rapport qu'il y a ici est identique au rapport de l'"intention" de la couleur à la faculté de la vue ». De même, *cf.* Averroès, *L'intelligence et la pensée*, c. 30, p. 138 (éd. Crawford, III, c. 30, p. 469, 22 *sq.*) : « puisque le rapport des images à l'intellect matériel est comme le rapport des sensibles au sens<commun>, il en résulte nécessairement que l'intellect matériel ne conçoit pas de sensible indépendamment de l'imagination. Et à ce propos il dit explicitement que les intelligibles universels sont liés (*colligata*) aux images, et qu'ils disparaissent si elles disparaissent. Et il dit aussi expressément que le rapport des intelligibles aux images est comme le rapport de la couleur au corps coloré, non comme le rapport de la couleur au sens de la vue, comme le croyait Avempace (*proportio intelligibilium ad ymagines est sicut proportio coloris ad corpus coloratum, non sicut proportio coloris ad sensum visus sicut existimavit Avempeche*). »

de la puissance à l'acte, il faut nécessairement qu'il en aille ainsi pour ces intelligibles »[1]. Les images, on l'a dit, meuvent l'intellect, elles sont motrices de l'intelligible en acte, mais à la condition seulement qu'intervienne un moteur noétique supérieur, totalement immatériel, susceptible de conférer à l'entité imaginale « la nature de la forme intelligible en tant qu'elle est forme intelligible »[2]. Rien n'est dit, ou presque, du mode exact de cette intervention[3].

Deuxièmement, il en justifie l'existence de façon plus radicale encore en expliquant que « l'intellect matériel, en tant qu'il est matériel, a nécessairement besoin pour son existence qu'il y ait un intellect existant toujours en acte, et <que> si ce n'était pas le cas, l'intellect matériel n'existerait pas »[4]. La condition de la puissance qu'est l'intellect matériel, avant même que ne s'effectuent par abstraction les intellections ponctuelles, est la primauté, le surplomb ontologique d'un intellect toujours en acte, que nous l'intelligions ou pas. Troisièmement, comme on l'a vu, Averroès soutient que les intelligibles en acte, en tant qu'ils sont adventices, sont composés d'une chose faisant office de forme et d'une chose faisant office de matière, et il fait de l'intellect agent

1. *Infra*, p. 154, § 68.

2. *Infra*, p. 156, § 70. L'intervention véritablement abstractrice de cet intellect agent, c'est précisément ce que le système d'Avicenne (et de tout « platonicien »), selon Averroès, ne permet pas de penser.

3. C'est la question notoirement complexe de ce qu'« agit » vraiment l'intellect agent. *Cf.* notamment Averroès, *L'intelligence et la pensée*, p. 107 (éd. Crawford, III, c. 18, p. 438, 34 *sq.*). Dans ce passage remarquable, Averroès insiste sur l'idée que « le rapport de l'intellect agent dans l'âme à l'intellect engendré » n'est pas à tout point de vue semblable au rapport de l'art à l'artefact, du fait que « l'art impose une forme à toute la matière <à laquelle il s'applique> sans que rien, dans cette matière, existe de l'"intention" de la forme avant que l'artisan ne l'ait produite » ; il n'en va pas ainsi dans l'âme, précisément parce que l'image est là, qui contient l'universel en puissance. On peut toutefois sauver le paradigme de l'art si l'on songe – comme Averroès le fait dans son *Grand Commentaire* de la *Métaphysique* – non pas à l'art de bâtir mais à l'art médical, où l'art n'intervient pas seul mais sur une matière qui possède en elle une puissance qui lui est semblable : dans l'acte d'intellection, en ce sens, le corps imaginant n'est pas devant la pensée, la forme intelligible, l'intellect agent, comme les pierres devant l'art de bâtir, mais plutôt, en tant qu'il imagine, comme le corps malade devant l'art médical, lequel corps, aidé par l'art médical, est capable de *se* mouvoir vers la santé. Cela étant, sur le mode d'action de l'intellect agent, voir notamment, *passim*, J.-B. Brenet, « Averroès a-t-il inventé une théorie des deux sujets de la pensée ? » ; « Du corporel au spirituel. Averroès et la question du sens agent », *Freiburger Zeitschrift für Philosophie und Theologie* 61/1 (2014), p. 19-42 ; « Averroès et l'intellect matériel diaphane. Remarques sur une analogie variable », *Recherches de Théologie et Philosophie Médiévales* 85/2 (2018), p. 261-284.

4. *Infra*, p. 154, § 69.

cette « partie » formelle de l'universel que nous pensons, « forme » éternelle d'un intelligible par ailleurs éphémère quant à sa « matière » imaginale[1]. Quatrièmement, il pose en divers endroits du texte la question de la pensée que l'intellect matériel peut avoir de cet intellect agent lui-même, c'est-à-dire la question de la « jonction », où l'intellect agent éternel, éternellement en acte, n'interviendrait plus seulement comme agent de notre pensée mais s'en ferait lui-même, si l'on peut dire, l'objet, devenant ainsi « forme pour nous ».

Il est frappant de constater que cette dernière question n'est pas au centre du *Compendium*. Elle est certes directement solidaire de sa réflexion principale sur l'éternité de l'intelligible humain et la possibilité pour l'âme de se séparer – puisque l'intellect agent est de lui-même un intelligible toujours en acte et que sa conception, dont la modalité reste à préciser, ne peut pas ne pas refluer sur, ou engager l'être même du « sujet » qui l'opère –, mais ce n'est pas encore tout à fait, en dépit de la place qu'elle occupe dans la *falsafa*, l'obsession théorique d'Averroès.

Cette question, c'est celle que pose incidemment Aristote en *De an*. III, 7, 431b7-9 sans jamais y répondre : l'intelligence, écrit-il dans l'original grec, « peut-elle avoir l'intellection de quelqu'un des êtres séparés sans être elle-même séparée de la grandeur, ou non, il faudra l'examiner plus tard »[2]. Averroès effleure plusieurs fois le sujet dans le *Compendium*, aussi bien dans sa forme initiale que dans ses divers amendements. Ainsi note-t-il, par exemple : « quant au fait que sa conception <*i.e.* celle de l'intellect agent> soit possible, cela ressortira plus tard de notre discours »[3]. Plus bas, critiquant la position de Thémistius qui fait de l'intellect matériel « une substance éternelle » (puisqu'on se demande alors, compte tenu du hiatus entre les natures, comment une telle substance pourrait parachever le corps corruptible de l'homme et comment cet homme corruptible pourrait trouver là le moyen d'accomplir sa pensée), Averroès relève que la position d'Alexandre d'Aphrodise n'est pas moins problématique puisqu'« il postule, <lui aussi>, que l'homme est perfectionné à la fin

1. Voir *infra*, p. 140, § 47 et 49 : « en tant que <les intelligibles> sont matériels et désignés, il s'ensuit nécessairement qu'ils sont composés d'une chose qui chez eux tient lieu de matière et d'une autre qui tient lieu de forme. Pour ce qui est de la chose qui tient lieu de forme, il apparaît, quand on <l'>examine, qu'elle n'est ni engendrable ni corruptible. <…> Nous disons que cette forme, qui est la forme des intelligibles théorétiques, est nécessairement immatérielle, parce qu'elle est en elle-même un intellect, que nous l'intelligions ou pas, étant donné qu'elle est forme d'une chose qui dans son existence <même> est intellect. »

2. Trad. Thillet.

3. *Infra*, p. 142, § 51.

de son existence par un intellect séparé »[1]. Thémistius ne peut expliquer comment une substance éternelle peut être la forme d'un corps adventice et permettre à l'homme, dès le début de sa vie d'homme, d'intelliger ; mais Alexandre, lui, ne peut expliquer comment l'intellect adventice de l'individu peut, à la fin de sa vie réussie, « acquérir » un intellect séparé, « se joindre » à lui, « s'unir » à lui[2] et basculer ainsi dans un autre ordre[3].

Plus bas, Averroès paraît d'une phrase régler la question : « on peut estimer, écrit-il, que son intellection nous est possible à la fin, je veux dire en tant que forme pour nous » ; mais aux lignes suivantes, après avoir évoqué dans une révision la doctrine « alexandrinienne » de l'« acquisition » (c'est la traduction arabe d'Alexandre, en vérité, qui la fait surgir dans ces termes-là), il relance la discussion : « pour notre part, nous examinerons au sujet de cette jonction si elle est <vraiment> possible à l'homme ou pas »[4] ; puis dans la page qui suit[5], où l'on retrouve la première version du texte, le problème paraît tranché en quelques phrases : « certains », écrit-il[6], « se fondent à ce propos sur le fait que, puisqu'il est dans la nature de l'intellect théorétique d'extraire les formes des sujets <qui sont les leurs>, et qu'il extrait les formes non séparées, lesquelles ne sont pas en elles-mêmes intellect, il est encore plus apte à extraire cette forme séparée qui est en elle-même intellect, je veux dire quand il considère ces intelligibles adventices en tant qu'ils sont intelligibles, ce qui <se produit seulement> quand <ces intelligibles> sont devenus intellect en acte selon leur perfection dernière »[7]. Qui peut le plus peut le moins, en somme. Et si l'intellect humain est capable d'abstraire les formes matérielles qui ne sont pas d'elles-mêmes intelligibles en acte,

1. *Infra*, p. 154, § 66.

2. Voir *infra*, p. 156, § 70-71.

3. Sur ce point, *cf.* J.-B. Brenet, *Les possibilités de jonction*, p. 113 *sq.*

4. *Infra*, p. 156, § 71.

5. C'est la fin du chapitre.

6. Il s'agit, au moins en partie, de Thémistius, et Averroès semble se ranger derrière lui (curieusement, puisque ce dernier n'a cessé d'être dénoncé pour son « platonisme » dans le *Compendium*). *Cf.* ce texte, en effet, cité dans les notes de la traduction (où l'on donne la référence à Thémistius) : Averroès, *L'intelligence et la pensée*, c. 36, p. 155 (éd. Crawford, III, c. 36, p. 487, 235 *sq.*) : « Thémistius s'appuie à ce propos sur la topique du majeur. Il dit en effet que, puisque l'intellect matériel a la puissance d'abstraire les formes de la matière et de les concevoir, il est d'autant plus naturellement apte à penser ce qui est par soi et à titre premier dénué de matière (*quanto magis habet innatum intelligendi ea que sunt primo denudata a materia*). »

7. *Infra*, p. 158, § 72.

il doit pouvoir appréhender l'intelligible par soi, même si cela demande aux intelligibles théorétiques d'atteindre leur « perfection dernière » au terme du parcours scientifique, c'est-à-dire d'être tous complètement abstraits en acte. Avant cela, note Averroès, l'intellect qu'ils constituent n'est qu'« un intellect soumis à la génération (*mutakawwan*), et l'acte de ce qui est engendré (*kā'in*), en tant qu'il est engendré, est défectueux »[1]. Le chapitre s'achève ainsi : « puisque cela est établi, cette conception <de la forme absolument séparée> est la perfection dernière de l'homme et la fin visée. »[2]

Dans ces pages du *Compendium*, la question de la jonction à l'intellect séparé paraît ainsi omniprésente et comme marginale, sans règlement net. Dans l'un des manuscrits transmettant le texte[3], toutefois, Averroès y consacre un exposé entier qui comble cette lacune[4]. Il faut l'examiner plus en détail pour se figurer comment le jeune Ibn Rušd pouvait concevoir la perfection de l'homme.

La question de la jonction à l'intellect agent

Que dit le Cordouan de « la jonction (*ittiṣāl*) à l'intellect agent » dans ce texte[5] ? Il ne prétend ni présenter ce qu'en dit Aristote – ou plutôt ce qu'il en dirait puisque, explicitement, le Stagirite n'en dit rien –, ni parler pour lui-même en avançant comme il le fera dans le *Grand Commentaire* ce qu'il pense être la position d'Aristote. Averroès entend ici « exposer » la « voie » (*ṭarīq*) d'Ibn Bāǧǧa, sa « méthode », présentée comme « vraie », comme si ce dernier avait si bien réglé la question qu'il suffisait de rappeler son épître sur *La jonction de l'intellect avec l'homme (Ittiṣāl al-ʿaql bi-l-insān)*[6].

1. *Infra*, p. 158, § 73.
2. *Infra*, p. 158, § 73.
3. Ms. Le Caire, Dār al-kutub, ḥikma wa-falsafa 5. Le texte se lit dans le ms. précité au ff. 210v-214r. Il est édité uniquement par al-Ahwānī, éd. cit., p. 90, 17-95, 25.
4. Sur cela, voir M. Geoffroy, « L'exposition de la *Jonction de l'intellect avec l'homme* (*Ittiṣāl al-ʿaql bi-l-insān*) d'Avempace dans le Compendium d'Averroès sur l'âme (*ǧawāmiʿ* ou *Muḫtaṣar al-nafs*). Présentation et traduction annotée », *in* N. Koulayan et M. Sayah (éd.), *Synoptikos. Mélanges offerts à Dominique Urvoy*, Toulouse, 2011, p. 129-153.
5. Le statut n'en est pas clair ; sur cela, *cf.* la présentation qu'en donne M. Geoffroy avant sa traduction (même si nous ne partageons pas absolument sa perspective).
6. M. Geoffroy, « L'exposition de la *Jonction de l'intellect avec l'homme* (*Ittiṣāl al-ʿaql bi-l-insān*) d'Avempace », p. 144 : « Quant à la méthode qu'a cherché à suivre Abū Bakr <Ibn Bāǧǧa> dans son épître déjà mentionnée qui traite de cette question, par ma vie, elle est vraie, et en voici l'exposition (*talḫīṣ*). »

La première idée est simple. Elle consiste à distinguer l'élite, les bienheureux (*suʿadāʾ*), ceux qui ont atteint « la perfection dernière », et la foule (*ǧumhūr*). Ce qui caractérise la pensée des gens de la foule est que leurs pensées, l'intelligible (*maʿqūl*) dans leurs pensées, est individué, singularisé, qu'il n'est pas numériquement un[1]. D'où vient cette individuation, qui démultiplie l'intelligible ? Elle tient au fait que les intelligibles, pour la foule, sont appuyés sur les images individuelles, sur des formes « spirituelles » (*rūḥāniyy*) inférieures, différentes selon les individus[2]. Le concept est toujours saisi en rapport à une forme individuelle dont l'individualité entraîne l'individuation du *maʿqūl*[3].

Pour les bienheureux, en revanche, la situation n'est plus celle-là[4]. En tant que tels, ceux-là ne se distinguent plus numériquement. Le bienheureux n'est pas un individu, n'est plus un individu. Dans sa pensée de l'intelligible, il se confond numériquement avec celui qui, originairement distinct, en est venu à penser la même chose que lui et sur le *même mode*. Les deux se rejoignent dans l'intelligible et, dans cette jonction, perdent tout de la singularité qui les y a conduit[5]. Dans la perfection dernière, autrement dit, le nombre disparaît, la distinction disparaît ; le philosophe n'a pas d'*alter ego*, car il n'y a pas d'*alter*, et qu'il n'y a plus d'*ego*.

1. Ce qui s'impose, du reste, puisque les conséquences de l'unicité totale de l'intelligible seraient choquantes. Voir *ibid.* : « Il y a deux classes d'hommes, les bienheureux (*suʿadāʾ*) et les gens de la foule (*ǧumhūr*). Le contenu de pensée (*maʿqūl*) de deux hommes de la foule ne peut être un en nombre, car cela entraînerait de nombreuses impossibilités, tel le fait que l'homme existerait avant d'exister, que la science serait une réminiscence, et que l'apprentissage par la voie naturelle n'apporterait pas quelque chose de l'ordre de la qualité, mais de la quantité, de sorte que tous les intelligibles seraient existants en acte chez Aristote, par exemple, comme ils le seraient chez n'importe quel homme de la foule. »

2. *Cf.* Ibn Bāǧǧa, *Conjonction de l'intellect avec l'homme*, éd. Genequand, § 27 *sq.*, p. 191 *sq.*

3. M. Geoffroy, « L'exposition de la *Jonction de l'intellect avec l'homme* (*Ittiṣāl al-ʿaql bi-l-insān*) d'Avempace », p. 145 : « il est devenu clair par ce qui précède que l'intelligible (*maʿqūl*) unique se démultiplie selon le nombre chez cette sorte de personnes, parce qu'il est nécessaire que les formes spirituelles (*rūḥāniyy*) différentes soient attachées à chaque individu en fonction de leur multiplicité. »

4. *Cf.* Ibn Bāǧǧa, *Conjonction de l'intellect avec l'homme*, éd. Genequand, § 38 *sq.*, p. 195 *sq.*

5. M. Geoffroy, « L'exposition de la *Jonction de l'intellect avec l'homme* (*Ittiṣāl al-ʿaql bi-l-insān*) d'Avempace », p. 145 : « Mais il en va de façon contraire pour les bienheureux qui ont atteint leur perfection dernière. Je veux dire qu'il n'est pas possible qu'il existe des bienheureux qui soient deux en nombre en tant que l'un et l'autre se trouve dans sa perfection dernière. »

Pour l'illustrer, Ibn Bāǧǧa parle d'un personnage, Rabīʿa ibn Mukarram, qui se présenterait à nous tantôt vêtu d'une armure avec tels ou tels accessoires, tantôt vêtu d'une autre cuirasse présentant des caractéristiques différentes. Ce serait le même homme, mais sous d'autres costumes[1], et il en va ainsi, dit le penseur de Saragosse, pour les individus parfaits. Les bienheureux sont absolument un, et si l'on tient à repérer entre eux une forme de diversité, ce n'est rien que la variation qu'on trouve dans les habits d'une même personne. Tel bienheureux, autrement dit, ne se distingue d'un autre que comme un vêtement modifie ponctuellement le corps d'un individu. Leurs singularités ne sont que des déclinaisons de toilettes, des particularités de surface. Le philosophe est un être, un seul, et les individus qui l'incarnent n'en sont que les accoutrements. Si tel n'était pas le cas, du reste, si l'intelligible advenant au bienheureux dans la perfection ultime différait de l'intelligible advenant à un autre bienheureux, nous serions engagés dans une régression à l'infini visant à dégager chaque fois l'intelligible commun à deux intellects parfaits. Si l'on veut qu'existe la perfection dernière (et il ne peut en être autrement), il faut donc qu'il y ait un terme, un point d'aboutissement, que les hommes parfaits se retrouvent dans une « représentation une en nombre selon tous les modes ».

On doit ainsi concevoir deux types de rapport à l'intelligible : celui de la foule, celui des bienheureux, et si celui de la foule est multiplié, singularisé par la singularité des formes spirituelles qui le conditionnent, celui des bienheureux, *qu'on doit postuler* (sans quoi la perfection dernière n'existerait pas et la nature serait viciée), ne l'est plus, mais il est au contraire absolument un. Cet intelligible terminal n'est plus l'intelligible disséminé du monde, des choses, requérant l'investigation rationnelle et l'intervention des formes imaginées : il n'est plus rien que l'acte pur de l'intelligible.

Averroès clôt cette première partie de son exposé en évoquant « une autre méthode » d'Ibn Bāǧǧa, qui serait « démonstrative »[2]. Sauf erreur, il ne l'expose pas[3], mais enchaîne sur une précision que requiert l'exposé précédent. Car s'il est entendu qu'existe une perfection dernière et que

1. Ibn Bāǧǧa, *Conjonction de l'intellect avec l'homme*, éd. Genequand, § 52, p. 200.

2. M. Geoffroy, « L'exposition de la *Jonction de l'intellect avec l'homme* (*Ittiṣāl al-ʿaql bi-l-insān*) d'Avempace », p. 146 : « Abū Bakr a également une autre méthode, que nous avons expliquée à un autre endroit, et cette méthode, par ma vie, est démonstrative. »

3. A moins qu'il ne faille lire la suite (sur la remontée dans l'échelle des intelligibles, par « abstractions » successives), comme cette exposition, précisément, ce qui donnerait un sens à cette phrase, après l'« ajout » personnel d'Averroès : « Ce sur quoi il faut s'appuyer pour monter l'existence de cette jonction est la *démonstration* précédente » (*ibid.*, p. 150).

l'homme se hisse jusqu'à elle, comment le fait-il ? « Comment, demande Averroès, l'homme s'élève-t-il (*yataraqqā*) à cette perfection ? »[1]

La réponse repose sur l'idée d'une échelle des intelligibles qu'il s'agit de gravir. Les intelligibles présentent des « degrés », et trois, plus exactement : le degré de la foule (dont la visée est essentiellement pratique ; elle ne s'intéresse à l'intelligible que pour déterminer l'agir), celui du physicien (lui-même pluriel, et hiérarchisé selon le degré de dépendance des intelligibles perçus envers les êtres matériels – par exemple quand on pense devant le feu la forme du corps simple ou bien, devant une image, la notion moins grossière de forme spirituelle), et enfin celui du bienheureux. Ce qui caractérise les deux premiers réside dans le fait que l'intelligible, à ces deux niveaux, est composé ; il est composé parce qu'il s'appuie sur les images des individus et qu'il n'est saisi que dans ce rapport, sous ce rapport, dans cette relation d'appui. L'intelligible de la foule comme du physicien est toujours l'intelligible d'une image, rapporté à une image, elle-même rapportée à un individu, et de cette dépendance à l'image individuelle découle l'individualité relative de cet intelligible. Ce sont les intelligibles de choses, et dans cette mesure ils n'existent qu'en tant que nous les pensons. C'est aussi ce qui caractérise l'intelligible de ces deux premiers niveaux : non seulement leur relativité, l'appui nécessaire sur les choses individuelles et les images de ces choses, mais aussi, ontologiquement, le fait qu'ils n'adviennent et n'existent comme intelligibles que par abstraction, que leur intelligibilité soit dérivée, qu'il faille distinguer entre leur être-pensé, dans l'âme (leur existence mentale), et l'être qu'ils ont en dehors de l'âme (leur existence mondaine). En somme, dans la physique et chez la foule, l'intelligible qu'on pense n'est jamais que l'intelligible d'une chose individuelle, réelle ; ce n'est jamais que l'intelligible d'un substrat, dans un substrat (un intelligible dont l'être est dans la matière), et c'est comme tel qu'on l'appréhende, adossé aux images des choses auquel il renvoie[2].

1. *Ibid.*, p. 146.

2. *Ibid.* : « Il dit à ce sujet que les intelligibles présentent des degrés, dont le premier est celui de la foule, et qui est <celui des> intelligibles pratiques. Quant à ceux-ci, il est évident qu'ils sont générés et corruptibles, car ils sont attachés aux formes de l'imagination, comme cela a été dit précédemment. Le deuxième degré est celui des intelligibles théoriques, et ceux-ci présentent eux-mêmes divers degrés. Il y a les intelligibles des choses mathématiques <…>. Il y a en outre les intelligibles de la science naturelle, qui sont plus nobles que les précédents, parce que ces intelligibles sont d'une existence plus parfaite et plus proche des choses individuelles. Tous ces <êtres> ont quelque chose en commun, comme nous l'avons dit, à savoir que leurs intelligibles s'appuient sur les images (*ḫayālāt*) de leurs individus, de la même manière que les intelligibles pratiques, mais la différence avec ces derniers est que l'examen (*naẓar*) des gens de la foule n'a lieu qu'en vue de leurs

L'ascension, toutefois, n'est pas terminée. Il reste un ultime degré dans l'intelligible qui conduit à la perfection dernière. Qu'est-ce qui change à ce dernier stade ? Le fait que ce qu'on pense ne soit plus l'intelligible d'une chose, d'un substrat, dans un substrat, et dans cette mesure, qu'on ne l'appréhende pas rapporté à un support individuel et individualisant. Au degré ultime, dans cette autre « région » de l'univers, région supérieure, plus noble, ce que l'on pense n'est plus de l'intelligible abstrait mais de l'intelligible séparé par nature que l'on appréhende comme il existe : sans « sujet »[1]. « Tel est donc le chemin suivi par Abū Bakr, conclut Averroès, pour <montrer> la possibilité de l'existence de cette jonction avec l'intellect agent, et la qualité de son existence. »[2]

Le texte, pour autant, ne s'arrête pas là. « Quant à nous, poursuit en effet le Cordouan, nous allons examiner ce qui reste <à dire> sur la question. » Le sens de cette intervention n'est pas clair. S'agit-il du simple ajout d'un problème qu'Averroès, se raccrochant à ses analyses du *Compendium*, juge bon d'introduire pour compléter seulement l'analyse[3] ? Ou bien d'une réserve, d'une distance à l'égard d'Ibn Bāǧǧa ?[4] Examinons, pour le comprendre, ce qu'Averroès tient à discuter :

> Si le physicien s'élève, et examine les intelligibles qui ne sont pas des intelligibles des choses matérielles, cela n'est le cas, sans aucun doute, que dans la science métaphysique (*'ilm mā ba'd al-ṭabī'a*). On aimerait bien savoir, alors, si les intelligibles qui se produisent dans cette science sont éternels, de sorte qu'il y ait alors certaines sciences qui ne viennent pas à l'être, ni n'existent d'abord en puissance et ensuite en acte[5].

Progressant dans l'échelle des intelligibles, nous progressons dans l'échelle des sciences qui les ont pour objet, et au dernier degré,

individus sensibles, tandis que dans les sciences théoriques, c'est le contraire, je veux dire que <les théoriciens> n'examinent les individus qu'en vue des intelligibles. <…> Toutes ces choses ont en commun le fait que leurs intelligibles sont des intelligibles de choses individuelles, <intelligibles> qui n'ont pas d'existence en eux-mêmes, si ce n'est parce que c'est nous qui les intelligeons. »

1. *Ibid.*, p. 147 : « <Ibn Bāǧǧa> dit : et si celui qui possède cette science s'élève d'un autre degré, en examinant les intelligibles "qui n'existent pas" et qui sont les formes séparées, il intelligera à ce moment des intelligibles qui ne sont absolument pas corruptibles, car ce qu'il en intelligera ne repose pas sur des substrats et n'a pas de substrats. »

2. *Ibid.*

3. On pourrait estimer également qu'il convient de distinguer entre la « jonction » à l'intellect agent, dont il venait d'être question, et la « jonction » avec les réalités séparées supérieures, dont il s'agit de parler à présent.

4. Voir ce qu'en dit M. Geoffroy, « L'exposition de la *Jonction de l'intellect avec l'homme* (*Ittiṣāl al-'aql bi-l-insān*) d'Avempace », p. 139 et *ibid.*, n. 35.

5. *Ibid.* p. 147-148.

passée la physique, c'est à la « science métaphysique »[1] qu'on parvient. Averroès pose alors deux questions : premièrement, l'intelligible auquel la métaphysique a affaire est-il éternel ou pas? Deuxièmement, si cet intelligible est éternel, cela signifie-t-il que la métaphysique, comme science, est elle-même éternelle? Le problème n'est plus ici de savoir s'il y aura jonction à l'intellect agent, représentation de l'intelligible séparé (en considérant que la discussion vaut ici pour l'intellect agent aussi bien que pour le reste des réalités séparées), mais, en admettant qu'elle ait lieu, de déterminer le statut et la modalité du savoir qui appréhendera cet intelligible.

La première question rappelle celle qui structure l'ensemble du chapitre sur l'intellect dans le *Compendium*. L'intelligible que l'homme appréhende, y demande Averroès, est-il toujours en acte ou pas? est-il éternel ou adventice? Et l'on a vu sa réponse, contre Platon et toute forme de platonisme : l'intelligible pour l'homme, qu'il soit d'ordre pratique ou théorétique, vient à être, est produit, au moins *relativement*, en ce que sa partie « matérielle », solidaire des images, est elle-même engendrable et corruptible. Mais cela ne vaut que pour les formes du monde sublunaire; cela n'est vrai que tant que l'homme pense et agit dans le monde de la génération et de la corruption. Dans ce monde-ci, certes, ce que l'homme intellige, il l'abstrait, et son savoir suit le rythme de cette abstraction. Mais avec la métaphysique, c'est autre chose. Les intelligibles dont elle relève sont d'un rang à part, supérieur; ce ne sont pas les intelligibles de choses concrètes, mais, on l'a rappelé, « les intelligibles de choses qui sont existantes en elles-mêmes »[2], des intelligibles « séparés », et puisque l'engendrement des intelligibles découlait de leur dépendance aux images, ceux-là ne viennent pas à l'être. Le *Compendium*, autrement dit, s'est longuement attardé sur l'idée que nos intelligibles étaient en un sens matériels, donc en puissance, et donc adventices, mais ce n'est pas son dernier mot. Ce qui fut exclu comme objet principal de la pensée humaine

1. Sauf erreur, Averroès dans le *Grand Commentaire* du *De anima* ne qualifiera plus le dernier rang du savoir humain, passé la jonction, de « science métaphysique », laquelle relève encore de l'ordre théorétique qui, précisément, est lui-même dépassé.

2. M. Geoffroy, « L'exposition de la *Jonction de l'intellect avec l'homme* (*Ittiṣāl al-ʿaql bi-l-insān*) d'Avempace », p. 148 : « il paraît au sujet de ces intelligibles qui surviennent dans la science de la métaphysique qu'ils sont distincts des autres intelligibles, car ils sont les intelligibles de choses qui sont existantes en elles-mêmes. Aussi, les énoncés scientifiques que nous avions formulés à propos du caractère venu à l'être (*ḥudūṯ*) des intelligibles théoriques ne suffisent sans doute pas à savoir ce qu'il en est de ceux-là. Il convient donc davantage de les considérer à part, car il semble à leur sujet qu'ils sont d'un rang distinct <de celui des intelligibles théoriques>. »

revient à la fin. Au sommet, l'objet de l'homme, plus noble, change de nature : c'est de l'intelligible pur, toujours en acte, simplement éternel.

Si cela n'a rien de neuf, la question qui suit, en revanche, singularise l'intervention d'Averroès. De cet objet éternel, en effet, quelle science l'homme aura-t-il ? Après avoir contesté que le savoir courant puisse être une réminiscence (parce que l'intelligible serait, comme tel, toujours déjà là, en acte, mais simplement recouvert), faudra-t-il admettre que le savoir suprême, lui, soit éternel comme ce qu'il saisit ?

Le jeune Averroès répond que tel n'est pas le cas. D'une formule : la métaphysique n'est pas la science éternelle de l'éternel. Elle est elle-même produite, comme le reste du savoir humain. D'où cela vient-il ? Du mode de connaissance qui caractérise l'homme et s'avère indépassable. De même, en effet, qu'on ne se représente les intelligibles théorétiques qu'à partir des images et avec elles, on ne se représente ces intelligibles séparés qu'à partir des intelligibles théorétiques, que relativement à eux, et non pas de façon exclusive et directe. On les pense, on s'y joint, dit donc Averroès, mais sur un mode particulier : par « analogie » (*munāsaba*) et « comparaison » (*muqāyasa*), c'est-à-dire dans une sorte de jonction négative où l'on se représente l'intelligible séparé non pas frontalement, tel qu'en lui-même, mais *par négation* des « concomitants » (*lawāḥiq*) des intelligibles « matériels »[1]. L'intellect, en d'autres termes, atteint l'intelligible pur, non pas comme intelligible pur, mais comme intelligible *non impur*, non matériel, non abstrait.

La relation, et donc la composition, apparaissent ainsi comme la clé de la représentation à tous les niveaux : au niveau théorétique comme à celui de la perfection dernière. Car si l'intellect ne perçoit l'intelligible théorétique qu'en se fondant sur l'image, continûment, en tant que cet intelligible n'est perçu que comme appuyé sur l'image, relatif à elle, il n'appréhende également l'intelligible pur que relativement, c'est-à-dire que par contraste avec les intelligibles théorétiques dont cet intelligible pur n'a pas les propriétés matérielles. La relation est partout : l'intelligible pur *est relié* à l'intelligible théorétique qui *est relié* lui-même à l'image, ce

1. *Ibid.* : « Il est évident pour celui qui considère cette science, je veux dire la métaphysique, qu'il ne se représente ces intelligibles séparés qu'en fonction de l'analogie (*munāsaba*) que ceux-ci entretiennent avec les intelligibles matériels, <en jugeant> de ceux-là par comparaison à (*muqāyasa*) ceux-ci, et en niant (*salb*) de ces intelligibles séparés les concomitants (*lawāḥiq*) et les états dont nous voyons qu'ils n'affectent les intelligibles <matériels> qu'en tant qu'ils sont matériels. Ainsi, lorsque nous disons que l'intellect et l'intelligible, dans <l'intelligible séparé>, sont un selon tous les modes, et que pour ces intelligibles qui sont nôtres, l'intellect et l'intelligible sont certes un pour nous, mais sont cependant affectés par une certaine différence, alors que celle-ci est niée de ceux-là. »

qui veut dire qu'il n'est jamais de représentation directe et simple, que toute intellection est composée et ne saisit son objet que dans son rapport (d'appui, ou de rejet, d'exclusion, de privation) à la forme immédiatement inférieure. L'intellect n'appréhende donc l'intelligible, quel qu'il soit, que comme un relatif, et c'est de l'existence de cette relation qu'Averroès déduit l'adventicité de notre science de l'éternel. Nous ne pensons pas l'éternel éternellement, d'une science permanente ; tantôt nous le faisons, tantôt pas, et cela parce que nous ne le pensons qu'en référence à des intelligibles matériels qui sont eux-mêmes adventices. La science de la métaphysique est ainsi affectée au sommet de l'échelle de ce qui marque la science de l'intelligible théorétique avant elle. De même que dans la science physique l'intellection de l'intelligible théorétique est produite du fait de l'adventicité des images qui lui sont corrélées et avec lesquelles, donc, on le conçoit, la science de l'intelligible pur est produite du fait de l'adventicité relative de l'intelligible théorétique qui lui est corrélé et avec lequel, par négation, par biffure, on l'aborde. On ne pense pas toujours les choses du monde, parce qu'on les pense à partir de leur images fluctuantes ; on ne pense pas toujours l'intelligible pur en lui-même éternel, parce qu'on ne le pense qu'à partir de l'intelligible abstrait qui fluctue lui-même à proportion de la fluctuation de ses sujets et de leurs fantasmes.

La conclusion est massive, s'agissant de ce que la jonction recouvre. Même si le jeune Averroès parle pour finir de « jonction » et d'« union »[1], le sens qu'il donne à ces mots l'éloigne de l'idée d'assimilation qu'implique le principe aristotélicien d'identité du pensant et du pensé[2]. Si la pensée

1. Voir *infra*, p. 156, § 70.

2. De cela, du reste, Averroès est parfaitement conscient. Il le dit explicitement dans le quatrième traité de son *Compendium* sur la métaphysique : notre intellect pense les choses matérielles en les rapportant à leurs images et ne pense les entités séparées qui le surplombent, et d'abord l'intellect agent immédiatement supérieur, que par « analogie » ; certains ont estimé que cette pensée de l'intellect agent consistait à *conceptualiser proprement son essence, jusqu'à devenir l'intellect agent lui-même*, mais il n'en va pas ainsi (sans quoi le causé en viendrait à se confondre, contradictoirement, avec sa cause) : *Risālat mā ba'd al-ṭabī'a* (Rasā'il Ibn Rušd al-falsafiyya 6), éd. Ǧ. Ǧihāmī, Beyrouth, Dār al-fikr al-lubnānī, 1994 (réimpr. de l'éd. Hyderabad, 1947), p. 155-157 ; cf. *Averroes on Aristotle's "Metaphysics"*, éd. Arnzen, p. 161 (*Compendio de Metafísica*, éd. C. Quirós Rodríguez, p. 150, 4, § 48) : « as the most specific subject of human conceptualization consists of material things only, while it is only by analogy (*munāsaba*) that we think these principles (although our thinking of them takes place only according to a <certain> graduation, for what is closest to our substance is the agent intellect, which is why *some deemed it possible to conceptualize its essence properly ('alā kunhi-hā), such that man is himself this <agent intellect> and what is caused becomes identical with the cause*), so the subject of the agent intellect's conceptualization too consists of its essence only, while it is only by analogy that it thinks the principle of this. <...> If

de l'intelligible pur est relative, si elle se fait par analogie, comparaison, ce qui se donne dans cette « pensée » de l'intelligible pur n'est pas l'intelligible pur lui-même, en son essence, mais seulement ce que cette analogie nous permet d'en saisir. C'est-à-dire ? Non pas l'essence de la chose, en l'occurrence celle de l'intelligible séparé, mais quelque chose de « proche » de son essence. Si se « joindre » à l'intellect séparé, c'est se le représenter par analogie, alors ce n'est pas lui, vraiment, que l'on pense, ce n'est pas à lui, vraiment, que l'on accède, mais à quelque chose de « proche » de lui[1]. Ce qui ne s'atteint que par relation, par comparaison, ne se donne pas lui-même. La relation, qui porte jusqu'à la chose, en même temps la dérobe, et c'est le cas ici : les représentations par relation des intelligibles séparés « ne sont pas la substance de ces choses, mais <seulement> très proches de leur substance »[2].

Pour autant, conclut Averroès, « cela, c'est le rang ultime <dans la saisie> des intelligibles conformément à ce qu'ils sont. C'est là une chose à propos de laquelle il apparaît, par le discours, qu'il s'agit de la fin ultime

what the caused ones among these principles think about their cause were the same as that which the cause thinks about itself, there would be no difference between cause and being caused, and these separate things could have no multiplicity at all. » Rappelons que cette nuance dans l'idée de « jonction » ou d'« union » se trouvait déjà chez al-Fārābī, dont nous reparlons plus bas. Chez al-Fārābī, l'intellect humain qui, au stade de l'acquisition, parvient à intelliger l'intellect agent, à se « joindre » à lui, voire à s'« unir » à lui, *ne le devient pas* à proprement parler mais, devenu pleinement substantiel, accède seulement au même « rang » que lui ou bien au rang « le plus proche » de lui.

1. *Cf.* M. Geoffroy, « L'exposition de la *Jonction de l'intellect avec l'homme* (*Ittiṣāl al-'aql bi-l-insān*) d'Avempace », p. 149 : « S'il en est ainsi, et que nous ne nous représentons les formes séparées que selon une proportion et par rapport aux intelligibles matériels, et qu'un rapport n'est autre qu'une certaine relation (*iḍāfa*), et que si l'un des deux termes relatifs existe, l'autre existe nécessairement, tandis que si l'un est non existant, l'autre l'est également, les représentations qui se produisent dans cette science n'existent pas toujours en acte, mais au contraire viennent à l'être pour nous, car elles ne sont pas la substance de ces choses, mais <seulement> très proches de leur substance. » Cette position du jeune Averroès pourrait être une façon de régler la question – très problématique chez al-Fārābī – de l'assimilation de l'intellect humain à l'intellect agent ; on y revient plus bas. *Cf.* Averroes, *The Epistle on the Possibility of Conjunction with the active Intellect by Ibn Rushd with the Commentary of Moses Narboni*, éd. K. P. Bland, New York, 1982, p. 111, 44-47 (nous soulignons) : « When you have understood that this agent moves us to its essence, then you have understood the intention of what the Philosopher has said in the *Nicomachean Ethics* : "Man, even if he is mortal, should conceive of himself or his essence as being free from death, as far as that is possible for him." Why should anybody who is mortal despise his soul, if in it there is a part which is able *to receive closeness* to the eternal existence ? »

2. M. Geoffroy, « L'exposition de la *Jonction de l'intellect avec l'homme* (*Ittiṣāl al-'aql bi-l-insān*) d'Avempace », p. 149.

(*ġāya aḫīra*) »[1]. La leçon est claire. Il y a bien une fin ultime puisque l'homme n'est pas engagé à l'infini dans un processus d'accumulation des sciences ; et cette fin ultime est, comme tout philosophe arabe ou presque le dirait (si l'on ne précise pas la modalité de cette opération terminale), la saisie de l'intelligible séparé au terme du long processus de production des sciences par abstraction des intelligibles théorétiques. Mais cela, qu'on peut bien appeler « jonction », ou « union » même, n'est pas une représentation directe de la chose séparée en son essence. C'est une représentation médiate, biaisée, une saisie relative, la perception d'un objet plus noble qu'on n'obtient que par comparaison avec la représentation qu'on a de l'objet inférieur, et cela par retranchement, soustraction ou négation des déterminations matérielles qui l'affectent. À la fin, donc, ce n'est pas la chose même qu'on pense[2]. On n'y accède qu'autant que possible, c'est-à-dire seulement par la représentation biffée de ce que, dans sa noblesse, elle n'est pas. Il y aura « jonction », parce que ce qu'intellige l'intellect humain parachevé n'est *rien d'autre* que ce que pense l'intellect agent (si l'on parle de l'intelligence qui lui est immédiatement supérieure), mais cette jonction n'a rien d'une assimilation formelle puisque notre intellect (comme tout intellect, du reste) n'accède à son intelligible que sur un mode inférieur qui lui est propre. Identité de contenu dans la pensée parfaite, diversité hiérarchisée de modes : telle est l'*ittiṣāl* entre notre intellect et l'intellect séparé[3] dans la version limitée du *Compendium*[4].

1. *Ibid.*, p. 150. (La phrase qui précède est la suivante : « il en est pour ceci comme du cas de celui qui se représente une chose par les concomitants subséquents à son essence, lorsqu'il n'arrive pas à se représenter la chose en elle-même. Et *cela*, c'est le rang ultime… » ; on considère ici que « cela » renvoie à la représentation « par les concomitants », et non à la saisie de la chose même).

2. Si bien que le problème qu'induit le principe aristotélicien d'identification formelle entre l'intelligeant et l'intelligé, ici, ne se pose pas.

3. En considérant, répétons-le, que ce qui fut dit ici valait non seulement pour les intelligences séparées supérieures mais aussi pour l'intellect agent.

4. M. Geoffroy le dit bien (« L'exposition de la *Jonction de l'intellect avec l'homme* (*Ittiṣāl al-ʿaql bi-l-insān*) d'Avempace », p. 142) : la pensée propre de l'intellect humain « consistant à rapporter les intelligibles à leurs images, la conception (*taṣawwur*) des entités métaphysiques, qui n'ont pas d'images, ne pourra évidemment se faire que sur le mode de l'intellection humaine, en pensant ces entités à partir de la privation (*ʿadam*) de ce dont sont dotées les formes matérielles. Pourtant, semble-t-il, ce que retient ici Averroès est que malgré la différence de modes selon lesquels l'intellect humain et l'intellect agent intelligent une seule et même chose, *l'identité de contenu* de l'intellect agent séparé et de l'intellect humain parfait, qui pensent chacun tout l'intelligible de l'univers, est suffisant à assurer cet *ittiṣāl*… »

Plusieurs choses sont à relever. Premièrement, Averroès paraît loin d'Ibn Bāǧǧa, qu'il prétend exposer, ou derrière lequel il est censé se placer[1], en donnant à la notion de jonction un infléchissement qui l'éloigne de l'idée bāǧǧienne d'assimilation[2]. Examinons en effet certains passages du *Discours sur la jonction de l'intellect avec l'homme* pour voir ce qu'Ibn Bāǧǧa y dit de l'*ittiṣāl.*

Le modèle d'Ibn Bāǧǧa ?

Ibn Bāǧǧa s'interroge à partir du § 24 sur les intelligibles en acte et demande « s'ils sont tous un en nombre ou non »[3]. Aucune des deux réponses ne peut à elle seule être satisfaisante : l'intelligible ne peut être tout simplement un en nombre, parce que chacun saurait déjà tout, etc. ; il ne peut être absolument multiple, sans quoi s'engagerait une recherche infinie de l'intelligible commun. La bonne réponse combine donc les deux aspects[4]. Elle consiste à soutenir que les intelligibles sont composés « d'une chose permanente et d'une chose temporaire et éphémère », et cela parce qu'« on les saisit en tant que perception de leurs substrats, et <que> ce qui en eux est intelligé est relié à ces sujets en tant qu'il subsiste par cette relation »[5]. L'intelligible, autrement dit, possède certes l'unicité en tant que contenu intelligible identique pour tous, mais il est multiple en tant que ce contenu intelligible n'est appréhendé que relativement à des sujets particuliers (les choses réelles extérieures à l'âme), distincts selon les individus pensants. Il faut penser une forme de multiplication de l'intelligible, et cette multiplication procède du fait que l'intelligible est un relatif, qu'il est saisi en tant qu'intelligible de choses individuelles.

Ibn Bāǧǧa est toutefois plus précis. L'intelligible n'est pas seulement raccordé à la chose individuelle. Il est en fait attaché à la « forme spirituelle » qui procède de cette chose individuelle et qui, en chacun, sera diverse. C'est de cette forme imaginale, pour finir, qu'il dépend, si bien que la chose peut disparaître sans que l'intelligible, lui, s'efface. La masse

1. A moins qu'il ne faille voir dans ces lignes, précisément, un désaveu ou une distance.

2. En admettant, comme nous le pensons, que telle est bien la position d'Ibn Bāǧǧa – on l'explicite plus bas. Ce n'est pas la lecture de C. d'Ancona, par exemple, dans son « Man's Conjunction with Intellect. A Neoplatonic Source of Western Muslim Philosophy », *The Israel Academy of Sciences and Humanities Proceedings*, VIII, 4 (2008), p. 57-89, spéc. p. 72-74 et 86-87.

3. Ibn Bāǧǧa, *Discours sur la conjonction de l'intellect avec l'homme*, éd. Genequand, § 24, p. 191.

4. *Ibid.*, § 37, p. 195 : « ces intellects sont donc multiples d'un certain point de vue et un d'un autre ».

5. *Ibid.*, § 27, p. 191-192. Traduction modifiée.

(*al-ǧumhūr*) ainsi que ceux qui théorisent (*al-nuẓẓār*) sont pris dans ces rapports-là quand ils pensent, c'est-à-dire qu'ils saisissent de l'intelligible doublement relié : relié à une chose (ce qui assure sa vérité), par le biais d'une image (ce qui fait sa subsistance et le sauve de la fin des choses).

Cela étant, il existe une hiérarchie, aussi bien entre la masse et les théoréticiens qu'entre les théoréticiens eux-mêmes, et cela jusqu'à l'homme parfait. Sur quoi repose cette hiérarchisation? La distinction dépend du point d'attention de l'acte de pensée. Ce qui importe à la masse, qui saisit la chose par l'image et par l'intelligible de l'image, c'est la chose. Ce qui caractérise les théoréticiens, en revanche, c'est l'intérêt porté au mode d'existence spirituelle de l'image en tant que socle de l'intelligible. L'image est un pivot. Elle se trouve en tous, mais dans la masse, elle ne vaut qu'orientée vers le réel concret alors que, chez les théoréticiens, elle intéresse en tant qu'elle ouvre à l'intelligible. Le théoréticien ne se soucie pas de la chose matérielle comme telle. Ce qu'il vise, attentif à l'image, c'est l'intelligible de l'image, de cette sorte d'étant qu'est l'image, puis, dans un redoublement, l'intelligible de cette sorte d'étant qu'est en lui-même l'intelligible de l'image.

Il y a donc chez le penseur une progression en deux temps dans le rapport qui le « joint » à l'objet. Il pense d'abord l'intelligible d'une image renvoyant à un particulier, puis l'intelligible de cet intelligible, lequel, dit Ibn Bāǧǧa, est l'intellect ultime. Au terme de cette « ascension », en effet, on parvient à « cet intellect dont l'intelligible est lui-même », on accède à la contemplation (*naẓar*) de l'intelligible-intellect qui « n'a pas de forme spirituelle comme substrat », qui est *ipso facto* « un et non multiple »[1]. Cet intellect un se produit (*yaḥṣulu*) dans le contemplateur qui devient « un en nombre » avec tous ceux du même rang : c'est la « vie dernière »[2].

1. *Ibid.*, § 38, p. 195 : « Quant à l'intellect dont l'intelligible est lui-même, il n'a pas de forme spirituelle comme substrat, ce que l'on entend par intellect est alors ce que l'on entend par intelligible : il est un et non multiple, puisqu'il est dépourvu de la relation par laquelle la forme est en rapport avec la matière. Une contemplation de cette sorte est la vie dernière. »

2. *Ibid.*, § 39, p. 195 : « puisque contempler quelque chose et l'intelliger ne peuvent se produire que du fait que le contemplateur reçoive le concept de la chose et le dépouille de matière, et puisque le concept que nous voulons intelliger est un concept qui ne renvoie à rien d'autre, l'acte de cet intellect est son essence, il ne peut s'user ni se corrompre, le moteur est en lui la même chose que le mû, il est, comme le dit Alexandre dans son livre sur *Les formes spirituelles*, ce qui fait retour sur soi-même. Il est un en nombre, il est le moteur premier en Aristote par exemple (*maṯalan*), et ce qui est comme lui (*man kāna miṯla-hu*) devient un en nombre avec Aristote.... ». Le traité d'« Alexandre » auquel il est fait allusion correspond, comme on sait, aux propositions 15, 16, 17 des *Eléments de théologie* du *Proclus arabus*. C. d'Ancona utilise cette référence dans son article cité *supra* (« Man's Conjunction with Intellect. A Neoplatonic Source of Western Muslim Philosophy ») pour

La suite du texte précise la thèse et l'on retrouve dans un premier temps ce qu'Averroès a présenté. Il y a bien trois étapes (*manāzil*) dans le rapport à l'intelligible, répète Ibn Bāǧǧa (§ 41) : celle de la masse (*ǧumhūr*), celle des théoréticiens (*nuẓẓār*) au sommet de la physique, et celle des bienheureux (*su‘adā’*). Ce qui caractérise la masse, c'est que les gens « ne possèdent l'intelligible que lié aux formes matérielles et ne le connaissent que par elles, à partir d'elles, à leur sujet et pour elles » (§ 41). D'une part, donc, l'intelligible n'est saisi par eux que dans son rapport de dépendance à l'image (il n'est pas pur, mais adossé à un substrat) ; d'autre part, il n'est appréhendé que dans une visée pratique, en vue du particulier dont cette image est la trace (l'intelligible, autrement dit, n'est ici qu'un moyen pour déterminer l'agir). Les théoréticiens, au deuxième rang, ont affaire également à des intelligibles liés aux formes matérielles qui leur servent de substrats, mais chez eux c'est la considération de l'intelligible qui prime (l'intelligible, pour ainsi dire, est la « chose » du théoréticien). De ce point de vue, leur rapport à l'intelligible est plus direct. Si l'intelligible était comparé au soleil, on dirait que le théoréticien, qui le perçoit appuyé sur l'image, le voit, le regarde (*yarā*), mais « par un intermédiaire, comme le soleil apparaissant sur l'eau » (§ 44), tandis que la masse, plus éloignée d'un cran, concentrée qu'elle est sur le particulier concret, n'en perçoit

soutenir que la doctrine néo-platonicienne du retour sur soi constitue la clé de la conception baǧǧienne de la « jonction », selon laquelle notre intellect dans son acte ultime ne ferait *qu'imiter* le retour sur soi instancié de façon paradigmatique dans l'intellect agent (voir p. 86 et 87). Son analyse repose sur le texte édité par Asín Palacios et donne en anglais pour les deux dernières lignes de notre passage : « it is one in number, and is the first mover *paradigmatically* (*miṯlan*). Whoever resembles it becomes one in number too… » (« Man's Conjunction with Intellect », p. 73 ; nous soulignons). La suite du *Discours sur la conjonction de l'intellect avec l'homme* nous paraît toutefois confirmer l'édition de Genequand et invalider cette interprétation fondée sur l'idée d'une motion que l'intellect agent exercerait de façon paradigmatique. On lit ceci, en effet, au § 51, p. 199 *sq.* : « pose donc que ce rang existe chez une personne, mettons Aristote : Aristote, par exemple (*maṯalan*), est cet intellect qui a été décrit auparavant, et il y a deux rangs en dessous de lui. <…>. <Les masses> ne sont pas Aristote, mais Aristote était dans un état semblable au leur, et ils (*sic*) se trouvent dans un des états d'Aristote. <…> Quant au troisième rang, ceux-là, Aristote et les autres bienheureux sont un en nombre, sans aucune différence entre eux… ». Il ne s'agit pas de soutenir, autrement dit, que l'intellect agent exerce une causalité « paradigmatique » (*miṯlan*) et que l'intellect humain l'« imite » en faisant retour sur lui-même (de sorte qu'il atteindrait la félicité), mais que l'intellect humain, au terme d'une ascension (où la réflexion, certes, joue un rôle puisqu'il s'agit de dégager l'intelligible de l'intelligible abstrait), en vient à se représenter l'intellect agent, en qui l'être et l'intelligible s'identifient, et que celui qui accède à ce rang devient numériquement un avec toute homme sage y étant déjà parvenu – comme Aristote, par exemple (*maṯalan*). D. Wirmer critique également la lecture de C. d'Ancona : *Vom Denken der Natur zur Natur des Denkens*, p. 508-509.

que « l'image de son image, comme le soleil projetant son image sur l'eau et cette image se réfléchissant sur un miroir » (*ibid.*).

De là Ibn Bāǧǧa en vient à poser que « les bienheureux voient la chose même » (§ 44). Cela signifie qu'ils voient *l'intelligible lui-même*, comparé au *soleil*, et non pas, comme les théoréticiens, l'intelligible en tant qu'attaché aux formes matérielles qui constituent son substrat (ce qui revient à voir, non pas le soleil, sans intermédiaire, mais son image sur l'eau), et encore moins, comme la masse, l'intelligible lié aux formes matérielles et tout orienté vers elles (ce qui revient à voir, non plus l'image du soleil sur l'eau, mais, décalée d'un cran, cette image elle-même reflétée sur un miroir). C'est la première idée. Le bienheureux est l'homme au savoir accompli, et ce qui le caractérise comporte trois composantes : il *voit*, il voit *l'intelligible même* directement, et il le voit comme on verrait *le soleil* face à face.

La suite du texte, cependant, approfondit cette idée. Mêlant ce qu'il connaît et comprend de Platon et d'Aristote, Ibn Bāǧǧa propose une nouvelle analogie entre l'intellection et la vision. La forme intelligible qui s'imprime dans la puissance d'intelliger (comparée à l'œil) donne lieu à « l'intellect en acte » (comparée à la vision, *ibṣār*). Et de même que la forme vue a besoin de la lumière pour exister en acte et être effectivement perçue, l'intellect en acte a besoin d'une sorte de lumière pour exister comme tel. Cette lumière est « l'intellect sans individualité » (*al-ʿaql allaḏī laysa lahu šaḫṣ*), et c'est « l'intellect actif » (*al-ʿaql al-fāʿil*).

La masse, dit-il, ne le voit pas. Dans son ensemble, comme à l'entrée d'une caverne, elle voit les existants, comparés aux couleurs, « dans un état semblable à celui de la pénombre » (§ 47), et elle ne voit « pas du tout <la> lumière » (*ibid.*)[1] dont la perception de ces couleurs dépend. « Aussi, de même que la lumière n'a pas d'existence dépouillée des couleurs pour les gens de la caverne, de même cet intellect n'a pas d'existence pour la masse et elles n'en ont pas connaissance » (*ibid.*). Les théoréticiens, eux, sont sortis de la caverne. Ils voient donc « les couleurs telles qu'elles sont » (§ 48), en pleine lumière, c'est-à-dire, comme le précisera la suite (§ 52), qu'ils voient aussi la lumière, mais par le biais de ces couleurs. On dira d'eux, par conséquent, qu'ils voient indirectement l'intellect actif. Quant aux bienheureux, la représentation de leur état n'est pas aisée et demande, en vérité, d'abandonner le paradigme de la vision. On pouvait en effet s'attendre à la progression suivante conduisant de l'objet à la condition d'appréhension de l'objet : (i) voir les couleurs dans la

1. Au § 51, il dira une chose un peu différente. On y revient dans la note qui suit.

pénombre sans voir la lumière[1] (la masse) ; (ii) voir les couleurs comme elles sont, à la lumière, et voir cette lumière par le biais des couleurs (les théoréticiens) ; (iii) enfin voir la lumière elle-même, pour elle-même, c'est-à-dire voir directement l'intellect actif (les bienheureux). Or, il n'en est rien. « L'état des bienheureux », en effet, « n'a pas d'analogue dans leur vision *puisqu'ils deviennent eux mêmes la chose (yaṣīrūn hum al-šay'). Si la vision se transformait et devenait lumière, elle occuperait alors la place des bienheureux* » (§ 48).

Si l'on serre l'analogie, autrement dit, le bienheureux n'en vient pas seulement à voir directement la lumière (ce qui récusait déjà l'idée d'une appréhension médiatisée), *il se fait*, tandis qu'il la voit, *lumière* (ce qui implique cette fois l'idée d'assimilation). La masse ne voit pas la lumière, ou très indirectement ; les théoréticiens la voient indirectement ; le bienheureux *la devient*. La dualité que maintient le modèle de la vision entre le regardant et le regardé n'est donc pas correcte. Le bienheureux n'est plus devant un objet, fût-il le plus éminent, et fût-ce directement. Il est devenu cela même qui donne aux objets d'apparaître. La vision qui devient lumière, en effet, n'est plus la vision de quelque chose, n'est plus un acte de perception, mais cela même qui donne de voir (en constituant les objets de vision et en permettant à la vision de s'effectuer comme vision).

En quelques lignes, donc, la thèse d'Ibn Bāǧǧa s'est bel et bien modifiée. Premièrement, « la chose elle-même », c'est-à-dire « l'intelligible », que les bienheureux voient, il l'assimile ici explicitement à « l'intellect actif ». Deuxièmement, cet intellect actif n'est plus comparé au soleil mais à la « lumière ». Troisièmement, l'idée que les bienheureux soient dans un rapport spéculaire a disparu pour laisser place à l'idée qu'ils deviennent la chose ultime qu'ils étaient censés voir, c'est-à-dire qu'ils deviennent l'analogue de la lumière : l'intellect actif. Thèse considérable, puisqu'elle signifie qu'Ibn Bāǧǧa conçoit la jonction à l'intellect agent (si l'on estime qu'il s'agit bien de cela derrière son lexique) comme une unification, une identification : l'homme heureux n'aurait pas seulement un rapport de contemplation direct à l'intellect agent (qui maintiendrait en quelque façon leur hétérogénéité), il le deviendrait, finirait par se confondre avec lui[2]. Et la conclusion, en ce sens, va loin (§ 52) : devenus

1. Sinon, comme l'indique le § 51, de façon très faible et indirecte, par le biais d'un reflet de la couleur : « Les masses voient cette lumière, mais ils la voient comme ils voient cette lumière reflétée sur des surfaces colorées » (trad. Genequand, p. 199).

2. C'est la thèse d'A. Altmann (« Ibn Bājja on Man's Ultimate Felicity », *Studies in Religious Philosophy and Mysticism*, New York, 1969, p. 73-107), que conteste Ch. Genequand de façon véhémente (voir son introduction dans Ibn Bāǧǧa, *La conduite de*

« lumière », c'est-à-dire assimilés à l'intellect/intelligible suprême qui est un absolument, sans relation, *les bienheureux sont un en nombre*[1], ce qui ne veut pas dire qu'ils n'ont plus de corps, mais qu'ils ne sont plus, à proprement parler, le corps qu'ils ont, lequel corps n'est plus dès lors qu'une parure accessoire recouvrant en vérité un même être.

Confirmons cette doctrine par ce qu'on lit dans l'*Epître de l'adieu*. Après avoir indiqué que les « perfections » (*tamāmāt*) étaient « au nombre de trois » (§ 62) – les perfections des instruments techniques, celles des membres, celles des vertus psychiques[2] –, Ibn Bāǧǧa introduit pour l'individu (§ 69) une *quatrième* perfection (*kamāl*), celle de l'intellect, qui n'est « ni relative ni en relation[3], mais <…> se rapporte à l'homme comme l'entéléchie (*al-tamām*) à la puissance, parce que la puissance sans l'entéléchie n'est pas une chose existante du tout. » Et il ajoute, d'une référence implicite à Aristote, *De an.* II, 1, 412b10-15 (sur la hache et son essence), que cela s'entend « comme quand on parle du "tranchant de ce couteau" », le couteau étant si peu distinct du tranchant

l'isolé et deux autres épîtres, p. 64 *sq*.). Sa position selon laquelle l'intellect agent ne serait rien qu'« une disposition intrinsèque à l'homme » (n. 48, p. 376-377) nous paraît toutefois inexacte, même si les difficultés de la position inverse existent. Ibn Bāǧǧa écrit en effet que « comme Platon posait les Formes, sa manière de symboliser l'état des bienheureux par celui de ceux qui regardent le soleil était conforme à sa manière de symboliser les masses » (*Discours sur la conjonction de l'intellect avec l'homme*, § 48, éd. Genequand, p. 198) ; cela laisse penser que si le modèle de la vision tient chez Platon (où le bienheureux est censé regarder le soleil), c'est parce que ce dernier postule l'existence de Formes séparées, ontologiquement distinctes de l'individu, et que si, donc, Ibn Bāǧǧa récuse ce modèle, c'est précisément parce qu'il n'existe pas pour lui de telles formes séparées, de sorte que l'intellect agent ne serait pas une forme séparée et que l'idée traditionnelle de jonction – défendue, par exemple, par Altmann – n'aurait aucun sens. Sauf qu'on peut lire les choses autrement : à titre d'exemple, pour une combinaison de la séparation de l'intellect agent et de son intériorisation, *cf.* J.-B. Brenet, « L'intellect agent, la lumière, l'*hexis*. Averroès lecteur d'Aristote et d'Alexandre d'Aphrodise », *Chôra. Revue d'études anciennes et médiévales*, 18-19 (2020-2021), p. 431-452.

1. On pourrait certes le défendre sans poser un intellect actif séparé : les bienheureux seraient un en tant qu'ils seraient tous parvenus, de façon immanente, au stade ultime de leur intellectualité ; mais il resterait à expliquer comment l'intellect actif conditionne l'intellect en acte, au même titre que la lumière conditionne la couleur et leur vision.

2. Ibn Bāǧǧa les évoquait plus haut dans son texte ; *cf.* Ibn Bāǧǧa, *Epître de l'adieu*, § 45, éd. Genequand, p. 104 : « je veux seulement comparer les perfections que l'on atteint par les actions humaines. La première est que les formes des instruments techniques soient bonnes, qui est ce à quoi aboutit le mouvement imparti par les arts. La deuxième est que les membres et l'ensemble du corps soient dans la meilleure condition que l'on puisse percevoir, et l'on y arrive par les vêtements. La troisième est d'avoir des mœurs excellentes et ce sont les vertus. »

3. Il faudrait se demander si la position d'Averroès faisant de la perfection dernière de l'homme une relation (puisque l'intellect séparé est saisi par « comparaison », par « analogie ») s'oppose à cela, ou si « relation », chez Ibn Bāǧǧa, désigne ici autre chose.

qu'il consiste, au contraire, dans le tranchant même[1]. Autrement dit, cette quatrième perfection qu'est la perfection de l'intellect est à l'homme ce que le tranchant est au couteau, c'est-à-dire sa forme, son essence, et, quand son acte a lieu, la pleine réalisation de son essence[2].

Cela posé, Ibn Bāǧǧa annonce vouloir examiner « quel est l'état de l'homme <…> dans cette conformité (*munāsaba*) qu'il a à l'intellect acquis (*al-ʿaql al-mustafād*) » (§ 69).[3] La notion technique et non aristotélicienne d'« intellect acquis » était apparue plus tôt dans le texte. Au § 54, Ibn Bāǧǧa parlait en effet de « la connaissance ultime » de l'homme comme de « la représentation de l'intellect », cela n'étant rien d'autre, écrivait-il, que « l'existence de l'intellect acquis »[4]. Que désigne-t-il par là ? S'agit-il simplement de l'acte d'intelliger, sans doute porté à son plus haut degré, ou bien, outre cela, de la conception par cet intellect accompli d'un intellect séparé (l'intellect agent de la tradition)[5] ? La suite du texte permet d'en savoir davantage.

Le § 75, de fait, reprend la question de la perfection de l'âme, du moi, et s'ouvre ainsi[6] : « considérons l'état qui est celui de l'homme par essence et par nature, comme le tranchant du couteau, et posons qu'il existe. Considérons aussi comment est alors son état, et cela c'est la science théorétique[7]. » La perfection que l'homme atteint dans cet état dépend de la relation qu'il entretient avec ce qu'Ibn Bāǧǧa appelle sans

1. Ibn Bāǧǧa, *Epître de l'adieu*, § 69, éd. Genequand, p. 111.

2. Cela aussi mériterait d'être comparé à ce que défend le jeune Averroès, quand il écrit dans le développement sur la jonction préservé dans le manuscrit cairote du *Compendium* du livre *De l'âme* que l'existence qu'obtient l'homme dans la jonction terminale « est distincte de celle qui est propre à l'homme en tant qu'homme » (trad. M. Geoffroy, « L'exposition de la *Jonction de l'intellect avec l'homme* (*Ittiṣāl al-ʿaql bi-l-insān*) d'Avempace », p. 152 ; on y revient plus bas).

3. Ibn Bāǧǧa, *Epître de l'adieu*, § 69, éd. Genequand, p. 111.

4. *Ibid.*, § 54, éd. Genequand, p. 106. La traduction de Ch. Genequand (qu'il justifie partiellement en note) ne nous paraît pas correcte : « il est évident que la connaissance ultime, qui est l'intellect et la présence de l'intellect acquis… ». Nous dirions plutôt : « il est évident que la connaissance ultime, qui est la représentation de l'intellect, à savoir l'existence de l'intellect acquis… ».

5. C'est ce que Ch. Genequand, on l'a dit, conteste absolument dans sa lecture d'Ibn Bāǧǧa. Il nous semble pourtant qu'il ne peut en être autrement et c'est cette ligne qu'on suivra. D. Wirmer critique également la position de Genequand : *Vom Denken der Natur zur Natur des Denkens*, p. 37 *sq.*

6. Ibn Bāǧǧa, *Epître de l'adieu*, § 75, éd. Genequand, p. 113.

7. Nouvelle différence remarquable avec Averroès – aussi bien le jeune que celui de la maturité – puisque pour Averroès la perfection ultime n'est plus d'ordre théorétique (c'est ainsi, nous semble-t-il, qu'il faut comprendre ce qu'il dit de la jonction à l'époque du *Compendium*, voir *infra*, p. 86 *sq.* ; *cf.* Averroès, *L'intelligence et la pensée*, p. 168 ; éd. Crawford, III, c. 36, p. 501, 640 *sq.*). C'est pourquoi nous ne partageons pas, sur ce point, la lecture de R. C. Taylor ; voir par exemple son « Averroes on the Attainment of Knowledge »,

précision « l'intellect », mais dont la suite prouve qu'il correspond à l'intellect agent du péripatétisme[1]. De cet intellect, en effet, il est dit qu'il « fait les universaux » (§ 77) et qu'il agit dans cette mesure à l'instar de la « lumière » (deux caractéristiques de l'intellect agent, quelles qu'en soient les complexités)[2]. Mais quel rapport avons-nous à lui ? Il est présenté comme la « puissance » (*quwwa*) par laquelle « nous jugeons de choses infinies dont nous n'avons vu qu'un ou quelques individus, ou même aucun » (§ 78) et Ibn Bāǧǧa ajoute que « nous intelligeons (*ʿaqalnā*) ce qu'est cette puissance ». Autrement dit : *nous intelligeons l'intellect agent*, et si dans un premier temps nous ne l'intelligeons qu'indirectement, c'est-à-dire par le biais seulement des effets qu'il a sur les intelligibles ayant été abstraits, nous en venons à l'intelliger directement, « en nous représentant ce qu'il est » (*bi-'an nataṣawwara mā hiya*) lui-même[3].

Jusqu'où va cette représentation? Ibn Bāǧǧa le dit en quelques lignes denses qui rappellent ce qu'est l'intellect acquis chez l'Alexandre d'Aphrodise arabe, à savoir l'intellect agent séparé auquel s'identifie l'intellect humain en tant qu'il le pense. Car la conception de la chose, ici, c'est la chose même. L'intellect agent étant sans matière, la représentation de l'intellect agent *est* l'intellect agent lui-même. Deux formules le disent explicitement : « sa survenue, c'est sa représentation » (*ḥuṣūlu-hu huwa taṣawwuru-hu*) ; puis « sa représentation, c'est son existence » (*taṣawwuru-hu huwa wuǧūdu-hu*) – contrairement à ce qui vaut pour un coffre, par exemple, où l'on doit distinguer la représentation qu'on s'en fait de l'être réel qu'il a en dehors de nous.

Mais ce n'est pas tout. Non seulement l'intellect agent nous advient tel qu'en lui-même dans la représentation, mais dans cet advenir « l'homme se met à exister d'une autre sorte d'existence que celle qui appartient à ses autres puissances. <Cette puissance> devient l'un des existants divins et <l'homme> arrive aussi près que possible de Dieu Béni et Très-Haut »[4]. Il apparaît donc, si l'on ramasse l'ensemble de ce qu'Ibn Bāǧǧa suggère, que nous intelligeons cet intellect-lumière qu'est l'intellect agent, que

in H. Lagerlund (éd.), *Knowledge in Medieval Philosophy* (*The Philosophy of History*, vol. 2), New York, 2019, p. 59-80, ici p. 68.

1. Ch. Genequand, p. 243-244, n'est pas de cet avis. Nous ne le suivons pas.

2. Référence évidente, quand bien même elle serait médiatisée, à Aristote, De an. III, 5.

3. Ch. Genequand essaie de défendre sa ligne, ici (p. 245), à savoir qu'il n'est pas question d'un intellect agent transcendant, et que se le « représenter » veut dire, justement, non pas « l'intelliger », mais en prendre la forme, le devenir du dedans. La remarque est conceptuellement intéressante mais nous paraît, au regard de la doctrine, incorrecte.

4. Ibn Bāǧǧa, *Épître de l'adieu*, § 80, éd. Genequand, p. 115. Sur la proximité (ici à Dieu), *cf.* les références à al-Fārābī données *infra*, p. 83.

nous nous le représentons directement et que cette représentation, qui se confond avec ce qu'il est, nous « divinise » en nous approchant de Dieu.

Les paragraphes suivants le confirment. L'intellect (séparé), c'est-à-dire l'intellect agent, est comparé cette fois au soleil, et comme dans le cas du soleil, nous entretenons à lui plusieurs types de rapport. Dans un premier temps, c'est un rapport indirect : « nous ne voyons pas <cet intellect> en lui-même, mais avec autre chose, comme nous voyons le soleil, par exemple, en étant nous-mêmes dans l'eau, puis dans l'air. Nous ne pouvons voir cet intellect en lui-même, mais nous voyons son effet dans autre chose, et de ce fait nous le voyons dans certains intelligibles d'une vision plus proche de son essence, et dans d'autres d'une vision plus distante. Les gens le voient d'une vision différenciée selon leur vision, comme on voit le soleil de manière différenciée »[1]. Mais ce n'est pas la limite de l'homme ; ce n'est qu'une première grande étape dans le déploiement de l'intellectualité.

Car la « vision » de cet intellect (*ru'yatu-hu*), la « vision en elle-même » et non pas indirecte, est « possible », dit le texte, et elle est « comme la vision du soleil sans intermédiaire, si cela est possible, ou avec un intermédiaire qui n'a pas d'effet sur la vision, si cela existe »[2]. Imaginons qu'on puisse voir le soleil face à face, sans écran, ou bien par un biais neutre qui donnerait la chose même : *mutatis mutandis*, c'est à cela qu'il faut comparer notre intellection parfaite de l'intellect agent (ce que l'*Epître sur la jonction* corrige subtilement, on l'a vu, en disant que la dualité sujet/objet est à ce moment-là abolie et qu'il serait plus juste de se figurer que le bienheureux devient la lumière même).

L'achèvement de l'intellectualité humaine se joue bien, par conséquent, dans une forme d'union intellective à l'intellect agent qui approche l'homme de Dieu :

> L'intellect est donc l'existant le plus cher à Dieu Très-Haut, et lorsque l'homme atteint cet intellect lui-même *sans qu'il n'y ait plus aucune différence entre eux deux*, cet homme a atteint la chose créée la plus chère à Dieu. Plus il en est proche, plus il est proche de Dieu et Dieu est satisfait de lui. Cela ne se peut que par le savoir et la science rapproche de Dieu et l'ignorance en éloigne. La plus noble de toutes les sciences est cette science que nous avons dite, et son plus haut degré est celui de la représentation que l'homme se fait de son essence de sorte qu'il se représente cet intellect dont nous avons parlé auparavant.[3]

1. Ibn Bāǧǧa, *Épître de l'adieu*, § 81, éd. Genequand, p. 115.

2. *Ibid.*

3. Ibn Bāǧǧa, *Epître de l'adieu*, § 88, éd. Genequand, p. 118 (trad. légèrement modifiée). Notons la différence avec al-Fārābī, chez qui, comme on l'a rappelé, l'intellect acquis ne

Dans cette dernière phrase, l'idée n'est pas, après avoir dit qu'on se représentait indirectement l'intellect (agent) dans ses effets abstracteurs, qu'on se le représente indirectement dans l'autoconnaissance de notre essence, mais que cette autoconnaissance débouche sur la représentation (sous-entendu : directe) de cet intellect. Atteindre l'intellect de telle façon qu'il n'y ait plus de différence entre nous et lui, ce n'est donc pas se le représenter indirectement, par le biais de notre essence, fût-ce parfaitement, mais c'est, en se connaissant parfaitement, c'est-à-dire en fait en accomplissant parfaitement notre intellect, en venir à l'intelliger tel qu'il est en lui-même, à faire qu'il se produise en nous, et ainsi, à se confondre avec lui.

Si telle est la position d'Ibn Bāǧǧa, il est clair qu'Averroès la désavoue implicitement ou inconsciemment.

Une référence paradoxale à al-Fārābī ?

Mais il est une deuxième chose remarquable dans ce développement rushdien sur la jonction. Non seulement Averroès paraît ici se séparer d'Ibn Bāǧǧa, mais il rappelle al-Fārābī, et cela de façon paradoxale.

Le rappel du Second maître tient à deux raisons au moins. À la fois parce qu'al-Fārābī parle lui aussi de notre intellection du Premier par *munāsaba*, par analogie[1], et parce que « l'acquisition » de l'intellect chez

correspond pas à une identification ontologique avec l'intellect agent mais au fait d'accéder au même rang que lui, ou au plus proche de lui (qui est distinct de Dieu). Avec Ibn Bāǧǧa, il semble qu'on en vienne à se confondre avec l'intellect agent dans la représentation et que cela nous approche de Dieu. Il est vrai, toutefois, que les formules sont souvent sujettes à caution. *Cf.* al-Fārābī, *Philosophie d'Aristote*, éd. M. Mahdi, *Al-Fārābī's Philosophy of Aristotle* (*Falsafat Arisṭûṭâlîs*), Beyrouth, 1961, p. 128, 4 *sq.* : « Après avoir examiné cet intellect <*i.e.* l'intellect agent>, <Aristote> a trouvé qu'il s'agissait d'un intellect en acte et qu'il n'était pas du tout en puissance, et qu'il était éternel dans le passé comme dans le futur (ce qui n'est pas du tout en puissance n'est pas dans une matière, et sa substance et son acte sont en eux-mêmes une seule et même chose, ou proches <d'être une seule et même chose>. Lorsque l'intellect humain atteint le point suprême de sa perfection, il devient proche, dans sa substance, de la substance de cet intellect <agent>. <Aristote> appelle cet intellect, <l'intellect> agent, et il lui est apparu clairement que l'intellect humain, dans le parachèvement de sa substance, suivait l'exemple de cet intellect. » Al-Fārābī poursuit en indiquant que l'homme tente de s'approcher de cet intellect « aussi près qu'il le peut. <Cet intellect> est la fin que l'homme essaie d'approcher, si bien qu'il est une forme séparée de l'homme <…>; en quelque façon, l'homme en vient à se joindre à lui (*mutaṣṣilan*) lorsque <cet intellect agent> est intelligé par lui <*i.e.* l'homme>. <…> Il est clair qu'il n'est intelligé par l'homme que quand ce dernier n'est plus séparé de lui par un intermédiaire. Sous ce rapport (*min hāḏihi al-ǧihat*), l'âme de l'homme elle-même devient cet intellect (*taṣīru nafs al-insān hiya hāḏā al-ʿaql*). »

1. *Cf.* al-Fārābī, *Aphorismes politiques*, § 81 (*Fuṣūl muntazaʿah* (*Selected Aphorisms*), éd F. M. Najjar, Beyrouth, 1971, p. 86-87), trad. Ph. Vallat, *in* al-Fārābī, *Epître sur l'intellect*,

al-Fārābī n'est pas une identification à l'intellect agent mais correspond au degré de perfection le plus « proche » de son rang[1].

Paris, 2012, p. 181 : « D'autres jugent que la séparation de l'âme d'avec le corps n'est ni une séparation par le lieu, ni une séparation selon la notion et que le corps ne se décompose pas tandis que l'âme subsisterait, ni l'âme ne se décompose tandis que le corps, dépourvu d'âme, subsisterait. Ce que signifie "la séparation de l'âme" est bien plutôt ceci : <i> que l'âme n'a pas besoin pour subsister que le corps soit pour elle une matière ; <ii> qu'elle n'a besoin, en l'une quelconque de ses opérations, ni de se servir d'un instrument tel qu'un corps, ni de se servir d'aucune puissance sise dans un corps ; et <iii> qu'elle n'a absolument aucun besoin, en l'une quelconque de ses opérations, de recourir à l'opération d'aucune puissance sise dans un corps. Et en effet, aussi longtemps qu'elle a <au contraire> besoin de l'une quelconque de ces <trois> choses, c'est qu'elle n'est pas <encore> séparée. Séparée, seule l'âme qui est propre à l'homme l'est, c'est-à-dire l'intellect théorétique, car une fois qu'il est dans ledit état, il se trouve être séparé du corps et il est égal alors que ce corps soit <toujours> en vie en ce qu'il s'alimente et perçoit, ou que la puissance par laquelle il se nourrit et <celle par laquelle> il perçoit soi<en>t déjà abolie<s>. En effet, une fois que <l'âme intellective>, pour accomplir l'une quelconque de ses opérations, n'a plus besoin ni de la sensation ni de l'imagination, c'est qu'elle est parvenue à la Vie dernière. Son intellection (*taṣawwur*) de l'essence du Principe premier est à ce moment-là au plus haut point parfaite, car l'intellect ne fait que dès lors que se projeter sur Son essence (*innamā yahǧumu al-ʿaql ʿalā ḏāti-hi*), sans plus avoir besoin de L'intelliger au moyen d'une analogie (*munāsaba*) ou d'une image (*miṯāl*). » Notons toutefois qu'Ibn Bāǧǧa parle aussi de *munāsaba* à propos de « l'intellect acquis », sans que cela soit bien clair : *Epître de l'adieu*, éd. Genequand, § 69, p. 111 (« Examinons quel est l'état de l'homme dans ces trois relations et dans cette conformité (*munāsaba*) qu'il a à l'intellect acquis »).

1. *Cf.* par exemple al-Fārābī, *Le livre du régime politique*, trad. Ph. Vallat, Paris, 2012, p. 86 (cf. *Kitāb al-siyāsa al-madaniyya*, éd. F. M. Najjar, Beyrouth, ^{2}1993, p. 55, 5 *sq.* ; *cf.* aussi al-Fārābī, *La politique civile ou les principes des existants*, trad. A. Cherni, Beyrouth, 2012, p. 98) : « L'intellect agent, lui, de par sa nature et sa substance, est disposé à telle fin qu'il contemple (*an yanẓara*) tout ce que le corps céleste apprête et donne. Toute chose qui, dans <ce qu'apprête et donne le corps céleste>, est en quelque façon apte à se libérer de la matière et de la privation en sorte qu'elle accède vis-à-vis de lui au rang le plus proche. » Cf. *ibid.*, éd. F. M. Najjar, p. 36, 2 *sq.* (trad. Vallat, p. 23-24 ; trad. Cherni, p. 48 : « l'homme qui est un intellect en puissance devient intellect en acte et atteint la perfection qui *le rend proche* du rang de l'intellect agent. Il devient alors intellect en son essence alors qu'il ne l'était pas ») ; al-Fārābī, *Idées des habitants de la cité vertueuse*, trad. Y. Karam, J. Chlala, A. Jaussen, Beyrouth-Le Caire, 1980, chap. 27, p. 91 (arabe, p. 107, 20 *sq.*) ; chap. 23, p. 77 ; etc. Rappelons que l'idée de proximité se lit aussi chez Ibn Bāǧǧa (qui, explicitement, se réfère à la religion et à la tradition prophétique) : *Epître de l'adieu*, éd. Genequand, § 80, p. 115 : « cette faculté devient l'un des existants divins et <l'homme> arrive *aussi près que possible* (*aqrab mā yumkinu*) de Dieu Béni et Très-haut » ; *ibid.*, § 87, p. 118 : « Car qui connaît Dieu, dont la science est véridique, sait que la pire misère est de le mécontenter et de s'éloigner de Lui, et le plus grand bonheur de Lui plaire et de se rapprocher de Lui. L'homme ne peut être plus proche de Lui qu'en connaissant sa propre essence, et c'est pourquoi on rapporte du Prophète la tradition suivante : Dieu créa l'intellect puis lui dit : "approche-toi" et il s'approcha, puis Il lui dit : "Recule", et il recula ; puis Il dit : "Par ma majesté et ma puissance, je n'ai rien créé qui me soit plus cher que toi" » ; *ibid.*, § 88, p. 118 (trad. modifiée) : « L'intellect est donc l'existant le plus cher à Dieu Très-Haut, et lorsque l'homme atteint cet intellect lui-même sans qu'il n'y ait plus aucune différence entre eux

(L'idée de proximité – présente chez Ibn Bāǧǧa, on l'a vu[1] – revêt évidemment ici quelque chose de farabien, mais il est suggestif dans ce contexte de rappeler que cette notion d'approche vient d'abord, évidemment, du Coran, comme de certains *ḥadīṯ*-s[2], et que le soufisme, du reste, y recourt, qui fait de la vie religieuse un *sulūk*, une pérégrination vers Dieu entrecoupée de « stations », d'« étapes » et de « demeures »[3].

S'agissant du Coran, trois choses au moins sont à repérer. Premièrement, que le Coran envisage principalement la proximité du côté de Dieu. C'est Dieu qui est appelé *qarīb*, celui qui est proche, ou *aqrab*, le plus proche[4]. Deuxièmement, que s'il est question d'une proximité de l'homme à Dieu, c'est dans l'au-delà, d'un point de vue eschatologique : « dans l'au-delà, en effet, les hommes deviennent des *muqarrabūn* comme les anges, c'est-à-dire qu'ils sont "ceux qui ont été rapprochés" (4, 172; 56, 88; 83, 28) »[5]. Indication intéressante pour nous, si l'on voulait envisager une sorte de transfert ou d'appropriation philosophique par al-Fārābī du vocabulaire du *qurb* (la proximité), puisque dans cette vie « future » qu'est la félicité intellectuelle obtenue par l'acquisition de l'intellect, l'homme devenu tout intellect (comme le sont les intellects moteurs des sphères, les « anges » de la théologie) a bel et bien *été rapproché* de l'intellect agent par l'intellect agent lui-même dont l'intervention, semblable à celle du soleil pour la vue, a rendu possible l'abstraction des formes sensibles, leur intellection, et ce faisant, la substantialisation de l'âme humaine. Dans la pensée, dans l'effectuation de son acte intellectuel, cette âme n'est certes pas en situation de pure passivité, et l'on doit dire aussi, donc, qu'*elle s'approche* volontairement, activement, de sa perfection, mais c'est la « providence » que l'intellect agent exerce à son endroit

deux, cet homme a atteint la chose créée la plus chère à Dieu. Plus il en est proche, plus il est proche de Dieu et Dieu est satisfait de lui. Cela ne se peut que par la science ; la science rapproche de Dieu et l'ignorance en éloigne ».

1. Mais pas seulement, évidemment : Avicenne le reprend aussi ; à titre d'exemple, *cf.* son *Epître sur l'amour* (*R. fī l-ʿišq*), éd. M. A. F. Mehren, in *Traités mystiques d'Aboû Alî al-Hosain b. Abdallâh b. Sînâ ou d'Avicenne*, Leiden, 1894, p. 22 : « Être extrêmement proche de Dieu consiste à recevoir son épiphanie (*taǧallī*) selon la réalité, je veux dire le plus parfaitement possible, et c'est cela que les Soufis appelle "union" (*ittiḥād*) » (cité dans J. R. Michot, *La destinée de l'homme selon Avicenne. Le retour à Dieu (maʿād) et l'imagination*, Louvain, 1986, p. 100).

2. *Cf.* le *ḥadīṯ : man taqarraba...* Voir L. Massignon, *Essai sur les origines du lexique technique de la mystique musulmane*, Paris, 1954, p. 126.

3. Parmi les lectures possibles, voir P. Nwyia, que nous suivons ici : *Exégèse coranique et langage mystique. Nouvel essai sur le lexique technique des mystiques musulmans*, Beyrouth, Dar el-Machreq, ²1991, *passim* (spéc. p. 212 *sq.*).

4. Pour *qarīb* : Coran, 2, 186 ; 11, 61 ; 34, 50 ; pour *aqrab* : Coran, 50, 16 ; 56, 85.

5. P. Nwyia, *Exégèse coranique et langage mystique*, p. 252.

qui conditionne le processus abstractif, l'intelligibilisation du réel, et lui donne, par conséquent, de s'approcher. Troisièmement, le Coran (19, 52) entrevoit une fois la possibilité pour l'homme de s'approcher en cette vie de Dieu. C'est l'épisode qui concerne Moïse, quand Dieu dit de lui : « nous l'avons appelé sur le côté droit du Mont, et, tel un confident, nous l'avons fait approcher de nous » (trad. Masson). Passage remarquable, là aussi, qui ferait de l'âme humaine se parachevant, si l'on jouait le jeu du transfert, l'analogue de Moïse. Al-Fārābī recourt pour penser l'accès de l'âme humaine à sa perfection, à son rang ultime dans l'être, à l'élément-clé de la proximité que le Coran utilise pour dire l'accès privilégié de Moïse à Dieu.)

Pourquoi cette référence implicite à al-Fārābī serait-elle paradoxale ? Parce que ces deux aspects d'analogie et de proximité qu'Averroès associe dans la « vie dernière », al-Fārābī s'en sert pour caractériser deux phases *distinctes* de l'intellectualité humaine. Lorsqu'il parle de la « proximité » à l'intellect agent, du fait que, dans l'acquisition, le philosophe se tient très proche de sa substance, al-Fārābī décrit certes le stade ultime de la connaissance et de l'être même de l'homme. Lorsqu'il parle de l'analogie, en revanche, al-Fārābī désigne par là un mode déficient d'intellection (un mode indirect, encore solidaire du corps, des images) que la « vie dernière », précisément, est censée dépasser. L'intellect humain qui décroche totalement de l'image, l'intellect substantifié qui ne s'appuie plus aucunement, ne fût-ce que dans son acte, sur l'imagination, celui-là dépassera le mode analogique de représentation du Principe premier[1]. Je ne me représente le Principe premier par analogie que tant que, en quelque façon, il m'est encore nécessaire d'imaginer pour penser; je ne le fais que tant que mon intellect ne s'est pas hissé jusqu'au niveau de l'intellect dit « acquis », qui débouche sur la « jonction »[2]. Mais après cela, débarrassée de son imaginalité, la conception sera divine, aussi pure que son objet. Averroès, autrement dit, mobilise pour penser la vie ultime

1. Voir al-Fārābī, *Aphorismes politiques*, § 81 (*Fuṣūl muntaza'ah*, éd F. M. Najjar, p. 86-87); trad. Vallat, dans al-Fārābī, *Epître sur l'intellect*, p. 181 (cité *supra*, n. 1, p. 81).

2. al-Fārābī, *Kitāb al-siyāsa al-madaniyya*, éd. F. M. Najjar, p. 79, 3 *sq.* ; trad. Vallat, *Le livre du régime politique*, p. 154 *sq.* : « Le chef entendu absolument est celui qui n'a, même pour la chose la plus infime, aucun besoin qu'un homme n'exerce sur lui d'autorité <...>. Or, cela ne se trouve que chez les hommes au naturel exceptionnellement éminent une fois que leur âme s'est conjointe à l'Intellect agent; et une telle mesure n'est atteinte que lorsqu'à celui-là est advenu, premièrement, l'intellect patient et, ensuite, l'intellect qu'on nomme "acquis". C'est en effet par l'advenue de l'intellect acquis qu'a lieu la conjonction avec l'Intellect agent... » (*cf.* trad. Cherni, *La politique civile*, p. 158).

une catégorie farabienne qu'al-Fārābī réservait, lui, au stade inférieur de notre intellectualité (l'analogie), mais il la combine avec une autre catégorie (la proximité avec l'intellect agent ou au Premier principe), que le Second maître, cette fois, convoquait pour décrire la « jonction ».

D'un point de vue théorique, par conséquent, ce qu'Averroès présente ici paraît embrouillé. D'une part, on comprend mal quel est son rapport à Ibn Bāǧǧa. S'il s'agissait de présenter sa doctrine de l'*ittiṣāl* en y souscrivant, pourquoi ne pas avoir exposé l'assimilation à l'intelligible pur qu'Ibn Bāǧǧa, sauf erreur, défendait, et dont Averroès savait d'ailleurs bien, comme l'indique son *Compendium de la métaphysique*, qu'elle était en jeu[1] ? Quel statut, dès lors, revêt son développement personnel au sein de son exposition d'Ibn Bāǧǧa ? S'il ne se veut pas explicitement critique, il reste qu'Averroès renverse tout par sa thèse de la jonction sans confusion, par simple identité de contenu. D'autre part, les éléments farabiens qu'Averroès mobilise dans son intervention sont peu cohérents puisqu'ils prétendent valoir pour un même état, la vie dernière, là où ils correspondent chez al-Fārābī à deux stades différents de l'intellectualité : le progrès dans la science, d'un côté, l'intellect acquis puis « joint » de l'autre[2]. Le jeune Averroès, en somme, récusant la doctrine de la jonction comme identification, farabise Ibn Bāǧǧa (sans paraître le mesurer, ou en tout cas sans l'assumer), et il le farabise sans être strictement farabien, puisqu'il reconfigure la doctrine même du Second maître.

Quoi qu'il en soit, le texte sur la jonction n'est pas terminé et la fin mérite l'attention. Admettons, dit Averroès, que cette jonction ainsi définie existe. Admettons que l'intellect humain puisse acquérir cet état de perfection où, par négation, il se représente l'intellect séparé. Comment devra-t-on qualifier cette perfection ? S'agit-il d'une perfection « naturelle » ou bien « divine » ? Et en ce dernier cas, « selon quel mode l'étant naturel <qu'est l'homme> peut-il posséder une perfection non naturelle ? » Comment rendrait-on raison, autrement dit, de l'articulation puis du passage en lui de la nature à la sur-nature ?[3]

1. Cf. *supra*, n. 2, p. 69.

2. La noétique farabienne est toutefois elle-même problématique, notamment en raison de son rapport flottant au principe aristotélicien de l'assimilation formelle entre l'intelligeant et l'intelligé. Nous l'étudierons ailleurs en détail.

3. Voir M. Geoffroy, « L'exposition de la *Jonction de l'intellect avec l'homme* (*Ittiṣāl al-ʿaql bi-l-insān*) d'Avempace », p. 150-151 : « Et concédons donc que cet état existe, comme le prétendent ceux qui l'ont vécu <et> comme<la démonstration> en a été faite par le discours. Ce qu'il convient ensuite d'examiner à son propos est de savoir s'il s'agit d'une perfection naturelle ou si ce n'est pas une perfection naturelle. Et, si ce n'est pas une perfection naturelle, comme l'affirment certains philosophes, mais une perfection divine,

La composition de l'homme parfait

À la première question, la réponse d'Averroès est que la jonction constitue pour l'homme une perfection *non* naturelle (l'homme est l'être naturel dont la perfection ne l'est pas), et qu'il faut la penser comme on pense le rapport des « formes séparées » aux corps circulaires dont elles sont « les perfections ».

On ne s'étonnera pas du fait que le parachèvement de l'homme soit considéré comme « divin ». Cela, depuis les grecs, pouvait peu ou prou se lire partout[1]. Ce qui importe, en revanche, c'est le sens du mot, ce qu'Averroès entend par perfection « non naturelle » et dont le paradigme est à nouveau cosmologique. Or il le dit, succinctement :

> si c'était une perfection naturelle, les autres facultés de l'âme et les intelligibles matériels interviendraient d'une certaine façon (*lahā madḫal mā*) dans l'existence de cette perfection (*fī wuǧūd ḏālika al-kamāl*), à la façon dont il est de la nature des choses présupposées pour une certaine fin d'intervenir dans l'être de cette fin.[2]

La perfection naturelle est la forme matérielle qui n'advient dans un substrat qu'en étant préparée puis constituée par les « formes » inférieures qui l'y précèdent et conditionnent véritablement son *wuǧūd*, son être. Mais ce n'est pas le cas de la perfection de l'intellect dans son rapport aux puissances inférieures de l'âme. Celle-ci n'existe, certes, que parce que l'homme est un animal parfaitement sentant et imaginant, elle ne se réalise que sur le substrat des perfections inférieures de l'imagination et du sens, mais cela ne signifie pas que ces perfections entrent dans la constitution *de son être même*. La perfection dernière de l'homme est d'un

différant par le genre de celle-là, selon quel mode l'étant naturel peut-il posséder une perfection non naturelle ? »

1. S'agissant de la *falsafa*, rappelons ces deux textes (nous soulignons) : al-Fārābī, *Kitāb al-siyāsa al-madaniyya*, éd. F. M. Najjar, p. 36, 2 *sq.* ; trad. Cherni, *La politique civile*, p. 48 : « … l'homme qui est un intellect en puissance devient intellect en acte et atteint la perfection qui le rend proche du rang de l'intellect agent. Il devient alors intellect en son essence alors qu'il ne l'était pas ; il devient intelligible en son essence alors qu'il ne l'était pas ; *il devient divin après avoir été hylique* » (*cf.* trad. Vallat, *Le livre du régime politique*, p. 23-24) ; Ibn Bāǧǧa, *Epître de l'adieu*, § 80, éd. Genequand, p. 115 : « …l'homme se met à exister d'une autre sorte d'existence que celle qui appartient à ses autres facultés. *<Cette faculté> devient l'un des existants divins* et <l'homme> arrive aussi près que possible de Dieu Béni et Très-Haut. »

2. M. Geoffroy, « L'exposition de la *Jonction de l'intellect avec l'homme* (*Ittiṣāl al-ʿaql bi-l-insān*) d'Avempace », p. 151.

autre ordre que les puissances animales. C'est une « forme de formes »[1], dira-t-il ailleurs ; elle culmine au sommet des facultés inférieures du corps imaginant, mais elle n'est pas, elle, mélangée au substrat corporel, et c'est en cela qu'elle est une « perfection » pour nous au sens où « les formes séparées sont les perfections des corps circulaires »[2].

Averroès ne cessera d'élaborer cette analogie cosmologique qui compare l'intellect humain dans son rapport au corps à l'Intelligence céleste dans son rapport à la sphère qu'elle meut[3]. Et c'est d'Ibn Bāǧǧa, à nouveau, que le jeune auteur du *Compendium* du livre *De l'âme* pouvait en dégager une première idée. Dans sa *Conduite de l'isolé* (*Tadbīr al-mutawaḥḥid*), Ibn Bāǧǧa écrit en effet que « la forme <de l'homme> est différente des autres formes qui appartiennent aux <êtres> générés et corruptibles, et <qu'>elle est semblable aux formes qui appartiennent aux corps circulaires ». Ces derniers, ajoute-t-il, « sont les substrats des <formes> intelligibles par lesquelles <les corps> sont ce qu'ils sont, *mais <ils> ne sont pas substrats pour que ces formes aient leur existence en eux, car ils ne sont pas concevables comme étant <leurs> matières, de sorte que <les formes> tireraient d'eux leur existence* »[4].

1. Sur cette formule (évidemment aristotélicienne : *De an.* III, 8, 432a1), qui n'est pas employée ici, voir notamment J.-B. Brenet, *Les possibilités de jonction*, p. 123-128 ; pour être plus juste, il faudrait dire que l'intellect *matériel* est *forme de formes inférieures*, et que l'intellect *agent*, ou du moins la perfection dernière de l'intellect en puissance, est *la forme de cette forme*.

2. Voici le passage complet : « S'il en est ainsi, il apparaît que cette jonction (*ittiṣāl*) n'est pas une perfection naturelle, et il reste pour nous que ce soit une perfection en tant que l'on dit que les formes séparées sont les perfections des corps circulaires, et il a été expliqué comment était ce rapport (*nisba*) dans la science métaphysique. Il s'agit en somme d'une perfection différente du rapport naturel de la perfection aux matières<des corps naturels> » (M. Geoffroy, « L'exposition de la *Jonction de l'intellect avec l'homme* (*Ittiṣāl al-ʿaql bi-l-insān*) d'Avempace », p. 151).

3. On n'y revient pas en détail ici ; voir M. Geoffroy, « À la recherche de la *Béatitude* », *in* Averroès, *La béatitude de l'âme*, p. 71-80 ; « Averroès sur l'intellect comme cause agente et cause formelle, et la question de la "jonction" – I* », *in* J.-B. Brenet (éd.), *Averroès et les averroïsmes juif et latin*, p. 77-110 ; D. Twetten, « Averroes'prime mover argument », *in* J.-B. Brenet (éd), *Averroès et les averroïsmes juif et latin*, p. 9-75 ; « Whose Prime Mover is more (Un)Aristotelian, Broadie's, Berti's or Averroes' ? », *in* J.-B. Brenet et O. Lizzini (dir.), *La philosophie arabe à l'étude. Sens, limites et défis d'une discipline nouvelle*, p. 345-390 ; J.-B. Brenet, *Transferts du sujet*, p. 59 *sq.* ; *Les possibilités de jonction*, p. 140-143 ; 173-178.

4. Pour la citation complète, voir M. Geoffroy, dont nous reprenons la traduction, « L'exposition de la *Jonction de l'intellect avec l'homme* (*Ittiṣāl al-ʿaql bi-l-insān*) d'Avempace », p. 143 (*cf.* Ibn Bāǧǧa, *Conduite de l'isolé*, § 223-224, trad. Genequand, p. 180-181) : « la forme <de l'homme> est différente des autres formes qui appartiennent aux <êtres> générés et corruptibles, et elle est semblable aux formes qui appartiennent aux corps circulaires. En effet, celles-ci s'intelligent elles-mêmes, et le substrat dont elles sont

L'intelligence céleste n'est pas une perfection *naturelle* de la sphère du fait que, séparée quant à son être, ontologiquement indépendante, elle n'est pas en elle comme la forme matérielle s'inscrit dans son substrat, et il en va de même, donc, pour l'intellect humain dans son état de perfection ultime. Cela dit, la comparaison avec les cieux indique plus que cette séparation. Elle montre quel type de rapport causal l'intellect agent doit entretenir avec l'âme humaine lors de la jonction dans la perfection dernière[1]. Car les Intelligences célestes, explique Averroès dans son *Compendium de métaphysique*, ne sont pas que les moteurs des sphères, ni leur causes efficientes[2], elles en sont également les causes *formelles* (puisque les formes des corps célestes – ces corps étant *animés* – ne sont rien que ce qu'ils conçoivent de leurs Intelligences) et *finales* (puisque les corps célestes se meuvent par désir et que ce sont leurs Intelligences qui en font l'objet)[3]. De la même façon, par conséquent, l'intellect agent n'est pas seulement le moteur noétique chargé d'intervenir dans la production abstractrice des intelligibles, il est pour l'intellect matériel cause formelle (sans assimilation, toutefois) et finale, la différence étant que ce rapport-

qualifiées est leur substrat selon le second mode, pour autant que selon cette autre relation, on puisse dire qu'elles ont un substrat. En effet, c'est selon deux modes que l'on parle de substrat : ou bien ce qui est l'objet d'une affection, du fait de la relation <qu'il entretient avec la forme> ; ou bien l'être corporel dans la relation avec la <forme> intelligible <avec laquelle il entretient cette relation>. Quant aux corps circulaires, ce sont les substrats des <formes> intelligibles par lesquelles <les corps> sont ce qu'ils sont, *mais <les corps> ne sont pas substrats pour que ces formes aient leur existence en eux, car ils ne sont pas concevables comme étant <leurs> matières, de sorte que <les formes> tireraient d'eux leur existence.* »

1. C'est à cela que faisait allusion Averroès au début du chapitre sur l'intellect lorsqu'il affirmait que pour déterminer si nos intelligibles étaient éternels ou pas, il fallait se demander s'ils sont joints à nous comme des formes séparées, *comme on dit de l'intellect agent qu'il nous est joint dans l'acquisition*. Voir *infra*, p. 120, § 17.

2. Averroès abandonnant la conception émanatiste de l'univers, ce point-là sera revu dans la suite de sa doctrine. Peu importe ici.

3. Voir *Averroes on Aristotle's "Metaphysics"*, éd. Arnzen, p. 152 (*Compendio de Metafísica*, éd. C. Quirós Rodríguez, IV, § 29, p. 140-141) : « from this it is clear that they not only move the celestial bodies but also provide them with their forms through which they are what they are. For when we deny their existence, there would be no forms of the rotating bodies, just as there would be no utmost perfection for us, when we deny the existence of the intellect in actuality. Consequently, these <movers> are, from this point of view, in a certain way the efficient <causes> of the <celestial bodies>, since it is the efficient <cause> which provides the substance of a thing, no matter whether it acts eternally or discontinuously (to act eternally is <of course> better). Meanwhile they are, from another point of view, formal <causes> for them, for the forms of the celestial bodies are nothing else than that which the <celestial bodies> think of these <movers>. And <finally> they are also final <causes> for them because the <celestial bodies> are moved by them by way of desire, as explained <above>. »

là, qui caractérise la jonction, n'a rien d'immédiat chez l'homme et n'advient pleinement en lui qu'au terme d'un long cursus d'apprentissage et de maîtrise des sciences.

Averroès peut alors conclure sur le statut de l'homme accompli :

> Mais si l'on considère ce qu'il en est de l'homme par rapport à cette jonction (*kayfa ḥāl al-insān fī hāḏihi al-ittiṣāl*), il apparaît qu'il s'agit d'un miracle (*min aʿāǧīb*) de la nature, et qu'il arrive à l'homme d'être comme composé de ce qui est éternel et de ce qui est corruptible, en tant qu'il existe des intermédiaires (*mutawassiṭāt*) entre les genres appropriés, comme l'intermédiaire entre les plantes et les animaux, et entre l'animal et l'homme. Cette existence est distincte de celle qui est propre à l'homme en tant qu'homme.[1]

Comment considérer, littéralement, *l'état* de l'homme *dans cette jonction* (*kayfa ḥāl al-insān fī hāḏihi al-ittiṣāl*) ? Quel est dans l'univers la condition de l'être qui vit cette perfection ?[2] Averroès prétend (ou croit) se référer à Ibn Bāǧǧa[3] et répond qu'il s'agit d'une sorte de « miracle », à la croisée des mondes. L'homme parfait apparaît « composé de ce qui est éternel et de ce qui est corruptible », et s'il n'est pas de rupture dans l'échelle de l'être, s'il est un échelon entre les plantes et l'animal, puis

1. M. Geoffroy, « L'exposition de la *Jonction de l'intellect avec l'homme* (*Ittiṣāl al-ʿaql bi-l-insān*) d'Avempace », p. 151-152.

2. Le propos n'est pas absolument clair. On voit mal si Averroès parle ici de l'homme lui-même, tandis qu'il s'ouvre à la jonction, qu'il en est simplement capable (l'homme, autrement dit, compris comme corps doué d'un intellect susceptible de se parachever pleinement), ou bien de l'homme *parfait* (l'homme « *dans* la jonction », littéralement, et non pas seulement « par rapport » à elle). C'est ce second point, plus inattendu, qui nous semble correct (du fait qu'Averroès dit bien, plus bas, que la jonction, la perfection ultime, est une *relation*, et donc une composition), et que nous tâchons d'exposer brièvement.

3. *Cf.* en effet Ibn Bāǧǧa, *Conduite de l'isolé*, § 226-227, éd. Genequand, p. 181-182 : « la nature de l'homme est apparemment intermédiaire entre ces <corps> éternels et ceux qui sont engendrés et périssent. La condition de l'homme dans cet état est conforme à la nature. La nature ne passe d'un genre à un autre que par un intermédiaire, comme nous le trouvons dans tous les genres de substances existantes. Dans les existants, il y a un existant intermédiaire entre les inanimés et les plantes tel que l'homme n'arrive pas à décider s'il est plante ou inanimé. De même entre le genre des animaux et celui des plantes il y a une chose intermédiaire qui emprunte équitablement aux deux. <...> S'il en est ainsi, il faut nécessairement qu'il y ait en l'homme un concept (*maʿnā*) qui se trouve parmi ces <formes> éternelles et par lequel il est éternel et qu'il y ait en lui un concept qui ressemble à ce qui est engendré et périssable et par lequel il est engendré et périssable. <...> Il semble que nous soyons en mesure de dire que l'homme fait partie des merveilles que la nature a produites. » Il nous semble qu'Averroès déforme ici le texte d'Ibn Bāǧǧa qui parle, en évoquant l'idée de miracle et d'intermédiaire, de l'homme lui-même, *et non pas de l'homme parfait dans la jonction* (si c'est bien ainsi qu'il faut lire Averroès). En ce sens, nous partageons la remarque critique de Ch. Genequand, p. 68 de son introduction.

entre l'animal et l'homme, il s'offre, lui, comme « l'intermédiaire » *entre l'homme et le divin.*

Deux choses sont remarquables, ici. Premièrement, que ce soit l'homme *joint* (c'est-à-dire l'homme parfait), et non seulement l'homme *doué* d'intellect (c'est-à-dire l'homme courant dans son état premier), qui constitue ce chaînon. Deuxièmement – mais l'idée, quoique puissante, en est plus banale –, que cette existence médiane dans la perfection soit considérée comme « distincte de celle qui est propre à l'homme en tant qu'homme », comme si l'humain, qui s'accomplit dans un être séparé de son corps (l'intellect sans mélange), versait paradoxalement lors de son parachèvement dans le sur-humain.

Le premier point nous importe et il est confirmé par la fin du texte. La jonction à l'intellect agent est présentée comme une perfection divine et non pas naturelle, non seulement parce que « la perfection naturelle ne consiste en rien d'autre qu'en la survenue des habitus (*malakāt*) dans la science théorique qui ont été énumérées dans le livre de la *Démonstration* »[1] (ce qui veut dire que la perfection intellectuelle dernière ne survient pas comme l'habitus suprême, mais relève d'autre chose que du régime des habitus)[2], mais parce que « la puissance naturelle, lorsqu'elle existe en acte, est l'existence de quelque chose qui auparavant n'existait pas, tandis que lorsque cette puissance <divine> existe en acte, *la perfection consiste*

1. M. Geoffroy, « L'exposition de la *Jonction de l'intellect avec l'homme* (*Ittiṣāl al-ʿaql bi-l-insān*) d'Avempace », p. 152.

2. *Cf.* le reproche qu'Averroès fera à Ibn Bāǧǧa dans son *Grand Commentaire* du *De anima* : « Ce mode <de jonction tel qu'Averroès vient de l'établir> vérifie aussi l'opinion d'Alexandre selon laquelle l'intellection des choses séparées se fait par la jonction de cet intellect avec nous, non au sens où l'acte de pensée existerait en nous alors qu'auparavant il n'existait pas – ce qui est la cause de la jonction de l'intellect agent avec nous, telle que l'entendait Avempace –, mais au sens où c'est la jonction qui est la cause de l'intellection, et non l'inverse. <…> De là apparaît aussi que son intellection n'est pas l'une d'entre les sciences théorétiques, mais l'aboutissement naturel (*currens cursu*) de l'apprentissage (*disciplina*) des sciences théorétiques » (Averroès, *L'intelligence et la pensée*, p. 168 ; éd. Crawford, III, c. 36, p. 501, 623 *sq.*). Il faudrait articuler cela, toutefois, avec ce qu'on lit dans l'un des prologues du *Grand Commentaire* à la *Physique* (nous soulignons) : « quant à l'utilité de ce livre <la *Physique*>, c'est qu'il constitue une partie de l'utilité de la science théorique. En effet, il a déjà été expliqué dans la science volontaire, savoir celle qui considère les actes volontaires <*sc.* l'éthique>, que *l'existence de l'homme selon sa perfection dernière consiste en ce qu'il est parfait dans les sciences théoriques. L'existence de cet état est pour lui la béatitude <*saʿāda> et la vie éternelle* » (S. Harvey, « The Hebrew Translation of Averroes'Prooemium to his Long Commentary on Aristotle's Physics », *Proceedings of the American Academy for Jewish Research* 52 (1985), p. 55-84, ici p. 65).

dans ce cas dans la relation (*iḍāfa*). C'est en fonction de ce rapport (*nisba*) que l'intellect agent est appelé acquis (*mustafād*) »[1].

On retrouve ce qui fut présenté plus haut. Pour le jeune Averroès la jonction consiste non pas à s'assimiler à l'intellect agent mais à le concevoir, lui qui existe par lui-même, et cela seulement par comparaison (négative) avec le mode de connaissance propre à l'intellect humain. La jonction, autrement dit, advient dans une relation, dès lors que l'intellect agent préexistant, toujours en acte, vient à être *saisi*, et de là vient que l'homme achevé en qui elle a lieu est parfaitement « composé », c'est-à-dire à la fois éternel, du fait de son lien « objectif » à la forme séparée, et adventice, du fait de son appui sur les formes matérielles en référence auxquelles il l'appréhende[2]. Notre intellect n'en vient pas à produire l'intelligible pur comme il en vient à produire tel ou tel intelligible matériel ; il en vient à penser analogiquement l'intelligible déjà là, inengendrable et incorruptible. C'est cela que recouvre ici le terme de jonction et qui justifie l'idée de composition *au rang suprême*. La perfection naturelle est la production dans l'intellect d'un habitus qui n'y existait pas ; la perfection divine est la liaison à un intelligible séparé qui existait déjà et existera toujours, de sorte que ce qui survient là n'est que *la mise en rapport* de l'éternel et du précaire[3]. La jonction, en d'autres termes, n'est

1. M. Geoffroy, « L'exposition de la *Jonction de l'intellect avec l'homme* (*Ittiṣāl al-ʿaql bi-l-insān*) d'Avempace », p. 153.

2. Ce qui fait qu'Averroès est ici totalement non farabien puisque, on le répète, l'homme intellectuellement parfait pour al-Fārābī est celui dont l'intellect s'est si pleinement substantialisé qu'il ne s'appuie plus, précisément, sur l'acte de l'imagination. (En marge et par plaisir, de nouveau, *cf.* R. Musil, *L'homme sans qualités*, Paris, trad. Ph. Jaccottet, 1995, p. 137-138, « Nature et substance d'une grande idée » : « ce qui distingue une grande et bouleversante idée d'une idée ordinaire, peut-être même incompréhensiblement ordinaire et absurde, c'est qu'elle se trouve dans une sorte d'état de fusion grâce auquel le Moi pénètre dans des étendues infinies tandis que, réciproquement, les étendues du monde entrent dans le Moi, si bien qu'il devient impossible de distinguer ce qui vous appartient de ce qui appartient à l'Infini. C'est pourquoi les grandes et bouleversantes idées se composent d'un corps comme celui de l'homme, compact, mais caduc, et d'une âme éternelle qui leur donne leur signification mais est tout, sauf compacte. »)

3. Puisqu'il en fut question plus haut en note, *cf.* ces remarquables échos modernes chez G. Frege, « La pensée », p. 190-191 : « nous ne sommes pas porteurs des pensées comme nous sommes porteurs de nos représentations. Nous avons une pensée, mais non pas comme nous avons une représentation sensible. Il est vrai que nous ne voyons pas une pensée comme nous voyons une étoile. Aussi est-il recommandé de choisir une expression particulière et le mot "saisir" (*fassen*) s'offre à cet office. Un pouvoir spirituel particulier, le pouvoir de penser, doit correspondre à l'acte de saisir la pensée. Penser ce n'est pas produire les pensées mais les saisir. Ce que j'ai appelé pensée entretient un rapport très étroit avec la vérité. Ce que j'admets pour vrai, ce que je juge vrai indépendamment du fait que j'admets sa vérité, ne dépend pas non plus du fait que j'y pense. Le fait qu'elle est pensée n'appartient pas à l'être vrai de la pensée ». Puis plus bas, p. 194 : « quand je saisis une pensée, j'entre

pas l'obtention d'un état ou d'un objet qu'on engendre au dedans, mais désigne, pour avoir produit cet état d'achèvement théorétique, le fait de se lier à l'intelligible pur et de parvenir, dans cette liaison, à l'intelliger, quand bien même – ce que contestera l'Averroès du *Grand Commentaire* du *De anima* – il n'y aurait pas avec lui d'assimilation formelle.

L'homme parfait, et non pas seulement l'homme, est ainsi au carrefour du corruptible et de l'incorruptible, au point d'articulation d'une moitié du réel avec son autre moitié, là où se rejoignent, sans hiatus, le plus haut niveau de l'ordre matériel et le plus bas niveau de l'ordre immatériel. L'homme parfait est l'être en qui ces deux dimensions se croisent, se touchent. Il ne se couple pas au monde d'en haut de façon à intégralement s'intellectualiser, il est, *en tant que parfait*, le couplage même de l'ici-bas et de l'au-delà, le diaphane entre physique et métaphysique, l'échangeur entre terre et ciel.

La thèse est vertigineuse, qui maintient jusqu'au sommet la dimension bivalente de l'homme intelligeant[1]. On ne le lit pas chez al-Fārābī[2], ni chez Ibn Bāǧǧa, et on ne le lira plus, nous semble-t-il, chez le dernier Averroès. Ici ce n'est pas l'intelligible théorétique produit dans l'abstraction, seulement, qui est composé, *c'est l'homme de l'intellect acquis*, lequel ne devient pas tout intellect, ne bascule pas tout entier dans l'ordre éternel des êtres séparés, ne s'angélise pas, mais se tient dans une perfection duelle au point de rencontre de la nature et de la surnature. Cela veut dire que la perfection elle-même, à la fin, au terme de tout, est en appui, sur béquille, imbécile ; que l'acte parfait de l'homme ne s'accomplit jamais au point d'effacer sa puissance, c'est-à-dire la possibilité de son arrêt. Non seulement il n'y a pas assimilation mais relation entre l'intellect humain accompli et son objet suprême, mais cette relation, fondée sur la réalité du corps, du temps, de la matière, comporte en elle l'éventualité permanente de sa cessation, de son déliement. La perfection humaine est portée jusqu'au bout par la possibilité de son drame.

en rapport avec elle et elle avec moi ». Et enfin, p. 195 : « l'homme qui pense ne produit pas les pensées, il doit les prendre comme elles sont ».

1. *Cf.* A. Ivry, « Averroes' *Short Commentary* on Aristotle's *De anima* », *Documenti e studi sulla tradizione filosofica medievale* 8 (1997), p. 512-513, ici p. 546.

2. Même si le philosophe, s'il doit être le chef politique, retrouve son corps en quelque façon (puisqu'il lui faut cogiter, parler, vivre comme corps intelligent au milieu des autres, au-dessus d'eux). Mais le corps qu'il retrouve, il ne l'est plus, et il n'en dépend plus aucunement quant à son acte propre.

NOTE DU TRADUCTEUR

Nous traduisons le chapitre du *Compendium* du livre *De l'âme* d'Ibn Rušd (Averroès) consacrée à l'âme rationnelle, c'est-à-dire l'intellect. Le texte arabe est celui, inédit, établi par David Wirmer, dont il précise dans la note qui suit le statut, l'intérêt et les limites. Il existe deux éditions de l'œuvre dans son entier : celle de F. al-ʾAhwānī *Talḫīṣ kitāb al-nafs li-Abī al-Walīd Ibn Rušd wa-arba‘ rasāʾil*, le Caire, 1950 (elle sert encore de référence) et celle de S. Gómez Nogales, *Epítome de anima*, Instituto « Miguel Asin »-Madrid, 1985.

Outre la traduction allemande de D. Wirmer lui-même (faite sur la première édition qu'il avait proposée dans Averroes, *Über den Intellekt. Auszüge aus seinen drei Kommentaren zu Aristoteles'* De anima, Freiburg-Basel-Wien, 2008, p. 40-112), une seule traduction de ce texte en langue moderne, sauf erreur, est aujourd'hui éditée : celle, en espagnol, de S. Gómez Nogales qui traduit l'œuvre entière en s'écartant plusieurs fois de sa propre édition du texte arabe (*La psicología de Averroes, Comentario al libro sobre el alma de Aristóteles*, Madrid, 1987). Deborah Black en propose une traduction anglaise partielle sur son site : http://individual.utoronto.ca/dlblack/

Pour rendre le texte plus lisible, nous avons recours aux crochets (<…>), qui indiquent les mots que nous ajoutons. Nous sommes intervenus dans le découpage du texte et nous insérons des titres qui balisent l'argumentation générale. La disposition en tableau permet de montrer selon les manuscrits les divers niveaux de révision.

Nous remercions chaleureusement David Wirmer, qui nous fait bénéficier d'un travail sans comparaison. Nous remercions Maysoon al-Suwaidan et Ziad Bou Akl pour leurs remarques et conseils au fil du temps. Tous les choix sont les nôtres.

LE TEXTE DE L'*EPITOMÉ* DU *DE ANIMA**

DAVID WIRMER (KÖLN)

Le texte de l'*Epitomé* du *De anima* d'Averroès présenté ici ne constitue pas une édition critique. Il se base sur l'édition publiée par Aḥmad al-Ahwānī au Caire en 1950[1]. Celle-ci a été revue à l'aide d'une partie des manuscrits arabes de l'*Epitomé* accessibles aujourd'hui, puis comparée de façon sélective aux traductions hébraïques de l'œuvre, et enfin disposée selon des considérations d'ordre systématique relatives aux différentes versions transmises du texte, lesquelles sont probablement toutes dues à l'auteur. Depuis que ce texte révisé a été publié, en 2008, accompagné d'une traduction allemande[2], des recherches nouvelles sur la transmission de l'*Epitomé* en arabe et en hébreu ont été entamées, et certaines hypothèses de 2008 se sont révélées inexactes. Bien que le moment de dresser un bilan complet ne soit pas encore venu, il semble opportun de résumer ici très brièvement l'état de nos connaissances sur le texte de l'*Epitomé* et de décrire les choix philologiques faits lors de l'établissement du présent texte. Là où les résultats récents mettaient en doute les décisions prises auparavant, les sources ont été consultées à nouveau et, le cas échéant, le texte a été corrigé.

L'*Epitomé* arabe existe aujourd'hui dans onze manuscrits dont un, le codex 211 (olim 1186) du Caire, est une copie datant du XXe siècle d'un autre manuscrit, bien plus ancien, préservé dans la même bibliothèque

* D. Wirmer appelle ici *Epitomé* du *De anima* ce que nous nommons partout ailleurs *Compendium* du livre De l'âme ; il s'agit donc du même texte (NdT).

1. *Talḫīṣ kitāb al-nafs li-Abī l-Walīd Ibn Rušd wa-arbaʿ rasāʾil*, našarahā wa-ḥaqqaqahā wa-qaddama la-hā Aḥmad Fuʾād al-Ahwānī, al-Qāhira, 1950.

2. Averroes, *Über den Intellekt. Auszüge aus seinen drei Kommentaren zu Aristoteles' De anima. Arabisch-Lateinisch-Deutsch*, herausgegeben, übersetzt, eingeleitet und mit Anmerkungen versehen von David Wirmer, Freiburg-Basel-Wien, 2008. L'*Epitomé* occupe les p. 40-113.

(voire ms. Q ci-dessous)[1]. Des dix témoins restants, plusieurs sont d'accès très difficile, notamment un manuscrit de Kaboul (Afghanistan) et deux de Hyderabad (Inde). Ces deux derniers avaient été utilisés pour la première édition moderne du texte, imprimée à Hyderabad en 1946-47, qui mentionne quelques leçons des deux copies mais, semble-t-il, de façon non exhaustive ni même systématique[2]. Ceci permet, à tout le moins, un accès indirect qui peut servir à classer les deux manuscrits dans les trois familles principales dont nous parlerons plus loin. Voici la liste des témoins arabes directs, classée par ordre chronologique approximatif :

1. [Q] Le Caire, Dār al-kutub al-qaumiyya al-miṣriyya, Ḥikma wa-falsafa 5 (olim 4196), foll. 168r-217r. Le chapitre sur la faculté rationnelle occupe les folios 198r-210r.

Manuscrit non daté, remontant probablement au XIIIe siècle[3].

2. [M] Madrid, Biblioteca Nacional de España, árab. 5000, foll. 69v-86r. Le chapitre sur la faculté rationnelle occupe les folios 80r-85r.

Manuscrit non daté, d'origine maghrébine ou même andalouse, remontant probablement au XIIIe siècle[4]. Il est accessible en ligne sur le site de la bibliothèque et sur DARE[5].

3. Princeton, University Library, 860 (Mach no. 2985-1), 78r-102v.

1. Concernant l'identité du ms. Ḥikma wa-falsafa 211 avec celui numéroté 1186, *cf.* Averroès, *Epítome de anima*, éd. S. Gómez Nogales, Madrid, 1985, p. 18-19.

2. *Kitāb al-nafs li-l-ʿalāma Abī l-Walīd Muḥammad ibn Aḥmad ibn Muḥammad Ibn Rušd* […], Ḥaidarābād, 1366 H./1947 M. Selon la description faite dans le tome contenant l'*Epitomé de la Métaphysique*, les éditeurs ont « préparé une version correcte [*rattabnā nusḫa ṣaḥīḥa*] » sur la base de deux manuscrits ; *cf.* les sources mentionnées à la note 2, p. 98.

3. Cf. *Fihris li-kutub al-ʿarabiyya al-mawǧūda bi-l-dār li-ġāyat sanna 1921*, al-Qāhira, 1342 H./1924 M., p. 246 ; Averroes, *Epítome de física (filosofía de naturaleza)*, traducción y estudio Josep Puig, Madrid, 1987, p. 61-63.

4. *Cf.* Fr. Guillén Robles, *Catálogo de los manuscritos árabes existentes en la Biblioteca Nacional de Madrid*, Madrid, 1889, p. 17-18 (no. XXXVII) ; H. Derenbourg, « Notes critiques sur les manuscrits arabes de la Bibliothèque Nationale de Madrid », *in* Ed. Saavedra (éd.), *Homenaje á Francisco Codera en su jubilación del profesorado. Estudios de erudición oriental*, Zaragoza, 1904, p. 571-618, ici p. 577-579 ; H. Derenbourg, « Le commentaire arabe d'Averroès sur quelques petits écrits physiques d'Aristote », *Archiv für Geschichte der Philosophie* 18 (1905), p. 250-252 ; Averroes, *Epítome de física*, éd. Puig, p. 63-65 ; Josep Puig Montada, « Fragmentos del gran comentario de Averroes a la Física », *Al-Qanṭara* 30 (2009), p. 69-81.

5. <http://bdh.bne.es/bnesearch/detalle/bdh0000198812>, consulté le 4 décembre 2020 ; <https://dare.uni-koeln.de/app/manuscripts/BOOK-DARE-M-ES-MAD-BNE-arab.5000/page/1>, consulté le 4 décembre 2020.

Manuscrit iranien datant, selon Mach, du Xe/XVIe siècle[1].

4. [P] Princeton, University Library, 849 (Mach no. 2985-2), 128v-165v. Le chapitre sur la faculté rationnelle occupe les folios 152r-163r.

Manuscrit iranien, datant selon Mach, du Xe-XIe/XVIe-XVIIe siècle. Comme la foliation sur le manuscrit est fautive, celle utilisée ici correspond à la copie digitale sur le site de DARE[2].

5. Ḥaydarābād, Kitābḫāna-i Āṣafiyya-i Sarkār-i ʿAlī, 597[3]

Le manuscrit n'est pas daté, mais selon ce qu'en disent les éditeurs de Hayderabad il serait considérablement plus ancien que celui appartenant à *Dā'irat al-maʿārif al-ʿuṯmāniyya*. Il est désigné dans les notes du texte imprimé à Hayderabad par le sigle ص ou صف[4]. La bibliothèque est connue aujourd'hui comme *Andhra Pradesh Government Oriental Manuscripts Library and Research Institute* et située à l'*Osmania University*[5].

1. R. Mach, *Catalogue of Arabic Manuscripts (Yahuda Section) in the Garrett Collection*, Princeton University Library, Princeton, 1977, p. 254 (no. 2985); Averroès, *Epítome de física*, éd. Puig, p. 69-70; <https://catalog.princeton.edu/catalog/4949062>, consulté le 11 décembre 2020.

2. R. Mach, *Catalogue*, p. 254 (no. 2985); Averroès, *Epítome de física*, éd. Puig, p. 69; <https://catalog.princeton.edu/catalog/4949287>, consulté le 11 décembre 2020; <https://dare.uni-koeln.de/app/manuscripts/BOOK-DARE-M-US-PCT-UL-Yahuda849/page/1>, consulté le 11 décembre 2020.

3. Cote selon la supposition d'Arnzen, qui renvoie à un catalogue publié en 1936 : *cf.* Averroès, *On Aristotle's "Metaphysics". An Annotated Translation of the So-called "Epitome"* (Scientia Graeco-Arabica 5), edited by Rüdiger Arnzen, Berlin-New York, 2010, p. 12, note 25. Gómez (Averroès, *Epítome de anima*, p. 20-21), en revanche, donne la cote « 547 », mais la source de son information n'est pas claire. Il fait référence à un rapport sur un livre, publié en 1931 à Hyderabad et paru dans la revue *Al-Andalus* 1 (1933), p. 206-208. À en croire Gómez, la revue aurait mentionné « el número del manuscrito, la biblioteca y los folios de que constaba : fols. 169-218 »; pourtant, cette information ne se trouve ni dans le compte-rendu de la revue ni dans la publication d'origine, *cf.* Hāšim al-Nadawī, *Taḏkirat al-nawādir : al-maḫṭūṭāt al-ʿarabiyya*, Ḥaidarābād, 1350 H. [= 1931], p. 143-144. D'autre part, l'information rapportée par la revue et par Gómez, à savoir que le manuscrit des épitomés d'Averroès mentionné par al-Nadawī appartenait à un médecin de Hayderabad du nom de Muẓaffar Ḥusayn, est confirmée par la source. En 1931, le manuscrit en question n'était donc pas en possession de la Āṣafiyya. Par conséquent, il est beaucoup plus probable que le manuscrit de Muẓaffar Ḥusayn soit identique au codex de la Maktabat dā'irat al-maʿārif al-ʿuṯmāniyya, puisque l'édition de Hayderabad dit de ce dernier, en 1946, qu'il a été acheté récemment à un libraire; *cf. Kitāb mā baʿd al-ṭabīʿa li-l-faqīh al-qāḍī al-ʿalāma Abī l-Walīd Muḥammad ibn Aḥmad ibn Muḥammad Ibn Rušd* [...], Ḥaidarābād, 1365 H. (= 1946), p. 178.

4. *Kitāb mā baʿd al-ṭabīʿa*, p. 178; Averroès, *Epítome de física*, éd. Puig, p. 70-72.

5. *Cf.* Omar Khalidi, « A Guide to Arabic, Persian, Turkish, and Urdu Manuscript Libraries in India », *MELA Notes* 75/76 (2002–2003), p. 1-59, ici p. 8-10.

6. *Ḥaydarābād, Maktabat dā'irat al-ma'ārif al-'uṯmāniyya*, Acq[uisition] 665[1].

Le manuscrit a été écrit par un certain Muḥammad Riḍā et terminé, selon le colophon de l'*Epitomé de la Métaphysique*, contenue dans le même manuscrit, le 21 Rabī'a al-ṯānī 1011 H. (= 8 octobre 1602). Il est désigné dans les notes du texte imprimé à Hayderabad par le sigle د[2]. L'institut *Dā'irat al-ma'ārif al-'uṯmāniyya* est encore actif, il fait partie aujourd'hui de l'*Osmania University*[3].

7. [A] Dublin, Chester Beatty Library, 4523, foll. 81v-124r. Le chapitre sur la faculté rationnelle occupe les folios 108v-121r.

Manuscrit iranien du XVIIe siècle. Le manuscrit est accessible en ligne sur le site de DARE[4].

8. [Z] Tehran, Kitābḫāna-i Markazī-i Dānišgāh, Dāniškada-i Ilāhiyyāt 242B, foll. 350v-368r. Le chapitre sur la faculté rationnelle occupe les folios 362r-367r.

Manuscrit iranien, la copie du texte d'Averroès n'est pas datée, mais d'autres textes dans cette collection sont datés de 1057 H (=1647) ou peu après[5]. Dans les notes au texte d'Averroès publié en 2008, j'avais cité ce manuscrit avec le sigle « Teh ».

9. Kaboul, Kitābḫāna-i wizārat maṭbū'āt wa-iršād (Library of the Ministry of Information), 139, foll. 124v-203r.

Manuscrit écrit à Ispahan à partir de 1079 H. (=1668) et terminé en Muḥarram 1080 H. (= juin 1669)[6].

1. La cote du manuscrit est mentionnée par Rüdiger Arnzen : Averroes, *On Aristotle's "Metaphysics"*, ed. Arnzen, p. 12.

2. *Kitāb mā ba'd al-ṭabī'a li-l-faqīh al-qāḍī al-'alāma Abī l-Walīd Muḥammad ibn Aḥmad ibn Muḥammad Ibn Rušd [...]*, Ḥaidarābād, 1365 H. (= 1946), p. 172 et 178. *Cf.* Averroès, *Epítome de física*, éd. Puig, p. 70-72.

3. *Cf.* O. Khalidi, « A Guide... », p. 17-18.

4. *Cf.* Arthur J. Arberry, *A Handlist of the Arabic Manuscripts. Volume VI. MSS 4501-5000*, Dublin, 1963, p. 8 ; Averroès, *Epítome de física*, éd. Puig, p. 68 ; une description préparée pour le *Digital Averroes Research Environment* (DARE) par Raphaela Veit inclut aussi l'information contenue dans les Chester Beatty Papers, AS 0417 (AB38 : List No. 24, Parcel 5, 16 October 1935), archivés au Chester Beatty Archive ; *cf.* <https://dare.uni-koeln.de/app/manuscripts/BOOK-DARE-M-IE-DUB-CBL-4523/page/1>, consulté le 4 décembre 2020.

5. Gerhard Endreß, « Philosophische Ein-Band-Bibliotheken aus Isfahan », *Oriens* 36 (2001), p. 10-59, ici p. 35-56 (le texte d'Averroès apparait avec le no. 81, p. 55). Dans ma copie papier du texte – je remercie vivement le professeur Endreß de me l'avoir communiquée – les folios 362v–363r étaient absents, si bien que d'éventuelles variantes pour cette portion du texte ne sont pas notées.

6. Serge de Laugier de Beaurecueil, *Manuscrits d'Afghanistan*, Le Caire, 1964, p. 274 ; Averroès, *Epítome de física*, éd. Puig, p. 69.

10. Tehran, Kitābḫāna-i Maǧlis-i Šuray-i Millī, 128.

Manuscrit iranien datant de 1709[1]. Dans les notes au texte d'Averroès publié en 2008, j'avais cité ce manuscrit avec le sigle « T » selon l'édition de Gómez. Puisque les variantes notées dans l'appareil critique de cette dernière se sont souvent révélées fausses, le manuscrit n'est plus mentionné dans le texte présenté ici.

Outre l'édition de Hyderabad déjà mentionnée, l'*Epitomé* a fait l'objet de deux tentatives d'édition d'envergure et de valeur assez différentes. Aḥmad al-Ahwānī n'a collationné que les deux témoins les plus anciens et sans aucun doute les plus importants, à savoir Q et M. Son édition fait un choix éclectique parmi les variantes (souvent citées en notes, mais pas toujours) et tend visiblement à présenter un texte « correct »; les passages, plus au moins longs, qui divergent dans les deux témoins et qui représentent, selon toute probabilité, différentes versions issues de la plume d'Averroès[2], sont toujours imprimés l'un à la suite de l'autre.

L'édition publiée par Salvador Gómez Nogales en 1985, en revanche, se base sur un échantillon plus large de la transmission, à savoir les quatre manuscrits Q, M, A et Tehran, Kitābḫāna-i Maǧlis-i Šuray-i Millī 128 (désignés par les sigles ا, م, ق et ط), ainsi que le manuscrit indien le plus ancien (notre numéro 5, désigné par le sigle ح)[3]. S'agissant de ce dernier les informations apportées par Gómez ne sont pas tout à fait claires[4], il se pourrait donc qu'il ait été consulté seulement de façon indirecte à travers l'édition de Hyderabad. Malgré cette base en apparence plus solide et l'appareil critique qu'elle déploie, l'édition Gómez est moins utile que celle d'al-Ahwānī : renonçant à une reconstruction stemmatique, elle adopte, à quelques détails près, les leçons du manuscrit M et cela même dans des cas où M est atteint de lacunes et de fautes évidentes. Dans sa traduction espagnole publiée en 1987, d'ailleurs, Gómez s'écarte souvent des leçons adoptées dans son édition[5]. Qui plus est, un certain nombre

1. *Cf.* Averroès, *Epítome de física*, éd. Puig, p. 66-67; Averroès, *Epítome de anima*, éd. Gómez, p. 20.

2. Ce constat a été fait maintes fois, notamment par Herbert A. Davidson, *Alfarabi, Avicenna, and Averroes on Intellect. Their Cosmologies, Theories of the Active Intellect, and Theories of Human Intellect*, New York-Oxford, 1992, p. 265-266.

3. Averroès, *Epítome de anima*, éd. Gómez, 31.

4. *Cf.* note 3, p. 97.

5. *Cf.* les notes au texte dans : *La psicología de Averroes. Comentario al libro sobre el alma de Aristóteles*, traducción, introducción y notas de Salvador Gómez Nogales, prólogo de Andrés Martinez Lorca, Madrid, 1987, p. 231-262.

d'omissions et d'autres inadvertances réduisent beaucoup la fiabilité de la documentation.

Faute d'une édition véritablement critique, le texte présenté ici suit donc – sauf indication contraire – l'édition al-Ahwānī. Le texte a été vérifié à l'aide de copies papiers, microfilms ou numériques des manuscrits Q, M, P et Z ; les leçons de A, extraites en 2008 de l'appareil de Gómez, ont été contrôlées depuis sur une copie numérique du manuscrit ; les leçons de l'édition imprimée à Hyderabad sont rapportées sous la sigle H.

En plus des témoins arabes, deux traductions hébraïques – jamais imprimées jusqu'ici – ont été consultées : l'une due à Moïse Ibn Tibbon, l'autre non à Siméon ben Tsemaḥ Duran – comme je le croyais en 2008 – mais à Shem Tov Ibn Falaquera. L'importance considérable de cette transmission secondaire pour confirmer le choix des variantes arabes apparaîtra dans ce qu'on dira dans un instant sur la parenté des manuscrits.

Avant cela, il est important de souligner que le texte révisé, réalisé de cette manière, ne prétend aucunement à l'exactitude philologique d'une édition critique, et cela pour deux raisons principales. (1) Visant seulement un texte provisoire pour faciliter la lecture philosophique de l'*Epitomé*, les variantes repérées n'ont pas été classées de façon rigoureuse pour obtenir un tableau précis des relations des manuscrits – chose d'ailleurs largement impraticable vu la collection partielle des sources utilisées. Au lieu de cela, les variantes ont été examinées au cas par cas pour déterminer la leçon la plus « probable » selon des critères mixtes, tant philologiques que doctrinaux et logiques. (2) Ce procédé « divinatoire » a été limité aux variantes aptes à changer le sens du texte. Dans ces cas-là, les données disponibles sont indiquées dans les notes, afin de permettre au lecteur de former un jugement indépendant.

Pour le reste, c'est le texte de l'édition al-Ahwānī qui a été gardé. Les notes critiques d'al-Ahwānī, en revanche, ne sont pas reproduites ici. La documentation des variantes de Q et M dans l'édition al-Ahwānī n'étant de toute façon pas complète[1], il m'a semblé préférable de renoncer à cet élément qui aurait pu donner l'impression – fausse – d'être en face d'une édition critique. Cela implique que les différences entre les manuscrits Q et M, notées par al-Ahwānī, sont mentionnées seulement dans deux types de cas : (1) premièrement quand la variante choisie par al-Ahwānī a été rejetée ; (2) et deuxièmement quand les variantes ont un intérêt particulier du point de vue doctrinal.

1. *Cf.* par exemple p. 121, note 4 du texte arabe, variantes non mentionnées par al-Ahwānī (p. 73).

En outre, étant donné qu'il ne s'agit pas d'un élément transmis par les manuscrits, la ponctuation apportée par al-Ahwānī a, au besoin, été modifiée sans indication. Cela vaut aussi pour les préfixes personnels, masculin et féminin, à la troisième personne du singulier de l'imparfait (y/t). Les manuscrits divergent souvent ou ne portent pas de signes diacritiques du tout. Quand la grammaire l'exigeait et qu'il n'y avait pas de consensus contraire des témoins consultés, j'ai donc introduit les changements nécessaires sans indication[1].

Revenons maintenant à l'histoire textuelle. Pour apprécier la valeur des variantes repérables, il est essentiel de démêler deux aspects : d'une part la différence entre les versions d'auteur déjà mentionnées, d'autre part les variantes de transmission régulières. C'est en vue du premier aspect qu'on peut arriver assez facilement à une répartition des manuscrits arabes en trois familles, dont deux sont constituées par un seul manuscrit chacune, à savoir Q et M ; la troisième famille renferme tous les autres manuscrits qui, d'ailleurs, relèvent tous de l'aire iranienne et de ses zones d'influence plus à l'est encore, comme l'Inde et l'Afghanistan[2].

Ces observations ne se limitent pas à la seule *Epitomé* du *De anima*, mais s'étendent plutôt à l'ensemble des épitomés, transmis conjointement dans la plupart des manuscrits[3]. Cet ensemble comprend les épitomés, écrites en 1159 (554 H.), des quatre traités d'Aristote sur la philosophie naturelle – la *Physique*, le *De caelo*, le *De generatione et corruptione* et la *Météorologie* –, ainsi que les résumés plus indépendants du *De anima*, des *Parva naturalia* et de la *Métaphysique*, pour lesquels nous ne disposons pas d'informations concernant leurs dates de rédaction. Alors qu'il

1. *Cf.* par exemple *Talḫīṣ kitāb al-nafs*, éd. al-Ahwānī, p. 74, lignes 6 et 9 : « wa-*taḫuṣṣu* al-ṣūra al-ḥissiyya annahā… » et « wa-*yaḫuṣṣu* al-nafs al-mutaḫayyila annahā… ». Dans les deux cas le sujet qui correspond au verbe est la phrase introduite par *anna*, tandis que le substantif qui suit immédiatement le verbe doit être à l'accusatif car il nomme l'objet auquel est attribué la propriété (*ḫāṣṣa*) en question. Il faut donc lire dans le premier cas comme dans le deuxième : *yaḫuṣṣu*.

2. *Cf.* encore H. A. Davidson, *Alfarabi, Avicenna, and Averroes, on Intellect*, p. 265-266.

3. Pour ce qui suit, *cf.* Averroès, *Epítome de física*, éd. Puig, p. 75-92 ; Averroès, *Epítome del libro Sobre la generación y la corrupción*, edición, traducción y comentario Josep Puig Montada, Madrid, 1992, p. 20-24 ; Averroes, *On Aristotle's "Metaphysics"*, éd. Arnzen, p. 9-11 ; Heidrun Eichner, « Contamination and Interlingual Contamination as a Challenge to the Averrois Opera : The Case of the Judaeo-Arabic Transmission of Averroes'Manuscripts », *in* Aafke M. I. van Oppenraay et Resianne Fontaine (éd.), *The Letter before the Spirit : The Importance of Text Editions for the Study of the Reception of Aristotle*, Leiden, 2013, p. 227-265, ici p. 253-255. Concernant le corps du texte, hors des passages remaniés, les conclusions d'Arnzen sur la parenté des manuscrits (*ibid.*, p. 15, 18-19, et Eichner, p. 253, note 60) divergent de celles de Puig.

n'existe aucune édition pleinement critique pour ces textes, les résultats obtenus jusqu'ici à l'égard de chacun se recoupent largement : pour les trois épitomés considérablement révisées par Averroès (de la *Physique*, de la *Métaphysique* et du *De anima*) le manuscrit Q représente toujours le stade le plus ancien du texte – la « version originelle » si l'on veut –, tandis que le groupe « oriental », communément désigne avec J. Puig par la lettre Š (= *šarqī*), reflète la rédaction finale. Le manuscrit M s'aligne le plus souvent avec Š en donnant la rédaction finale, mais il n'est pas rare non plus que M coïncide avec Q ou encore qu'il contienne les deux versions l'une à la suite de l'autre.

Dans un article de 2013, H. Eichner, la dernière à se pencher sur la question, a proposé d'interpréter l'état mixte de M comme le résultat d'une contamination après-coup des deux versions (originelle et finale), peut-être sous l'influence de la transmission hébraïque du texte et de conjectures faites par les copistes juifs bilingues[1]. Cependant, ce scénario, en principe tout à fait possible, peut être exclu en raison d'une note ajoutée par Averroès dans le chapitre sur la faculté rationnelle de l'*Epitomé* du *De anima* ici traduit (voir p. 158-161). Cette note d'une authenticité indubitable est préservée dans le seul manuscrit M qui, par conséquent, ne peut dépendre (du moins pas entièrement), de sources qui omettent cet élément. À cette considération, il faut ajouter l'information contenue dans la note même, à savoir qu'Averroès s'est gardé de supprimer les passages du texte appartenant à sa première interprétation de « l'intellect matériel », désormais rejetée, parce que certains de ses amis (*ǧumlat min al-aṣḥāb*) avaient déjà recopié « cet écrit » (*haḏā l-maktūb*). Quoique la question exige encore des recherches approfondies, l'interprétation la plus probable de ces données est la suivante :

Averroès a révisé son œuvre à une ou, plus probablement, à plusieurs occasions en ajoutant finalement la note dont on vient de parler[2]. Il est fort probable que l'évolution du texte se déroulait dans une seule copie de la main d'Averroès où les changements ont été introduits par gloses marginales et signes d'insertion et de cancellation. Ses collègues ont transcrit le texte a des moments différents de son élaboration et avec des buts différents : le scribe du sub-archétype de Š avait apparemment l'intention de consigner la version qui, à l'époque, représentait la rédaction

1. H. Eichner, « Contamination and Interlingual Contamination », p. 255-259.

2. Un indice dans le sens d'une révision à plusieurs reprises est le passage à la page 150, préservé en Q et M, qui, sans s'accorder avec la position définitive d'Averroès telle qu'elle est indiquée dans la note, constitue visiblement un ajout (une objection et une tentative de solution) par rapport au texte préservé en Š.

actuelle, tandis que le scribe du sub-archétype de M a peut-être voulu, par souci d'exhaustivité, conserver toutes les strates.

En vue de ces observations qui démontrent l'indépendance des trois familles de manuscrits, on peut, par rapport aux variantes de transmission, formuler la règle que voici : quand une leçon est soutenue par deux familles ou par une des familles Q ou M et des manuscrits individuels de Š, cette leçon est digne d'une confiance particulière. Le point faible de cette reconstruction réside dans la transmission très mince des familles Q et M. C'est ici que la transmission indirecte en langue hébraïque peut être d'un apport considérable, car le modèle arabe de la traduction de Moïse Ibn Tibbon (terminée en 1239-40[1]) était, de toute évidence, étroitement apparenté à M. Cette traduction existe aujourd'hui dans 27 manuscrits. Le modèle arabe de la traduction partielle de Shem Tov Ibn Falaquera (ca. 1225-1290) ressemblait apparemment aux manuscrits de Š, tout en remontant, évidemment, à une époque bien antérieure à celle qui a produit les manuscrits de ce groupe, à savoir le XIIIe au lieu du XVIe siècle.

Dans le texte publié en 2008, j'avais attribué cette dernière traduction à Siméon ben Tsemaḥ Duran (1361-1444) qui, dans son long traité *Magen Avot* (*Bouclier des Pères*), imprimé à Livourne en 1785, cite le chapitre sur la faculté rationnelle en entier[2]. Depuis, S. Harvey a signalé que Duran n'était pas l'auteur de la traduction mais qu'il l'avait empruntée à l'encyclopédie philosophique *De'ot ha-filosofim* (*Opinions des philosophes*) de Shem Tov Ibn Falaquera[3]. Malheureusement, d'après une comparaison plus poussée que j'ai effectuée par la suite et dont les résultats détaillés feront l'objet d'une autre publication, Duran n'a pas simplement copié la traduction de Falaquera mais a créé un texte hybride en « corrigeant » le texte de Falaquera à l'aide de la traduction de Moïse Ibn Tibbon.[4] Ce qui veut dire que le *Magen Avot* ne peut servir de source

1. Daté de l'an 5000 de la création dans le ms. Paris, BNF, Hébreu 935, fol. 144r.

2. *Cf.* Averroes, *Über den Intellekt*, éd. Wirmer, p. 29-31. La transmission du texte par Duran avait été indiquée par Jacob Teicher, « I commenti di Averroè sul De anima (considerazioni generali e successione cronologica) », *Giornale della Società Asiatica Italiana*, N.S. 3 (1935), p. 233-256, ici p. 245-246, note 33.

3. *Cf.* Steven Harvey, « Some Notes on "Avicenna among Medieval Jews" », *Arabic Sciences and Philosophy* 25 (2015), p. 249-277, ici p. 265-266. Sur les *De'ot*, *cf.* Steven Harvey, « Shem-Tov Ibn Falaquera's De'ot Ha-Filosofim : Its Sources and Use of Sources », in *The Medieval Hebrew Encyclopedias of Science and Philosophy*, Dordrecht, 2000, p. 211-247.

4. Ainsi s'expliquent les conclusions – apparemment opposées à celles de Harvey – tirées par Colette Sirat qui, prenant le texte extrait du *Bouclier des Pères* pour la traduction d'Ibn Tibbon, a trouvé cette dernière différente de celle de Falaquera; *cf.* C. Sirat, « Les citations du *Grand Commentaire* d'Averroès au *De anima* d'Aristote dans les *Croyances des*

fiable. En revanche, nous pouvons désormais récupérer, par le biais des deux manuscrits préservés des *Deʿot*, des leçons remontant au modèle de Falaquera – un manuscrit arabe du XIIIe siècle ou plus ancien encore et très probablement d'origine andalouse. Pour le texte présenté ici toutes les variantes initialement extraites du *Magen Avot* ont été vérifiées sur les manuscrits des *Deʿot*[1].

Des corrections se sont avérées nécessaires également par rapport aux témoins utilisés pour la traduction de Moïse Ibn Tibbon, car le manuscrit de Parme 2623 (De Rossi 208), dont j'avais consulté une transcription publiée en 1914[2], fait partie d'un groupe de manuscrits qui préserve une rédaction (anonyme) fortement remaniée de la traduction de Moïse[3]. À ce groupe appartient également le ms. Paris 918, l'un des deux manuscrits utilisés par J. Mashbaum dans son édition du commentaire que Gersonide a consacré en 1323 à l'*Epitomé* ; l'autre, le ms. du Vatican, Urb. ebr. 39, s'est révélé, lors d'une collation préliminaire, être un témoin atteint de multiples lacunes et fautes[4]. Pour remplacer le témoignage que fournissait au départ l'édition Mashbaum et la transcription du manuscrit de Parme, je me suis servi à présent, en plus du manuscrit du Vatican, de trois manuscrits dont la collation susdite a montré la qualité supérieure :

Philosophes de Shem-Tov Ibn Falaquera », *in* J.-B. Brenet (éd.), *Averroès et les averroïsmes juif et latin*, Turnhout, 2007, p. 249-255, ici p. 252.

1. Il s'agit de : 1) Parma, Biblioteca Palatina, Parm. 3156 [daté 1416], *cf.* Benjamin Richler (éd.), *Hebrew Manuscripts in the Biblioteca Palatina in Parma*, Jerusalem, 2001, p. 348, no. 1283 ; la traduction du chapitre sur la faculté rationnelle se trouve aux foll. 172r-180r ; accessible en ligne : <https://www.nli.org.il/he/manuscripts/NNL_ALEPH000069956>, consulté le 29 décembre 2020 ; 2) Leiden, Universiteitsbibliotheek, Or. 4758 (Warn. 20), *cf.* Moritz Steinschneider, *Catalogus Codicum Hebraeorum Bibliothecae Academiae Lugduno-Batavae*, Leiden, 1858, p. 53-80 ; Albert van der Heide, *Hebrew Manuscripts of Leiden University Library*, Leiden, 1977, p. 29 ; le *Deʿot ha-filosofim* occupe les foll. 104r–344v, la traduction du chapitre sur la faculté rationnelle les foll. 289va-295ra ; accessible en ligne : <http://hdl.handle.net/1887.1/item:2026553>, consulté le 28 décembre 2020.

2. Lewi ben Gerson, *Die Kämpfe Gottes*, Übersetzung und Erklärung des handschriftlich revidierten Textes von Benzion Kellermann, Erster Teil, Berlin, 1914, p. 293-301. La transcription avait été indiquée également par Teicher, « I commenti », p. 245-246, note 33.

3. *Cf.* H. Eichner, « Contamination and Interlingual Contamination », p. 257-258.

4. Jesse Stephen Mashbaum, *Chapters 9–12 of Gersonides'Supercommentary on Averroes'Epitome of De anima : The Internal Senses*, thèse Brandeis University, 1981 ; concernant les manuscrits utilisés, *cf.* p. LXI–LXII ; une édition complète du commentaire de Gersonide par Mashbaum est accessible sur le site du Digital Averroes Research Environment : *The Commentary of Levi ben Gershom on Averroes' Epitome of Aristotle's De Anima*, A critical edition prepared by Jesse S. Mashbaum, 1984. First published online 2019 <https://dare.uni-koeln.de/community/publications/>, consulté le 29 décembre 2020.

Vatican, Biblioteca Apostolica Vaticana, Urb. ebr. 39, foll. 101r-125v (fac. rat. : foll. 116va-124rb) [daté 1311][1].
Berlin, Staatsbibliothek, Or. Oct. 516, foll. 19(i)r-49v (fac. rat. : foll. 37v-47r) [daté 1365][2].
Paris, Bibliothèque Nationale de France, Hébreu 956, foll. 485r-502v (fac. rat. : 496r-501v)[3].
Paris, Bibliothèque Nationale de France, Hébreu 935, foll. 112v-144r (fac. rat. : 132r-141v)[4].

Comme il a été dit auparavant, une évaluation des variantes selon une stricte arithmétique stemmatique n'est pas possible pour l'instant. En revanche, la traduction d'Ibn Tibbon peut indubitablement servir à confirmer ou infirmer les leçons du manuscrit arabe M, et la traduction de Falaquera peut être considérée – avec toutes les précautions nécessaires dans le cas d'un témoin indirect – comme représentant d'un ancêtre de Š ou même d'une quatrième famille, puisque certaines de ces leçons coïncident avec Q contre Š et M[5].

Les notes au texte arabe sont structurées de la même façon que les entrées d'un appareil critique positif. Après la citation du lemme auquel se rapporte la note, sont donnés les témoins qui contiennent la leçon adoptée ou qui la soutiennent (dans le cas des témoins hébreux). Séparées par deux points suivent enfin les leçons des autres témoins. Les manuscrits

1. *Cf.* Benjamin Richler (éd.), *Hebrew Manuscripts in the Vatican Library. Catalogue Compiled by the Staff of the Institute of Microfilmed Hebrew Manuscripts, Jewish National and University Library, Jerusalem* (Studi e testi 438), Città del Vaticano : Biblioteca Apostolica Vaticana, 2008, p. 623-624. Le manuscrit est accessible en ligne : <https://digi.vatlib.it/view/MSS_Urb.ebr. 39>, consulté le 29 décembre 2020.

2. *Cf.* Moritz Steinschneider, *Die Handschriften-Verzeichnisse der königlichen Bibliothek zu Berlin. Zweiter Band : Verzeichniss der hebræischen Handschriften. Zweite Abteilung*, Berlin, 1897, p. 58-59. Le manuscrit est accessible en ligne : <http://resolver.staatsbibliothek-berlin.de/SBB0001923200000000>, consulté le 29 décembre 2020.

3. Cf. *Catalogues des manuscrits hébreux et samaritains de la Bibliothèque Impériale*, [éd. Hermann Zotenberg], Paris, 1866, p. 167-168; Salomon Munk, « Manuscrits hébreux de l'Oratoire à la Bibliothèque Nationale de Paris. Notices inédites », *Zeitschrift für hebræische Bibliographie* 12, no. 5 (1908), p. 151-159, ici p. 154-157; Eli'ezer Ze'ev Berman, « A Manuscript Named "Shoshan Limmudim" and its Relationship to a Provençal Circle of Scholars » [en hébreu], *Qiryat sefer* 53 (תשלח [=1978]), p. 368-372. La datation de Berman est à revoir, *cf.* mes remarques sur le site de DARE <https://dare.uni-koeln.de/app/manuscripts/BOOK-DARE-M-FR-PAR-BNF-heb.956>. Le manuscrit est accessible en ligne : <https://gallica.bnf.fr/ark:/12148/btv1b10547072g>, consulté le 29 décembre 2020.

4. Cf. *Catalogues des manuscrits hébreux*, p. 164. Le manuscrit est accessible en ligne : <https://gallica.bnf.fr/ark:/12148/btv1b105483971>

5. *Cf.* par exemple la variante à la p. 121, note 1 du texte arabe.

hébreux consultés ne sont pas mentionnés séparément à moins que leurs leçons divergent.

Voici le résumé des sigles employés :

Manuscrits arabes

A Dublin, Chester Beatty Library, 4523
M Madrid, Biblioteca Nacional de España, árab. 5000
M_J notes marginales judéo-arabes dans M
Q Le Caire, Dār al-kutub al-qaumiyya al-miṣriyya, Ḥikma wa-falsafa 5
P Princeton, University Library, 849 (Mach no. 2985-2)
Z Tehran, Kitābḫāna-i Markazī-i Dānišgāh, Dāniškada-i Ilāhiyyāt 242B

Témoins arabes indirects

H Ibn Rušd, *Kitāb al-nafs*, ed. Ḥaidarābād 1366 H.

Témoins hébreux

F Šem Tov Ibn Falaquera, *De'ot ha-filosofim*
J traduction de Moïse Ibn Tibbon, *Kelale sefer ha-nefeš*

IBN RUŠD (AVERROÈS)

L'INTELLECT

(*COMPENDIUM* DU LIVRE *DE L'ÂME*)

COMPENDIUM DU LIVRE *DE L'ÂME*

Le chapitre sur la puissance rationnelle

1. Étant donné, comme on l'a dit ailleurs, que la connaissance d'une chose ne s'obtient parfaitement que si l'on connaît d'abord que <cette> chose existe – lorsque cela n'est pas évident par soi –, puis que l'on cherche à comprendre, par ce qui lui donne de subsister, <ce qu'est> sa substance, sa quiddité, puis après cela que l'on cherche à savoir quelles sont les choses qui subsistent grâce à elle, c'est-à-dire quels sont ses concomitants et accidents essentiels, voilà ce qu'il convient d'examiner au sujet de cette puissance <qu'est la puissance rationnelle>.

Les questions sur l'intellect humain

2. Nous commencerons donc par indiquer ce qui nous donne la certitude que cette puissance existe et qu'elle se distingue du reste des puissances précédentes[1], puis nous examinerons à son sujet si elle est tantôt puissance, tantôt acte, ou bien si elle est toujours <en> acte, comme l'estime beaucoup de gens (ses actions étant alors seulement inhibées durant l'enfance, du fait qu'elle serait submergée par l'humidité)[2], ou bien encore si elle est en partie puissance et en partie acte[3]. C'est la chose principale, en effet, que nous examinerons à son sujet, et c'est ce sur quoi les Anciens ont grandement divergé. On connaîtra par là ce qu'on désire le plus <établir> au sujet de cette <puissance>[4], à savoir si elle est éternelle ou bien adventice et corruptible, ou bien si elle est composée d'une chose éternelle et d'une chose adventice. Si elle est tantôt en puissance, tantôt en acte, elle possède nécessairement une matière[5]. Quelle est alors cette matière et quel est son rang ? Quel est le sujet[6] de cette prédisposition[7], de <cette> puissance[8] (étant donné que la puissance fait partie de ce qui n'est pas séparé[9]) ? S'agit-il d'un corps, d'une âme, ou d'un intellect[10] ? En outre, quel est le moteur de cette puissance, ce qui la fait passer à l'acte[11] ? Et s'agissant de la motion, jusqu'où se porte par essence l'acte de ce moteur <qui s'exerce> sur elle ?[12] C'est par là, en effet, que nous pourrons connaître sa perfection dernière – car il est clair qu'en nous, l'ensemble des hommes[13], cette puissance n'est pas d'emblée dans sa perfection ultime et qu'elle est dans un accroissement continuel, mais il n'est pas possible que cela se poursuive à l'infini[14], parce que la nature le refuse[15].

مختصر كتاب النفس
القول في القوة الناطقة

١ إنه لما كان العلم بالشيء، <كما قيل في غير ما موضع>[1]، إنما يحصل على التمام بأن يتقدم أولا فيعلم وجود الشيء إن لم يكن بينا بنفسه، ثم يطلب تفهم جوهره وماهيته بالأشياء التي بها قوامه، ثم يطلب بعد ذلك معرفة الأمور التي قوامها بذلك الشيء وهي اللواحق الذاتية له والأعراض. فقد ينبغي أن نفحص عن هذه الأشياء بأعيانها في هذه القوة.
٢ فنبتدئ أولا فنرشد إلى الجهة التي بها يقع اليقين بوجود هذه القوة ومباينتها لسائر
القوى التي تقدمت، ثم نفحص عن أمرها هل هي قوة تارة وفعل تارة، أم هي
فعل دائما على ما يرى كثير من الناس وأنها إنما تتعطل أفعالها في الصبا لأنها
مغمورة بالرطوبة، أم بعضها قوة وبعضها فعل. فإن هذا أهم شيء نفحص عنه
من أمرها وهو المعنى الذي فيه اختلف القدماء كثيرا. ومن هنا يوقف على ما هو
أكثر ذلك متشوق من أمرها أعني هل هي أزلية أم حادثة فاسدة، أم هي مركبة
من شيء أزلي وشيء حادث. وإن كانت تارة قوة وتارة فعلا فهي ذات هيولى
ضرورة، فما هذه الهيولى وما مرتبتها وما الموضوع لهذا الاستعداد والقوة، فإن
القوة مما لا تفارق. وهل ذلك جسم أو نفس أو عقل. وأيضا ما المحرك لهذه القوة
والمخرج لها إلى الفعل، وإلى أي مقدار من التحريك ينتهي إليه بالذات فعل هذا
67 المحرك <فيها>[2]. فإنا بذلك نقف على كمالها الأقصى. | فإنه من الظاهر أنه
ليست فينا هذه القوة أولا معشر الناس على كمالها الأخير وأنها في تزيد دائم، لكن
ليس يمكن أن يمر الأمر فيها إلى غير نهاية، فإن الطباع تأبى ذلك.

1. كما قيل في غير ما موضع Q AHPZ. Dans M – et chez Ahwānī – cette parenthèse est placée derrière التمام.
2. فيها Q AHPZ בו (= כוח) F : فينا M בנו J.

3. Voilà l'ensemble des questions qu'il nous faut examiner au sujet de cette puissance. C'est en connaissant cela, en effet, que nous parviendrons à la connaître parfaitement.

La méthode

4. Les choses que nous prenons comme prémisses pour clarifier ces points sont de deux sortes : ce sont soit les conclusions de syllogismes apparues clairement dans une partie précédente de cette science[16], soit des choses qui sont ici certaines par elles-mêmes. Il se peut aussi que les arguments utilisés dans cet <examen> soient constitués de ces deux types de prémisses. Nous indiquerons de quel type il s'agit lorsque nous l'utiliserons.

Deux sortes d'objet de perception, donc deux sortes de puissance (ou De l'intellect, qu'il existe)

5. Nous disons qu'il est clair – à suivre ce qu'on a dit en plusieurs endroits – que les notions[17] perçues <par notre âme> sont de deux sortes, soit universelles, soit individuelles, et que ces deux <sortes de> notions se distinguent on ne peut plus. La <saisie> universelle, en effet, est la saisie de la notion commune abstraite de la matière[18], tandis que la saisie individuelle est la saisie de la notion dans la matière. Et s'il en est ainsi, la puissance qui saisit ces deux <sortes de> notions est nécessairement distincte <en chaque cas>[19]. Or il est apparu clairement dans ce qui précède que le sens et l'imagination ne saisissaient que les notions dans la matière, même si, comme on l'a vu, ils ne les reçoivent pas d'une réception matérielle[20]. Pour cette raison, <par exemple>, nous n'avons pas la capacité d'imaginer la couleur abstraite de la grandeur et de la figure, et encore moins de la sentir. En somme, nous n'avons pas la capacité d'imaginer les sensibles abstraits de la matière. Nous ne les percevons que dans la matière, qui constitue ce par quoi ils sont individués. La saisie de la notion universelle, de la quiddité[21], elle, <se fait> différemment, car nous l'abstrayons complètement de la matière. Ce qui le montre le plus, ce sont les choses éloignées de la matière <que l'on peut intelliger>, comme la ligne et le point[22]. Par conséquent, cette puissance à laquelle revient de saisir la notion abstraite de la matière est nécessairement une autre puissance, distincte des puissances précédentes <que sont le sens et l'imagination>[23].

٣ فهذه هي جميع المطالب التي ينبغي أن نفحص عنها من أمر هذه القوة، فإن بمعرفتها تحصل لنا معرفتها على التمام.

٤ والأمور التي نأخذها مقدمات في بيان هذه الأشياء هي أحد أمرين : إما نتائج أقيسة قد تبينت فيما سلف من هذا العلم، وإما أمور يقينية بأنفسها هاهنا، وإما أن تكون الأقاويل المستعملة في ذلك مؤلفة من هذين الصنفين من المقدمات. وسنرشد إلى صنف صنف منها عندما نستعمله.

٥ فنقول إنه من البين مما قيل في مواضع كثيرة أن المعاني المدركة صنفان إما كلي وإما شخصي وأن هذين المعنيين في غاية التباين، وذلك أن الكلي هو إدراك المعنى العام مجردا من الهيولى، والإدراك الشخصي هو إدراك المعنى في الهيولى. وإذا كان ذلك كذلك فالقوة التي تدرك هذين المعنيين هي ضرورة متباينة. وقد تبين فيما تقدم أن الحس والتخيل إنما يدركان المعاني في الهيولى، وإن لم يقبلاها قبولا هيولانيا، على ما تقدم. ولذلك لسنا نقدر أن نتخيل اللون مجردا من العظم والشكل فضلا عن أن نحسه. وبالجملة لسنا نقدر أن نتخيل المحسوسات مجردة من الهيولى، وإنما ندركها في هيولى، وهي الجهة التي بها تشخصت. وإدراك المعنى الكلي والماهية بخلاف ذلك، فإنا نجرده من الهيولى تجريدا. وأكثر ما يتبين ذلك في الأمور البعيدة من الهيولى كالخط والنقطة. فهذه
68 القوة | إذن التي من شأنها أن تدرك المعنى مجردا عن الهيولى، هي ضرورة قوة أخرى غير القوى التي تقدمت.

(Il est clair <par ailleurs> que l'acte de cette puissance n'est pas simplement de saisir la notion abstraite de la matière, mais aussi de composer les unes avec les autres et de prédiquer les unes des autres. La composition, en effet, relève nécessairement de l'acte de ce qui saisit <au préalable> les <notions> simples[24]. Le premier des actes[25] de cette puissance est appelé « représentation » et le second « assentiment »).

6. Il est clair ici qu'il est nécessaire que les puissances de l'âme soient divisées de cette façon, selon la division des notions saisies, et qu'on ne peut trouver outre ces puissances une autre puissance dans l'animal <qui serait> utile à son existence. En effet, étant donné que sa préservation consiste seulement dans le fait de se mouvoir loin des sensibles ou bien vers eux, et que les sensibles sont soit présents, soit absents, il est nécessaire de n'admettre en lui que la puissance du sens et la puissance de l'imagination[26]. Car outre ces deux <sortes de> notions[27], il n'est pas d'<autre> aspect dans le sensible que l'animal ait besoin de saisir[28]. C'est pourquoi, outre ces deux puissances <que sont le sens et l'imagination>, ou ce qui est à leur service, il n'y a pas <en lui> d'autre puissance qui saisisse la notion sensible. Mais puisqu'on trouve aussi un animal particulier, à savoir l'homme, dont l'existence n'est pas possible grâce à ces deux puissances seulement mais tient au fait qu'il possède <en outre> une puissance lui permettant de saisir les notions abstraites de la matière, puis de composer les unes avec les autres et de déduire les unes des autres de façon à bâtir, sur cette base, de nombreux arts et métiers utiles à son existence – que ce soit pour ce qui lui est nécessaire ou pour le meilleur[29] –, il est nécessaire d'admettre en l'homme cette puissance, je veux dire la puissance de la raison.

La nécessité d'un intellect également théorétique

7. La nature <toutefois> ne se limite pas à cela seulement, je veux dire au fait de donner à <l'homme> les principes de la pensée assignés à l'action, mais il est clair qu'elle lui donne <aussi> d'autres principes, à savoir les principes des sciences théorétiques, lesquels ne sont aucunement destinés à l'action et ne sont pas utiles à son existence sensible (que <cette> utilité soit <relative à ce qui est> nécessaire ou regarde le meilleur)[30]. Et s'il en est ainsi, cette puissance <de la raison> n'existe que pour l'existence absolument la meilleure, et non pour le meilleur eu égard à son existence sensible[31].

وبين أن فعل هذه القوة ليس هو أن تدرك المعنى مجردا من الهيولى فقط، بل وأن تركب بعضها إلى بعض وتحكم ببعضها على بعض. وذلك[1] أن التركيب هو ضرورة من فعل مدرك البسائط. والفعل الأول من أفعال هذه القوة يسمى تصورا والثاني تصديقا.

٦ وهو من الظاهر هنا أن بالواجب انقسمت قوى النفس هذا الانقسام لانقسام المعاني المدركة، وأنه ليس يمكن أن يوجد هنا قوة أخرى للحيوان نافعة في وجوده غير هذه القوى. وذلك أنه لما كانت سلامته إنما هي أن يتحرك عن المحسوسات أو إلى المحسوسات، والمحسوسات إما حاضرة وإما غائبة، فبالواجب ما جعلت له قوة الحس وقوة التخيل فقط، إذ كان ليس هنا جهة ما في المحسوس يحتاج الحيوان إلى إدراكها غير هذين المعنيين. ولذلك لم تكن هنا قوة أخرى تدرك المعنى المحسوس غير هاتين القوتين أو ما يخدمهما. ولما كان أيضا بعض الحيوان وهو الإنسان ليس يمكن[2] وجوده بهاتين القوتين فقط، بل <بأن>[3] تكون له قوة يدرك بها المعاني مجردة من الهيولى ويركب بعضها إلى بعض ويستنبط بعضها عن بعض، حتى يلتئم عن ذلك صنائع كثيرة ومهن هي نافعة في وجوده، وذلك إما من جهة الاضطرار فيه وإما من جهة الأفضل، فالواجب ما جعلت في
69 الإنسان هذه القوة أعني قوة النطق. |

٧ ولم تقتصر الطبيعة على هذا فقط، أعني أن تعطيه مبادئ الفكرة المعينة في العمل، بل ويظهر أنها أعطته مبادئ أخر ليست معدة نحو العمل أصلا ولا هي[4] نافعة في وجوده المحسوس لا نفعا ضروريا <ولا>[5] من جهة الأفضل، وهي مبادئ العلوم النظرية. وإذا كان ذلك كذلك فإنما وجدت هذه القوه من جهة الوجود الأفضل مطلقا لا الأفضل في وجوده المحسوس.

1. وذلك... البسائط M : *om.* Q AHPZ F.
2. يمكن *add.* فيه Q. Cette leçon a été acceptée par Ahwānī.
3. بأن AHP : وبأن M وأن Q.
4. ولا هي Q AHP ולא F : وهي M והם J.
5. ولا Q AHP ולא F : ولكن M אבל J.

Bilan : il y a deux sortes d'intellect en l'homme

8. De cela il ressort clairement que cette puissance <de la raison> se divise d'abord en deux parties : la première s'appelle l'intellect pratique, la seconde l'intellect théorétique. Cette division qui l'affecte correspond nécessairement à la division des <objets> qu'elle saisit. L'acte et la perfection du premier des deux intellects, en effet, <n'existent> que par le biais de notions artisanales, possibles, tandis que, pour le second, c'est par le biais de notions nécessaires, dont l'existence ne dépend pas de notre choix[32].

Ainsi, puisqu'il est apparu clairement que l'existence de cette puissance était différente du reste des puissances que nous avons dénombrées et que, outre cela, on a également vu qu'elle se divisait en deux <parties>, il convient que nous examinions à présent pour chacune d'elles les questions que nous avons dénombrées, même si la majeure partie d'entre elles leur est commune[33].

9. Nous commencerons par parler de la puissance pratique, parce que son cas est plus simple et qu'il n'y a guère de controverses à son sujet[34]. Cette puissance, du reste, est la puissance commune à tous les hommes, <celle> dont personne n'est dépourvu, et les <gens> ne diffèrent de ce point de vue que selon le plus et le moins. Quant à la seconde puissance, <i.e. l'intellect théorétique>, il est clair dans son cas qu'elle est extrêmement divine et qu'on ne la trouve que chez certains hommes qui sont, au sein de cette espèce, ceux que la providence vise à titre premier[35].

L'intellect pratique

10. Nous disons : quant à <savoir si> ces intelligibles pratiques, qu'il s'agisse d'intelligibles de techniques ou bien de métiers[36], sont adventices et s'ils existent en nous d'abord en puissance, puis en acte[37], cela, dans leur cas, est manifeste. Après examen, en effet, il est clair que la plus grande partie des intelligibles de ce type qui se produisent en nous ne se produit que par l'expérience. Or il n'est d'expérience que par la sensation, premièrement, puis deuxièmement par l'imagination. Et si c'est le cas, alors ces intelligibles requièrent la sensation et l'imagination pour exister, et nécessairement, donc, ils sont adventices du fait de l'adventicité de ces dernières, et corruptibles du fait de la corruption de l'imagination.

٨ ومن هنا يظهر أن هذه القوة تنقسم أولا إلى قسمين : أحدهما يسمى العقل العملي والآخر النظري. وكان هذا الانقسام عارضا لها بالواجب لانقسام مدركاتها. وذلك أن إحداهما إنما فعلها واستكمالها بمعان صناعية ممكنة، والثانية بمعان ضرورية ليس وجودها إلى اختيارنا. وإذ قد تبين أن وجود هذه القوة مغايرة لسائر القوى التي عددناها، وتبين أيضا مع هذا أنها تنقسم قسمين، فقد ينبغي أن ننظر بعد ذلك في الأمور المطلوبة التي عددناها في كل واحد منهما، وإن كانت أكثرها مشتركة لهما.

٩ ونبتدئ أولا بالقول في القوة العملية، فإن الأمر في ذلك أسهل وليس فيه كبير نزاع. وأيضا فهذه القوة هي القوة المشتركة لجميع الأناسي التي لا يخلو إنسان منها، وإنما يتفاوتون فيها بالأقل والأكثر. وأما القوة الثانية فيظهر من أمرها أنها إلهية جدا، وأنها إنما توجد في بعض الناس، وهم المقصودون أولا بالعناية في هذا النوع.

١٠ فنقول : أما أن هذه المعقولات العملية، سواء كانت معقولات قوى أو مهن، | حادثة وموجودة فينا أولا بالقوة وثانيا بالفعل، فذلك من أمرها بين. فإنه يظهر 70
عند التأمل أن جل المعقولات الحاصلة لنا منها إنما تحصل بالتجربة، والتجربة إنما تكون بالإحساس أولا والتخيل ثانيا. وإذا كان ذلك كذلك فهذه المعقولات إذن مضطرة في وجودها إلى الحس والتخيل، فهي ضرورة حادثة بحدوثها وفاسدة بفساد التخيل.

Quant à savoir si les images jouent le rôle de sujet pour cette puissance ou bien celui de moteur[38], comme c'est le cas, pour la puissance imaginative, des résidus <laissés> par les sensibles dans le sens commun[39], il est évident[40] que leur rôle vis-à-vis d'elle[41] n'est pas celui de sujet. La notion imaginée, en effet, est la notion intelligée elle-même[42], et elle joue donc le rôle de moteur[43]. Pour cela[44], toutefois, elle ne suffit pas, car l'universel, quant à l'être, est distinct de l'image[45], et si les images seulement en étaient le moteur[46], <l'universel> serait nécessairement de la même espèce qu'elles, comme c'est le cas du senti et de l'imaginé – nous expliquerons cela davantage dans le discours sur l'intellect théorétique, où nous parlerons de l'existence de ce moteur <de l'universel> et de ce qu'il est[47]. Si donc ce ne sont pas les images seulement qui sont motrices de cette puissance, et qu'elles sont l'une des choses par quoi s'accomplit la saisie de l'universel, elles sont d'une certaine façon comme le sujet de l'universel, car elles sont l'universel à la manière d'une prédisposition, en puissance[48], et celui-ci leur est lié[49].

11. Par cette prédisposition, l'âme imaginative de l'homme se distingue de l'âme imaginative de l'animal, de même que l'âme nutritive de l'animal se distingue de l'âme nutritive de la plante par la prédisposition qui est dans l'<âme> nutritive animale à recevoir la sensation. Cette prédisposition <de l'imagination humaine> n'est absolument rien de plus que l'aptitude[50] à recevoir les intelligibles[51], à la différence de ce qui a lieu dans la puissance du sens[52].

12. Et si tout cela est comme nous l'avons dit, il est clair, s'agissant de ces intelligibles <pratiques>, qu'ils sont engendrables et corruptibles, et c'est là quelque chose sur quoi aucun des péripatéticiens n'est en désaccord. Car il est clair que ces images ne sont pas seulement, en quelque façon, un sujet pour cette puissance[53], mais qu'elles sont aussi la perfection de cette puissance <pratique>, puisque l'acte de cette dernière consiste seulement à faire exister, par la cogitation[54] et la déduction, des formes imaginales <afin qu'>en résulte l'existence des artefacts[55]. Donc si ces intelligibles existaient sans l'âme imaginative, leur existence serait inutile et vaine.[56]

فأما هل تتنزل الخيالات منزلة الموضوع لهذه القوة أو منزلة المحرك على ما هو عليه الأمر في البقايا التي في الحس المشترك من المحسوسات مع القوة المتخيلة، فقد يظهر أن منزلتها منه ليست منزلة الموضوع. وذلك أن المعنى المتخيل[1] هو المعنى المعقول بنفسه فهو بمنزلة المحرك، إلا أنه ليس كافيا في ذلك، لأن الكلي مباين بالوجود للتخيل. ولو كانت الخيالات هي المحركة له فقط، لكان ضرورة من نوعها كالحال في المحسوس والمتخيل. وسنبين هذا أكثر عند القول في العقل النظري. وهناك نقول في وجود هذا المحرك وما هو. وإذا لم تكن الخيالات هي المحركة فقط لهذه القوة، وكانت أحد ما يتم به إدراك الكلي، فهي بجهة ما كالموضوع للكلي، إذ كانت بالاستعداد والقوة الكلي، وهو مرتبط بها.

١١ وبهذا الاستعداد تباين النفس المتخيلة من الإنسان النفس المتخيلة من الحيوان،
كما تباين النفس الغاذية في الحيوان النفس الغاذية في النبات بالاستعداد الذي في
الغاذية الحيوانية لقبول الحس. | وهذا الاستعداد ليس بشيء أصلا أكثر من 71
التهيؤ لقبول المعقولات بخلاف الأمر في قوة الحس.

١٢ وإذا كان هذا كله كما قلنا، فظاهر من أمر هذه المعقولات أنها كائنة فاسدة، وهذا مما لم يختلف أحد من المشائين فيه. وذلك أنه يظهر أن هذه الخيالات ليست موضوعة ‹فقط بجهة ما›[2] لهذه القوة، بل كمال هذه القوة وفعلها إنما هو في أن يوجد صورا خيالية بالفكر والاستنباط، يلزم عنها وجود الأمور المصنوعة. ولو وجدت هذه المعقولات دون النفس المتخيلة، لكان وجودها عبثا وباطلا.

1. المعنى المتخيل M AH ענין הדמיון J (Urb.ebr. 39 : הדמיון) : المعنى المتخيل ليس P الكلي F העניין המדומה עינו Q.

2. فقط بجهة ما *scripsi* : فقط Q بجهة ما AHM בצד מה FJ. La tradition directe, à l'exception de Q, ainsi que les deux traductions hébraïques, soutiennent donc la leçon « *laysa... bi-ǧihatin mā* », pourtant contredite par la formulation quelques lignes plus haut « *fa-hiya bi-ǧihatin mā ka-l-mawḍūʿ li-l-kullī* » ; ce dernier passage confirme qu'Ibn Rušd considère en effet les images comme « sujet » des intelligibles – même si ce n'est que « d'une certaine manière ». D'autre part, si l'on adoptait la leçon « *laysa... faqaṭ* » de Q, on introduirait une contradiction par rapport à la déclaration faite au début de la présente discussion, à savoir que le rôle des images par rapport à la faculté rationnelle « n'est pas le rôle d'un sujet (… *laysat manzilat al-mawḍūʿ*) ». Notre combinaison des deux leçons repose sur l'hypothèse d'une bifurcation de la transmission Q–MŠFJ, chaque branche étant caractérisée par une omission. Cette solution a des précédents dans la tradition hébraïque chez certains témoins textuels qui, pourtant, ne reflètent vraisemblablement ni la traduction originelle d'Ibn Tibbon ni celle de Falaquera : le plus ancien témoin d'une combinaison des deux leçons semble être le commentaire de Gersonide, datant de 1323, qui cite ainsi la traduction d'Ibn Tibbon (éd. Mashbaum, 57, 10f) : וזה שהוא נראה כי אלו הדמיונות אינם **לבד** נושאות **בצד מה** לכח הזה. Ce même énoncé se trouve aussi dans deux manuscrits de la traduction d'Ibn Tibbon qui datent probablement du XVe siècle : Paris, Bibliothèque nationale, héb. 956, fol. 497r24-25 ; London, Collection privée de David Sofer, ms. 8, non folié [image 189], lignes 20-21.

13. Cette espèce de formes imaginales[57] se trouve <aussi> chez de nombreux animaux, comme la formation de cellules chez les abeilles et le tissage[58] chez les araignées. La différence entre les deux tient au fait que chez les hommes <ces formes> résultent de la cogitation et de la déduction, alors que chez les animaux elles se produisent par nature, si bien qu'ils n'en disposent pas[59], chaque animal n'en saisissant que certaines formes déterminées, à savoir celles nécessaires à sa survie. De là vient <toutefois> que, pour certains[60], il se peut que les animaux intelligent.

14. Par cette puissance, l'homme aime et déteste, noue des relations avec les autres et se lie à eux. C'est d'elle, en somme, que proviennent les vertus morales. L'existence de ces vertus, en effet, n'est rien d'autre que l'existence des images sur la base desquelles nous nous mouvons vers ces actes[61] de la façon la plus droite : <l'homme>, par exemple, est courageux là où il le faut, autant qu'il le faut et quand il le faut. Et ce qui existe de ces vertus chez les animaux, comme le courage chez le lion et la modération chez le coq, est dit de manière en quelque façon équivoque au regard des vertus humaines, car elles sont chez les animaux <le fait de la> nature, ce qui explique qu'ils y recourent fréquemment là où cela ne convient pas[62]. Quant à l'intellect qu'Aristote mentionne dans le <livre> six de <l'*Ethique à*> *Nicomaque*, il est aussi relié d'une certaine manière à cette puissance[63]. Voilà donc pour le discours sur l'intellect pratique.

L'intellect théorétique

La question : est-il toujours en acte, ou tantôt en acte et tantôt en puissance ?

15. Quant au discours sur l'<intellect> théorétique, il relève de ce qui requiert un plus ample exposé, les péripatéticiens, de Platon jusqu'à aujourd'hui, ayant divergé sur le sujet. Pour notre part, nous analyserons cela selon nos moyens et grâce à l'aide fournie par <nos> prédécesseurs sur cette question[64].

١٣ وهذا النوع من الصور الخيالية قد يوجد لكثير من الحيوان، كالتسديس الذي يوجد للنحل والحياكة التي توجد للعناكب. لكن الفرق بينهما أنها في الإنسان حاصلة عن الفكر والاستنباط، وهي في الحيوان حاصلة عن الطبع، ولذلك لا يوجد متصرفا فيها، بل إنما يدرك منها حيوان حيوان صورا ما محدودة، وهي الضرورية في بقائه. ومن هنا ظن قوم أن الحيوان قد يعقل.

١٤ وبهذه القوة يحب الإنسان ويبغض ويعاشر ويصاحب، وبالجملة عنها توجد
الفضائل الشكلية. وذلك أن وجود هذه الفضائل ليست شيئا أكثر من وجود
الخيالات التي عنها نتحرك إلى هذه الأفعال على غاية الصواب. وذلك أن يشجع
مثلا في الموضع الذي يجب والمقدار الذي يجب والوقت الذي يجب
. وما يوجد من هذه الفضائل في الحيوان كالشجاعة في الأسد والقناعة
في الديك، فهي مقولة بنوع من التشكيك مع الفضائل الإنسانية، وذلك أنها طبيعة[1]
72 للحيوان، ولذلك كثيرا ما يفعلها في الموضع الذي لا ينبغي. والعقل | الذي
يذكره أرسطو في السادسة من نيقوماخيا هو أيضا منسوب لهذه القوة بوجه ما.
فهذا هو القول في العقل العملي.

١٥ وأما القول في النظري فهو مما يستدعي بيانا أكثر، وقد اختلف فيه المشاؤون من لدن أفلاطون إلى هلم جرا. ونحن نفحص عن ذلك بحسب طاقتنا وبحسب المعونة الواقعة في ذلك ممن تقدم.

Dans les 21 autres manuscrits (sur un total de 27) que j'ai pu vérifier – deux étant incomplets, trois ne se trouvant pas à ma disposition – le mot לבד, correspondant à *faqaṭ*, n'apparaît pas, même en glose. Il pourrait donc s'agir d'une correction sans appui, faite par Gersonide ou un autre lecteur de la traduction d'Ibn Tibbon, mais il demeure également possible qu'une copie, aujourd'hui perdue, soit de J, soit de F, ait contenu la leçon לבד ou même la combinaison des deux leçons.

1. طبيعة M HP טבע J (Paris 956 : בטבע) : طبيعية Q AZ טבעיות F.

16. Nous disons que la première chose qu'il nous faut examiner au sujet de ces intelligibles théorétiques, c'est s'ils sont toujours <en> acte ou s'ils existent d'abord en puissance, puis en acte, si bien qu'ils seraient d'une certaine manière matériels. L'idée, en effet, selon laquelle certains d'entre eux existent toujours en acte et d'autres en puissance est une idée qui, clairement, s'effondre d'elle-même, parce que les formes ne sont pas en elles-mêmes divisées et que les unes ne servent pas de sujets aux autres[65] – cela ne peut échoir aux formes qu'en raison de la matière, je veux dire en tant qu'elles sont individuelles, ce qui est clair pour quiconque est un tant soit peu exercé dans cette science.

L'examen à mener :
comment les intelligibles théorétiques nous sont-ils joints ?

17. Pour mener à bien cette <analyse>, comme nous l'avons dit au début de ce livre[66], il nous faut examiner si la jonction de ces <intelligibles théorétiques> avec nous est une jonction semblable à la jonction des choses séparées avec les matières <auxquelles elles peuvent être liées>[67], comme on dit de l'intellect agent <par exemple> qu'il nous est joint au moment de l'acquisition[68], de sorte que pour ces intelligibles, s'agissant de leur existence en acte, il n'y aurait pas de différence entre l'existence qu'ils ont pour nous dans l'enfance et à l'âge mûr, si ce n'est qu'ils seraient durant l'enfance submergés par l'humidité[69]. Nous serions en somme obligés de dire qu'il y a en nous un état nous empêchant de les saisir, mais que, lorsque le sujet qui les reçoit a atteint sa prédisposition dernière, ces intelligibles apparaissent clairement en lui et qu'il les saisit. Ainsi n'y aurait-il aucun besoin d'un moteur du même genre qu'eux pour que les intelligibles nous adviennent, je veux dire <un moteur> qui fût un intellect[70]; et si c'était le cas[71], ce ne pourrait être que par accident, tout de même que celui qui débarrasse le miroir de la rouille est d'une certaine façon[72] cause de l'impression des formes en lui[73]. De même, <dans ces conditions>, ce que nous disons d'eux, à savoir qu'ils existent pour nous en « puissance » depuis l'enfance, ne s'entendrait pas en donnant <à « puissance »> le sens <exact> de la puissance matérielle, mais <seulement> d'une manière métaphorique, <en un sens> qui ressemblerait au sens de ce qu'appellent « puissance » les partisans de la latence <des formes>[74].

١٦ فنقول إن أول ما ينبغي أن ننظر فيه من أمر هذه المعقولات النظرية هل هي دائما فعل أم توجد أولا بالقوة ثم توجد ثانيا بالفعل، فتكون بوجه ما[1] هيولانية. فإن القول بأن بعضها يوجد دائما فعلا وبعضها قوة، قول بين السقوط بنفسه، فإن الصور ليس تنقسم بذاتها ولا بعضها موضوعة لبعض. وإنما يوجد هذا للصور من جهة الهيولى، أعني من جهة ما هي شخصية. وهذا بين عند من ارتاض أدنى ارتياض في هذا العلم.

١٧ والسبيل إلى ذلك، كما قلنا من أول هذا الكتاب، أن ننظر هل اتصالها بنا اتصال
شبيه باتصال الأمور المفارقة بالمواد، كما يقال في العقل الفعال[2] إنه يتصل بنا
73 في حين[3] الاستفادة، حتى تكون هذه المعقولات لا فرق بين وجودها لنا | منذ
الصبا وعند الكهولة في كونها موجودة بالفعل، إلا أنها كانت في الصبا مغمورة
بالرطوبة. وبالجملة فلا بد أن نقول إنه كانت فينا حالة تعوقنا عن إدراكها، فلما
حصل الموضوع القابل لها على استعداده الأخير، ظهرت فيه هذه المعقولات
وأدركها[4]. وعلى هذا ليس يحتاج في أن تحصل لنا معقولات إلى محرك من
جنسها، أعني أن تكون عقلا، بل إن كان ولا بد فبالعرض، مثل أن الذي يزيل
الصدأ[5] عن المرآة يكون بوجه ما سببا لارتسام الصور فيها. ولا يكون أيضا قولنا
فيها إنها موجودة لنا بالقوة منذ الصبا على معنى <القوة>[6] الهيولانية، بل بوجه
مستعار يشبه المعنى الذي يطلق اسم القوة عليه أصحاب الكمون.

1. بوجه ما Q מה בצד F : توجد M AHPZ ויהיו נמצאות J.
2. الفعال Q AHPZ הפועל F : *om.* M J.
3. حين M AHPZ בעת J : حال Q.
4. وأدركها Q AZ : وإدراكها M HP והשגתם J והשגנו אותם F.
5. الصدأ M AHPZ החלודה FJ : الستر Q.
6. القوة Q AHPZ הכח F : القول M המאמר J القوى M_J. Ahwānī suit la glose judéo-arabe.

18. Ou bien alors nous disons que la jonction de ces intelligibles avec nous est une jonction matérielle, à savoir la jonction qu'ont les formes <non séparées par essence>[75] avec les matières <dans lesquelles elles se trouvent>. Et pour connaître cela, il faudra procéder de cette façon, c'est-à-dire en dénombrant les choses essentielles aux formes matérielles en tant qu'elles sont matérielles, puis en examinant si ces intelligibles se caractérisent par certaines de ces choses ou pas[76].

Hiérarchie et caractéristiques des formes matérielles

19. Nous disons qu'il ressort de ce qui précède que les formes matérielles occupent <divers> rangs[77], et que les puissances et les prédispositions sont elles aussi rangées selon l'arrangement de ces <formes>. La première espèce de formes matérielles, ce sont les formes des <corps> simples, à savoir la lourdeur et la légèreté[78], lesquelles ont pour sujet la matière première ; puis après celles-ci, les formes des corps homéomères, puis l'âme nutritive, puis la sensitive et enfin l'imaginative[79]. Et quand on considère chacune de ces formes, on leur trouve <d'une part> des choses qui leurs sont communes et qu'elles partagent en tant qu'elles sont purement et simplement matérielles, et <d'autre part> des choses qui sont propres à chacune ou à plusieurs d'entre elles en tant qu'elles sont des <formes> matérielles déterminées[80].

Les caractéristiques propres

20. Ce qui est propre aux formes simples, c'est entre autres que la matière, dans leur cas, n'est pas dépouillée de l'une des deux formes opposées, comme le froid et le chaud, l'humide et le sec. En revanche, ce que partagent les formes simples et les formes des homéomères, c'est entre autres qu'elles sont divisées par la division de leurs sujets[81], et que leur survenue, en eux, constitue un changement véritable. La forme nutritive partage avec ces <deux premières sortes de forme> ces deux aspects, même si elle se distingue d'elles dans son existence même – en raison de la proximité de cette âme avec la forme complexionnelle[82], on a estimé qu'elle était <elle-même> une complexion. Ce qui est propre à la forme sensitive, c'est qu'elle n'est pas divisée par la division de la matière, au sens où le sont les formes complexionnelles. Pour cette raison, elle peut recevoir ensemble les contraires, <comme> le petit et le grand, dans un même sujet et dans un même état[83]. Elle partage avec l'âme nutritive le fait d'utiliser un instrument organique[84]. Ce qui est propre à l'âme imaginative, <en revanche>, c'est qu'elle n'a pas besoin dans son acte d'un instrument organique[85].

١٨ أو نقول إن اتصال هذه المعقولات بنا اتصال هيولاني، وهو اتصال الصور بالمواد. والوقوف على ذلك يكون من هذه الجهة، وذلك بأن تحصي الأمور الذاتية للصور الهيولانية بما هي هيولانية، ثم يتأمل هل تتصف هذه المعقولات ببعضها أم لا.

١٩ فنقول إنه قد ظهر مما تقدم أن للصور الهيولانية مراتب، والقوى أيضا
والاستعدادات مترتبة بترتيبها. فإن أول نوع من أنواع الصور الهيولانية هي
صور البسائط التي الموضوع لها المادة الأولى، وهي الثقل والخفة. ثم بعد هذه
صور الأجسام المتشابهة الأجزاء، ثم النفس الغاذية، ثم الحساسة، ثم المتخيلة.
وكل واحدة من هذه الصور إذا تؤملت وجد لها أشياء تعمها وتشترك فيها، من
جهة ما هي هيولانية بإطلاق، وأشياء تخص واحدة واحدة منها أو أكثر من
74 واحدة، من جهة ما هي هيولانية ما. |

٢٠ فمما يخص الصور البسيطة أن الهيولى لا تعرى فيها من إحدى الصورتين المتقابلتين كالبارد والحار والرطب واليابس. ومما تشترك فيه الصور البسيطة وصور المتشابهة الأجزاء أنها منقسمة بانقسام موضوعاتها، وحصولها فيها تغير حقيقي. وقد <تشاركهما الصورة>[1] الغاذية في هذين المعنيين، وإن كانت <تباينهما>[2] في نفس وجودها. ولقرب هذه النفس من الصورة المزاجية ظن بها أنها مزاج. ويخص الصورة الحسية أنها <غير>[3] منقسمة بانقسام الهيولى بالمعنى الذي به تنقسم الصور المزاجية. ولذلك أمكن فيها أن تقبل المتضادين معا والصغير والكبير <في موضوع واحد>[4] على حالة واحدة. وتشترك مع النفس الغاذية في أنها تستعمل آلة آلية[5]. ويخص النفس المتخيلة أنها لا تحتاج في فعلها إلى آلة آلية.

1. تشاركهما الصورة M : תשתתף לשניהם הצורה J : משתתפת עמהם וצורת הכח הזן F : تشاركهما الصور AHZ : تشاركها الصور Q P.
2. تباينهما M : تباينها Q AHPZ.
3. غير Q AHPZ שאינו F : *om.* M J *add. in marg.* M_J.
4. في موضوع واحد AHPZ במונח אחד F : *om.* Q M J.
5. جسمانية *add.* Q. Cette leçon a été acceptée par Ahwānī.

Les caractéristiques communes[86]

21. Quels que soient leurs rangs et leur diversité, ces formes matérielles partagent deux choses en tant qu'elles sont purement et simplement matérielles : la première est que leur existence se produit seulement en faisant suite par essence[87] à un changement, lequel est soit proche, soit lointain, comme c'est le cas des formes complexionnelles et des <formes> psychiques mentionnées plus haut. La deuxième est qu'elles sont par essence nombrées par le nombre de <leur> sujet; elles sont multipliées par sa multiplication[88]. Du fait de ces deux caractéristiques[89], on peut bien parler dans leur cas d'adventicité, et sans cela, il n'y aurait absolument aucune génération. Nous avons déjà longuement parlé de ce point au début de ce livre[90]. Et cette idée que les âmes soient nombrées par le nombre de leurs sujets, c'est ce qui a échappé à ceux qui parlent de la transmigration[91].

22. On trouve chez les formes matérielles en tant qu'elles sont matérielles une troisième chose <en commun>, c'est qu'elles sont composées de quelque chose qui leur tient lieu de forme et d'une <autre> chose qui leur tient lieu de matière[92]. Enfin, les formes matérielles ont une quatrième chose en commun, c'est que leur intelligible est autre que <leur> être. Voilà l'ensemble des prédicats essentiels que possèdent les formes matérielles quand on considère ce qu'elles ont en commun puis ce qu'elles ont en propre.

23. Lorsque nous examinons les intelligibles <théorétiques>, nous leur trouvons plusieurs choses qui leur sont propres, d'où ressort très clairement leur différence, quant à l'existence, d'avec le reste des formes psychiques[93]. Et compte tenu de ces choses, on a estimé au sujet de ces <intelligibles> qu'ils existaient toujours en acte et qu'ils n'étaient pas engendrés – tout ce qui est engendré, en effet, est corruptible, car il possède une matière[94]. Pourtant, il est clair que ces états qui sont propres aux <intelligibles théorétiques> ne sauraient suffire à faire connaître qu'ils ne sont pas matériels si l'on n'y ajoute pas l'une de ces deux choses : soit l'on constate qu'ils sont <en outre> dépouillés de l'ensemble des choses propres aux formes matérielles en tant qu'elles sont matérielles; soit nous parvenons à voir que certaines des choses qui leur sont propres font partie de ce qu'ont en propre les réalités séparées[95]. Cela est évident par soi pour qui a pratiqué l'art de la logique.

٢١ ويعم هذه الصور الهيولانية على مراتبها وتفاوتها من جهة ما هي هيولانية مطلقة أمران اثنان : أحدهما أن وجودها إنما يكون تابعا لتغير بالذات، وذلك إما قريب وإما بعيد، كالحال في الصور المزاجية وفي النفسانية التي تقدم ذكرها. والثاني أن تكون متعددة بالذات بتعدد الموضوع ومتكثرة بتكثره. فإن بهاتين الصفتين يصح <عليها>[1] معنى الحدوث، وإلا لم يكن هنالك كون أصلا. وقد أطلنا في هذا في أول هذا الكتاب. وهذا المعنى من تعدد النفوس بتعدد موضوعاتها هو الذي ذهب على القائلين بالتناسخ.

٢٢ وقد يوجد للصور الهيولانية بما هي هيولانية أمر ثالث، وهو أنها مركبة من شيء يجري منها مجرى الصورة، وشيء يجري منها مجرى المادة. ويعم 75 الصور الهيولانية أمر رابع، وهو أن المعقول <منها>[2] غير الموجود. | فهذه جميع المحمولات الذاتية التي توجد للصور الهيولانية من جهة ما يعم ومن جهة ما يخص.[3]

٢٣ فإذا نحن تأملنا المعقولات وجدنا لها أشياء تخصها كثيرة، يظهر بها ظهورا كثيرا مباينتها بالوجود لسائر الصور النفسانية. ومن هذه الأشياء ظن بها أنها موجودة بالفعل دائما <غير>[4] متكونة. فإن كل متكون فاسد إذ كان ذا هيولى. لكن من البين أن هذه الأحوال التي تخصها ليست بكافية في الوقوف على أنها ليست هيولانية دون أحد أمرين : وذلك إما بأن يلفى جميع الأمور الخاصة بالصور الهيولانية بما هي هيولانية مسلوبة عنها، وإما أن <نقف> على أن بعض[5] الأشياء التي تخصها مما يخص الأمور المفارقة. وهذا بين بنفسه لمن زاول صناعة المنطق.

1. عليها Q AHPZ : عليهما M.
2. منها AHPZ מהן F מהם J : عنها M فيها Q.
3. فهذه جميع... يخص Q. Dans les autres témoins (M AHPZ J) cette phrase précède le présent paragraphe ; il est omis par F. Puisque la phrase clôt l'énumération des caractéristiques des formes matérielles, sa place semble bien être ici.
4. غير Q AHPZ : وغير M. Ahwānī, en raison d'une mauvaise lecture du mot précédent dans Q, écrit : وأنه وغير.
5. نقف على أن بعض M AHPZ ואם שנעמוד על כי קצת J בשנעמוד על כי מקצת F : تكون Q.

Propriétés des intelligibles théorétiques qui les distinguent des formes matérielles[96]

24. Faisons donc le compte des choses propres à ces intelligibles <théorétiques>, et examinons avec attention s'il en est une qui fasse partie de ce qu'ont en propre les réalités séparées, ou pas, et s'il n'y a rien <dans ces intelligibles théorétiques> de propre <aux réalités séparées>, <voyons> s'il se trouve qu'ils ont <quelque chose de commun>[97] avec les choses communes aux formes matérielles en tant qu'elles sont matérielles, ou pas.

Leur intelligible est identique à leur être (ou bien distinct, mais autrement que dans le cas des formes matérielles)

25. Nous disons qu'il ressort clairement de l'existence des formes des intelligibles que l'homme possède qu'elles sont en lui d'une manière distincte de l'existence du reste des formes psychiques <qui sont> en lui, car l'existence[98] de ces formes <de l'âme> dans leur sujet désigné[99] est autre que leur existence intelligible[100] : elles sont une, en effet, en tant qu'elles sont intelligibles, et multipliées en tant qu'elles sont individuelles et dans une matière.

26. En revanche, s'agissant des formes des intelligibles, on peut estimer[101] que leur existence intelligible est identique à leur existence désignée[102]; et si l'intelligible en elles devait être autre que <leur> être[103], ce serait d'une autre façon que celle selon laquelle nous disons du reste des formes que leur être est autre que l'intelligible <en elles>[104]. Cependant, si leur intelligible est autre que <leur> être, de quelque façon que ce soit, alors <ces intelligibles théorétiques> sont engendrables et corruptibles, tandis que si leur intelligible est identique à <leur> être, ils sont nécessairement séparés, ou une chose en eux <du moins> est séparée. Mais du fait que nous soutenons que l'intelligible <en eux> se distingue de leur être d'une autre façon que celle selon laquelle l'intelligible, pour le reste des formes <de l'âme>, se distingue de leur être, il ne s'ensuit pas qu'ils soient séparés, car ce discours n'a pas clairement montré qu'ils n'ont pas <malgré tout> un rapport propre à la matière. Tout ce que cela montre, c'est que s'ils ont un rapport, ce dernier est autre que le rapport que ces formes <de l'âme inférieures> ont, elles, <avec la matière>, et ce rapport-là peut bien être propre à certaines des formes matérielles[105].

٢٤ ونحن فلنعدد الأمور الخاصة بهذه المعقولات ونتأمل هل واحد منها مما يخص الأمور المفارقة أم لا، وإن كان ليس بخاص، فهل يوجد لها مع هذه الأمور العامة للصور الهيولانية بما هي هيولانية أم ليس يوجد.

٢٥ فنقول إنه قد يظهر من أمر وجود صور المعقولات للإنسان أنها فيه على نحو مباين لوجود سائر الصور النفسانية فيه، إذ كانت هذه الصور وجودها في موضوعها المشار إليه غير وجودها المعقول، وذلك أنها واحدة من حيث هي معقولة ومتكثرة من حيث هي شخصية وفي هيولى.

٢٦ وأما صور المعقولات فقد يظن أن وجودها المعقول هو نفس وجودها المشار
76 إليه، وإن كان المعقول فيها غير الموجود، فعلى جهة هي غير الجهة | التي
بها نقول في سائر الصور إن الموجود منها غير المعقول. إلا أنه إن كان المعقول
منها غير الموجود على أي جهة كان فهي كائنة فاسدة، وإن كان المعقول منها
هو الموجود فهي ضرورة مفارقة أو[1] فيها شيء يفارق[2]. إلا أنه ليس يلزم من
وضعنا أن المعقول يخالف الموجود <منها>[3] بجهة غير الجهة التي بها يخالف
المعقول من سائر الصور الموجودة منها أن تكون مفارقة، إذ كان لم يتبين من
هذا القول أنه ليس لها نسبة خاصة إلى الهيولى، بل إنما يتبين من ذلك أنه إن
كان لها نسبة فهي غير النسبة التي لتلك الصور. ولعل[4] تلك النسبة تخص بعض
الصور الهيولانية.

1. أو M AH או F : اذ Q P ו(בהם) J.
2. يفارق M AH יובדל J : مفارق Q P נבדל F.
3. منها AH מהם\מהן F : فيها P *om.* Q M J.
4. ولعل... الهيولانية M AHPZ JF : *om.* Q.

Leur appréhension est infinie

27. Ce qui distingue aussi ces intelligibles <théorétiques> du reste des formes psychiques, c'est que leur appréhension[106] est infinie, comme cela a été expliqué s'agissant de l'universel[107], alors que, pour le reste des puissances, leur appréhension est finie. On a estimé également pour cette raison qu'ils n'étaient aucunement matériels. Pourtant, cela ne suffit pas à ce qu'ils soient aussi totalement séparés, car la représentation relevant de la puissance rationnelle est autre que le jugement et l'assentiment, étant donné que ce sont deux actes différents[108]. En effet, la représentation par l'intellect n'est rien que l'abstraction des formes de la matière, et lorsque les formes sont abstraites de la matière, la multiplicité individuelle, <certes>, en est retirée, mais du retrait de la multiplicité matérielle individuelle ne s'ensuit pas <nécessairement> le retrait de toute multiplicité – peut-être se peut-il, en effet, que d'une certaine façon demeure là une multiplicité. En revanche, dès lors que les formes sont abstraites d'une multiplicité définie et qu'un jugement est porté sur une multiplicité infinie, il est nécessaire que cet acte soit le fait d'une puissance immatérielle. En effet, s'il est nécessaire que l'appréhension des formes séparées soit le fait de quelque chose d'infini[109], il est nécessaire que l'appréhension des formes matérielles soit le fait de quelque chose de fini et que leur jugement porte sur quelque chose de fini. Et puisque le jugement des formes matérielles porte sur <quelque chose de> fini, ce qui juge <de quelque chose d'>infini est nécessairement immatériel[110], car le jugement de la chose est son appréhension <elle-même>, ou <se fait> en vertu d'une nature qui l'appréhende. D'où il ressort – par ma vie ! – que cette puissance <de jugement> qui est en nous est <bien> immatérielle. Cela étant, que ce jugement soit le fait de ces intelligibles universels[111], ce n'est pas encore clair; peut-être <le doit-on> à une autre puissance qui joue le rôle de forme à l'égard de ces intelligibles[112].

Leur perception est identique au perçu

28. Ce qui est propre également à cette perception intellectuelle est que la perception dans son cas est <identique au> perçu, et c'est la raison pour laquelle on dit que l'intellect est <identique à> l'intelligible lui-même[113]. La cause en est que lorsque l'intellect abstrait de la matière les formes des choses intelligibles et qu'il les reçoit d'une réception immatérielle, il lui arrive <ceci> qu'il s'intellige lui-même[114] <comme étant identique à ce que sont ces intelligibles eux-mêmes>[115], car les intelligibles n'adviennent pas dans son essence, en tant qu'il les intellige, autrement que ce qu'ils

٢٧ ومما تباين أيضا فيه هذه المعقولات سائر الصور النفسانية أن إدراكها غير
متناه، على ما تبين من أمر الكلي، وسائر القوى إدراكها متناه. وقد ظن أيضا من
هذا أنها غير هيولانية أصلا، وليس في هذا كفاية في أنها أيضا مفارقة بالكل، إذ
كان التصور للقوة الناطقة غير الحكم والتصديق لكونهما فعلين متباينين. وذلك
أن التصور بالعقل إنما هو تجريد الصور من الهيولى. وإذا تجردت الصور من
الهيولى ارتفعت عنها الكثرة الشخصية. وليس يلزم عن ارتفاع الكثرة الشخصية
الهيولانية ارتفاع الكثرة أصلا. فإنه لعله يمكن أن تبقى هناك كثرة بوجه ما، لكن
من جهة أنها تجرد الصور من كثرة محدودة وتحكم حكما على كثرة غير متناهية،
فقد يجب أن يكون هذا الفعل لقوة غير هيولانية. لأنه إن كان واجبا أن يكون
إدراك الصور المفارقة لغير متناه، وجب أن يكون إدراك الصور | الهيولانية 77
لمتناه وحكمها على متناه. وإذا كان حكم الصور الهيولانية على متناه، فما هو حكم
على غير متناه فهو ضرورة غير هيولاني، إذ كان الحكم على الشيء إدراكا له
أو من قبل طبيعة مدركة له. فمن هذا يظهر لعمري أن هذه القوة التي فينا غير
هيولانية، إلا أنه لم يبن بعد أن هذا الحكم هو لهذه المعقولات الكلية، بل لعله لقوة
أخرى تتنزل من هذه المعقولات منزلة الصورة.

٢٨ ومما يخص أيضا هذا الإدراك العقلي أن الإدراك فيه هو المدرك، ولذلك قيل إن العقل هو المعقول بعينه. والسبب في ذلك أن العقل عندما يجرد صور الأشياء المعقولة من الهيولى ويقبلها قبولا غير هيولاني، يعرض له أن يعقل ذاته، إذ كانت ليس تصير المعقولات في ذاته من حيث هو عاقل بها على نحو مباين

sont comme intelligibles des choses en dehors de l'âme[116]. Il n'en va pas de même avec le sens, même si ce dernier s'assimile au sensible. En effet, il n'est pas possible pour le sens de se sentir lui-même de sorte que le sens soit <identique au> sensible, car sa perception de la notion sensible n'a lieu qu'en tant qu'il la reçoit dans une matière[117], et pour cette raison la notion extraite dans la puissance sensitive accède à une existence différente de son existence dans le sensible[118], et opposée à elle, comme il en va par nature des choses opposées dans la catégorie du relatif[119].

29. Il est clair que cela[120] n'arrive à l'<intellect> qu'en tant que la réception de l'intelligible n'est pas une réception matérielle individuelle; mais si l'intellect était ici <identique à> l'intelligible même à tous points de vue, comme on estime que c'est le cas pour les <substances> séparées, si bien qu'il n'aurait aucune sorte de <ces> rapports à la matière par où l'on conçoit que l'intelligeant est en quelque façon autre que l'intelligible, il serait nécessairement toujours <en> acte. Toutefois il est clair que cela n'est pas encore apparu de ce qu'on a posé ici concernant ce qui le différencie du sens[121].

Leur appréhension n'a pas lieu par le biais d'une passion

30. Ce qui est propre à ces intelligibles <théorétiques>, c'est aussi que leur appréhension n'a pas lieu par <le biais d'>une passion, à la différence de ce qui se passe pour le sens[122]. C'est ce qui explique que lorsque nous regardons un sensible puissant puis que nous nous en détournons, nous ne sommes pas à ce moment-là capables de regarder quelque chose de plus faible, contrairement à ce qui se produit avec les intelligibles[123]. La raison en est que, comme il reste dans le sens, après qu'il s'en trouve écarté, des traces <issues> des formes des sensibles <et> semblables aux formes matérielles, le sens ne peut recevoir une autre forme avant que ces formes <résiduelles>[124] n'en aient été effacées et ne soient parties. Et cela aussi ne lui arrive qu'en raison du rapport individuel[125].

L'intellect s'accroît avec la vieillesse

31. <Ajoutons, enfin, que> ce qui <est propre à ces intelligibles>, c'est que l'intellect s'accroît[126] avec la vieillesse, contrairement au reste des puissances de l'âme.

لكونها معقولات أشياء خارج النفس. وليس الأمر في الحس كذلك، وإن كان <يتشبه>[1] بالمحسوسات، فإنه ليس يمكن <فيه>[2] أن يحس ذاته، حتى يكون الحس هو المحسوس، إذ كان إدراكه للمعنى المحسوس إنما هو من حيث يقبله في هيولى. ولذلك يصير المعنى المنتزع في القوة الحسية مغايرا بالوجود لوجوده في المحسوس ومقابلا له، على ما من شأنه أن توجد عليه الأمور المتقابلة في باب المضاف.

٢٩ وبين أن هذا إنما عرض له من جهة أن قبول المعقول لم يكن قبولا هيولانيا شخصيا. لكن إن كان هاهنا العقل هو المعقول نفسه من جميع الوجوه، على مثال ما يظن به الأمر في المفارقات، حتى لا يكون له نسبة إلى الهيولى بوجه من أوجه النسب، بها يتصور أن يكون العاقل غير المعقول بوجه ما، كان ضرورة فعلا دائما. وبين أن هذا لم يتبين بعد مما وضع هاهنا من مباينته للحس.

٣٠ ومما يخص هذه المعقولات أيضا أن إدراكها ليس يكون بانفعال كالحال في الحس. ولهذا متى أبصرنا محسوسا قويا ثم انصرفنا عنه لم نقدر في الحين أن
نبصر ما هو أضعف. | والمعقولات بخلاف ذلك، والسبب في ذلك أن الحس، 78
لما كانت تبقى من صور المحسوسات فيه بعد انصرافها عنه آثار ما شبيهة بالصور الهيولانية، لم يمكن فيه أن يقبل صورة أخرى، حتى تمحى عنه تلك الصورة وتذهب. وهذا أيضا إنما عرض له من جهة النسبة الشخصية.

٣١ ومنها أن العقل يتزيد مع الشيخوخة، وسائر قوى النفس بخلاف ذلك.

1. يتشبه AHZ تتشبه P מתדמה F : يشبه Q M ידמה J.
2. فيه Q M AHPZ בו F J. Omis par Ahwānī.

Ces caractères ne prouvent pas
que les intelligibles théorétiques sont éternels

32. Pour la plupart de ces états propres aux intelligibles <théorétiques>, il apparaît clairement, quand on les considère, que la cause de leur existence est le fait que <ces> intelligibles sont dépourvus du rapport individuel qu'on trouve chez le reste des puissances de l'âme, c'est-à-dire le fait que leur intelligible ne se distingue pas au plus haut point de <leur> être, comme c'est le cas des formes individuelles[127] vis-à-vis de <leur> être.

33. Ainsi, lorsque nous usons de ces propriétés comme de preuves[128] elles ne nous mènent pas plus loin que cette connaissance-là[129]. Quant à vouloir en faire des preuves du fait que ces intelligibles existent toujours purement en acte, c'est utiliser dans cette recherche des conséquences dont l'existence n'induit pas l'existence des prémisses, comme quand on dit que les étoiles sont du feu parce qu'elles sont brillantes[130]. Tout ce qui est toujours en acte, en effet, est nécessairement dépourvu du rapport individuel qu'on trouve dans le reste des puissances de l'âme, mais la réciproque n'est pas vraie, qui voudrait que tout ce qui est dépourvu de ce rapport existât toujours en acte[131]. Cela est évident pour qui pratique l'art de la logique, et ce qui induit en erreur celui qui parle, à propos de ces choses, de la séparation des intelligibles <théorétiques>, c'est donc le lieu du conséquent[132].

Propriétés des intelligibles théorétiques
qui les rapprochent des formes matérielles
(Ont-ils les prédicats essentiels des formes matérielles en tant qu'elles sont matérielles ?)

34. Puisqu'il en va ainsi, et qu'il est clair que dans ces choses propres aux intelligibles <théorétiques> il n'y a rien qui montre clairement qu'ils sont toujours en acte, examinons s'ils s'accompagnent[133] de façon absolue des choses propres aux formes matérielles, ou pas. Or cela, on l'a dit, ce sont <d'abord> deux choses[134] : premièrement, le fait que l'existence de <ces> formes fasse suite par essence à un changement[135], de sorte qu'elles sont adventices; deuxièmement, le fait qu'elles soient multipliées par la multiplication de <leurs> sujets, d'une multiplication essentielle et non pas accidentelle (comme l'estiment les partisans de la transmigration[136]), de quelque multiplication qu'il s'agisse.

٣٢ وأكثر[1] هذه الأحوال الخاصة بالمعقولات إذا تؤملت، ظهر أن السبب في وجودها كون المعقولات عادمة للنسبة الشخصية التي توجد لسائر قوى النفس، وهي ألا يكون المعقول منها في غاية المباينة للموجود، على ما عليه الأمر في الصور الشخصية للموجود[2].

٣٣ وهكذا متى استعملنا هذه الخواص دلائل، لم تفض بنا إلى أكثر من هذه المعرفة منها[3]. وأما متى أردنا أن نجعلها دلائل على وجود هذه المعقولات فعلا محضا ودائما، كنا قد استعملنا في ذلك المطلوب من المتأخرات التي ليس[4] يلزم عن وجودها وجود المتقدم، بمنزلة من قال إن الكواكب نار لأنها مضيئة. وذلك أن كل ما هو بالفعل دائما فقد عدم ضرورة النسبة الشخصية التي توجد لسائر قوى النفس. وليس ينعكس هذا حتى يلزم أن كل ما عدم هذه النسبة فهو موجود بالفعل دائما. وذلك بين لمن زاول صناعة المنطق. فإذن الذي غلط من قال في
79 هذه الأشياء بمفارقة المعقولات هو موضع اللاحق. |

٣٤ وإذا كان هذا هكذا وظهر أنه ليس في هذه الأمور الخاصة بالمعقولات ما تبين به أنها موجودة دائما فعلا، فلننظر هل تلحقها الأمور الخاصة بالصور الهيولانية بإطلاق أم لا. وقد قلنا إن ذلك شيئان : أحدهما أن يكون وجود الصور تابعا[5] لتغير بالذات وبذلك تكون حادثة. والثاني أن تكون متكثرة بتكثر الموضوعات تكثرا ذاتيا لا تكثرا عرضيا، على ما يتوهمه أصحاب التناسخ <بأي وجه>[6] اتفق من أوجه التكثر.

1. وأكثر هذه الأحوال M AHPZ ורוב אלו הנשואים J ורוב אלו העניינים F : وجميع هذه اللواحق Q.
2. للموجود Q : *om.* M AHPZ J.
3. منها Q מהן F : *om.* M AHPZ J.
4. ليس Q AHPZ לא F : *om.* M J (à l'exception de ms. Paris 956).
5. تابعا M AHPZ נמשך F J : بالفعل Q.
6. بأي وجه M AHPZ באי זה פנים J : بل بأي وجه Q.

Les intelligibles font suite par essence à un changement

35. Nous disons que quand on considère comment nous adviennent les intelligibles, et en particulier les intelligibles dont sont composées les prémisses empiriques[137], il apparaît que, pour qu'ils nous adviennent, nous sommes d'abord contraints de sentir, puis d'imaginer, la saisie de l'universel nous devenant alors possible. C'est pourquoi celui qui est privé de l'un des sens est privé d'un certain intelligible[138]. Ainsi l'aveugle de naissance ne perçoit-il jamais l'intelligible de la couleur ; sa perception, en lui, n'est pas possible[139]. De même celui qui n'a pas la sensation des individus d'une certaine espèce n'en a pas l'intelligible – comme c'est le cas, chez nous, pour l'éléphant[140].

36. Mais ce n'est pas tout : outre ces deux puissances <du sens et de l'imagination>, il est besoin de la puissance de la mémoire et de la répétition de cette sensation, plusieurs fois, jusqu'à ce que s'allume[141] pour nous l'universel[142]. C'est pourquoi ces intelligibles ne nous adviennent que dans le temps[143].

37. Et il semble bien en aller de même pour l'autre genre d'intelligibles, ceux dont nous ne savons pas quand ils adviennent ni comment ils adviennent[144], sinon que pour ces derniers, étant donné que leurs individus[145] ont été perçus par nous depuis le début[146], nous ne nous souvenons pas[147], dans leur cas, quand nous est advenu cet état qui nous advient dans l'expérience[148]. Cela est manifeste par soi, parce que ces intelligibles ne sont pas un autre genre d'intelligibles distinct des <intelligibles> empiriques, et pour cette raison, nécessairement, leur advenue <en nous> se fait de la même façon[149].

38. En somme, il est manifeste que l'existence de ces intelligibles fait suite de manière essentielle au changement existant dans le sens et dans l'imagination, à la façon dont les formes matérielles font suite aux changements qui les ont précédées[150]. Si ce n'était pas le cas, il nous serait possible d'intelliger bien des choses sans que nous les sentions, et l'apprentissage, comme le disait Platon, serait une réminiscence[151]. En effet, si nous supposons que ces intelligibles existent toujours en acte, et que, s'agissant de <notre> prédisposition à les recevoir, nous sommes en état de perfection dernière[152] (c'est le cas, par exemple, à l'âge mûr), d'où vient alors – si seulement je le savais ! – que nous ne soyons pas toujours en train de concevoir et que toutes les choses ne nous soient pas connues d'une connaissance première[153] ? Ce que nous voulons dire ici, c'est que[154] quand l'un de ces intelligibles nous manque puis que nous le percevons, sa perception serait une réminiscence et non pas l'advenue

٣٥ فنقول إنه إذا تؤمل كيف حصول المعقولات لنا، وبخاصة المعقولات التي تلتئم منها المقدمات التجريبية، ظهر أنا مضطرون في حصولها لنا أن نحس أولا، ثم نتخيل، وحينئذ يمكننا أخذ الكلي. ولذلك من فاتته حاسة ما من الحواس فاته معقول ما. فإن الأكمه ليس يدرك معقول اللون أبدا، ولا يمكن فيه إدراكه. وأيضا فإن من لم يحس أشخاص نوع ما لم يكن عنده معقوله، كالحال عندنا في الفيل.

٣٦ وليس هذا فقط، بل يحتاج مع هاتين القوتين إلى قوة الحفظ وتكرر ذلك الإحساس مرة بعد مرة حتى ينقدح لنا الكلي. ولهذا صارت هذه المعقولات إنما تحصل لنا في زمان.

٣٧ وكذلك يشبه أن يكون الحال في الجنس الآخر من المعقولات التي لا ندري متى حصلت ولا كيف حصلت، إلا أن تلك لما كانت أشخاصها مدركة لنا من أول الأمر، لم نذكر متى اعترتنا فيها هذه الحال التي تعترينا في التجربة. وهذا ظاهر بنفسه، فإن هذه المعقولات ليست جنسا آخر من المعقولات مباينا <للتجريبية>[1]. ولذلك ما يجب أن يكون حصولها بجهة واحدة.

80 ٣٨ وبالجملة فيظهر أن وجود هذه المعقولات تابع للتغير الموجود في الحس | والتخيل اتباعا ذاتيا، على جهة ما تتبع الصور الهيولانية <التغيرات>[2] المتقدمة عليها. وإلا أمكن أن نعقل أشياء كثيرة من غير أن نحسها، فكان يكون التعلم تذكرا كما يقول أفلاطون. وذلك أن هذه المعقولات متى فرضناها موجودة بالفعل دائما، ونحن على الكمال الأخير من الاستعداد لقبولها، وذلك مثلا في الكهولة، فما بالنا ليت شعري لا نكون في تصور دائما وتكون الأشياء كلها معلومة لنا بعلم أولي؟ وغاية ما نقول في ذلك متى فاتنا منها معقول ما، ثم أدركناه، أن إدراكه تذكر، لا حصول

1. للتجريبية Q AHPZ מהנסיונות F : للتجربة M מן הנסיון J.
2. التغيرات AHPZ השנויים F J : التغييرات M المتغيرات Q.

d'une connaissance que nous ne possédions pas auparavant en acte, ce qui fait que l'apprentissage de la sagesse serait sans utilité. Or, tout cela, clairement, s'effondre de lui-même.

39. Puisque l'existence de ces intelligibles fait suite par essence à un changement, ils possèdent nécessairement une matière, ils existent d'abord en puissance, puis en acte, et ils sont adventices et corruptibles[155] – étant donné que tout ce qui est adventice est corruptible, comme le montre la fin du premier <livre> du <traité> *Du ciel et du monde*[156].

Les intelligibles théorétiques sont multipliés par la multiplication de leurs sujets

40. Il apparaît aussi clairement qu'ils sont multipliés par la multiplication de <leurs> sujets et nombrés par leur nombre[157] (ce qui constitue le deuxième aspect qui est propre aux formes matérielles en tant qu'elles sont matérielles), du fait que ces intelligibles n'existent qu'en tant qu'ils s'appuient sur leurs sujets[158] extérieurs à l'âme[159]. C'est pourquoi celui qui, parmi eux, est vrai, possède un sujet en dehors de l'âme dont l'universel s'appuie sur sa forme imaginée[160]. Et celui qui <en revanche> ne possède pas de sujet <en dehors de l'âme>, comme le bouc-cerf et le phénix, est faux, du fait que ses formes imaginées sont fausses[161].

41. En somme, on voit tout de suite qu'il y a clairement une certaine relation entre les universels et les images de leurs individus particuliers[162], laquelle relation donne aux universels d'exister, du fait que l'universel existe seulement en tant qu'il est <l'>universel d'un particulier, tout comme le père est seulement père en tant qu'il a un fils (avec dans leur cas <ceci de particulier>, outre le fait qu'ils font partie des relatifs, que leurs noms <mêmes> les désignent en tant qu'ils sont des relatifs)[163]. Comme il a été dit ailleurs, les relatifs ont comme propriété d'exister en même temps en puissance et en acte : quand il y a l'un, il y a l'autre ; quand l'un n'est plus, l'autre n'est plus. Cela est évident après examen, car le père est seulement père en acte tant qu'il possède un fils existant en acte, de même que le fils n'est fils en acte que tant qu'il possède un père[164].

42. Il serait possible à ces universels de ne pas s'appuyer sur leurs sujets uniquement s'ils existaient en acte hors de l'âme, comme l'avait pensé Platon[165]. Or de ce que nous avons dit, il ressort clairement que ces universels n'existent pas hors de l'âme et que ce qui, d'eux, existe hors de l'âme, ce ne sont que leurs individus. Dans la *Métaphysique*, Aristote a fait le compte des impossibilités découlant de cette position[166].

معرفة لم تكن قبل بالفعل لنا، حتى يكون تعلم الحكمة عبثا. وهذا كله بين السقوط بنفسه.

٣٩ وإذا كان وجود هذه المعقولات تابعا لتغير بالذات، فهي ضرورة ذات هيولى وموجودة أولا بالقوة وثانيا بالفعل وحادثة فاسدة، إذ كل حادث فاسد، على ما تبين في آخر الأولى من السماء والعالم.

٤٠ وقد يظهر أيضا أنها متكثرة بتكثر الموضوعات ومتعددة بتعددها، وهو الأمر الثاني[1] الذي يخص الصور الهيولانية بما هي هيولانية من أن هذه المعقولات إنما الوجود لها من حيث تستند[2] إلى موضوعاتها خارج النفس. ولذلك ما كان منها صادقا كان له موضوع خارج النفس يستند كليه إلى صورته المتخيلة. وما لم يكن له موضوع كعنزأيل وعنقاء مغرب، كان كاذبا لكون الصور المتخيلة منه كاذبة.

٤١ وبالجملة فيظهر ظهورا أوليا أن بين هذه الكليات وخيالات أشخاصها الجزئية إضافة ما، بها صارت الكليات موجودة، إذ كان الكلي إنما الوجود له من حيث هو
كلي بما هو جزئي، كما أن الأب إنما | هو أب من حيث له ابن، واتفق لهما 81
مع أن كانا من المضاف أن كانت أسماؤهما تدل عليهما من حيت هما مضافان. ومن خواص المضافين، كما قيل في غير ما موضع، أن يوجدا بالقوة وبالفعل معا، ومتى وجد أحدهما وجد الآخر، ومتى فسد أحدهما فسد الآخر. وذلك ظاهر بالتأمل. وذلك أن الأب إنما هو أب بالفعل ما كان له ابن موجود بالفعل. وكذلك الابن إنما هو ابن ما كان له أب.

٤٢ وإنما كان يمكن أن لا تستند هذه الكليات إلى موضوعاتها لو كانت موجودة بالفعل خارج النفس، كما كان يراه أفلاطون. وهو من البين أن هذه الكليات ليس لها وجود خارج النفس مما قلناه[3]، وأن الموجود[4] منها خارج النفس إنما هو أشخاصها فقط. وقد عدد أرسطو فيما بعد الطبيعة المحالات اللازمة عن هذا الوضع.

1. الثاني M השני J (*om.* ms. Berlin) : الآخر Q AHPZ (=الأكثر؟) החזק F.
2. تستند M AP יסמכו J (ימשכו ms. Vatican) נסמכות F : نستند H يستند Z نسبته Q.
3. مما قلناه MAHPZ ממה שאמרנו J : كما قلنا Q *om.* F.
4. الموجود Q M הנמצא J F : الوجود AHPZ.

43. Du fait que ces universels s'appuient sur les images de leurs individus, ils sont multipliés par leur multiplication, si bien que chez moi, par exemple, l'intelligible de l'homme est autre que son intelligible chez Aristote, car chez moi son intelligible s'appuie seulement sur les images d'individus autres que les individus dont les images servent d'appui à son intelligible chez Aristote[167]. Ces intelligibles étant joints[168] aux formes imaginales d'une jonction essentielle, ils sont <par ailleurs> affectés par l'oubli, dès lors que les formes imaginales ont disparu[169], et nous, lorsque nous les considérons par la pensée[170], nous sommes affectés par la fatigue[171], tandis que chez celui dont l'imagination est corrompue, la perception est induite en erreur[172].

44. En somme, c'est cela qui explique que les intelligibles s'accompagnent[173] des choses qui nous font voir qu'ils sont matériels[174], et non pas le mélange qu'ont allégué Thémistius et d'autres[175] (parmi ceux disant que <ces intelligibles> existent toujours en acte[176]). Ce discours[177], en effet, s'il s'agit de comprendre ce qui donne la cause de ces concomitants[178], ne peut fournir davantage que ce que fournissent les discours poétiques[179].

45. De même, si nous soutenions que les universels ne se multiplient pas par la multiplication des images de leurs individus sentis, il s'ensuivrait des choses abominables[180], comme le fait que tout intelligible se produisant chez moi se produirait chez toi, de sorte que lorsque j'aurais appris une chose, tu l'aurais apprise aussi, et que lorsque je l'aurais oubliée, tu l'aurais oubliée toi aussi[181]. Mais il n'y aurait alors plus aucunement d'apprentissage ni d'oubli, et toutes les sciences d'Aristote existeraient en acte pour qui n'aurait <pourtant> pas encore lu ses livres. Tout cela est évident par soi et s'y attarder serait un effort <inutile>.

46. Il est apparu de ce propos que ces intelligibles font suite à un changement et qu'ils sont multipliés par la multiplication de leurs sujets, mais d'une autre façon que celle selon laquelle les formes individuelles sont multipliées[182]. Et il est apparu <ainsi> qu'ils possèdent une matière et qu'ils sont adventices et corruptibles.

٤٣ وباستناد هذه الكليات إلى خيالات أشخاصها صارت متكثرة بتكثرها، وصار معقول الإنسان عندي مثلا غير معقوله عند أرسطو، فإن معقوله عندي إنما استند إلى خيالات أشخاص غير الأشخاص <التي>[1] استند إلى خيالاتها معقوله[2] عند أرسطو. وباتصال هذه المعقولات بالصور الخيالية اتصالا ذاتيا يلحقها النسيان لذهاب الصور الخيالية، ويلحقنا نحن عندما نفكر فيها[3] الكلال ويختل إدراك من فسد تخيله.

٤٤ وبالجملة فمن هذه الجهة تلحق المعقولات الأمور التي نرى بها أنها هيولانية، لا المخالطة التي يزعم ثامسطيوس وغيره ممن[4] يقول بوجودها فعلا دائما. فإن هذا القول إنما شأنه أن يفيد من التصور في إعطاء سبب هذه اللواحق المقدار الذي تفيده الأقاويل الشعرية.

82 ٤٥ وأيضا لو أنزلنا هذه | الكليات غير متكثرة بتكثر خيالات أشخاصها المحسوسة، للزم عن ذلك أمور شنيعة، منها أن يكون كل معقول حاصل عندي حاصلا عندك، حتى يكون متى تعلمت أنا شيئا ما تعلمته أنت، ومتى نسيته أنا نسيته أنت أيضا. بل ما كان يكون هنا تعلم أصلا ولا نسيان، وكانت تكون علوم أرسطو كلها موجودة بالفعل لمن لم يقرأ كتبه بعد. وهذا كله ظاهر بنفسه والتطويل فيه عناء.

٤٦ فقد تبين من هذا القول أن هذه المعقولات تابعة لتغير وأنها متكثرة بتكثر موضوعاتها، لكن على غير الجهة التي تتكثر بها الصور الشخصية. وتبين أنها ذات هيولى وأنها حادثة فاسدة.

1. التي Q HPZ : الذي M. La leçon d'Ahwānī (*allaḏīna*) n'est pas attestée.

2. معقوله HZ : معقولة Q P المعقولة M. Ce passage, ainsi que celui présenté dans la note précédente, ne se trouve pas dans le ms. A du fait d'une omission par homéotéleute d'environ deux lignes.

3. فيها Q : بها M AHPZ.

4. ثامسطيوس وغيره ممن Q M תמסטיוס וזולתו ממי J : من AHPZ מי F.

Manuscrit Q

Manuscrits M AHPZ

47. Mais en tant qu'ils sont matériels et désignés, il s'ensuit nécessairement qu'ils sont composés d'une chose qui chez eux tient lieu de matière et d'une autre qui tient lieu de forme[183]. Pour ce qui est de la chose qui tient lieu de forme, il apparaît, quand on <l'>examine, qu'elle n'est ni engendrable ni corruptible.

48. Cela ressort clairement des prémisses <suivantes>. Premièrement, que toute forme intelligible est soit matérielle, soit immatérielle. Deuxièmement, que toute forme matérielle n'est intelligible en acte que quand elle est intelligée – sinon, elle est intelligible en puissance. Troisièmement, que toute forme immatérielle est un intellect, qu'on l'intellige ou pas. Quatrièmement et cinquièmement, la réciproque de ces deux dernières prémisses, à savoir que toute forme qui est intelligible <en acte> du fait qu'elle est intelligée, est matérielle, et que toute forme qui est en elle-même un intellect, même si elle n'est pas intelligée, est immatérielle.

49. Puisque pour nous ces prémisses sont établies – et elles sont claires d'après la nature de l'intellect et de l'intelligible –, nous disons que cette forme, qui est la forme des intelligibles théorétiques, est nécessairement immatérielle, parce qu'elle est en elle-même un intellect, que nous l'intelligions ou pas, étant donné qu'elle est forme d'une[184] chose qui dans son existence <même> est intellect[185].

Manuscrit Q

Manuscrits M AHPZ[1]

٤٧ لكن من جهة أنها هيولانية ومشار إليها قد يلزم ضرورة أن تكون مركبة من شيء يجري منها مجرى المادة وشـيء يجري مجرى الصورة. فأما الشيء الذي يجري مجرى الصورة، فإنه إذا تؤمل ظهر منه أنه غير كائن ولا فاسد.

٤٨ وذلـك يتبين بمقدمات : إحداها أن كل صورة معقولة فهي إما هيولانية وإما غير هيولانية. والثانية أن كل صورة هيولانية فإنما هي معقولة بالفعل إذا عقلت، وإلا فهي معقولة بالقوة. والثالثة أن كل صورة غير هيولانية فهي عقل سواء عقلت أو لم تعقل. والرابعة والخامسة عكس هاتين المقدمتين، وهي أن كل صورة تكون معقولة <بأن>[2] تعقل فهي هيولانية، وأن كل صورة تكون في نفسها عقلا وإن لم تعقل فهي غير هيولانية.

٤٩ فـإذا تقررت لنا هـذه المقدمات وهي <بينة>[3] من طبيعة العقل والمعقول، قلنا هذه <الـصـورة>[4] التي هي <صـورة>[5] المعقولات النظرية واجب أن تكون غير هيولانية، لأنها عقل في نفسها سواء عقلناها نحن أو لم نعقلها، إذ كانت صورة لشيء هو في وجوده عقل.

1. Le passage est également présent dans les traductions hébraïques d'Ibn Tibbon (J) et de Falaquera (F).

2. بأن M AHPZ כשתושכל J : *hom*. F. La leçon *fa-in*, adoptée par Ahwānī et Gómez sur la base de M, constitue une interprétation possible mais non nécessaire du graphisme de M. À la lumière des autres témoins l'interprétation favorisée ici est de loin la plus probable – du point de vue du sens elle est la seule acceptable.

3. بينة AHZ מבוארות J F : هينة M نئهُ P. L'édition de Hyderabad (H) indique en note que sa source désignée comme صف propose en marge la leçon سنة.

4. الصورة AHPZ הצורה F : الصور M הצורות J. Le singulier est confirmé également par le fait qu'à la dernière occurrence de *ṣūra* dans le paragraphe présent, tous les témoins, M inclus, attestent le singulier.

5. صورة AHPZ צורת F : صور M צורות J.

50. Si nous posions qu'elle[186] est intelligible en acte d'un côté et en puissance de l'autre, il s'ensuivrait qu'il y aurait un autre intellect engendrable et corruptible, à savoir la chose par laquelle <cette forme> serait devenue intelligible en acte après l'avoir été en puissance ; mais alors la question se poserait aussi pour cet intellect de savoir s'il est intelligible en acte d'un côté et en puissance d'un autre. Et si nous posions que c'est le cas, il s'ensuivrait qu'existerait un troisième intellect, mais la question se poserait aussi pour ce troisième intellect <et ainsi de suite>[187].

51. Pour cette raison, il est nécessaire que l'intelligible de l'intellect qui est en acte soit son être même[188], et non pas autre que <son> être, comme c'est le cas pour les formes matérielles, lesquelles <ne> sont intelligibles <qu'>en puissance. Si ce n'était pas le cas, il existerait une infinité d'intellects humains[189]. Quant au fait que sa conception soit possible[190], cela ressortira plus tard de notre discours[191].

52. Ainsi, il est clair qu'il y a dans les intelligibles une partie qui disparaît[192] et une partie qui demeure[193]. C'est la raison pour laquelle l'examen de ceux qui s'en sont occupés a vacillé.

53. Puisqu'il est apparu clairement qu'il y a dans les intelligibles une partie qui demeure et une partie engendrée et corruptible[194], et que tout ce qui est engendré possède une matière, examinons <à présent> ce qu'est la substance de cette matière et quel est son rang.

٥٠ ولو أنزلناها معقولة بالفعل من جهة
وبالقوة من جهة، للزم أن يكون هنالك | 83
عقل آخر متكون فاسد، وهو الشيء الذي
صـارت به معقولة بالفعل بعد أن كانت
بالقوة، فيعود السؤال أيضا في هذا العقل،
هل هو معقول بالفعل من جهة وبالقوة من
جهة. فإن فرضناها كذلك، لزم أن يكون
هنالك عقل ثالث، فيعود السؤال أيضا في
هذا العقل الثالث.

٥١ فلذلك ما يجب أن يكون المعقول من
العقل الذي بالفعل هو الموجود منه نفسه، لا
غير الموجود كالحال في الصور الهيولانية
التي هي معقولة بالقوة. وإلا وجدت عقول
إنسانية غير متناهية. فأما أن تصورها ممكن
فذلك سيتبين من قولنا بعد.

٥٢ فمن هنا يظهر أن في المعقولات جزءا
فانيا وجزءا باقيا. ولذلك اضطرب نظر
الناظرين فيها.

٥٣ وإذ قد تبين أن في المعقولات جزءا باقيا
وجزءا كائنا فاسدا، وكان كل كائن له هيولى،
فلننظر ما جوهر هذه الهيولى وأي رتبة رتبتها.

La matière des intelligibles théorétiques

54. Nous disons : <pour> qui pose que ces intelligibles existent toujours et éternellement en acte, <il faut admettre qu'>ils ne possèdent pas de matière, sinon par similitude[195] et en un sens large, car la matière <au sens strict> est la cause la plus propre de l'adventicité[196]. Selon cette opinion, en effet, la « matière » <des intelligibles> ne signifierait rien de plus que la prédisposition adventice par laquelle nous pourrions concevoir ces intelligibles et les saisir, <mais> pas, <donc>, au sens où cette prédisposition serait quelque chose par quoi ces intelligibles auraient de subsister lorsqu'elle les reçoit[197], comme c'est le cas pour la véritable prédisposition matérielle[198]. On peut donc concevoir de cette façon que cette prédisposition est adventice et que les intelligibles qu'elle reçoit sont éternels, et c'est ainsi que devrait parler toute personne qui pose que ces intelligibles existent toujours <en acte> et que <cette prédisposition> se joint à eux[199].

55. Quant à Thémistius et d'autres commentateurs anciens[200], ils posent que cette puissance, qu'ils appellent l'intellect matériel, est éternelle[201], mais ils posent <également> que les intelligibles existant en elle sont engendrables et corruptibles du fait qu'ils sont liés avec les formes imaginales[202]. D'autres, parmi ceux qui le suivent, comme Ibn Sīnā et d'autres[203], défendent des thèses contradictoires et ne réalisent pas qu'ils se contredisent. Tout en soutenant, en effet, que ces intelligibles existent éternellement, ils soutiennent qu'ils sont adventices, et aussi qu'ils possèdent une matière éternelle. Car ils admettent que ces intelligibles existent tantôt en puissance, tantôt en acte, et ils soutiennent que, dans cette mesure, ils possèdent une matière. <Mais> puisque, comme ils <le> prétendent, <ces intelligibles> ne sont pas affectés par la passion matérielle[204], et qu'ils leur ont trouvé le reste des propriétés que nous avons dénombrées, ils ont jugé de ce fait que cette matière était éternelle et que ces intelligibles étaient éternels[205].

56. Je ne sais ce qu'il me faut dire de cette contradiction, car ce qui est en puissance puis existe en acte est nécessairement adventice[206], à moins de donner ici à « puissance » la signification dont nous avons parlé plus haut[207], c'est-à-dire que les intelligibles seraient en nous submergés par l'humidité, ce qui les empêcherait d'être conçus par nous, et cela <, donc>, ne tiendrait pas du tout au fait qu'ils seraient en eux-mêmes inexistants. Ce que nous disons d'eux, qu'ils possèdent une matière, aurait alors une signification métaphorique. Nous trouvons toutefois ces <commentateurs> désireux <de poser> que <les intelligibles> impliquent les conditions de la véritable matière, en particulier Thémistius.

٥٤ فنقول : أما من يضع هذه المعقولات موجودة بالفعل دائمة وأزلية، فليس لها هيولى إلا على جهة التشبيه والتجوز، إذ كانت الهيولى هي أخص أسباب الحدوث. وذلك أن معنى الهيولى على هذا الرأي ليس يكون شيئا أكثر من الاستعداد الحادث الذي به يمكن أن نتصور هذه المعقولات وندركها، لا على أن هذا الاستعداد هو أحد ما تتقوم به هذه المعقولات إذا قبلها، كالحال في الاستعداد الهيولاني الحقيقي. ولذلك قد يمكن أن يتصور هذا الاستعداد حادثا والمعقولات التي يقبلها أزلية على هذه الجهة، وهي الجهة التي ينبغي أن يقول بها كل من يضع هذه المعقولات موجودة دائما، ويتصل بها.

٥٥ وأما ثامسطيوس وغيره[1] من قدماء المفسرين فهم يضعون هذه القوة التي يسمونها العقل الهيولاني أزلية، ويضعون المعقولات الموجودة فيها كائنة فاسدة لكونها مرتبطة بالصور الخيالية. وأما غيرهم ممن نحا نحوه كابن سينا[2] وغيره
فإنهم يناقضون أنفسهم فيما يضعون، وهم لا يشعرون أنهم يناقضون، | وذلك 84
أنهم يضعون مع وضعهم أن هذه المعقولات موجودة أزلية أنها حادثة وأنها ذات هيولى أزلية أيضا. وذلك[3] أنهم يقرون أن هذه المعقولات موجودة تارة قوة وتارة فعلا، فهم يجعلونها بهذه الجهة ذات هيولى. ولما كان كما زعموا لا يلحقها الانفعال الهيولاني، ووجدوا لها سائر الخواص التي عددناها، حكموا بذلك على أن هذه الهيولى أزلية وأن هذه المعقولات أزلية.

٥٦ ولست أدري ما أقول في هذا التناقض، فإن ما كان بالقوة ثم وجد بالفعل، فهو ضرورة حادث [4]، اللهم إلا أن يعني بالقوة هاهنا المعنى الذي قلناه فيما تقدم، وهو كون المعقولات مغمورة بالرطوبة فينا، ومعوقة عن أن نتصورها، لا على أنها في ذاتها معدومة أصلا. فيكون قولنا فيها إنها ذات هيولى بالمعنى المستعار. لكن نجدهم يرومون أن يلزموها شروط الهيولى الحقيقية، وبخاصة ثامسطيوس،

1. وغيره... وأما غيرهم M AHPZ J F : *hom.* Q.
2. نحوه كابن سينا Q M שהלך בדרכו (בדרכם) כמו בן צ׳יני J : نحو ابن سينا AHPZ כמו בן סינא והנמשכים אחריו F.
3. وذلك... وأن هذه المعقولات أزلية Q M J : *om.* AHPZ F.
4. حادث *add.* فاسد AHPZ *add.* ונפסד F.

Il dit <ceci>, en effet[208] : tout ce qui, en puissance, est une chose doit n'avoir en soi, en acte, rien de ce vis-à-vis de quoi il est en puissance – comme dans le cas des couleurs et de la vue : car si la vue possédait une couleur, il ne lui serait pas possible de se saisir[209] des couleurs et de les recevoir, étant donné que la couleur présente en elle l'en empêcherait[210] ; il s'ensuit donc, selon lui, qu'il n'y a dans l'intellect matériel aucune des formes qui par la suite existeront en acte en lui[211].

57. Quant à moi, je dis : cette matière dans laquelle existe cette prédisposition à recevoir les intelligibles, allèguent-ils – si seulement je le savais ! – qu'elle est une certaine chose en acte ou pas ? Ils ne sauraient échapper à cette <alternative>, car l'essence de la possibilité et de la prédisposition adventice relève de ce qui a nécessairement besoin d'un sujet, comme cela a été exposé au premier <livre> de la *Physique*[212].

58. Si <cette matière> est quelque chose, c'est nécessairement un acte – car le sujet dans lequel il n'est absolument rien en acte est la matière première[213] et il n'est pas possible de supposer que la matière première soit réceptrice de ces intelligibles[214]. Mais si c'est quelque chose en acte, c'est nécessairement soit un corps, soit une âme, soit un intellect, car il apparaîtra clairement dans ce qui suit qu'il n'existe pas ici de quatrième <genre d'>être[215]. Or, à considérer ce qu'on a dit précédemment de ces intelligibles, il est impossible que ce soit un corps. Et si l'on en faisait une âme, elle serait nécessairement engendrable et corruptible ; mais si elle était corruptible, la prédisposition qui est en elle serait plus propre encore à la corruption[216]. Par conséquent, si ce n'est ni une âme ni un corps, il s'agit nécessairement d'un intellect, et c'est bien ce qui ressort de leur propos[217].

59. Mais si c'était un intellect, <cette matière> serait en acte du <même> genre que ce vis-à-vis de quoi elle est en puissance[218], ce qui est impossible puisque la puissance et l'acte s'excluent mutuellement[219]. Et l'on n'échappe pas à cette conséquence en posant qu'une partie de cette matière[220] serait puissance et une autre partie, acte, parce que la forme n'est pas divisible quant à l'être, sinon par accident, ou bien si l'on pose que le changement dans la substance relève de la catégorie du changement dans la quantité[221], ce qui est impossible. C'est cela, donc, qui contraint celui qui pose que ces intelligibles sont éternels à ne pas poser qu'ils ont une matière[222], sinon en un sens métaphorique, et encore moins à poser que <cette matière> est éternelle[223]. <Du reste> on n'aurait pas non plus besoin ici de l'introduction d'un moteur du dehors qui soit, en tant qu'il le change, du <même> genre que le mobile[224].

ذلك أنه يقول : ولما كان كل ما هو بالقوة شيئا، واجبا ألا يكون فيه شيء من الفعل الذي هو قوي عليه – كالحال في الألوان والبصر، فإنه لو كان البصر ذا لون لما أمكن فيه أن يتشبث[1] بالألوان ويقبلها، إذ كان يعوقها اللون الحاضر فيها[2]. ولذلك زعم يلزم ألا يكون في العقل الهيولاني شيء من الصور التي توجد فيه بعد بالفعل.

٥٧ وأنا أقول : ليت شعري هذه الهيولى الموجود فيها هذا الاستعداد لقبول المعقولات، هل يزعمون أنها شيء ما بالفعل أم لا؟ ولا بد لهم من ذلك، فإن نفس الإمكان والاستعداد الحادث مما يحتاج ضرورة إلى موضوع، كما تلخص في الأولى من السماع.

٥٨ وإذا كانت شيئا ما، فهي ضرورة فعل، إذ الموضوع الذي ليس فيه شيء من
85 الفعل أصلا هي المادة الأولى، وليس يمكن أن تفرض المادة الأولى هي القابلة[3] |
لهذه المعقولات. وإذا كانت شيئا ما بالفعل، فهي ضرورة إما جسم وإما نفس وإما
عقل، إذ كان سيظهر فيما بعد أنه ليس هنا وجود رابع. وهو ممتنع أن يكون جسما
مما تقدم من القول في أمر هذه المعقولات. وإن فرضناها نفسا، فهي ضرورة
كائنة فاسدة. وإذا كانت هي فاسدة، فالاستعداد الذي فيها أحرى بالفساد. وإذا لم
تكن نفسا ولا جسما، فهي ضرورة عقل. وهو الذي يظهر من قولهم.

٥٩ لكن إن كانت عقلا، فهي بالفعل موجودة من نوع ما هي قوية عليه، وهذا مستحيل، فإن القوة والفعل متناقضان. وليس ينجي من هذا الإلزام أن نضع بعض هذه الهيولى قوة وبعضها فعلا، فإن الصورة غير منقسمة الوجود[4]، اللهم إلا بالعرض. أو يضع واضع أن التغير في الجوهر من باب التغير في الكمية، وهذا مستحيل. فلذلك ما يلزم من يضع هذه المعقولات أزلية، ألا يضع لها الهيولى إلا على جهة الاستعارة، فضلا عن أن يضعها أزلية. ولا يحتاج هنا أيضا إلى إدخال محرك من خارج، هو من نوع المتحرك، على أنه غيره.

1. يتشبث M שיסתכך J : يشتبه Q يتشبه APZ تشبه H שיתדמה F.
2. الحاضر فيها M העומד בו J : الخاص الذي فيه Q الخاص فيه AHP الخاص Z המסוגל בו F.
3. القابلة M HPZ המקבל J F : المقابلة Q A.
4. الوجود *add.* في الهيولى Q. Ahwānī a accepté cette leçon.

60. On dirait qu'ils n'ont été victimes de cette erreur que pour avoir voulu réunir les doctrines de Platon[225] et d'Aristote. En effet, parce qu'ils ont constaté qu'Aristote, à l'instar de ce qui vaut pour le reste des choses naturelles, admettait trois sortes d'intellect (un intellect matériel, <un intellect> qui est en habitus, perfection de cet <intellect> matériel, et enfin <l'intellect> qui fait sortir ce dernier de la puissance à l'acte, à savoir l'intellect agent[226]), et <parce qu'>ils croyaient par ailleurs[227] que ces intelligibles étaient éternels, ils ont souhaité interpréter le propos d'Aristote et l'ont détourné vers ces choses contradictoires[228]. Aussi, du fait qu'Alexandre, lui, s'en est tenu à ses propos[229], il apparaît que son opinion diffère sur ce point de leurs opinions.

61. Mais laissons cela à qui se consacre à l'examen de la doctrine d'Aristote sur ce point[230], et revenons où nous en étions. Nous disons : puisqu'il est apparu que ces intelligibles sont adventices[231], il y a nécessairement une prédisposition qui les précède, et puisque la prédisposition fait partie des choses qui ne sont pas séparées[232], il est nécessaire qu'elle existe dans un sujet[233]. Or, ce sujet ne peut être un corps, puisqu'on a expliqué que ces intelligibles ne sont pas matériels à la manière dont les formes corporelles sont matérielles[234], et il n'est pas possible non plus que ce soit un intellect, car ce qui est en puissance une certaine chose n'a en lui rien en acte de ce vis-à-vis de quoi il est en puissance[235]. Dans ces conditions, le sujet de cette prédisposition est nécessairement une âme[236]. Et il n'y a rien qui paraisse plus proche d'être le sujet de ces intelligibles[237], parmi les puissances de l'âme, que les formes imaginales, car on a déjà expliqué que <les intelligibles> n'existent qu'en étant liés[238] à elles, qu'ils existent avec elles et cessent d'exister avec elles[239]. C'est donc la prédisposition existant dans les formes imaginales à recevoir les intelligibles[240] qui est le premier intellect, matériel.[241]

٦٠ وكأنهم إنما عرض لهم هذا الغلط لما أرادوا الجمع بين مذهب أفلاطون
<وأرسطو>[1]. وذلك أنهم لما[2] وجدوا أرسطو يضع أن هاهنا ثلاثة أنواع من
العقول – أحدها عقل هيولاني، والثاني الذي بالملكة وهو كمال هذا الهيولاني،
والثالث المخرج له من القوة إلى الفعل وهو العقل الفعال، على نحو | ما عليه 86
الأمر في سائر الأمور الطبيعية –، واعتقدوا مع هذا أن هذه المعقولات أزلية، راموا
أن <يتأولوا>[3] قول أرسطو ويصرفوه إلى هذه الأمور المتناقضة. <ولذلك>[4] لما
تحفظ الإسكندر بأقاويله، ظهر أن رأيه في ذلك مخالف لآرائهم.

٦١ ونحن فلندع هذا لمن تفرغ للفحص عن مذهب أرسطو في ذلك، ونرجع إلى حيث كنا. فنقول إنه إذ قد تبين أن هذه المعقولات حادثة، فهنالك ضرورة استعداد يتقدمها. ولما كان الاستعداد مما[5] لا يفارق، لزم أن يوجد في موضوع. وليس يمكن أن يكون هذا الموضوع جسما، حسب ما تبين من أن هذه المعقولات ليست هيولانية بالوجه[6] الذي به الصور الجسمانية هيولانية. ولا يمكن أيضا أن يكون عقلا، إذ كان ما هو بالقوة شيئا ما، فليس فيه شيء ما بالفعل مما هو قوي عليه. وإذا كان ذلك كذلك، فالموضوع لهذا الاستعداد ضرورة هو نفس. وليس يظهر هاهنا شيء أقرب إلى أن يكون الموضوع لهذه المعقولات من بين قوى النفس سوى الصور الخيالية، إذ كان قد تبين أنها إنما توجد مرتبطة بها وأنها توجد بوجودها وتعدم بعدمها. فإذن الاستعداد الذي في الصور الخيالية لقبول المعقولات هو العقل الهيولاني الأول.

1. وأرسطو M AHPZ : ومذهب أرسطو Q.
2. لما M בעבור J : *om.* Q AHPZ F. La protase introduite par *lammā* est particulièrement longue ; l'apodose commence avec *rāmū*.
3. يتأولوا Q M P לפרש F : تتأولوا A يناولوا H تناولوا Z שישימו J. Ahwānī a يتأملوا.
4. ولذلك Q AHPZ ועל כן F : وذلك M וזה J.
5. مما M AHPZ ממה J מהדברים F : فيها Q.
6. بالوجه M AHPZ באופן J בצד F : بالعرض Q.

Manuscrits Q M	Manuscrits AHPZ
62. Mais ceci implique que la chose se reçoive elle-même, car la notion imaginée est en elle-même identique à la notion intelligée[242]. Aussi apparaît-il que l'intellect qui est en puissance[243] doit être autre chose[244]. Mais quelle chose ? Si seulement je le savais ! Peut-être est-ce, comme le dit Aristote, une substance qui est en puissance tous les intelligibles mais qui n'est en elle-même aucune d'entre les choses[245], car si elle était par elle-même quelque chose, elle n'intelligerait pas toutes les choses, étant donné que l'intellection est réception et que la chose ne se reçoit pas elle-même[246]. C'est pourquoi il est manifeste[247], s'agissant des intelligibles, qu'ils sont liés à deux sujets[248] : <l'un> éternel, et c'est celui dont le rapport aux <intelligibles en acte> est le rapport de la matière première aux formes sensibles[249]; le second engendrable et corruptible, et ce sont les formes imaginales, lesquelles sont sous un certain rapport sujet[250], et sous un autre, moteur[251].	

63. L'intellect qui est en habitus consiste dans les intelligibles qui adviennent en lui en acte lorsqu'ils sont arrivés au point où l'homme les conçoit quand il le veut[252], comme dans le cas de l'enseignant lorsqu'il n'enseigne pas[253], lequel <enseignant> atteint seulement par l'acte <d'enseigner> sa perfection dernière[254]. C'est dans cet état que les sciences théorétiques adviennent. L'homme qui est dans cet état, en effet, possède pour tous les arts théorétiques les quatre <formes d'>accomplissements qui ont été comptées dans le *Livre de la démonstration* parmi les perfections des arts[255].

64. Par cette prédisposition que possède l'homme dans les formes imaginales, son âme imaginative se distingue de l'âme imaginative de l'animal, de même que l'âme nutritive chez la plante se distingue de la nutritive chez l'animal par la prédisposition à recevoir les sensibles qu'on trouve dans cette dernière[256].

Manuscrits AHPZ

Manuscrits Q M[1]

٦٢ لكن هذا يلزمه أن يكون الشيء
يقبل نفسه، إذ كان المعنى المتخيل هو
بعينه المعنى المعقول. فلذلك ما يظهر
أنه يجب أن يكون العقل الذي بالقوة [2]
شيئا آخر. فأي شيء، ليت شعري، هو
هذا؟ ولعله، كما يقوله أرسطو، جوهر
هو بالقوة جميع المعقولات وليس هو
في نفسه شيئا من الأشياء، لأنه لو كان
شيئا في نفسه، لم يعقل جميع الأشياء،
لأن العقل قبول، والشيء لا يقبل نفسه.
فلذلك ما يظهر من أمر المعقولات أنها
مرتبطة بموضوعين : أزلي وهو الذي
نسبته إليها نسبة المادة الأولى للصور
المحسوسة، | والثاني كائن فاسد 87
وهو الصور الخيالية، وهي بجهة ما
موضوع وبجهة ما محرك.

٦٣ والعقل الذي بالملكة هو المعقولات الحاصلة بالفعل فيه، <إذا>[3] صارت بحيث يتصور بها الإنسان متى شاء، كالحال في المعلم إذا لم يعلم، وهو إنما يحصل بالفعل على كماله الأخير. وبهذه الحال تحصل العلوم النظرية، وذلك أن يوجد للإنسان الذي بهذه الحال في جميع الصنائع النظرية التمامات الأربعة التي عددت في كمالات الصنائع في كتاب البرهان.

٦٤ وبهذا الاستعداد الذي يوجد للإنسان في الصور الخيالية تفارق نفسه المتخيلة النفس المتخيلة من الحيوان، كما تفارق النفس الغاذية في النبات الغاذية في الحيوان بالاستعداد الذي فيها لقبول المحسوسات.

1. Ce passage est également présent dans la traduction hébraïque d'Ibn Tibbon, mais absent chez Falaquera.

2. بالقوة *add.* شيء Q.

3. إذا M AHPZ : إذ Q.

Manuscrit Q

C'est la raison pour laquelle Aristote compare cette prédisposition qui se trouve dans la puissance imaginative à recevoir les intelligibles à l'absence d'écriture sur la tablette, et l'âme, sujet de cette prédisposition, à la tablette[257]. Nous disons que, puisque cette prédisposition n'est pas une chose en acte et qu'elle n'existe pas dans un corps, il s'ensuit qu'elle n'est affectée d'aucune passion lorsqu'adviennent les formes en elle.

Manuscrits M AHPZ

Mais la différence entre les deux est que la prédisposition qui est dans les formes imaginées à recevoir les intelligibles n'est pas mélangée aux formes imaginales, car si elle était mélangée, elle n'aurait pas en elle la possibilité d'intelliger les formes imaginées[258], de même que si le sens possédait une couleur, il n'aurait pas en lui la possibilité de recevoir la couleur[259]. Telle est la signification de leur propos[260], <à savoir> que l'intellect matériel, s'il possédait une forme propre, ne recevrait pas les formes.

65. Cela étant, il convient mieux aux <formes> imaginales d'en être motrices <*i.e.* des intelligibles> que réceptrices[261]. C'est pourquoi ce que dit Alexandre, que l'intellect matériel est une prédisposition seulement[262], dépouillée des formes, signifie qu'aucune des formes n'est une condition pour sa réception des intelligibles; <ces formes> ne sont une condition que pour son existence, pas pour sa réception[263].

66. Mais en raison de l'ambiguïté de cette conception au yeux des commentateurs[264], ces derniers ont posé que l'intellect matériel était une substance éternelle de la nature de l'intellect, c'est-à-dire que son existence est une existence en puissance, de sorte qu'il se rapporte aux intelligibles comme la matière

Manuscrits M AHPZ[3]

لكن الفرق بينهما أن الاستعداد الذي في الصور الخيالية لقبول المعقولات <هو> 4 غير مخالط للصور الخيالية، لأنه لو كان مخالطا، لما أمكن فيه أن يعقل 5 الصور الخيالية، كما أنه لو كانت الحاسة ذات لون لما أمكن فيها أن تقبل اللون. وهذا هو معنى قولهم إن العقل الهيولاني لو كان ذا صورة مخصوصة لما قبل الصور.

٦٥ بل 6 الخيالية هي أحرى أن تكون محركة له من أن تكون قابلة. فلذلك ما يقول الإسكندر، إن العقل الهيولاني هو استعداد فقط مجرد من الصور، يريد أنه ليس صورة من الصور شرطا في قبوله المعقولات، وإنما <هي> 7 شرط في وجوده <فقط> 8 لا في قبوله.

٦٦ ولإشكال هذا المعنى على المفسرين جعلوا العقل الهيولاني جوهرا أزليا من طبيعة العقل، أي وجوده وجود في القوة، حتى تكون نسبته إلى المعقولات نسبة الهيولى

Manuscrit Q[1]

ولذلك ما يشبه أرسطو هذا الاستعداد الذي في القوة المتخيلة لقبول المعقولات <بفقد> 2 اللوح للكتابة، والنفس الموضوعة لهذا الاستعداد بمنزلة اللوح. ونقول إنه لما كان هذا الاستعداد ليس هو شيئا بالفعل ولا هو موجود في جسم، لزمه ألا يلحقه عند حدوث الصور فيه انفعال أصلا.

1. Ahwānī présente la version de Q à la suite de celle de M.

2. بفقد Q. Ahwānī a lu بعقد. Notre interprétation de Q est confirmée par le fait que la traduction arabo-hébraïque du *De anima* d'Alexandre d'Aphrodise utilise un mot hébreu de la même racine que l'arabe *faqd* : הפקד ; *cf.* Aron Günsz, *Die Abhandlung Alexanders von Aphrodisias über den Intellekt aus handschriftlichen Quellen zum ersten Mal herausgegeben*, Diss. Berlin, 1886, p. 7, ligne 21.

3. Cette version ultérieure est également présente dans les traductions hébraïques d'Ibn Tibbon et de Falaquera.

4. هو AHPZ ההכנה ... אינה מתערבת F : قبولا M קבול (*om.* ms. Vatican) J.

5. يعقل M שתשכיל J F : يقبل HPZ تقبل A.

6. بل M AZ אבל J F : بل الصور P *om.* H.

7. هي AHPZ הצורה F : هو M הוא J.

8. فقط AHPZ בלבד F : *om.* M J.

se rapporte aux formes.[265] Mais ce qui est ainsi fait n'est pas de nature à ce qu'un corps engendrable et corruptible soit dans <son> être[266] perfectionné par lui[267], ni à ce que ce qui est perfectionné par lui – je veux parler de l'homme, puisqu'il est engendrable et corruptible – intellige par lui[268]. Toutefois cette <difficulté> se retrouve chez Alexandre en ce qu'il postule que l'homme est perfectionné à la fin de son existence[269] par un intellect séparé[270]. Aussi, juger de ces deux doctrines requiert un discours plus développé que celui-ci et ce *Compendium* ne le permet pas[271].

Nous revenons donc où nous en étions, et nous disons :

67. Il est apparu clairement de ce discours qu'il y a dans ces intelligibles une partie matérielle et une partie immatérielle[272], et on a vu également ce qu'était cette matière et ce qu'était leur forme[273]. Examinons donc à présent ce qu'est le moteur de cette puissance[274].

Le moteur des intelligibles théorétiques

68. Nous disons : puisque ces intelligibles existent premièrement en puissance et deuxièmement en acte (comme cela, dans leur cas, est apparu clairement), et que tout ce qui, dans ce qui tient sa subsistance de la nature, est tel, possède un moteur qui le fait passer de la puissance à l'acte, il faut nécessairement qu'il en aille ainsi pour ces intelligibles[275].

69. Il n'est pas possible en effet que la puissance passe à l'acte par elle-même, car d'une certaine manière elle n'est qu'une privation de l'acte, ainsi qu'on l'a exposé plus haut[276]. De plus, puisque le moteur confère seulement au mobile quelque chose de similaire à ce qui est dans sa substance[277], il faut aussi que ce moteur soit un intellect et qu'il soit, en outre, absolument immatériel[278]. En effet, l'intellect matériel en tant qu'il est matériel a nécessairement besoin pour son existence qu'il y ait un intellect existant toujours en acte, et si ce n'était pas le cas, l'<intellect> matériel n'existerait pas[279]. Cela est évident d'après ce qui précède concernant les principes naturels[280].

إلى الصور. لكن ما هذا شأنه، فليس شأنه أن يستكمل به في الكون جسم <كائن> [1] فاسد، ولا أن يكون المتسكمل به عاقلا به، أعني الإنسان، إذ هو كائن فاسد. لكن يدخل هذا على الإسكندر في تسليمه أن الإنسان يستكمل في آخر كونه <بعقل مفارق> [2]. ولذلك يستدعي الحكم بين المذهبين قول أبسط من هذا لا يحتمله هذا المختصر.

88 فنرجع إلى حيث كنا. | فنقول :

٦٧ قد[3] تبين من هذا القول أن هذه المعقولات فيها جزء هيولاني وجزء غير هيولاني. وتبين مع هذا ما هي هذه الهيولى وما صورتها[4]. فلننظر ما المحرك لهذه القوة.

٦٨ فنقول إنه لما كانت هذه المعقولات كما تبين من أمرها توجد أولا بالقوة ثم ثانيا بالفعل، وكان كل ما هذا شأنه مما قوامه بالطبيعة فله محرك يخرجه من القوة إلى الفعل، وجب ضرورة أن يكون الأمر على هذا في هذه المعقولات.

٦٩ فإن القوة ليس يمكن فيها أن تصير إلى الفعل بذاتها، إذ كانت إنما هي عدم الفعل بجهة ما على ما تلخص قبل. ولما كان أيضا المحرك إنما يعطي المتحرك شبه ما في جوهره، وجب أيضا أن يكون هذا المحرك عقلا وأن يكون مع ذلك غير هيولاني أصلا. وذلك أن العقل الهيولاني بما هو هيولاني[5] يحتاج ضرورة في وجوده إلى أن يكون هاهنا عقل موجود بالفعل دائما، وإلا لم يوجد الهيولاني. وذلك بين مما تقدم من الأصول الطبيعية.

1. كائن AHPZ הווה F : *om.* M J.
2. בנפרד M بالمفارق P بعقل مقارن HZ بفعل مفارق : F בשכל נבדל A بعقل مفارق J.
3. قد M AHPZ : فقد Q.
4. صورتها M צורתו J : ترتيبها HPZ مرتبتها A مرتبة توجد آخر رتبة وأنها مرتبتها Q. La phrase est absente dans la traduction de Falaquera.
5. بما هو هيولاني Q : *om.* M AHPZ J F.

70. De plus, tout ce qui dans son acte propre ne réclame pas la matière n'est aucunement matériel[281]. Cela est manifeste du fait que cet <intellect> actif[282] confère seulement la nature de la forme intelligible en tant qu'elle est forme intelligible[283]; de là il est manifeste <aussi> que cet intellect actif est plus noble que l'<intellect> matériel[284], qu'en lui-même il existe toujours en acte comme intellect, que nous l'ayons intelligé ou pas[285], et que, dans son cas, l'intellect est à tous points de vue <identique à> l'intelligé[285]. Il est clairement apparu plus haut que cet intellect était une forme[287], et l'on voit clairement ici qu'il est actif. C'est pourquoi l'on peut estimer[288] que son intellection nous est possible à la fin[289], je veux dire en tant que forme pour nous[290],

Manuscrit Q.

et il sera advenu…

Manuscrits M AHPZ

et il nous sera <alors> advenu nécessairement <comme> un intelligible éternel, puisqu'il est en lui-même intellect, que nous l'ayons intelligé ou pas[291], <et qu'il n'est donc> pas <tel> que son existence comme intellect <découle> de notre acte, comme c'est le cas <en revanche> des intelligibles matériels[292]. Cela, c'est l'état connu comme étant « l'union » ou « la jonction »[293].

71. Alexandre pense que ce qu'Aristote entend par l'intellect « acquis »[294], c'est l'intellect actif en tant qu'il se trouve avoir cette jonction avec nous[295], et c'est pourquoi il est appelé « acquis », c'est-à-dire <précisément> parce que nous l'avons acquis. Pour notre part, nous examinerons au sujet de cette jonction si elle est <vraiment> possible à l'homme ou pas[296]

٧٠ وأيضا فإن كل ما ليس يحتاج في فعله الخاص إلى الهيولى، فليس بهيولاني أصلا. فإن[1] ذلك يظهر من أن هذا الفاعل إنما يعطي طبيعة الصورة المعقولة
89 من حيث هي صورة معقولة. ومن هنا يظهر أن هذا العقل[2] | الفاعل أشرف من الهيولاني وأنه في نفسه موجود بالفعل عقلا دائما، سواء عقلناه نحن أو لم نعقله، وأن العقل فيه هو المعقول من جميع الوجوه. وهذا العقل قد تبين من قبل أنه صورة وتبين هاهنا أنه فاعل. ولذلك <أمكن أن يظن>[3] أن عقله ممكن لنا بآخرة، أعني من حيث هو صورة لنا،

Manuscrits Q	Manuscrits M AHPZ[4]
ويكون قد حصل.	ويكون قد حصل لنا ضرورة معقول أزلي، إذ كان في نفسه عقلا سواء عقلناه نحن أو لم نعقله، لا أن وجوده عقلا من فعلنا كالحال في المعقولات الهيولانية. وهذه الحال هي التي تعرف بالاتحاد والاتصال. ٧١ ويرى الإسكندر أن الذي يعنيه أرسطو بالعقل المستفاد هو العقل الفاعل من جهة ما يوجد له هذا الاتصال بنا، ولذلك ما سمي مستفادا، أي أنا نستفيده. ونحن ننظر في هذا الاتصال هل هو ممكن للإنسان أم لا.

1. فإن ذلك يظهر...هي صورة معقولة Q : *om.* M AHPZ J F. On peut supposer une omission causée par homéotéleute : *fa-inna ḏālika yaẓharu... wa-min hunā yaẓharu.*

2. La répétition du mot *al-ʿaql* dans l'édition Ahwānī est une simple faute d'étourderie ; elle n'existe pas dans les manuscrits.

3. أمكن أن يظن AHPZ היה אפשר שנחשוב F : يظن Q M יחשב J.

4. Cette version ultérieure est également présente dans les traductions hébraïques d'Ibn Tibbon et de Falaquera.

72. Ce sur quoi débouche à la fin celui qui s'adonne à cette science[297], c'est l'examen des perfections dernières existant pour les choses naturelles en tant qu'elles sont naturelles et changeantes[298], de même que, s'agissant de la motion et du mouvement, il arrive <pour finir> à l'examen de leur cause la plus éloignée, à savoir l'agent[299] le plus éloigné et la matière première[300].

73. Nous disons : certains[301] se fondent à ce propos sur le fait que, puisqu'il est dans la nature de l'intellect théorétique d'extraire les formes des sujets <qui sont les leurs>[302], et qu'il extrait les formes non séparées, lesquelles ne sont pas en elles-mêmes intellect, il est encore plus apte à extraire[303] cette forme séparée[304] qui est en elle-même intellect[305], je veux dire quand il considère ces intelligibles adventices en tant qu'ils sont intelligibles[306], ce qui[307] <se produit seulement> quand <ces intelligibles> sont devenus intellect en acte selon leur perfection dernière – je veux dire <leur perfection dernière> matérielle[308]. En effet, tant qu'ils n'ont pas atteint leur perfection dernière, ils sont un intellect soumis à la génération, et l'acte de ce qui est engendré, en tant qu'il est engendré, est défectueux. Puisque cela est établi, cette conception[309] <de la forme absolument séparée> est la perfection dernière de l'homme et la fin visée[310].

Ici se termine le discours sur la puissance rationnelle.

Manuscrits Q AHPZ

Manuscrit M.

J'ai dit : ce que j'ai mentionné à propos de l'intellect matériel <dans les pages qui précèdent> est une chose qui m'était apparue jadis. Mais en reprenant l'examen des propos d'Aristote[311], il m'est apparu qu'il n'est aucunement possible, s'agissant de l'intellect matériel, que la substance recevant la puissance <d'intelliger> qui est en elle[312] soit quelque chose en acte, c'est-à-dire l'une d'entre les formes, car si c'était le cas, il ne recevrait pas toutes les formes[313].

٧٢ وإن آخر ما ينتهي إليه صاحب هذا العلم هو الفحص عن الكمالات الأخيرة الموجودة للأمور الطبيعية بما هي طبيعية ومتغيرة، كما أنه ينتهي بالفحص عن السبب الأقصى لها في التحريك والتحرك[1]، وهو الفاعل الأقصى والهيولى الأولى.

٧٣ فنقول إن القوم يعتمدون في ذلك على أن العقل النظري، لما كان من طبيعته
انتزاع الصور من الموضوعات، وكان ينتزع الصورة غير المفارقة التي[2] ليست
في نفسها عقلا، فهو أحرى أن ينتزع هذه الصورة المفارقة التي[3] هي في نفسها
90 عقلا، أعني إذا نظر في هذه المعقولات الحادثة بما هي | معقولات، وذلك إذا ص
ارت عقلا بالفعل على كمالها الأخير، أعني الهيولاني. وذلك أنه ما لم تصر على
كمالها الأخير، فهو عقل متكون، وفعل الكائن بما هو كائن ناقص. وإذا تقرر هذا
فهذا التصور هو الكمال الأخير للإنسان والغاية المقصودة.

وهنا انقضى القول في القوة الناطقة.

Manuscrits Q AHPZ[4]

Manuscrit M[5]

*** [6] قلت : هذا الذي ذكرته في العقل الهيولاني هو شيء كان ظهر لي قبل، ولما تعقبت الفحص عن أقاويل أرسطو، ظهر لي أن العقل الهيولاني ليس يمكن أن يكون الجوهر القابل للقوة التي فيه شيء بالفعل أصلا، أعني صورة من الصور، لأنه لو كان ذلك كذلك، لما قبل جميع الصور.

1. والتحرك Q M וההנעה J וההתנועעות F : والمتحرك AHPZ.
2. التي ليست في نفسها عقلا Q : *om.* M AHPZ J F.
3. التي هي في نفسها عقلا Q : *om.* M AHPZ J F.
4. Le passage manque également dans la traduction hébraïque de Falaquera.
5. Le passage est présent dans la traduction hébraïque d'Ibn Tibbon.
6. Le texte qui suit dans le manuscrit est séparé du précédent par trois signes en forme de trèfle.

74. Quant aux notions imaginales, ce sont <en vérité> celles dont le rapport à l'intellect matériel est comme le rapport du sensible au sens, je veux dire du *visible* à la vue, et non le rapport de *l'œil* à la vue, c'est-à-dire celui du sujet[314] <vis-à-vis de son acte>, comme nous l'avons dit <à tort> plus haut dans ce texte[315]. Le premier à avoir affirmé une telle chose, c'est Abū Bakr ibn al-Ṣā'iġ <Ibn Bāǧǧa>, et il nous a induit en erreur[316].

75. Tout cela, je l'ai déjà expliqué dans mon *Grand commentaire* du livre d'Aristote *Sur l'âme*[317]. Celui qui aimerait prendre connaissance de ce que je pense vraiment sur cette question doit <consulter> ce livre – que Dieu aide à ce que l'on soit dans le vrai. Je n'ai pas ici supprimé ce texte <du *Compendium*> pour deux raisons : premièrement, parce que plusieurs compagnons l'ont déjà copié ; deuxièmement, parce qu'il joue le rôle d'un discours qui remet en question la doctrine d'Aristote[318], ce dernier ayant stipulé que l'intellect matériel était éternel[319].

٧٤ وأمـا المعانـي الخيالية فهي التي نسبتها مـن العقل الهيولانـي نسبة المحسوس من الحس، أعني المبصر من البصر، لا نسبة العين من البصر، أعني الموضوع كما تقدم من قولنا في هذا المكتوب. وإنما هو أول من قاله أبو بكر بن الصائغ فغلطنا.

٧٥ وهذا كله قد بينته في شرحي لكتاب أرسطو في النفس. فمن أحب أن يقف على حقيقة رأيي في هذه المسألة، فعليه بذلك الكتاب، والله الموفق للصواب. ولم <أزل> [1] هذا المكتوب هنا لأمرين : أحدهما أنه قد كتبه جملة من الأصحاب، والثاني أنه يتنزل منزلة القول المشكك على مذهب أرسطو، فإن أرسطو ينص على أن العقل الهيولاني أزلي.

1. C'est la leçon du manuscrit qui le vocalise ainsi : أُزِلْ (*uzil*). Il s'agit donc de l'apocopé de la forme verbale IV du verbe *zāla*. Ahwānī a أنزل.

NOTES ET COMMENTAIRES

1. C'est-à-dire l'imagination, le sens et les puissances végétatives de croissance et de nutrition.

2. Sur l'idée que les actes de la puissance rationnelle seraient simplement « au repos » *(tata'aṭṭalu)* durant l'enfance – c'est-à-dire inhibés, neutralisés, suspendus –, du fait qu'ils seraient noyés par l'humidité *(maǧmūra bi-al-ruṭūba)*, cf. *infra*, p. 108. *Cf.* Averroès, *Compendium* de *la République*, II, trad. Lerner, *Averroes on Plato's Republic*, Ithaca and London, 1974, p. 93. La source immédiate d'Averroès est sans aucun doute Ibn Bāǧǧa, *Discours sur la conjonction de l'intellect avec l'homme*, trad. Ch. Genequand, dans *La conduite de l'isolé et deux autres épîtres*, Paris, 2010, § 20, p. 190 (pour l'humidité), et § 12-14, p. 187-188 (pour l'état de l'embryon dans la matrice). Sur le problème de l'éternité des intelligibles, *cf.* Averroès, *Grand Commentaire* du traité *De l'âme* (désormais : *GCDA*), *Commentarium magnum in Aristotelis De anima libros*, éd. F. S. Crawford, Cambridge (Mass.), 1953, III, c. 5, p. 391, 135 *sq.* (*cf.* Averroès, *L'intelligence et la pensée. Grand Commentaire du* De anima, *Livre III (429a10–435b25)*, trad. A. de Libera, Paris, 1998, p. 61).

3. Pour le sens, l'affaire est entendue : « il est clair dans le cas de la puissance <sensorielle> que c'est une puissance passive, car elle existe tantôt en puissance, tantôt en acte » (Ibn Rušd, *Talḫīṣ kitāb al-nafs li-Abī al-Walīd Ibn Rušd wa-arba' rasā'il*, éd. al-'Ahwānī, le Caire, 1950, p. 20, 1-2). Pour l'imagination, la question se pose également : « il convient d'examiner dans le cas de la puissance imaginative <…> si elle fait partie des puissances qui existent tantôt en puissance, tantôt en acte » (*ibid.*, p. 59, 1-5). Mais la réponse vient vite : « Quant au fait que cette puissance <imaginative> existe tantôt en acte, tantôt en puissance, cela, dans son cas, est évident. Pour agir, en effet, elle a besoin que la sensation la précède, comme nous le montrerons dans ce qui suit. Or les sensations, comme on l'a montré plus haut, sont adventices, et si tel est le cas, cela veut dire que cette puissance est en quelque façon matérielle et <elle-même> adventice » (*ibid.*, p. 61, 15 *sq.*).

4. Sur « ce qu'on désire le plus » établir au sujet de l'âme humaine, *cf.* Ibn Bāǧǧa, *De l'âme (Kitāb al-nafs)*, éd. Ǧ. Rāšiq, *in* M. Alozade (dir.), *Les Cahiers du Groupe de recherche sur la philosophie islamique, II*, Fès, 1999, p. 97, 6 *sq.* : « Parmi les choses qui concernent l'âme en particulier et auxquelles on désire si ardemment répondre (*yutašawwaqu ilay-hi*) que c'est presque comme si la recherche de la science de l'âme se faisait tout entière en vue de cela, il y a le fait de savoir si <l'âme> fait partie des choses séparables ou si elle n'est pas séparable du tout. C'est pourquoi on trouve qu'Aristote dit, au début du premier livre <du *De anima*> : "S'il se trouve que l'âme possède une action qui lui est propre, sans le corps, celle-ci pourra être séparable" » (trad. M. Geoffroy, dans « Sources et origines de la théorie de l'intellect d'Averroès (I) », *Mélanges de l'Université Saint Joseph* 66 (2015-2016), p. 181-302, ici p. 192 – M. Geoffroy se réfère à l'édition al-Maʿṣūmī, p. 34, 2-5). Au début de son *Compendium* du livre *De l'âme*, Averroès écrit (Ibn Rušd, *Talḫīṣ kitāb al-nafs*, éd. al-'Ahwānī, p. 8, 11 *sq.*) : « Telles sont les choses qui, si on les considère, nous permettent d'accéder à la connaissance de la substance de l'âme et de ses concomitants de la manière la plus parfaite et la plus aisée. Même si Aristote ne les a pas explicitement évoquées au début de son livre, il doit néanmoins s'être appuyé sur elles implicitement, conformément à son habitude de concision. Et de là il devient possible de connaître ce qu'on désire <connaître> le plus à propos <de l'âme>, c'est-à-dire de savoir s'il est possible qu'elle soit séparée ou pas » (trad. M. Geoffroy, dans « Sources et origines de la théorie de l'intellect d'Averroès », p. 228); pour une formule équivalente, *cf.* Averroès, *GCDA*, éd. Crawford, I, c. 3, p. 6, 25 *sq.* : « illud quod est magis desideratum de passionibus animae est utrum… » (« ce que l'on désire <savoir> le plus au sujet des passions de l'âme, c'est si… »); cf. *ibid.*, c. 12, p. 16, 14 *sq.*

5. *Cf.* Ibn Rušd, *Talḫīṣ kitāb al-nafs*, éd. al-'Ahwānī, p. 20, 4 : « il ressort clairement de ce qui précède que ce qui est en puissance, en tant qu'il est en puissance, est lié à la matière *(mansūb ilā al-hayūlā)* ».

6. Le terme « sujet » peut être ambigu (voir notre introduction, p. 47 *sq.*). Il est ici synonyme de « matière » ou de substrat, à condition de comprendre, comme Averroès le précisera plus bas, que la puissance rationnelle ne saurait être *mélangée* à ce « dans » quoi elle existe, ou plus exactement à ce *sans quoi*, dans sa perfection première, elle ne saurait exister.

7. « Prédisposition » rend *istiʿdād*, qui correspond sans doute au grec *epitèdeiotès*, et que l'arabo-latin du *Grand Commentaire* du *De anima* rendra par *preparatio. Epitèdeiotès* est également traduit par l'arabe *hay'a*, ou *tahayyu'*, « aptitude » (qui peut être lui-même synonyme de *quwwa*, « puissance », ou *imkān*, « possibilité ») : voir Alexandre d'Aphrodise, *De l'intellect*, éd. Bruns, Berlin, 1887, 112, 11-16; pour l'arabe, voir la « Maqālat al-Iskandar al-Afrūdīsī

fī al-ʿaql ʿalā raʾy Arisṭūṭālīs », *in* ʿA. Badawī (éd.), *Šurūḥ ʿalā Arisṭū mafqūda fī al-yūnāniyya wa-rasāʾil uḫrā/ Commentaires sur Aristote perdus en grec et autres épîtres*, Beyrouth, 1971, p. 31-42, ici p. 40, 3 *sq*. (*cf.* J. Finnegan, « Texte arabe du περὶ νοῦ d'Alexandre d'Aphrodise », *Mélanges de l'Université Saint-Joseph* 33 (1956), p. 159-202, ici p. 195, 11 *sq*. ; nous traduisons) :

> Lorsque de ce corps, quand il présente un certain degré de mélange <on lit avec Finnegan *mizāğan mā*>, procède une chose <ajout de *šayʾ*, suivant E> issue de l'ensemble du mixte qui peut servir d'instrument à cet intellect qui est dans ce mixte (puisqu'il existe en tout corps et que cet instrument aussi est un corps), on l'appelle "intellect en puissance" <suppr. avec Finnegan de *ayḍan*>, et c'est une puissance produite de ce mélange intervenu dans les corps *(waqaʿa li-l-ʾağsām)*, <puissance> apte à recevoir *(epitèdeios* ; *mutahayyiʾatun li-qabūl)* l'intellect qui est en acte (*cf.* Averroès, *L'intelligence et la pensée*, p. 64 ; éd. Crawford, III, c. 5, p. 394, 217 *sq*.).

Sur ce passage, altéré en arabe, voir J.-B. Brenet, « Alexandre d'Aphrodise ou le matérialiste malgré lui : la question de l'engendrement de l'intellect revue et corrigée par Averroès », *in* P. J. J. M. Bakker (éd.), *Averroes'Natural Philosophy and its Reception in the Latin West*, Leuven, 2015, p. 37-67 (nous corrigeons ici la traduction proposée dans l'article, p. 50). *Cf.* aussi Alexandre d'Aphrodise, *De l'âme*, 81, 8 *sq*. ; trad. Bergeron-Dufour, p. 197 (cf. *ibid.*, 81, 23 *sq*. ; trad. p. 199 ; 84, 21 *sq*., trad. p. 203) : « Parmi les puissances de l'âme rationnelle, l'une est opinative et l'autre est scientifique. <...> Chacune des deux parties est appelée "intellect" <...> et l'homme naît non pas en possédant immédiatement cette disposition *(hexis)*, mais en possédant une puissance *(dunamis) et une aptitude (epitèdeiotès)* à la recevoir, et il l'acquiert par la suite. Cela est aussi un signe très clair que cette puissance contribue non pas à l'être de celui qui la possède, mais à son bien-être. »

De même, voir Thémistius, *Paraphrase* du traité *De l'âme*, éd. M. C. Lyons, *An Arabic Translation of Themistius'Commentary on Aristotle's De anima*, Columbia (South Carolina)-Oxford (England), 1973, p. 164, 7-8 (= Aristote, *De an.*, III, 4, 429a21-22, « ὥστε μηδ' αὐτοῦ εἶναι φύσιν μηδεμίαν ἀλλ' ἢ ταύτην, ὅτι δυνατός ») : *fa yakūnu al-ʿaql laysat lahu ṭabīʿatun ʾaṣlan ġayra haḏihi al-ṭabīʿa, ʾaʿnī annahu mutahayyiʾun li-qabūl al-maʿqūlāt kullihā* (« ...en sorte que l'intellect n'a pas d'autre nature que cette nature, je veux dire d'être apte à la réception de tous les intelligibles »).

8. Litt. : « quel est le sujet de cette prédisposition *et* de cette puissance » ; on donne au *wa-* (« et ») une valeur explicative : la puissance rationnelle est d'abord, comme intellect matériel, une prédisposition, une puissance. Cette synonymie entre *quwwa* (puissance) et *istiʿdād* (prédisposition) se lit plus haut dans le *Compendium*, notamment à propos de l'imagination : « le sujet *(mawḍūʿ)* de cette puissance <imaginative>, ce dans quoi <en> réside

la prédisposition *(isti'dād)*, est le sens commun » (éd. al-Ahwānī, p. 61, 19). La référence aux pages précédentes du *Compendium* permet en outre de comprendre qu'il n'y a pas ici *deux* questions, l'une sur la « matière » (*hayūlā*) de la puissance rationnelle, l'autre sur le « sujet » (*mawḍū'*) de cette puissance-prédisposition (ce qui ne serait pas inenvisageable), mais *une seule* : si l'intellect passe à l'acte, c'est qu'il a une « matière », et Averroès demande quelle est cette « matière », *c'est-à-dire* quel est le « sujet » de cette puissance, de cette prédisposition (à intelliger) qu'est la faculté intellective. Double assimilation, donc : *quwwa-isti'dād* (puissance-prédisposition) et *hayūlā-mawḍū'* (matière-sujet). C'est bien ce qu'indique, en effet, la réflexion d'Averroès sur l'imagination :

> <il faut voir>, demande-t-il d'abord, si <la puissance imaginative> fait partie des puissances qui se trouvent tantôt en puissance, tantôt en acte. En ce cas, elle posséderait une matière ; mais quelle est alors cette matière ? quel est son rang ? <c'est-à-dire> quel est le sujet de cette prédisposition, de cette puissance ? (éd. al-'Ahwānī, p. 59, 4 *sq.*)

Quand il examine ce dernier point (*ibid.*, p. 61, 19-62, 4), c'est exclusivement de « sujet » qu'Averroès va parler avant de réutiliser en conclusion, indistinctement, le terme de « matière » (*ibid.*, p. 62, 20-63, 1). Reprenons ce passage, du reste, qui montre en quel sens le « sujet-matière » doit s'entendre :

> le sujet *(mawḍū')* de cette puissance <imaginative>, ce dans quoi <en> réside la prédisposition *(isti'dād)*, est le sens commun, ce qui est indiqué par le fait que l'imagination *ne se trouve jamais qu'avec* la faculté du sens tandis que le sens peut se trouver sans l'imagination. En somme, il apparaît que la faculté sensorielle est antérieure par nature à cette faculté-ci, et que celle-ci entretient avec elle le même rapport que la nutritive avec la sensitive – on veut dire *le rapport de la perfection première qui se trouve dans la faculté imaginative avec la perfection première de la faculté sensorielle.* (*Ibid.*, p. 61, 19 *sq.* ; trad. M. Geoffroy, « Sources et origines de la théorie de l'intellect d'Averroès », p. 233 ; nous soulignons)

Le « sujet » d'une puissance supérieure est la puissance inférieure dont elle est une prédisposition et *sans laquelle* cette puissance supérieure ne pourrait exister ; et plus exactement, ce « sujet-substrat » est la puissance inférieure *dans sa perfection première*, en tant qu'elle fonde *la perfection première* de la puissance supérieure. Ainsi le « sujet-substrat » de la puissance d'imaginer (c'est-à-dire de l'imaginative *dans sa perfection première*) est la faculté sensorielle, c'est-à-dire le sens lui-même *dans sa perfection première* (la perfection *seconde* du sens étant, non plus le sujet-substrat, mais le *moteur* de l'imagination). On doit distinguer, toutefois, le sujet « prochain » d'une puissance, à savoir, dans sa perfection première, la puissance qui lui est *immédiatement* inférieure, et son sujet « lointain », qui constitue son véritable substrat (les autres « sujets » n'étant que des intermédiaires). Dans le cas de la faculté imaginative, par exemple, la puissance du sens est le substrat immédiat, mais tout reconduit au véritable sujet qu'est fondamentalement l'âme nutritive. C'est ce qu'Averroès précise dans les lignes suivantes :

> il est clair, s'agissant de cette puissance sensitive, qu'elle précède par nature cette puissance <imaginative> et que son rapport à elle est le rapport de la <puissance> nutritive à la sensitive, et on parle ici du rapport de la perfection première qui est dans la puissance imaginative à la perfection première appartenant à la puissance sensitive. Mais en vérité, le sujet de ces deux prédispositions, je veux dire de la prédisposition à recevoir les sensibles et de la prédisposition à recevoir les images, c'est l'âme nutritive, puisque, comme on l'a montré, il est dans la nature de cette puissance que l'existence qu'elle possède depuis le début, elle ne l'a qu'en tant qu'elle est en acte, et que les prédispositions, en tant qu'elles sont prédispositions, n'existent qu'en étant liées à quelque chose en acte. Et si certaines <prédispositions> sont un sujet pour d'autres, ce n'est que par similitude (*ʿalā ǧihat al-tašbīh*), en ce sens que les premières précèdent dans le sujet <véritable> l'existence des secondes. (éd. al-ʾAhwānī, p. 62, 1-9)

Sur ce rapport entre les puissances et la détermination de la notion de « sujet » (sur quoi nous revenons plus bas), voir M. Geoffroy, *Sources et origines de la théorie de l'intellect d'Averroès*, Thèse de Doctorat (EPHE, Section des sciences religieuses), 2009, notamment chap. 6, p. 176-209; repris dans M. Geoffroy, « Sources et origines de la théorie de l'intellect d'Averroès », p. 232-234. Notons toutefois que l'assimilation qu'on a défendue ici entre « matière » et « sujet » ne vaut pas pour tous les développements du *Compendium* : ainsi devra-t-on distinguer *infra* la question du « sujet » *des intelligibles*, à savoir les individus extérieurs à l'âme ainsi que leurs images, auxquels les concepts se réfèrent, de celle de la « matière » *de la puissance intellective*, à savoir l'âme imaginative dans sa perfection première.

9. Une puissance ou une prédisposition n'existe pas « séparée », sans « sujet »; elle est nécessairement puissance ou prédisposition *d'un substrat* (cf. *infra* p. 233, n. 212), et ce qu'il faut, par conséquent, c'est déterminer la nature de ce substrat. Sur le besoin d'un sujet pour la puissance-prédisposition, *cf.* entre autres Averroès, *Epitome in Physicorum libros*, éd. J. Puig, Madrid, 1983, p. 15, 8-11 (« la possibilité, la puissance, fait partie de ce qui a besoin d'un sujet *(mawḍūʿ)* »); *L'intelligence et la pensée*, p. 68 (éd. Crawford, III, c. 5, p. 399, 355-356) : « la préparation tout comme la réception font partie des choses qui ne se trouvent que dans un sujet » (on retient avec A. de Libera d'autres leçons que Crawford : « Preparatio enim et receptio est ex hoc quod non <nisi> inven<i>tur in subiecto », ce qu'il faut comprendre ainsi : « … quod non invenitur nisi in subiecto » ; voir sur ce point la n. 157 d'A. de Libera,

p. 210 de sa traduction). *Cf.* Averroès, *L'intelligence et la pensée*, p. 100 (trad. modifiée; éd. Crawford, III, c. 14, p. 432, 111-112; 125-126) : « sauf si l'intellect matériel était seulement une préparation *(solummodo preparatio)*, sans aucun sujet. Or cela est impossible, car <toute> préparation implique un <sujet> préparé *(preparatio enim ostendit preparatum)*. <…> On ne saurait dire qu'une préparation est dénuée de sujet *(quod aliqua preparatio denudetur a subiecto)* ». Cela étant, comme on l'a noté, qu'une préparation ne soit pas sans sujet n'implique pas qu'elle lui soit mélangée. La préparation peut lui être inhérente, à proprement parler, ou seulement associée, attenante, comme c'est le cas de l'intellect. Enfin, en dépit de ce qui vient d'être dit sur la nécessité d'un sujet-substrat, il faut songer au bouleversement qu'introduira ce passage-clé de l'*Epître 1* dans la *Béatitude de l'âme*, où apparaît chez Averroès (pour la première fois ?) l'idée d'une préparation, ou plutôt d'une *préparation-substance séparée ne possédant pas « la nature de la relation »*. Voir Averroès, *Epître 1*, dans *La béatitude de l'âme*, éd. et trad. M. Geoffroy et C. Steel, Paris, 2001, § 19-20, p. 210, nous soulignons :

> De fait, Aristote n'a pas explicité sa thèse sur ce point, car le sens apparent de ses propos soutient les deux choses à la fois, savoir qu'il dit à propos de cet intellect matériel qu'il est passif, et <qu'il est> séparé : et il a peut-être voulu dire par "séparation" que ce n'était pas une faculté <dans un corps>, divisible selon sa division, quoiqu'il présente nécessairement une dépendance vis-à-vis du corps, par le biais de l'âme. *Mais on peut également comprendre qu'il soutient aussi qu'il est totalement séparé.* <…> Il fait partie de ses principes fondamentaux qu'il existe des formes <séparées>, qui ne possèdent pas la nature de la relation : dès lors, qu'est-ce qui aurait pu l'empêcher de penser que des préparations puissent exister selon ce mode ? D'autant plus qu'il semble, au sujet de cette préparation, qu'elle soit une substance une en nombre pour tous les hommes par soi, mais plusieurs par accident, ce qui n'est pas le cas des formes matérielles.

Sur ce passage, voir M. Geoffroy, « À la recherche de la *Béatitude* », *ibid.*, p. 68 *sq*.

10. Ni un corps ni un intellect, dira Averroès dans la version initiale du *Compendium* : le « sujet » de l'intellect matériel, prédisposition à recevoir l'intelligible, ne peut être qu'une âme, et plus exactement, dans l'âme, les images. C'est avec cette doctrine de l'intellect en puissance comme prédisposition des formes imaginées que le Commentateur rompra. Nous considérons de nouveau le *wa-* (« et ») dans cette phrase (« quel est le moteur de cette puissance *et* ce qui la fait passer à l'acte ») comme épexégétique.

11. Comme on le verra, ce sont en fait *deux* moteurs articulés l'un à l'autre, et non pas un seul, qu'il faut envisager : l'image, d'un côté, l'intellect agent de l'autre.

12. L'intellect agent, certes, meut l'âme humaine, mais jusqu'où ? jusqu'où cette motion peut-elle conduire notre intellect abstracteur ? Comme le dit la phrase suivante, c'est la question de la perfection ultime dont l'homme est capable qui est ici posée, c'est-à-dire la question de la possibilité pour l'intellect humain d'intelliger les réalités non plus abstraites, mais séparées par soi : l'intellect agent meut-il notre intellect jusqu'au point où, ayant tout abstrait du sensible, il s'ouvre à la pensée de l'intelligible pur ? *Mutatis mutandis*, le questionnement est le même pour les puissances inférieures du sens et de l'imagination. Pour l'imagination (éd. al-ʾAhwānī, p. 59, 6-7), « <il faut voir> si elle fait partie des puissances qui se trouvent tantôt en puissance, tantôt en acte. <Si c'est le cas>, quel est son moteur, ce qui la fait passer de la puissance à l'acte ? » ; pour le sens (*ibid.*, p. 20, 4-8) : « il ressort clairement de ce qui précède que ce qui est en puissance, en tant qu'il est en puissance, est lié à la matière, que la sortie de la puissance à l'acte est un changement ou fait suite à un changement, que tout ce qui change a quelque chose qui le change et que le moteur donne à ce qui est mû quelque chose de similaire à ce qui est dans sa substance. S'il en est ainsi, il convient de connaître, s'agissant de cette puissance <sensorielle>, quel est son être, quel est son moteur, et dans quelle mesure elle reçoit la motion ».

13. L'homme doit accroître son savoir et acquérir son intellect (c'est-à-dire parachever son être), contrairement à ce qui vaut pour Dieu et, à un degré moindre, pour les intelligences célestes. *Cf.* al-Fārābī, *Kitāb al-siyāsa al-madaniyya*, éd. F. M. Najjar, Beyrouth, [2]1993, p. 48, 14 *sq.* (trad. fr. : al-Fârâbî, *La politique civile ou les principes des existants*, trad. A. Cherni, Beyrouth, 2012, p. 42 ; al-Fārābī, *Le livre du Régime politique*, trad. Ph. Vallat, Paris, 2012, p. 61-62) ; p. 53, 3 *sq.* ; 34, 1 *sq.* ; 54, 5 *sq.* ; 54, 12 *sq.* (*cf.* trad. Vallat, p. 78 ; p. 14 ; p. 83 ; p. 84, nous soulignons : « Les étants inférieurs aux corps célestes touchent quant à eux à l'extrême de la déficience dans <l'ordre de> l'être. *C'est qu'il ne leur a pas été donné immédiatement en un état d'achèvement l'ensemble de ce par quoi ils se constituent substantiellement. La substance qui est la leur leur a <certes> été donnée, mais seulement selon la puissance lointaine* et non en acte, car seule leur a été donnée leur matière première. C'est pourquoi ils sont toujours à tendre (*sāʿiya*) vers la forme par laquelle ils se substantifient. En effet, la matière première est en puissance l'ensemble des substances sub-célestes ; aussi, *dans la mesure où ces étants eux-mêmes sont des substances en puissance, ils se meuvent (tataḥarraku) <vers leur forme> jusqu'à ce que leur substance s'actualise.* ») L'une des questions que pose cette expression, « l'ensemble des hommes », est de savoir si cela signifie que pour Averroès l'accomplissement de l'homme ne doit jamais s'envisager que collectivement, au niveau spécifique, que c'est seulement par rapport à l'ensemble des humains que l'actualisation de la puissance s'entend (ce qui

voudrait dire qu'il n'est jamais *d'individu* parfaitement accompli, mais au mieux une élite qui, conjointement, assure la perfection). Il est certain que la réussite philosophique vaut pour toute l'espèce (elle est la perfection de l'humanité comme telle) ; le problème est de comprendre si elle n'advient également que *par* l'espèce (ou l'élite plurielle en elle).

14. La formulation peut paraître contradictoire. Les hommes pensent constamment et leur science progresse, mais il existe une limite, à savoir l'abstraction de tout ou presque tout l'intelligible du monde, qui débouche sur l'intellect dit « acquis ». Et si la plupart des individus ne l'atteint jamais, cette perfection doit s'accomplir chez certains des « mieux doués » dont la réussite constitue la perfection *de l'espèce*. Il n'est donc pas concevable que cet accroissement de la puissance intellectuelle soit absolument continuel, car cela signifierait qu'existe une puissance ne se réalisant jamais (« ce que la nature refuse », dit la phrase qui suit). Voir la n. suivante.

15. Le processus de l'intellection, durant lequel l'intellect matériel s'actualise progressivement, a donc un terme. On retrouve l'idée plus bas dans le *Compendium* au cœur d'un développement sur la jonction qui prolonge le chapitre sur la faculté rationnelle (on ne le lit que dans le ms. du Caire). Averroès, rangé derrière Ibn Bāǧǧa, explique que si l'on abstrait toujours un intelligible de l'intelligible, « on régressera à l'infini, à moins que nécessairement la représentation des bienheureux aboutisse à une représentation une en nombre selon tous les modes, dans laquelle il n'y aura aucune multiplicité. Or la régression à l'infini est impossible, parce qu'elle suppose que la perfection dernière n'existe pas » (trad. M. Geoffroy, « L'exposition de la *Jonction de l'intellect avec l'homme* (*Ittiṣāl al-ʿaql bi-l-insān*) d'Avempace dans le *Compendium* d'Averroès *sur l'âme (Ǧawāmiʿ* ou *Muḫtaṣar al-nafs)*. Présentation et traduction annotée », *in* N. Koulayan et M. Sayah (éd.), *Synoptikos. Mélanges offerts à Dominique Urvoy*, Toulouse, 2011, p. 129-153, ici p. 145 ; *cf.* éd. al-Ahwānī, p. 91, 15 *sq.* ; *cf.* Ibn Bāǧǧa, *Conjonction de l'intellect avec l'homme*, § 26, éd. Genequand, p. 191).

Averroès formule parfois la même idée un peu autrement. S'il existe un intelligible séparé, pensable par l'homme, *il doit* finir par être pensé. Cela demande d'interpréter correctement la comparaison de l'intelligence humaine vis-à-vis des « choses les plus manifestes de toutes par nature » avec les yeux de la chauve-souris vis-à-vis de la lumière du jour. Voir en effet Aristote, *Métaphysique*, I, 993b9-11 ; trad. de la version arabe médiévale dans Averroès, *Tafsīr mā baʿd al-ṭabīʿat* (*« Grand Commentaire » de la* Métaphysique), éd. M. Bouyges, 2nd ed., Beyrouth, 1973, p. 4, 7-10 : « Il se peut que <ces questions> nous paraissent difficiles non pas du fait des choses en soi, mais que la cause de notre difficulté soit en nous-mêmes. En effet, il en va de l'intellect pour l'âme qui est en nous – tandis qu'il est dans la nature, suprêmement évident <*i.e.* que la structure intelligible du monde, manifestée dans la nature, est parfaitement claire en elle-même> – comme des yeux d'une chauve-souris face à la lumière du soleil » (trad. M. Geoffroy, *in* Averroès, *La béatitude de l'âme*, n. 57, p. 268). Si la perfection de l'homme doit s'accomplir, l'image de la chauve-souris ne peut signifier que la *difficulté* de ce parachèvement intellectuel, mais non son *impossibilité*. Averroès commente ainsi, en effet (*ibid*., p. 7, 14-8, 13) :

> Si la difficulté d'appréhender les existants tient à deux aspects, il faut que la difficulté <d'appréhender> les choses qui sont suprêmement vraies, et qui sont le Principe premier et les principes séparés dépourvus de matière, provienne de nous-mêmes et non d'eux. La raison en est que puisqu'ils sont séparés, ils sont intelligibles en soi par nature, et non intelligibles en tant que nous les faisons devenir intelligibles parce qu'ils seraient en eux-mêmes non intelligibles <correction du texte arabe, qui lit : *li-anna-hā fī anfusi-hā maʿqūla* ; il faut rétablir : <*ġayr*> *maʿqūla*>, comme c'est le cas des formes matérielles, ce qui est expliqué dans le livre *De l'âme*. Pour ces dernières, la difficulté qu'il y a <à les appréhender> tient en revanche plus à elles-mêmes qu'à nous. Et puisque l'intellect est à l'intelligible ce que le sens est au sensible, <Aristote> a comparé la faculté intellectuelle qui est en nous, relativement à l'appréhension des intelligibles dépourvus de matière, à ce qu'il y a de plus éminent dans l'ordre du sensible, le soleil, vis-à-vis de la vue la plus faible qui soit, qui est celle de la chauve-souris. Pourtant, cela ne signifie pas qu'il soit impossible de se représenter les choses séparées, comme il est impossible à la chauve-souris de regarder le soleil, car s'il en était ainsi, la nature aurait agi vainement (*bāṭilan*) en rendant une chose intelligible en soi par nature non intelligible pour rien d'autre. C'eût été comme si elle avait fait en sorte que le soleil ne pût jamais être appréhendé par aucun regard. <autre trad. : car s'il en était ainsi la nature aurait agi en vain en rendant ce qui en soi-même est intelligible pour un autre, inintelligible pour qui que ce soit – comme si elle avait fait que l'éclat du Soleil fût imperceptible à toute vue> (trad. M. Geoffroy, dans Averroès, *La béatitude de l'âme*, n. 73, p. 272-273).

Sur l'interprétation de cette métaphore, *cf.* Averroès, *Epître 1*, § 23-24, dans *La béatitude de l'âme*, p. 212 ; *ibid*., § 32-33, p. 216-218 ; *Epître 2*, § 17-18, dans *La béatitude de l'âme*, p. 228.

16. A savoir la physique.

17. Le terme arabe *maʿnā*, qu'on rend ici par « notion », est un intraduisible. Le mot désigne originairement la signification, le sens, ce qu'on veut dire, ce qui est visé. Le latin médiéval le rend par *intentio*, qu'on se garde le plus souvent de traduire, si bien qu'on parle, au risque d'être équivoque, d'« intention sensible », d'« intention imaginée », etc. – voir sur cela A. de Libera, « Intention », dans B. Cassin (dir.), *Vocabulaire européen des philosophies*, Paris, 2004, p. 608-619. Mais le *maʿnā* n'est pas qu'un contenu (une « notion », qui renseigne tantôt individuellement sur la chose, sentie

ou imaginée, tantôt universellement sur l'essence de la chose), il désigne aussi l'« entité » – que la scolastique appelle « forme » (*forma*) ou « espèce » (*species*) – qu'une puissance perceptive peut recevoir de la chose qu'elle appréhende. Dans le lexique qui conclut son anthologie de textes juridiques, théologiques et polémiques d'Averroès, *L'islam et la raison*, Paris, 2000, M. Geoffroy donne pour *maʿnā*, p. 217 : « notion, noème, "ce que l'on entend par", "être appréhendé" de la chose. "Entité" ayant une existence en tant qu'elle est appréhendée par les sens ou l'esprit et/ou fondée dans la réalité des choses extérieures *(aʿyān)* ». Sur la notion d'« intention », voir D. Wirmer, « Der Begriff der Intention und seine erkenntnistheoretische Funktion in den De-anima-Kommentaren des Averroes », *in* M. Lutz-Bachmann, A. Fidora et P. Antolic (éd.), *Erkenntnis und Wissenschaft. Probleme der Epistemologie in der Philosophie des Mittelalters*, Berlin, 2004, p. 35-68 ; R. E. Hansberger (qui examine le mot, omniprésent dans la version arabe des *Parva naturalia* d'Aristote), *The Transmission of Aristotle's Parva Naturalia in Arabic*, Doctoral Thesis, Somerville College, University of Oxford, 2006.

18. *Cf.* Ibn Rušd, *Talḫīṣ kitāb al-nafs*, éd. al-'Ahwānī, p. 61, 11 : « Quant à la représentation *(al-taṣawwur)* intellectuelle, c'est l'abstraction *(taǧrīd)* de la notion universelle <hors> de la matière ».

19. S'il existe des notions (« intentions ») universelles, il faut une puissance capable de les percevoir, à savoir l'intellect. Ce principe qui veut qu'à chaque type d'objet corresponde une puissance propre sert à distinguer ici le sens, ou l'imagination, de *l'intellect* ; il servira plus bas à distinguer l'intellect *théorétique* de l'intellect *pratique*. Sur cela, *cf.* Aristote, *De l'âme*, II, 4, 415a14-22 ; *Ethique à Nicomaque*, VI, 2, 1139a 6-15 ; VI, 5, 1140b 25-28 (pour l'*Ethique à Nicomaque* arabe, voir *The Arabic Version of the* Nicomachean Ethics, *with an introduction and annotated translation by Douglas M. Dunlop*, éd. A. Akasoy-A. Fidora, Leiden, 2005 ; *cf.* Arisṭūṭālīs, *al-Aḫlāq*, éd. ʿA. Badawī, al-Kuwayt, 1979). Notons, toutefois, que le passage d'Aristote sur « la ligne brisée » (*De l'âme*, III, 4, 429b14-18), où le Stagirite écrit que l'on juge de la chair et de l'essence de la chair « soit par des facultés différentes, *soit par la même faculté s'exerçant de façon différente* » (trad. Thillet), pourrait ou aurait pu compliquer le raisonnement qu'Averroès fait ici valoir puisque deux sortes d'objet semblent pouvoir relever d'une même puissance *diversement disposée* (*cf.* à ce sujet la lecture de Thémistius dans sa *Paraphrase* du traité *De l'âme*, éd. Heinze, Berlin, 1889, 96, 21-97, 7, où l'intellect devient comme un composé quand il pense le composé ; et *cf.* Averroès, *Commentaire Moyen* du *De Anima*, § 15, trad. Elamrani-Jamal, « Averroès : la doctrine de l'intellect matériel dans le *Commentaire moyen au "De anima"* d'Aristote », dans A. de Libera, A. Elamrani-Jamal, A. Galonnier (éd.), *Langages et Philosophie. Hommage à Jean Jolivet*, Paris, 1997, p. 295 ; éd. Ivry, § 289-290, p. 113-114). Sur l'interprétation plurielle qu'Averroès donne de ce passage, voir D. Wirmer,

« Averroes on Knowing Essence », *in* P. Adamson et M. Di Giovanni (éd.), *Interpreting Averroes. Critical Essays*, Cambridge, 2019, p. 116-137.

20. *Cf.* Aristote, *De l'âme*, II, 12, 424 a16 *sq.*

21. Litt. : « la saisie de l'intention universelle *et* de la quiddité ». Les deux sont ici identiques, le *wa-* (« et ») est épexégétique.

22. Sur la ligne et le point dans le traité *De l'âme*, voir Aristote, *De l'âme*, III, 6, 430b6 *sq.* ; 430b20-23 ; *cf.* Averroès, *L'intelligence et la pensée*, p. 126-128 ; 130-131 (éd. Crawford, III, c. 23, p. 458-459 ; c. 25, p. 461-462 ; *cf.* Averroès, *Commentaire Moyen* du *De Anima*, § 28-29, trad. Elamrani-Jamal, p. 299 ; éd. Ivry, § 305, p. 119).

23. Il y a donc dans l'homme une puissance, qui n'est ni le sens, ni l'imagination, capable de recevoir une forme complètement abstraite de la matière.

24. *Cf.* Averroès, *L'intelligence et la pensée*, p. 126 (éd. Crawford, III, c. 22, p. 457, 40-46) : « ce qui, par la composition, fait une unité de ces intelligibles simples, alors qu'auparavant ils étaient multiples, c'est l'intellect matériel. C'est lui en effet qui distingue les intelligibles simples, compose les semblables et divise les dissemblables (*diversa*). Il faut en effet que ce soit la même faculté qui perçoive les <intelligibles> simples et les <intelligibles> composés, car le rapport de cette faculté aux "intentions" des formes imaginées doit être comme le rapport du sens commun aux différents sensibles (*diversa*) <et> non selon ce qui semble découler des paroles d'Avempace au début de son discours sur *La faculté rationnelle*, à savoir que la faculté qui assure la composition (*compositiva*) doit être autre que l'imaginative. »

25. C'est-à-dire la perception des notions ou « intentions » simples. L'assentiment, toutefois, n'est pas exactement la combinaison et la prédication, mais plutôt l'acte qui, mentalement, en résulte.

26. Le sens s'occupe de la notion ou de l'« intention » du sensible présent, l'imagination de l'« intention » du sensible absent.

27. La notion ou « intention » du sensible présent (que livre la sensation), et celle du sensible absent (que livre l'imagination).

28. Averroès considère ailleurs que la cogitative a pour fonction de percevoir des « notions » (des « intentions ») qui ne sont ni proprement celles du sens, ni celles de l'imagination (si par là on entend seulement l'« intention » stockée une fois que le sensible a disparu). Voir le deuxième traité (sur *La mémoire et la réminiscence*) dans son *Talḫīṣ kitāb al-ḥiss wa-l-maḥsūs* (*Compendium du livre* Du sens et du senti) : *Averrois Cordubensis Compendia librorum Aristotelis qui Parva naturalia vocantur*, textum arabicum recensuit et adnotationibus illustrauit H. Blumberg, Cambridge (Mass.), 1972 ; *GCDA*, éd. Crawford, II, c. 63-65, p. 224-229.

Sur cette fonction de la cogitative et ce *maʿnā* (cette notion) qu'elle saisit, voir D. L. Black, « Memory, Individuals, and the Past in Averroes's

Psychology », *Medieval Philosophy and Theology* 5 (1996), p. 161-187 ; « Estimation and Imagination. Western Divergences from an Arabic Paradigm », *Topoi* 19 (2000), p. 59-75 ; R. C. Taylor, « Remarks on *Cogitatio* in Averroes' *Commentarium Magnum in Aristotelis* De Anima *Libros* », *in* G. Endress et J. A. Aertsen (with the assistance of Klaus Braun) (éd.), *Averroes and the Aristotelian Tradition. Sources, Constitution and Reception of the Philosophy of Ibn Rushd (1126-1198)*, Leiden-Boston-Köln, 1999, p. 217-55 ; « *Cogitatio*, *Cogitativus* and *Cogitare* : Remarks on the Cogitative Power in Averroes », *in* J. Hamesse et C. Steel (éd.), *L'élaboration du vocabulaire philosophique au Moyen Âge*, Turnhout, 2000, p. 111-146 ; J.-B. Brenet, *Transferts du sujet. La noétique d'Averroès selon Jean de Jandun*, Paris, 2003, p. 204-244 ; *Je fantasme. Averroès et l'espace potentiel*, Lagrasse, 2017, chap. 4 ; sur la notion avicennienne d'« intention non sentie » (qu'Averroès critique, mais dont il est un héritier), voir notamment D. L. Black, « Estimation in Avicenna : The Logical and Psychological Dimensions », *Dialogue* 32 (1993), p. 219-253 ; C. di Martino, *« Ratio particularis ». Doctrines des sens internes d'Avicenne à Thomas d'Aquin*, Paris, 2008.

29. Voir les remarques de D. Wirmer dans Averroès, *Über den Intellekt. Auszüge aus seinen drei Kommentaren zu Aristoteles'* De anima, Freiburg-Basel-Wien, 2008, p. 308-311.

30. Sur la nécessité de distinguer l'intellect théorétique et l'intellect pratique, *cf.*, pour Aristote, la note 19 *supra*, p. 172 ; voir aussi *De l'âme*, III, 9, 432b26 *sq.* ; 10, 433a14 *sq.* ; Alexandre d'Aphrodise, *De l'âme*, 80, 23-81, 12. Pour Averroès, *cf.* entre autres *Averroes on Plato's Republic*, trad. R. Lerner, p. 3-4 ; 86-88 ; *Averroes on Aristotle's « Metaphysics ». An Annotated Translation of the So-called « Epitome »*, éd. R. Arnzen, Berlin-New York, 2010, p. 21. Voir également les remarques de F. Woerther dans son livre *Le plaisir, le bonheur, et l'acquisition des vertus. Edition du livre X du Commentaire moyen d'Averroès à l'*Ethique à Nicomaque *d'Aristote, accompagnée d'une traduction française annotée, et précédée de deux études sur le commentaire moyen d'Averroès à l'*Ethique à Nicomaque, Leiden-Boston, 2018, p. 111-134.

31. Ici la distinction n'est pas celle, courante, entre *esse* et *bene esse* (*cf.* Aristote, *De l'âme*, III, 13, 435b19-21 ; Alexandre d'Aphrodise, *De l'âme*, 81, 15-16), mais entre le *bene esse* relatif à l'existence sensible et le *bene esse* absolu.

32. Sur la notion d'intelligibles « volontaires », *cf.* al-Fārābī, *Kitāb taḥṣīl al-sa'āda*, in *The Philosophical Works*, ed. Jafar al Yasin, Beirut, 1992, *passim* (traduction française – faite sur l'anglais, à l'évidence : *De l'obtention du bonheur*, trad. O. Sedeyn et Nassim Lévy, Paris, 2010). Sur cette question, voir H. Zghal, « Métaphysique et science politique. Les intelligibles volontaires

dans le *Taḥṣīl al-sa'āda* d'al-Fārābī », *Arabic Sciences and Philosophy* 8 (1998), p. 169-194.

33. C'est-à-dire : même si une grande partie de ces questions se pose et se règle pour l'une et l'autre de la même façon, sans qu'il soit absolument besoin, donc, de deux examens distincts.

34. Sur l'intellect pratique, voir notamment al-Fārābī, *Epître sur l'intellect*, trad. Hamzah, Paris, 2001, p. 67-70 (éd. M. Bouyges, *Risalat fi'l-'aql*, Beyrouth, [2]1986, p. 9, 4-12, 4) ; *La philosophie d'Aristote* (éd. Mahdi, *Al-Fârâbî's Philosophy of Aristotle (Falsafat Arisṭûṭâlîs)*, Beyrouth, 1961, p. 123 *sq.*) ; *Régime politique*, trad. Vallat, p. 11 *sq.* (*Kitāb al-siyāsa al-madaniyya*, éd. F. M. Najjar, p. 32, 15 *sq.*; *cf.* éd. Cherni, p. 38 *sq.*) ; pour Avicenne, voir O. Lizzini, « Vie active, vie contemplative et philosophie chez Avicenne », *in* Ch. Trottmann (éd.), *Vie active et vie contemplative au Moyen-Âge et au seuil de la Renaissance*, Roma, 2009, p. 207-239 ; M. Sebti, « La distinction entre intellect pratique et intellect théorique dans la doctrine de l'âme humaine d'Avicenne », *Philosophie* 77 (2003), p. 23-44.

35. « Ceux qui sont visés à titre premier », *al-maqṣūdūna awwalan* (cf. *supra*, p. 158, § 73, où Averroès parle de l'intellection par l'homme de la forme séparée comme de « la fin visée », *al-ġāyat al-maqṣūda* : les philosophes, en somme, sont visés à titre premier par la providence et ce qu'ils visent – et qui est, pour ainsi dire, visé en eux –, c'est la perfection de l'homme, c'est-à-dire le plein accomplissement de l'intellect). Sur cette notion de « visée » ou d'« intention première », voir Alexandre d'Aphrodise, *Traité de la providence (Περὶ προνοίας). Version arabe de Abū Bishr Mattā ibn Yūnus*, éd. et trad. P. Thillet, Lagrasse, 2003. Dans l'arabe qui nous reste, on lit l'expression *'alā al-qasd al-awwal*, qui traduit le grec *proégouménos* et donnera en latin *prima intentione* (« en première intention ») ; puis *'alā al-qasd al-ṯānī*, qui rend le grec *deuteros* et deviendra en latin *secunda intentione* (« en seconde intention »). Alexandre récuse l'idée que le supérieur puisse viser l'inférieur à titre premier, sans admettre pour autant que le bénéfice soit purement accidentel : voir notamment p. 115 (nous soulignons) :

> La Providence de Dieu ne s'exerce pas non plus, en aucune façon, à l'égard de ces choses, *selon l'intention première*. Elle n'est en aucune façon telle que des actes particuliers de cette providence auraient pour fin ces choses mêmes.<…> Car dire que c'est dans les actes de dieux, selon l'intention première, que consisterait la Providence à l'égard des choses d'ici-bas, selon quoi leurs actes particuliers ne seraient chez eux qu'en vue de l'existence et de l'ordre des choses d'ici-bas, et que leurs mouvements auraient cette fin, est un propos déraisonnable, alors que, comme nous l'avons déjà dit plus d'une fois, tout ce qui est en vue d'une chose pour une autre est inférieur à cette chose et plus

vil qu'elle. Mais dire que la Providence de Dieu s'exercerait de cette façon revient à dire que l'existence de Dieu a pour fin les choses d'ici-bas.

Puis voir *ibid.*, p. 112, où apparaît la notion-clé d'intention *seconde* :

Quant au soin à l'égard des autres choses – leur conservation –, ainsi qu'à l'égard des choses qui les suivent en ce lieu, il se manifeste en elle *de surcroît et selon l'intention seconde.*

Averroès connaît sans doute les textes d'al-Fārābī, chez qui le *mode* de la « providence » qu'exerce l'intellect agent sur l'homme n'est pas tout à fait clair. Contre Alexandre d'Aphrodise, en effet, qui défend l'idée d'une providence de *Dieu* en intention *seconde*, al-Fārābī semble parler au sujet de l'homme d'une providence *de l'intellect agent* en intention *première.* Voir son *Régime politique*, trad. Vallat, p. 6 (éd. Najjar, p. 32, 6 *sq.*) : « l'activité propre de l'Intellect agent consiste dans *le soin provident ('ināya)* à l'égard de l'animal rationnel et dans le fait de chercher à lui faire atteindre le rang ultime de perfection qu'il appartient à l'homme d'atteindre, c'est-à-dire la félicité ultime » ; *Epître sur l'intellect*, trad. Vallat, Paris, 2012, p. 45-46 (éd. Bouyges, p. 29, 3 *sq.*) : « ... et les étants dont l'Intellect agent vise l'existenciation en première intention eu égard à nous *(qaṣdan awwalan fī mā laday-nā)*, ce sont les formes en question <*i.e.* les formes qui sont en lui de toute éternité> » ; *Régime politique*, trad. Vallat, p. 24 (éd. Najjar, p. 36, 11-13) : « De plus, l'existence de la matière est seulement en vue des formes, comme si le dessein premier *(al-ġaraḍ al-awwal)* avait été l'existence des formes. » Sur ce point, voir Ph. Vallat dans sa traduction de l'*Epître sur l'intellect*, p. 46, n. 131. Plus largement, en débordant sur la scolastique, voir J.-B. Brenet, « Métaphysique et politique "en intention seconde". Jean de Jandun héritier d'Averroès et d'Alexandre d'Aphrodise », *Archives d'Histoire Littéraire et Doctrinale du Moyen Âge* 85 (2018), p. 109-127.

36. *Cf.* Ibn Bāǧǧa, *Epître de l'adieu*, éd. Genequand, § 73, p. 112 ; *Conduite de l'isolé*, § 4 et 98 ; *cf.* Aristote, *Ethique à Nicomaque*, VI, 1-4, 1138 b35-1140 a23.

37. Les trois possibilités du départ (éternité ; en puissance puis en acte ; partage de puissance et d'acte, voir p. 108) ne sont plus qu'une alternative : ou bien les intelligibles (pratiques) sont éternels, ou bien ils sont d'abord en puissance, puis en acte.

38. Question majeure dans la noétique d'Averroès (on y revient longuement), puisque le dernier Averroès – celui du *Grand Commentaire* du *De anima* – reprochera explicitement à Ibn Bāǧǧa de l'avoir induit en erreur dans sa jeunesse en lui faisant accroire que les images constituaient le sujet-*substrat* de l'intelligible en acte alors que, précisément, elles n'en sont que le moteur (*cf.* Averroès, *L'intelligence et la pensée*, p. 68 ; 75 ; éd. Crawford,

III, c. 5, p. 398, 331 *sq.*; 406, 549 *sq.*; le texte corrigé du *Compendium* porte d'ailleurs les marques de la révision d'Averroès sur cette question : voir *supra*, p. 150, § 62 et p. 152, § 65). Averroès soutient ici que les images ne sont pas le « sujet » de la « puissance » rationnelle pratique, c'est-à-dire en réalité des intelligibles pratiques *en acte*, de la puissance rationnelle pratique dans sa perfection *seconde*, mais leur « moteur », puisque l'intelligible n'est rien que l'image universalisée (c'est-à-dire la même chose, mais élevée, transferée au rang d'être supérieur) et que si l'image, donc, en était le « sujet-substrat », cela voudrait dire qu'une chose se reçoit elle-même. La fin de notre paragraphe paraît toutefois compliquer cette position : après avoir écrit que les images étaient moteur et non pas sujet de l'intelligible, Averroès conclut en effet qu'« elles sont d'une certaine façon semblables à un sujet pour l'universel » ; il faut comprendre, nous semble-t-il (outre que cela peut procéder de couches de rédaction diverses), qu'elles sont moteur de l'intelligible (pratique) en acte, et sujet-substrat de l'intelligible (pratique) en puissance.

39. *Cf.* la définition de l'imagination chez Aristote, *De l'âme*, III, 3, 429a1-2 : elle est « un mouvement produit par la sensation quand elle est en acte » *(ἡ φαντασία ἂν εἴη κίνησις ὑπὸ τῆς αἰσθήσεως τῆς κατ' ἐνέργειαν γιγνομένη)*.

40. *Fa-qad yaẓharu*, dit l'arabe. On ne donne pas ici à *qad*, en dépit de l'inaccompli, de valeur atténuative ou dubitative; c'est souvent le cas chez Averroès.

41. L'arabe utilise le masculin, alors qu'il est question, au féminin, de la puissance de l'intellect. Mais Averroès parle ensuite d'*al-kulliyy*, « l'universel », au masculin.

42. *Supra*, p. 150, § 62, *idem*.

43. *Cf.* Averroès, *Epître 2*, dans *La béatitude de l'âme*, § 8-9, p. 224-226.

44. C'est-à-dire pour, en mouvant, produire l'universel, faire que l'universel advienne.

45. « Image » traduit ici *taḫayyul* et, ailleurs, *ḫayāl*, ce qui revient au même. Sur cette nécessité d'un autre moteur (un moteur intellectuel, en l'occurrence, articulé au moteur qu'est l'image), *cf.* entre autres Averroès, *Epître 2*, dans *La béatitude de l'âme*, § 10-11, p. 226; § 19-20, p. 230; voir *infra*, p. 251, n. 274. Voir J.-B. Brenet, « Averroès a-t-il inventé une théorie des deux sujets de la pensée ? », *Tópicos. Revista de filosofía* (Universidad Panamericana, México) 29 (2005), p. 53-86, où nous indiquions que la théorie rushdienne des « deux sujets » de la pensée (l'intellect matériel, l'image) devait s'entendre comme la théorie du *sujet-substrat* de cette pensée (l'intellect matériel) et de ses *deux moteurs* (l'intellect agent, d'un côté, l'image de l'autre, l'image n'étant capable de mouvoir l'intellect *qu'en vertu* de l'intellect agent); voir par exemple p. 65 : « "sujet" désigne l'image qui, recevant l'illumination de l'intellect agent, peut devenir *motrice* de l'intellect matériel »; ou p. 69 :

« l'image n'est motrice qu'à la condition d'être illuminée par l'intellect agent qui, par son acte de dématérialisation, l'élève au plan de l'intelligibilité en acte. L'image n'est motrice, donc, que par l'intervention d'un second moteur, l'intellect agent ». On y revient plus bas.

46. *Cf.* Averroès, *L'intelligence et la pensée*, p. 107 (éd. Crawford, III, c. 18, p. 438, 46-439, 57) : « Mais on ne peut pas non plus dire que les “intentions” de l'imagination sont seules à mouvoir l'intellect matériel *(quod intentiones ymaginate sunt sole moventes intellectum materialem)* et à l'extraire de la puissance à l'acte, car, s'il en était ainsi, il n'y aurait aucune différence entre l'universel et l'individu *(tunc nulla differentia esset inter universale et individuum)*, et l'intellect appartiendrait au <même> genre <que> la faculté imaginative *(et tunc intellectus esset de genere virtutis ymaginative)*. Bien que *(cum hoc quod)* l'on pose que le rapport des “intentions” de l'imagination à l'intellect matériel est comme le rapport des sensibles au sens (comme Aristote le dit ensuite), il est donc nécessaire de poser qu'il y a un autre moteur qui les rend à même de faire passer à l'acte l'intellect matériel (ce qui consiste à les rendre intelligibles en acte en les abstrayant de la matière). »

47. Voir *supra*, p. 154 *sq.*

48. En dépit, donc, de ce qui venait d'être dit, les images motrices sont aussi en un sens sujet-substrat de l'universel. Il est certain qu'Averroès peine à débrouiller, s'agissant des images, la notion de sujet qu'il hérite d'Ibn Bāǧǧa (et ce sera l'origine de sa rupture théorique), mais l'idée pourrait être la suivante : les images ne sont pas le sujet-substrat de l'intelligible *en acte*, elles en sont le moteur ; mais d'elles seules, toutefois, elles ne peuvent exercer cette motion (et faire passer l'intellect à l'acte), si bien qu'il sera besoin de l'intervention de ce moteur intellectuel qu'est l'intellect agent ; et dans cette mesure, donc, c'est-à-dire en tant qu'elles ne meuvent pas seules l'intellect, elles ne sont, prises en elles-mêmes, que de l'universel en puissance, elles sont l'universel en puissance, à l'état de prédisposition, ou bien encore un sujet-substrat de l'universel *en puissance*. Si le propos est cohérent, par conséquent, c'est ce qu'il signifie : que les images sont le sujet-substrat de l'universel en puissance, mais qu'elles seront, sous l'effet moteur de l'intellect agent, le moteur de l'universel en acte et aussi, comme la suite le montrera, le point d'appui, la référence, le corrélat de l'intelligible en acte. Reste une difficulté, qui mine l'analyse d'Averroès à l'époque du *Compendium* : la nature du sujet-substrat de l'intelligible *en acte*. Ce sujet-substrat est l'intellect matériel, mais si ce dernier est une prédisposition des images, n'est-ce pas faire des images elles-mêmes, contradictoirement, le récepteur de cet intelligible en acte ? Averroès y revient dans ses révisions *infra*, p. 150-152.

49. « Lié » traduit *murtabiṭ* : le terme, et l'idée, reviennent plus bas (p. 144 ; 148 ; 150), pour expliquer que l'intelligible théorétique n'existe que

relativement aux images dont il est l'intelligible et qu'on ne le conçoit, donc, qu'attaché, ou que « lié » à elles, ce qui explique sa multiplication. Le terme, avec celui de « jonction » (*ittiṣāl*), est présent chez Ibn Bāǧǧa (*Conjonction de l'intellect avec l'homme*, § 41, éd. Genequand, p. 196); on les retrouve dans le *Grand Commentaire* du *De Anima*, qui utilise *continuatio*, *copulatio*, et leurs dérivés; Ch. Burnett a noté, du reste, que dans l'arabo-latin du *Grand Commentaire* du *De anima*, l'arabe *ittaṣala* a pu être rendu par *continuari* ou *copulare* (voir son article « Coniunctio-continuatio », *in* I. Atucha, D. Calma, C. König-Pralong, I. Zavattero (éd.), *Mots médiévaux offerts à Ruedi Imbach*, Turnhout, 2011, p. 185-198). Si l'on fait un rapide relevé des usages de *copulatio/copulare* (en négligeant ici *continuatio/continuari*) dans le livre III du *Grand Commentaire*, on obtient ceci : c. 5, éd. Crawford, p. 403, 466 *sq*. (l'intellect matériel couplé à la perfection dernière de l'individu); c. 5, p. 404, 501 *sq*. (forme et matière couplées ensemble); c. 5, p. 407 (l'intelligible couplé à nous); c. 5, p. 411, 703 *sq*. (l'intellect matériel couplé à nous; nous, couplés à l'intellect agent); c. 5, p. 413, 754 *sq*. (l'intellect couplé à nous, au corps); c. 20, p. 444, 19 *sq*. (l'intellect agent couplé en nous, couplé à nous); c. 20, p. 450, 202 *sq*. (l'intellect matériel couplé à nous); c. 20, p. 452, 265 *sq*. (les intelligés couplés à nous); c. 36, p. 481, 58 *sq*. (l'intellect matériel couplé à nous); p. 484, 128 *sq*. (l'intellect agent couplé à nous; l'intellect agent couplé à l'intellect matériel); p. 485, 159 *sq*. (l'intellect agent couplé à nous); p. 486, 199 *sq*. (l'intellect agent couplé à l'intellect matériel; l'intellect matériel couplé à nous; l'intellect matériel couplé aux images); p. 499, 578 *sq*. (l'intellect agent couplé à nous); p. 500 591 *sq*. (les intelligibles théorétiques couplés à nous; l'intellect agent couplé aux intelligibles théorétiques; l'intellect agent couplé à nous); p. 502, 650 *sq*. (l'intellect agent couplé à l'intellect en habitus; la forme couplée à la matière).

Ce que montre ce relevé, c'est que si le dernier Averroès continue d'employer le vocabulaire de la *copulatio* (c'est-à-dire, en arabe, celui de l'*irtibāṭ*), il ne le fait *plus* pour désigner comme ici dans le *Compendium* la liaison de l'intelligible aux images. Cela ne signifie pas que l'idée du rapport à l'image a disparu, mais que le lexique s'est modifié : ainsi, dans le livre III, c. 39, du *Grand commentaire* du *De anima* (éd. Crawford, p. 506, 33 *sq*.), il est dit de l'intellect qui est en nous qu'il ne pense une chose que « coniunctum cum sua ymagine » (litt. : « conjoint à son image »), et le terme *conjunctum* – à suivre M. Geoffroy et C. Sirat dans leur déchiffrage des gloses du Manuscrit de Modène, Biblioteca Estense, α. J. 6. 23 (ff. 54v-58v) – correspond à l'arabe *mutalabbis*, « revêtu de » (et non pas, donc, *murtabiṭ*, ou *muttaṣil*); voir notre introduction p. 40, n. 3.

50. « Aptitude » traduit ici *tahayyu'*. *Cf.* Alexandre d'Aphrodise, *De l'intellect*, 112, 11-16; éd. Badawī, p. 40, 7; al-Fārābī, *Idées des habitants de la*

cité vertueuse, trad. Y. Karam, J. Chlala, A. Jaussen, Beyrouth-Le Caire, 1980, chap. 22, p. 73 (trad. modifiée; *cf.* al-Fārābī, *Opinions des habitants de la cité vertueuse*, trad. A. Cherni, Beyrouth, 2011, p. 180) :

> quant à l'intellect humain qui survient naturellement chez l'homme dès le début de son existence, c'est une certaine aptitude *(hay'a)* dans une matière *(fī mādda)* préparée *(mu'adda)* à recevoir les empreintes (*rusūm*) des intelligibles : il est donc intellect en puissance *(bi-l-quwwa 'aql)*, <c'est-à-dire> intellect hylique *('aql hayūlāniyy)*, et également intelligible en puissance *(bi-l-quwwa ma'qūla)*.

Cf. *ibid.*, chap. 27, p. 91 *sq.* (trad. modifiée; *cf.* trad. Cherni, p. 236) :

> le premier degré par quoi l'homme est homme, c'est cette aptitude (*hay'a*) naturelle réceptive préparée *(mu'adda)* à devenir intellect en acte. Elle est commune à tous les hommes et se trouve séparée de l'intellect agent par deux degrés : le passage de l'intellect patient à l'acte et la réalisation de l'intellect acquis.

Cf. al-Fārābī, *Régime politique*, trad. Vallat, p. 15 (trad. modifiée; éd. Najjar, p. 34, 4 *sq.*; *cf.* trad. Cherni, p. 42) :

> nos âmes à nous, <…> d'abord sont en puissance *(bi-l-quwwa)*, puis passent en acte. C'est qu'elles sont tout d'abord des aptitudes réceptives (*hay'āt qābila*) préparées *(mu'adda)* en vue de l'intellection des intelligibles; puis, après cela, les intelligibles leur adviennent et c'est à ce moment-là qu'elles passent en acte;

Et *ibid.*, p. 27 *sq.* (éd. Najjar, p. 37, 4 *sq.*; *cf.* trad. Cherni, p. 52) :

> Quant aux âmes, aussi longtemps qu'elles ne se sont pas parfaitement actualisées <litt. : tant qu'elles ne sont pas parachevées> en ce qu'elles n'ont pas encore accompli les actes qui sont les leurs, elles ne sont rien d'autre que des puissances (*quwā*) et des aptitudes (*hay'āt*), préparées *(mu'adda)* en vue de recevoir les empreintes (*rusūm*) des choses.

51. Qu'il y ait dans l'imagination de l'homme une prédisposition à recevoir l'intelligible est une chose (c'est l'idée que l'homme, en tant qu'il imagine, est le seul animal capable de penser, de se porter jusqu'à la conception), mais la question restera de savoir quel est le *sujet-récepteur* de l'intelligible *en acte* dont l'imagination nous rend capables. C'est pour régler cette difficulté qu'Averroès récusera sa première noétique d'inspiration baǧǧienne.

52. La caractéristique de la puissance sensorielle n'est pas de pouvoir recevoir les intelligibles, mais simplement de pouvoir mouvoir l'imagination. D'une part, donc, le sens n'est pas directement « ouvert » sur l'intellection (l'animal qui pense ne peut être qu'un animal *imaginant*, et non seulement sentant); d'autre part, son pouvoir, vis-à-vis de la faculté qui lui est supérieure

quand elle est prise en acte, est un pouvoir exclusivement moteur. Comme on l'a noté plus haut, Averroès reviendra sur cela dans le *Grand commentaire* du *De Anima*, précisément pour soutenir que la préparation dans les images, vis-à-vis des intelligibles en acte, est *elle aussi* une préparation *motrice* (la « préparation dans un moteur pour en faire un moteur ») et non pas réceptrice (voir Averroès, *L'intelligence et la pensée*, c. 5, p. 75; éd. Crawford, III, c. 5, p. 505, 544 *sq.*) Dans les pages précédentes du *Compendium* sur l'intellect pratique, toutefois, Averroès a déjà reconnu la dimension motrice des images.

53. Littéralement : les images ne sont pas seulement, en quelque façon, sujettes *(mawḍūʿat)* à cette puissance.

54. « Cogitation » traduit ici *fikr*, que nous avons rendu plus haut par « pensée » (p. 112, § 7). Sur la cogitation chez Averroès, voir les références données *supra*, n. 28, p. 173.

55. Nouvelle idée, qui ne vaudra plus pour les intelligibles *théorétiques* : les images ne sont pas seulement le « sujet-substrat » de la puissance intellective pratique, ni le « moteur » des intelligibles pratiques en acte, elles sont aussi, de cette puissance, la « perfection », puisque l'intelligence pratique ne vise qu'à produire des images dont les artefacts, dans le monde réel, résulteront.

56. Les intelligibles pratiques ne servent qu'à faire advenir des images qui seront comme les modèles concrets des artefacts à produire. Si donc ils devaient exister sans ce « patron » qu'est l'image, ils seraient vains.

57. C'est-à-dire des formes imaginées qui servent de modèle, en quelque sorte, pour la fabrication de choses réelles. En l'occurrence, chez l'abeille, l'image de l'hexagone pour que la ruche soit construite, ou l'image de la toile, chez l'araignée, pour que la toile soit tissée.

58. Comprenons : comme *ces formes imaginées* que sont *les images de figures hexagonales* que les abeilles se font, pour bâtir la ruche, ou *les images de tissage* dont se servent les araignées pour véritablement tisser leur toile.

59. C'est-à-dire que les animaux ne contrôlent pas les formes qui surviennent en eux.

60. Dans sa traduction (p. 54-55), D. Wirmer renvoie à Ibn Bāǧǧa, *Al-wuqūf ʿalā l-ʿaql al-faʿʿāl*, éd. Faḫrī, *Rasāʾil* Ibn Bāǧǧa *al-ʾilāhīya*, Beirut, 1968, p. 108, 9-11 (*cf.* Th.-A. Druart, « Le traité d'Avempace sur "Les choses au moyen desquelles on peut connaître l'intellect agent" », *Bulletin de philosophie médiévale* 22 (1980), p. 73-77, ici p. 76, 17-20); sur la confusion, qui remonterait à Galien, entre cogitation et intellection, *cf.* Averroès, *L'intelligence et la pensée*, p. 84 (éd. Crawford, III, c. 6, p. 416, 75-86) : « bien que l'homme ait en propre la faculté cogitative, cela ne suffit pas à en faire une faculté distinctive rationnelle *(non facit hanc virtutem esse rationabilem distinctivam)*, car <ce type de> faculté distingue des "intentions" universelles, non des individuelles. <…> C'est parce que Galien croyait que la faculté

cogitative était rationnelle et matérielle *(rationalis materialis)* que l'erreur du conséquent l'a fait se tromper sur ce point ».

61. Ceux dont il vient d'être question : l'amour, la haine, les relations à autrui.

62. *Cf.* Aristote, *Ethique à Nicomaque*, VI, 13, 1144 b4 *sq.*; *Histoire des animaux*, I, 1, 488b12 *sq.* Il n'existe pas de commentaire d'Averroès à l'*Histoire des animaux.* Son *Commentaire moyen* à l'*Ethique à Nicomaque* est aujourd'hui perdu dans sa version arabe originale; pour la traduction en hébreu de Samuel de Marseille (1322), voir Averroès, *Middle Commentary on Aristotle's* Nicomachean Ethics *in the Hebrew Version of Samuel ben Judah*, éd. L. V. Berman, Jerusalem, 1999. Pour l'édition latine du livre X (traduction d'Hermann l'Allemand de 1240), et plus largement, pour une présentation de ce commentaire d'Averroès à l'*Ethique à Nicomaque*, voir, avec ses références bibliographiques, F. Woerther, *Le plaisir, le bonheur, et l'acquisition des vertus.*

63. *Cf.* Aristote, *Ethique à Nicomaque*, VI, 6.

64. *Cf.* al-Fārābī, *Risāla fī mā yanbaġī 'an yuqaddama qabla ta'allum al-falsafa*, *in* F. Dieterici, *Alfārābī's philosophische Abhandlungen, aus Londoner, Leidener und Berliner Handschriften*, Leiden, 1890, p. 49-55, ici p. 50 (cité par al-'Ahwānī, p. 72, n. 1; et D. Wirmer, p. 57, n. 32 et 35). Sur cette question de l'aide et du rapport aux prédécesseurs, *cf.* notamment Averroès, *Le livre du Discours décisif*, trad. M. Geoffroy, Paris, 1996, § 8-12; *Tafsīr mā ba'd al-ṭabī'at (« Grand Commentaire » de la* Métaphysique*)*, II, 1 (993a30 *sq.*), c. 1 et 2, éd. Bouyges, vol. 1, p. 4 *sq.*; *cf.* également, bien qu'Averroès ne le connaisse pas, al-Kindī, *Livre de la philosophie première*, trad. J. Jolivet-R. Rashed, *in* R. Rashed et J. Jolivet (éd.), *Œuvres philosophiques d'al-Kindī*, vol. 2, *Métaphysique et cosmologie*, Leiden, 1998, p. 10 *sq.*

65. Au début de ce chapitre (*supra*, p. 108), Averroès envisageait trois questions au sujet de la puissance rationnelle : (a) est-elle toujours en acte? (b) est-elle tantôt en puissance, tantôt en acte? (c) est-elle en partie puissance et en partie acte? Pour ces formes que sont les intelligibles théorétiques, la troisième hypothèse est ici disqualifiée d'emblée puisque cela reviendrait à les diviser « par essence », ce qui ne se peut.

66. *Cf.* Ibn Rušd, *Talḫīṣ kitāb al-nafs*, éd. al-'Ahwānī, p. 8, 16 *sq.* (voir notre introduction, p. 18 *sq.*). La question est de savoir si les intelligibles théorétiques sont toujours en acte ou bien tantôt en puissance et tantôt en acte. Et la réponse, explique Averroès aux premières lignes de son texte, demande d'examiner comment ces intelligibles sont « joints » à nous : (A) soit ils le sont comme l'est par exemple l'intellect agent quand on l'« acquiert », c'est-à-dire comme une réalité séparée déjà en acte (à laquelle on ne fait que se « lier »), ce qui voudrait dire qu'ils sont eux-mêmes toujours en acte, indépendamment de nous (et Averroès va détailler ce que cela implique : (i) nos concepts seraient depuis toujours en acte, depuis le début de notre vie,

ce qui nous demanderait d'expliquer ce qui, jusqu'à un certain âge, empêche leur perception ; (ii) n'étant pas en puissance, ils n'auraient pas besoin d'un moteur de même nature qu'eux, sinon par accident ; (iii) on ne pourrait parler de « puissance » à leur sujet que de façon métaphorique) ; (B) soit ils le sont comme le sont les formes matérielles avec les matières dans lesquelles elles sont inscrites, auquel cas ils ne seraient pas toujours en acte mais revêtiraient, du fait de cette « matérialité », une certaine potentialité. La suite de l'analyse va montrer que l'alternative est plus complexe : les intelligibles théorétiques de l'homme ont un statut ambigu et ne sont *ni* totalement séparés *ni* totalement matériels.

67. Il ne s'agirait donc pas d'intelligibles *à abstraire*, à produire, mais de réalités toujours déjà en acte auxquelles nous aurions simplement à nous relier. À cette question centrale, la réponse d'Averroès, en vérité, sera double. Premièrement (et cela fait l'essentiel du chapitre, sans en être le sommet), les intelligibles théorétiques que nous saisissons dans nos vies courantes ne sont pas des réalités séparées, mais des intelligibles *en puissance* extraits des images que nous recevons. Cet intelligible théorétique, donc, n'existe pas en nous depuis le début ; il est « matériel », en un certain sens, et nous ne le possédons en acte que lorsque nous le « faisons », c'est-à-dire lorsque nous l'abstrayons puis le recevons. Deuxièmement, toutefois, l'homme est capable à la fin de son cursus théorétique de se joindre (pleinement) *à une autre sorte* d'intelligible, à savoir à l'intellect agent, forme *séparée* toujours en acte avec laquelle il ne fait qu'entrer en relation. Aussi faudra-t-il distinguer la puissance « naturelle » que nous possédons à l'égard des intelligibles théorétiques courants (ceux qui nous conduisent jusqu'à la métaphysique et qu'il nous revient d'engendrer), de la puissance « divine », qui nous ouvre à l'intelligible pur existant par lui-même. Sur ce point, voir Ibn Rušd, *Talḫīṣ kitāb al-nafs*, éd. al-'Ahwānī, p. 95, 21 *sq.* : « la différence entre les deux puissances est que la puissance naturelle, lorsqu'elle existe en acte, est l'existence de quelque chose qui auparavant n'existait pas, tandis que lorsque cette puissance <divine> existe en acte, la perfection consiste dans ce cas dans la relation *(iḍāfa)*. C'est en fonction de ce rapport *(nisba)* que l'intellect agent est appelé acquis *(mustafād)* » (trad. M. Geoffroy, « L'exposition de la *Jonction de l'intellect avec l'homme* (*Ittiṣāl al-ʿaql bi-l-insān*) d'Avempace », p. 153). Sur cette question, voir l'introduction p. 62 *sq.*

68. « Acquisition » traduit *istifāda*, et cela désigne le rapport à l'intellect agent qu'obtient l'homme au terme de son cursus théorétique lorsque, cessant d'être seulement « agent » de l'intellection, l'intellect agent devient pour lui (pleinement) cause formelle et finale. Sur cette notion cruciale, cf. *supra*, p. 156, et notre introduction, p. 68-71.

69. Cf. *supra*, p. 108 ; 144. Averroès conteste absolument que cela puisse valoir pour les intelligibles théorétiques de l'homme tandis que,

intellectuellement, il se parachève et qu'il a rapport au monde par l'entremise du sens et de l'imagination. Cela étant, l'homme pleinement accompli en vient à se joindre à un intellect séparé qui est toujours en acte, indépendamment de son intervention, la différence avec l'état précédent étant que l'homme n'était pas jusque là en mesure d'établir la relation par laquelle il l'appréhende. Passée la charge contre Platon, autrement dit, il ne sera pas faux de poser que penser, à la fin, c'est se rapporter à de l'intelligible déjà là comme tel.

70. *Cf.*, de façon plus générale, Averroès, *L'intelligence et la pensée*, p. 134 (éd. Crawford, III, c. 27, p. 465, 10-13) : « la science qui sort de la puissance à l'acte est engendrée, et tout engendré est engendré par ce qui est en acte de l'espèce <même> de cet engendré *(scientia exiens de potentia in actum est generata, et omne generatum generatur ab eo quod est in actu speciei illius generati)* ». Sur le besoin d'un intellect pour mouvoir le nôtre, voir *supra*, p. 154 *sq.* Sur le fait qu'agir et pâtir ne s'appliquent qu'à des contraires relevant d'un même genre, voir Aristote, *Génération et corruption*, I, 7, 323b29-33.

71. C'est-à-dire si, malgré tout, un intellect devait intervenir.

72. C'est-à-dire d'une façon accidentelle. Quand bien même un intellect interviendrait dans l'advenir de ces intelligibles, son intervention, s'ils sont en eux-mêmes déjà en acte, ne regarderait pas leur advenir *comme intelligibles* mais consisterait simplement à dégager l'obstacle empêchant leur manifestation (*cf.* Aristote, *Physique*, VIII, 4, notamment 255 b24 *sq.*, 256a1 *sq.* – c'est de ces passages que provient la théorie scolastique du *removens prohibens*, de la cause « écarte-obstacle » ; *cf.* Averroès, *In Aristotelis De Physico auditu*, in *Aristotelis Opera cum Averrois Commentariis*, Venetiis apud Junctas, 1562-1574 ; réimpr. Frankfurt am Main, 1962, vol. IV ; c. 32-33, f. 370A-372H).

73. Sur le miroir et la référence implicite à Avicenne, voir entre autres J. Michot, *La destinée de l'homme selon Avicenne. Le retour à Dieu* (ma'ād) *et l'imagination*, Louvain, 1986, p. 106-108 ; « Dés-altération et épiphanie. Une lecture avicennienne de la danse mevlevie », in *Selçuk Üniversitesi. 6. Millī, Mevlānā Kongresi. Tebligler, 24-25 mayis 1992, Konya*, "Selçuk Üniversitesi Yayınları no. 110 – Selçuklu Arastırmaları Merkezi Yayınları no. 9", Konya, Selçuk Üniversitesi Rektörlügü, 1993, p. 25-33. Plus largement, voir D. De Smet, M. Sebti et G. De Callataÿ (éd.), *Miroir et savoir. La transmission d'un thème platonicien, des Alexandrins à la philosophie arabo-musulmane*, Leuven, 2008.

74. Sur la latence des formes (son partisan le plus célèbre dans le *Kalām* étant I. al-Naẓẓām), *cf.* Ibn Rušd, *Tafsīr mā ba'd aṭ-ṭabī'at (Grand Commentaire de la Métaphysique)*, éd. Bouyges, vol. III, c. 18, p. 1497, 14 *sq.* (trad. dans Averroès, *Grand Commentaire de la Métaphysique d'Aristote (Tafsīr mā ba'd aṭ-ṭabī'at). Livre lām-lambda*, trad. A. Martin, Paris, 1984, XII, c. 18 (1070a27-30), p. 133) ; *cf.* Ibn Sīnā, *al-Shifā', III. al-Kawn wa-l-fasād*, éd. M. Qāsim,

Le Caire, 1969 (spéc. le chap. IV) ; voir H. A. Wolfson, *The Philosophy of the Kalam*, Cambridge (Mass.)-London, 1976, p. 495-517 ; J. Van Ess, « Kumūn », *Encyclopédie de l'Islam*, t. V, Paris, 1981, p. 385-386.

75. La précision s'impose s'il est vrai que toute forme n'est pas nécessairement matérielle. C'est ce qu'al-Fārābī, toutefois, récuse dans le *Régime politique* en s'opposant sans doute implicitement à Alexandre d'Aphrodise : il n'est de forme à proprement parler que dans une matière, si bien que l'intellect « acquis », séparé de la matière, « ni n'est une forme, ni ne ressemble à la forme, au contraire de ce qu'affirment ces gens qui appellent toutes les substances non incorporées "formes" au même titre, de manière homonymique » (trad. Vallat, p. 29 ; 31-32 – voir les notes du traducteur ; éd. Najjar, p. 37, 9 *sq.*). Voir par ailleurs G. Guyomarc'h, « Le Visage du divin : la forme pure selon Alexandre d'Aphrodise », *Les Études philosophiques* 86/3 (2008), p. 323-341.

76. Averroès a précisé sa méthode. Pour savoir si les intelligibles théorétiques sont toujours en acte (c'est-à-dire s'ils sont des formes séparées) ou tantôt en acte et tantôt en puissance (c'est-à-dire s'ils sont des formes matérielles), il faut commencer par présenter ce qui caractérise les formes matérielles en tant que telles pour déterminer si les intelligibles théorétiques présentent certaines de ces caractéristiques (*cf.* Ibn Rušd, *Talḫīṣ kitāb al-nafs*, éd. al-'Ahwānī, p. 11, 4-15).

77. Divers rangs dans l'ordre de l'être ; *cf.* Alexandre d'Aphrodise, *De l'âme*, trad. Bergeron-Dufour, p. 103 *sq.* ; et, entre autres, al-Fārābī, *Idées des habitants de la cité vertueuse*, trad. Karam, Chlala, Jaussen, chap. 18, p. 53 *sq.* ; *Régime politique*, trad. Vallat, p. 32 *sq.* (éd. Najjar, p. 38, 2 *sq.*) :

> Les formes, qui ont besoin de la matière, sont de divers rangs : les plus basses d'entre elles par le rang sont les formes des quatre corps simples qui sont chacune dans une matière. Les quatre matières sont d'une seule et même espèce, car celle qui est matière pour le feu est identiquement celle dont il peut être fait une matière pour l'air et tous les autres corps simples. Le reste des formes, ce sont les formes des corps qui paraissent au jour à partir de la mixtion des corps simples et de leur mélange, certaines de ces formes étant supérieurs à certaines autres. Ainsi les formes des corps minéraux sont-elles d'un rang supérieur à <celui> des formes des corps simples ; les formes du végétal, eu égard à leur plus grande excellence, sont d'un rang supérieur à <celui> des formes des corps minéraux ; les formes des espèces du genre animal non rationnel, eu égard à leur plus grande excellence, sont supérieures aux formes du végétal ; enfin, les formes du genre animal rationnel, c'est-à-dire les prédispositions naturelles qui sont les siennes en tant qu'il est rationnel, sont supérieures aux formes du genre animal non rationnel.

78. Sur la lourdeur et la légèreté comme « formes » des corps simples en tant que principes de leurs mouvements naturels, *cf.* Alexandre d'Aphrodise, *De l'âme*, éd. Bruns, 19, 5 *sq.*; 5, 4-12 (trad. Bergeron-Dufour, p. 73) :

> Car pour le feu, qui est un corps naturel et simple, sa forme est la chaleur, la sécheresse et aussi la légèreté qui naît de ces qualités et qui vient s'y ajouter, tandis que sa matière est le substrat de ces propriétés. Parce qu'il n'est aucune d'elles selon sa nature propre, ce substrat peut indistinctement recevoir ces propriétés ou leurs contraires (c'est grâce à cette nature qu'ont lieu les transformations des corps simples les uns dans les autres). Aucun d'eux n'est un corps, mais ce qui naît d'eux est d'emblée un corps et du feu. Le feu tient de la nature et de sa substance formelle sa légèreté, qui est un principe de mouvement vers le haut, laquelle n'est pas elle-même mue, puisqu'elle est la forme et la nature du feu.

La forme du feu, autrement dit, est la légèreté, dérivée de l'association du couple de qualités contraires chaud-sec, qui constitue la *dunamis* du feu, le principe de sa capacité naturelle à se mouvoir de bas en haut. Sur ce point, voir C. Cerami, « Averroès, *Commentaire moyen* du *De generatione et corruptione.* Introduction, traduction, notes », Mémoire inédit de l'Habilitation à diriger des recherches : *Entre ciel et terre. La doctrine de la génération substantielle, d'Aristote au néo-aristotélisme*, Sorbonne Université, 2020; plus largement, voir I. Kupreeva, *Alexander of Aphrodisias on Soul as Form (de anima 1-26 Bruns)*, Ph. D. thesis, Graduate Department of Philosophy, University of Toronto, 1999.

79. *Cf.* Ibn Rušd, *Talḫīṣ kitāb al-nafs*, éd. al-'Ahwānī, p. 6, 3-7 : « Outre tout cela, il a été expliqué dans le *Livre des animaux* que les compositions sont de trois sortes : la première est celle qui résulte de l'existence des corps simples à partir de la matière première, dépourvue de forme par son essence. La seconde est la composition qui résulte de ces <corps> simples, et qui donne les corps homéomères. La troisième est la composition des corps organiques, qui existe le plus complètement dans les animaux parfaits, comme le cœur et le foie » (trad. M. Geoffroy, « Sources et origines de la théorie de l'intellect d'Averroès », p. 241). Sur cette hiérarchisation du sensible par composition, *cf.* notamment Averroès, *In Aristotelis De partibus animalium* (*Aristotelis Opera cum Averrois Commentariis*, vol. VI), I, f. 128 G-K.

80. Pour parler des formes matérielles, il faut donc considérer deux choses : premièrement, qu'il en est de plusieurs sortes et qu'elles s'étagent, se hiérarchisent, de la plus simple à la plus complexe (en l'occurrence, dans cet ordre : formes des éléments, formes des homéomères, âme végétative, âme sensitive, âme imaginative); deuxièmement, que ces formes hiérarchisées présentent toutes à la fois des caractères communs (ce qui vaut pour toute forme matérielle en tant que telle, et qu'il va s'agir d'isoler pour voir si cela

concerne aussi les intelligibles théorétiques) et des caractères propres à chaque rang (ce qui, pour l'examen dont Averroès s'occupe, importe moins).

81. L'idée d'une division de la forme par son sujet vaudra pour les intelligibles théorétiques, mais « sujet », dans leur cas, ne pourra s'entendre proprement comme ici au sens de substrat, de récepteur, de matière (« ce dans quoi »). C'est l'une des difficultés qui conduira Averroès à rompre avec Ibn Bāǧǧa. Dans le *Grand Commentaire* du *De anima*, de fait, si l'image est dite « sujet » de l'intelligible *en acte*, c'est au sens de moteur et non pas de substrat. Voir l'introduction p. 36 *sq.*

82. « Forme complexionnelle » traduit, littéralement (et faute de mieux), *ṣūra mizāǧiyya*; *cf.* Averroès, *Commentaire Moyen* du *De Anima*, § 12, trad. Elamrani-Jamal, p. 281-307, ici p. 295 (éd. Ivry, *Middle Commentary on Aristotle's De anima*, Provo (Utah), 2002, § 286, p. 112) :

> du fait que la nature de l'intellect est cette nature, je veux dire qu'il est seulement disposition, il s'ensuit qu'il n'est pas mélangé au corps, c'est-à-dire non mélangé à l'une quelconque des formes, car s'il était mélangé au corps, il serait soit une forme humorale *(ṣūra mizāǧiyya)* – soit chaud, soit froid –, soit il aurait, comme le sens, un organe corporel.

Cf. Averroès, *L'intelligence et la pensée*, p. 82 (éd. Crawford, III, c. 6, qui commente Aristote, *De an.* III, 4, 429a24 *sq.*; p. 414, 31 ; 32) :

> il a en effet été établi que toute faculté <existant> dans un corps composé ou bien est comptée parmi les qualités premières *(attribuitur primis qualitatibus)*, c'est-à-dire la forme de la complexion (*forme complexionis*; A. de Libera traduit à tort, selon nous : « *i.e.* <*celles*> *de* la forme de la complexion » ; *forme* n'est pas un génitif mais un datif, qui précise *primis qualitatibus*), ou bien est une faculté qui existe dans la forme complexionnelle *(forma complexionalis)*, et dans ce cas, nécessairement, l'âme est organique.

Sur la question du mélange et de la complexion, voir C. Cerami, « Averroès, *Commentaire moyen* du *De generatione et corruptione* », p. 69-70; 142-153; 193-210; *Génération et substance. Aristote et Averroès entre physique et métaphysique*, Boston-Berlin, 2015, p. 480 *sq.*; D. Jacquart, « De *crasis* à *complexio* : notes sur le vocabulaire du tempérament en latin médiéval », *in* G. Sabbah (éd.), *Le latin médical : constitution d'un langage scientifique : réalités et langage de la médecine dans le monde romain*, Saint-Etienne, 1991, p. 71-77. Sur le mélange chez Averroès, voir aussi V. Cordonier, « Le mélange chez Averroès. Sources textuelles et implications théoriques », *in* A. Hasnawi et G. Federici Vescovini (éd.), *La circolazione dei saperi nel Mediterraneo : filosofia e scienze (secoli* IX-XVII*)*; *La circulation des savoirs autour de la méditerranée : philosophie et sciences (*IXe-XVIIe *siècle)*, Florence, 2012, p. 361-376.

83. Dans son *Talḫīṣ kitāb al-ḥiss wa-l-maḥsūs* (*Compendium du livre* Du sens et du senti), Averroès explique qu'une même partie de l'air qui achemine les couleurs vers le sens est capable de recevoir « deux couleurs contraires en même temps », comme le sens lui-même, alors que la matière extérieure ne peut évidemment recevoir deux qualités contraires en même temps (éd. Blumberg, p. 23-24). Voir sur ce point et, plus largement, sur les conditions de la perception sensible, A. Ivry, « The Ontological Entailments of Averroes'Understanding of Perception », *in* S. Knuuttila et P. Kärkkäinen (éd.), *Theories of Perception in Medieval and Early Modern Philosophy*, Springer, 2008, p. 73-86 ; D. Black, « Intentionality in Medieval Arabic Philosophy », *Quaestio* 10 (2010), p. 65-82 ; « Averroes on the Spirituality and Intentionality of Sensation », *in* P. Adamson (éd.), *In the Age of Averroes : Arabic Philosophy in the Sixth/Twelfth Century*, London-Torino, 2011, p. 159-174 ; J.-B. Brenet, « Du corporel au spirituel. Averroès et la question du sens agent », *Freiburger Zeitschrift für Philosophie und Theologie* 61/1 (2014), p. 19-42.

84. *Cf.* Ibn Sīnā, *al-Shifā'. Al-Ilāhiyyāt (La Métaphysique)*, t. II, livres VI-X, texte établi et édité par M. Y. Mousa, S. Dunya, S. Zayed, Le Caire, 1960, VIII, 7, p. 428, 97 *sq.* (*cf.* Avicenne, *La métaphysique du Shifā'*, VIII, 7, trad. G. C. Anawati, Paris, 1985, p. 104).

85. Il faut comprendre sans doute que l'imagination n'a pas besoin d'un organe propre (il n'y a pas l'équivalent pour elle, autrement dit, de ce que sont les yeux ou la langue pour le sens) ; cela étant, comme on sait, les facultés de « l'imagination » au sens large se répartissent chez Averroès, héritier entre autres de la tradition galénique, selon les différentes cavités du cerveau.

86. Averroès va en distinguer quatre : (i) leur existence fait suite par essence à un changement ; (ii) elles sont par essence multipliées par la multiplication de leur sujet ; (iii) elles sont composées d'une chose qui fait office de forme et d'une autre qui fait office de matière ; (iv) leur intelligible – c'est-à-dire l'intelligible qui correspond à ce qu'elles sont – est autre que leur être. Il s'agira de voir, comme Averroès va l'expliquer ensuite, si les intelligibles théorétiques sont totalement dépourvus de ces propriétés.

87. Nous comprenons que les formes matérielles font suite par essence à un changement (où « par essence » qualifie leur dépendance à l'égard du changement) et non qu'elles font suite à un changement par essence (où « par essence » viendrait spécifier le type de changement en jeu). Comme il est dit plus bas, on cherche ici les prédicats *essentiels* des formes matérielles, ce qui vaut pour elles absolument, en tant qu'elles sont matérielles (D. Wirmer comprend et traduit autrement – Averroes, *Über den Intellekt*, p. 63). Cela étant, on trouve par ailleurs l'idée chez Averroès que la forme survient comme fin d'un mouvement *par soi* (et il a bien parlé plus haut, p. 122, § 20, de « changement véritable ») ; sur cela, voir C. Cerami, *Génération et substance*,

p. 400-421 ; J.-B. Brenet, « Pensée, dénomination extrinsèque et changement chez Averroès. Une lecture d'Aristote, *Physique* VII, 3 », *Archives d'Histoire Doctrinale et Littéraire du Moyen Âge* 82 (2015), p. 23-43.

88. Si la forme peut se multiplier, cela tient à la « divisibilité » du corps qui la reçoit, laquelle divisibilité procède des « dimensions indéterminées » qui caractérisent la corporéité. Sans être une forme, ces dimensions indéterminées constituent la première disposition de la matière première. Sur ce point, voir A. Hyman, « Aristotle's "First Matter" and Avicenna's and Averroes' "Corporeal Form" », in *Harry Austryn Wolfson Jubilee Volume*, English Section, vol. 1, Jerusalem, 1965, p. 385-406 ; A. Stone, « Simplicius and Avicenna on the Essential Corporeity of Material Substance », *in* R. Wisnovsky (éd.), *Aspects of Avicenna*, Princeton, 2001, p. 73-130 ; A. Shihadeh, « Avicenna's Corporeal Form and Proof of Prime Matter in Twelfth-Century Critical Philosophy : Abū l-Barakāt, al-Mas'ūdī and al-Rāzi », *Oriens* 42 (2014), p. 364-396 ; C. Cerami, « Averroès, *Commentaire moyen* du *De generatione et corruptione* », p. 52-55 ; pour le prolongement scolastique, voir S. Donati, « La dottrina delle dimensioni indeterminate in Egidio Romano », *Medioevo* 14 (1988), p. 149-233 ; « Il dibattito sulle dimensioni indeterminate tra XIII e XIV secolo : Thomas Wylton e Walter Burley », *Medioevo* 29 (2004), p. 177-232. Plus largement, sur l'individuation de la forme par la matière chez Averroès, voir M. Di Giovanni, « Individuation by Matter in Averroes' Metaphysics », *Documenti e studi della tradizione filosofica medievale* 18 (2007), p. 187-210.

89. « Caractéristiques » traduit ici *ṣifāt*. Quelques lignes plus bas, Averroès parlera de « prédicats essentiels » *(maḥmūlāt ḏātiyya).*

90. *Cf.* Ibn Rušd, *Talḫīṣ kitāb al-nafs*, éd. al-'Ahwānī, p. 9, 4-10, 11.

91. Puisque les partisans de la transmigration, précisément, estiment possible qu'une âme singulière puisse quitter son sujet et s'introduire dans un autre sans rien perdre de sa singularité. La solidarité forte entre l'âme et son substrat n'est plus respectée. *Cf.* Ibn Sīnā (Avicenne), *al-Mabda' wa al-ma'âd (The Beginning And The End)*, éd. A. Nûrânî, Téhéran, 1984, p. 108, 21 *sq.* (*Livre de la genèse et du retour*, trad. Y. J. Michot, Oxford, mai 2002, III, 13, p. 73) ; *Kitāb al-Naǧāt fī l-ḥikma l-manṭiqiyya wa-l-ṭabī'iyya wa-l-ilāhiyya*, II, 6, éd. Fakhry, Beirut, 1985, p. 227 *sq.* (*Avicenna's Psychology. An English Translation of* Kitāb al-najāt, *Book II, chapter VI*, by F. Rahman, Oxford-London, 1952, p. 63 *sq.*) ; *Avicenna's* De Anima *(Arabic Text), being the psychological part of* Kitāb al-shifā', V, 4, éd. F. Rahman, Londres-New York-Toronto, 1959, p. 227 *sq.* ; Ibn Bāǧǧa, *Conjonction de l'intellect avec l'homme*, trad. Genequand, § 8, p. 186 ; § 22, p. 190 ; 25, p. 191 ; *Epître de l'adieu*, trad. Genequand, § 8, p. 91. Sur le *Phédon* connu des arabes, voir E. K. Rowson, *A Muslim Philosopher On the Soul and its Fate : al-'Āmirī's* Kitāb al-'amad 'alā al-abad, New Haven, 1988, p. 29-42 ; *cf.* la critique aristotélicienne des « mythes

pythagoriciens » dans Aristote, *De l'âme*, I, 3, 407b20-26. Il sera de nouveau question de la transmigration plus bas, p. 132, § 34.

92. Même formule *supra*, p. 140, § 47.

93. A première vue, donc, les intelligibles théorétiques ne sont pas des formes matérielles. Mais est-ce certain ? L'enquête doit être plus précise et faire le compte de leurs propriétés pour voir, comme Averroès va le préciser, (a) s'ils ne partagent *absolument rien* avec les formes matérielles ou (b) s'ils ont *au moins l'une* des propriétés des réalités séparées.

94. *Cf.* Aristote, *Du ciel*, I, 12, 283b 17 *sq.* La référence est explicite *supra*, p. 136, § 39.

95. La question est de savoir si les intelligibles théorétiques sont toujours en acte, et donc éternels, c'est-à-dire s'ils font partie des réalités séparées. Pour cela, comme on l'a noté, il ne suffit pas de s'en tenir à certaines de leurs propriétés et à ce qu'elles semblent indiquer. Il faut s'assurer soit que ces intelligibles n'ont absolument rien des formes matérielles, soit qu'elles ont *quelque chose* des réalités séparées (sur cette « méthode », *cf.* le texte déjà cité : Ibn Rušd, *Talḫīṣ kitāb al-nafs*, éd. al-'Ahwānī, p. 11, 4-15 ; introduction, p. 30 *sq.*). Dans un premier temps, Averroès va indiquer ce qui distingue les intelligibles théorétiques des formes matérielles ; dans un second temps, toutefois, il montrera que ces propriétés ne suffisent pas à faire de ces intelligibles des réalités séparées, et que, de fait, les intelligibles théorétiques revêtent une forme de matérialité. Les intelligibles théorétiques de l'homme se placeront dans un entre-deux : ni formes matérielles, ni réalités séparées.

96. Les intelligibles théorétiques ont cinq caractéristiques qui les distinguent des formes matérielles : (i) leur être-intelligible est identique à leur être (ou bien alors, s'il s'en distingue, c'est d'une autre façon que pour les formes matérielles) ; (ii) leur perception – *i.e.* les objets auxquels ils renvoient, en tant que concepts – est infinie ; (iii) la perception, dans leur cas, est identique au perçu ; (iv) leur perception n'est pas accompagnée de passion (ou plus exactement ne s'accomplit pas par l'entremise d'une passion) ; (v) l'intellect s'accroît avec l'âge. Cela étant, Averroès va montrer que ces différences ne suffisent pas à conclure que les intelligibles théorétiques sont des réalités séparées. Car certains de ces traits peuvent s'accommoder d'une certaine « matérialité » et d'ailleurs, comme la suite va l'établir, ils présentent des traits communs avec les formes matérielles. La conclusion, on le redit, sera que les intelligibles théorétiques présentent un caractère bifide conforme à l'être composé de l'homme, ni strictement matériel, ni absolument séparé.

97. La phrase arabe sous-entend le sujet (« quelque chose de commun ») de *hal yuǧadu la-hā*. D. Wirmer comprend autrement ; il isole *maʿa hāḏihi*, en considérant que *hāḏihi* renvoie à *al-umūr al-ḫāṣṣa bi-hāḏihi al-maʿqūlāt* de la phrase précédente ; la question serait donc de savoir si, en plus (*maʿa*)

des choses propres aux intelligibles (*hāḏihi*), ceux-ci ont aussi les choses communes à toutes les formes matérielles. Il traduit : « ob ihnen zusammen mit diesen die Dinge zukommen, die den materiellen Formen, insofern sie materiell sind, gemeinsam sind, oder ob <sie ihnen> nicht zukommen. » (Merci à Worod Musawi et Maysoon al-Suwaydan pour leurs remarques).

98. Ou leur « être » *(wuǧūd)*; idem dans le reste de la phrase. On pourrait écrire : car « l'être de ces formes <de l'âme> dans leur sujet désigné est autre que leur être intelligible ».

99. « Désigné » (ou désignable) traduit *mušār ilayhi* (qui rend le *tode ti* grec).

100. C'était la dernière caractéristique commune (iv) des formes matérielles distinguée plus haut; et la phrase suivante, qui en fournit la cause, correspond à la deuxième caractéristique (ii), *i.e.* la multiplication numérique des formes par le nombre de leur sujet. *Cf.* al-Fārābī, *Epître sur l'intellect*, éd. Bouyges, p. 20, 5-6; trad. Hamzah, p. 78 (« les formes qui sont dans des matières sont séparées de leurs matières <quand on les intellige> et <…> c'est une existence autre que leur première existence qui leur advient »; *cf.* trad. Vallat, p. 32); cf., *Régime politique*, trad. Vallat, p. 19 *sq.* (*Kitāb al-siyāsa al-madaniyya*, éd. Najjar, p. 34, 19 *sq.*; *cf.* éd. Cherni, p. 46 *sq.*).

101. On donne ici à *qad* une nuance dubitative. Averroès, de fait, revient tout de suite sur l'idée que l'existence intelligible des formes théorétiques serait strictement identique à leur existence désignée (c'est-à-dire leur existence comme réalité désignée).

102. « Existence » traduit de nouveau *wuǧūd*. Sur cette question, voir Aristote, *De an.* III, 4, 429b11 *sq.*; *cf.* Averroès, *Commentaire Moyen* du *De Anima*, III, § 15, trad. Elamrani-Jamal, p. 295 (éd. Ivry, § 289, p. 113-114); Averroès, *Epître 1*, dans *La béatitude de l'âme*, § 17, p. 208; *L'intelligence et la pensée*, p. 89 *sq.* (éd. Crawford, III, c. 9, p. 427, 14-428, 16); *cf.* al-Fārābī, *Epître sur l'intellect*, éd. Bouyges, p. 21, 2-4; trad. Hamzah, p. 79 (« c'est exactement ce qu'il faut entendre des formes hors matière : <savoir, que> si elles sont intelligées, leur existence en elle-même n'est que leur existence quand elles sont intelligibles pour nous »; *cf.* trad. Vallat, p. 33-34); *cf.* Ibn Bāǧǧa, *Epître de l'adieu*, éd. Genequand, § 79, p. 114; *Conjonction de l'intellect avec l'homme*, § 38, p. 195 : « quant à l'intellect dont l'intelligible est lui-même, il n'a pas de forme spirituelle comme substrat, ce que l'on entend par intellect est alors ce que l'on entend par intelligible ».

103. « Être » traduit ici *mawǧūd*, l'existant. Il se peut donc que dans les intelligibles théorétiques *aussi*, quoique de façon particulière, l'intelligible (l'être-intelligible) soit différent de l'existant (de l'être, de l'existence désignée). De fait, *cf.* ce passage du *Grand Commentaire* du *De anima* qui parle d'une distinction dans les formes séparées autres que « Dieu » entre

« l'existence » (*essentia*, dans le texte) et la « quiddité » *(quiditas)* : Averroès, *L'intelligence et la pensée*, c. 5, p. 78 (nous soulignons) :

> Et l'on a déjà expliqué dans la *Philosophie première* que nulle forme n'est exempte de puissance absolument parlant, sinon la Première forme, qui ne conçoit rien en dehors de soi, mais dont l'existence (*essentia*) et la quiddité sont identiques ; chez les autres formes *il y a d'une manière quelconque diversification entre l'existence (essentia) et la quiddité* (éd. Crawford, III, c. 5, p. 410, 663 *sq.* : « Et iam declaratum est in Prima Philosophia quod nulla est forma liberata a potentia simpliciter, nisi prima forma, que nichil intelligit extra se, sed essentia eius est quiditas eius ; alie autem forme diversantur in quiditate et essentia quoquo modo »).

Plus bas, toutefois, Averroès semble revenir à l'idée que dans les êtres séparés (ou plus exactement : « simples »), existence et quiddité se confondent : cf. *L'intelligence et la pensée*, p. 90 :

> dans les étants simples *(in entibus simplicibus)*, la quiddité *(quiditas)* et la chose qui existe *(essentia)* sont identiques, de sorte que, par exemple, *l'être de la chair (esse carnis) est identique avec la chair*, parce que chez eux la forme de la chair n'est pas dans une matière *(intentio carnis in eis non est in materia)* (éd. Crawford, III, c. 9, p. 422, 30 *sq.*).

L'idée que l'intelligible des intelligibles théorétiques soit en un sens distinct de leur être provient sans doute d'Ibn Bāǧǧa. Ce dernier, en effet, ne pense pas sans nuances que l'intelligible (l'être-intelligé, l'être-conçu) des intelligibles théorétiques est d'emblée strictement identique à leur être, car sans être des formes matérielles à strictement parler, ces intelligibles théorétiques sont d'abord, *en tant qu'ils sont relatifs à des substrats imaginés*, des intelligibles « matériels ». De ce point de vue, leur être d'intelligibles relatifs est une chose, et leur être purement intelligible, indépendamment de toute relation, en est une autre (cf. *supra*, p. 140, § 49, où il est question de la forme des intelligibles à laquelle, précisément, on « remonte », à partir de la relativité des intelligibles).

104. D'une autre façon, certes, mais, comme il va le dire ensuite, pas d'une façon telle qu'on puisse les poser comme séparés, puisque, en dépit de cette différence avec les formes psychiques, rien n'indique qu'ils n'ont pas un rapport à la matière *malgré tout*. L'intelligible théorétique n'est donc pas matériel comme une forme proprement matérielle, mais il n'est pas séparé non plus comme une réalité séparée en soi.

105. Autrement dit : que l'intelligibilité des intelligibles théorétiques soit distincte de l'intelligibilité des formes matérielles inférieures, du fait que les premières se distingueraient de leur être autrement que les secondes, cela ne prouve aucunement que les intelligibles théorétiques ne sont pas des formes matérielles ; car il peut y avoir plusieurs façons d'être une forme « matérielle »,

et il se pourrait bien que ceux-là, quoique d'une façon particulière, entretiennent malgré tout un rapport à la matière et ne soient pas, donc, absolument séparés.

106. C'est-à-dire ce sur quoi ils portent. « Appréhension » traduit ici *idrāk*, qui renvoie à ce que les intelligibles donnent de percevoir, de saisir, de comprendre.

107. L'universel s'applique à une infinité d'objets.

108. Averroès raisonne ainsi : (i) on peut estimer que nos intelligibles sont absolument immatériels, et donc séparés, du fait que ce sont des universels, *i.e.* en tant qu'ils sont « abstraits », qu'ils se rapportent à quelque chose d'infini (le concept d'« homme », par exemple, ne se référant pas en particulier à Socrate ou Platon mais à l'ensemble infini des individus humains) ; (ii) c'est aller trop vite, toutefois, parce que l'abstraction ne garantit pas une *totale* immatérialité (l'intelligible, dans l'abstraction, ne serait dégagé que d'une *certaine* forme de multiplicité) ; ce qui assure cette immatérialité, ce n'est pas seulement la conception, par conséquent, mais l'existence d'un *jugement* porté sur quelque chose d'infini ; (iii) or rien ne dit que ce jugement relève des intelligibles eux-mêmes, et non pas d'une puissance supérieure qui s'en servirait. En somme, l'universalité abstraite de l'intelligible ne dit pas assez, et le jugement infini qui, lui, révèle une puissance immatérielle, n'est pas *a priori* l'œuvre même de cet intelligible. Sur les notions logiques de représentation (*taṣawwur)* et d'assentiment (*taṣdīq*), voir, entre autres, l'étude pionnière de H. A. Wolfson, « The Termes *taṣawwur* and *taṣdīq* in Arabic Philosophy and their Greek, Latin and Hebrew Equivalents », *The Moslem World*, 33, 2 (1943), p. 114-123 ; réimp. dans H. A. Wolfson, *Studies in the History of Philosophy and Religion*, éd. I. Twersky et G. H. Williams, 2 vol., Cambridge, Mass., 1973, vol. 1, p. 478-492 ; et D. L. Black, *Logic and Aristotle's* Rhetoric *and* Poetics *in Medieval Arabic Philosophy*, Leiden-New York-København-Köln, 1990, p. 71-78.

109. Averroès passe de l'infinité des *objets* à l'infinité de la *puissance* saisissant ces objets (en l'occurrence, les formes séparées).

110. *Cf.* pour ce raisonnement, Averroès, *L'intelligence et la pensée*, p. 110 (éd. Crawford, III, c. 19, p. 441, 35 *sq.*) :

> Et nous pouvons savoir que l'intellect matériel doit être non mélangé <en considérant ce qu'est le> jugement et ce à quoi il s'applique *(ex iudicio, et eius comprehensione)*. Puisqu'en effet, dans les propositions universelles, nous jugeons par l'intellect de choses infinies en nombre *(res infinitas in numero)* et puisqu'il est manifeste que les facultés judiciaires de l'âme *(virtutes anime iudicantes)* qui sont individuelles et mélangées <à la matière> ne jugent que d'"intentions" finies <en nombre> *(non iudicant nisi intentiones finitas)*, il en résulte nécessairement, selon la conversion des opposés, que ce qui ne juge pas d'"intentions" finies <en nombre> n'est pas une faculté de l'âme

> mélangée <à la matière>. Si prenant cela comme prémisse, nous considérons que l'intellect matériel juge de choses infinies <en nombre> et non acquises à partir des sens *(iudicat res infinitas et non acquisitas a sensu)* et qu'il ne juge pas d'"intentions" finies <en nombre>, il en résulte bien que c'est une faculté non mélangée <à la matière>. Dans *l'Épître de l'Expédition*, Avempace semble <lui aussi> concéder comme vraie cette proposition affirmant que la puissance par laquelle nous jugeons par un jugement universel est infinie *(virtus per quam iudicamus iudicio universali est infinita)*, mais il soutient que cette puissance est l'intellect agent (<du moins>, selon le sens obvie de son discours). Il n'en est pas ainsi : le jugement et la distinction ne s'attribuent à <l'homme> que <pour ce qui est> de l'intellect matériel.

Pour Ibn Bāǧǧa, voir son *Epître de l'adieu*, § 78, éd. Genequand, p. 114; voir la note de Ch. Genequand, *ibid.*, p. 244-245, qui dénonce la manière dont Averroès déforme le texte qu'il prétend citer (premièrement, en faisant dire à Ibn Bāǧǧa que c'est la *puissance* par laquelle nous jugeons qui est infinie, et non pas le nombre de choses que nous jugeons; deuxièmement, en ajoutant que c'est de l'intellect *agent* qu'il s'agit, là où Ibn Bāǧǧa ne préciserait rien). Sur cet argument, voir aussi Ibn Sīnā (Avicenne), *al-Mabda' wa al-ma'âd*, éd. Nûrânî, p. 104, 2 *sq.* (*Livre de la genèse et du retour*, trad. Michot, III, 9, p. 71); *Le livre de science* (*Dāneš Nāmeh*), trad. M. Achena et H. Massé, Paris, ^{2}1986, II, p. 75-77; *Kitāb al-Naǧāt*, éd. Fakhry, p. 216-217 (trad. Rahman, p. 49-50). (Merci à Yamina Adouhane pour son avis sur ce passage).

111. Auquel cas les intelligibles théorétiques seraient absolument séparés.

112. Auquel cas c'est cette forme, et non les intelligibles théorétiques mêmes, qui serait absolument séparée. Certes, donc, nous saisissons de manière infinie par les intelligibles théorétiques (c'est-à-dire que, par nos concepts, nous nous rapportons à quelque chose d'infini), mais cette perception, qu'on ne doit pas confondre avec le jugement, ne nous autorise pas à conclure à l'immatérialité absolue de ces intelligibles; et si nous jugeons, et que cela permet de conclure à l'immatérialité, rien ne dit que le jugement soit l'œuvre des intelligibles théorétiques et non d'une puissance encore supérieure. Dans le *Compendium* du livre *De l'âme*, inspiré d'Ibn Bāǧǧa, cette forme des intelligibles dont dépendrait le jugement proprement dit, c'est l'intellect agent (voir *supra*, p. 140, § 49). Averroès, on l'a dit, reviendra sur cette position dans le *Grand Commentaire* du *De anima* en critiquant son premier modèle (voir ce passage, cité *supra* : *L'intelligence et la pensée*, p. 110; éd. Crawford, III, c. 19, p. 442, 46 *sq.*). Sur cette question du jugement, *cf.* également *L'intelligence et la pensée*, p. 125-126 (trad. modifiée; éd. Crawford, III, c. 22, p. 457, 30 *sq.*) :

> Et une fois qu'<Aristote> a montré que la vérité et la fausseté affectent la composition *(accidunt compositioni)* des choses les unes par rapport aux autres, il déclare qu'elles se produisent aussi quand <l'intellect> compose ces <choses> avec le temps. Et il dit : *Mais le vrai et le faux ce n'est pas*

> *seulement cela (istud),* etc. C'est-à-dire : et la vérité et la fausseté n'affectent pas seulement la composition dans les propositions qui ont pour prédicat un nom, mais aussi dans celles qui ont pour prédicat un verbe, par exemple, *Socrate fut* ou *sera.* Il dit ensuite : *Et ce qui unifie cela*, etc. C'est-à-dire : et ce qui, par la composition, fait une unité de ces intelligibles simples, alors qu'auparavant ils étaient multiples, c'est l'intellect matériel. C'est lui en effet qui distingue les intelligibles simples, compose les semblables et divise les dissemblables *(diversa).* Il faut en effet que ce soit la même faculté qui perçoive les <intelligibles> simples et les <intelligibles> composés, car le rapport de cette faculté aux "intentions" des formes imaginées doit être comme le rapport du sens commun aux différents sensibles *(diversa)*, et il n'en va pas <donc> comme Avempace le dit au début de son discours sur *La faculté rationnelle*, à savoir que la faculté qui assure la composition *(compositiva)* doit être autre que l'imaginative.

Pour cette dernière référence à Ibn Bāǧǧa, voir son livre *De l'âme (Kitāb al-nafs)*, éd. Fès, p. 223, 2 *sq*., où Ibn Bāǧǧa soutient que l'imaginative *(al-mutaḫayyila)* perçoit les intentions « isolées » *(mufrada)* et que c'est la cogitative *(al-mufarrika)* qui les compose.

113. Sur l'identité de l'intellect et de l'intelligible, de la perception et du perçu, voir Aristote, *De l'âme*, III, 7, 431b16-17 ; 4, 430a3-5 ; 5, 430a19-20 (cf. *ibid*., III, 5, 430a14-15, sur l'intellect « capable de devenir toutes choses », et III, 8, 431b21, sur l'âme qui est, « en un sens, tous les êtres ») ; *Métaphysique*, XII, 7, 1072b19-21 ; 9, 1075a1-4 ; *cf.* Alexandre d'Aphrodise, *De l'âme*, 86, 14-87, 5 ; 87, 29-88, 15 ; 89, 21-90, 2 ; 90, 16-19 ; *De l'intellect*, 108, 7-13 ; Thémistius, *Paraphrase de la* Métaphysique *d'Aristote (livre lambda)*, traduit de l'hébreu et de l'arabe par R. Brague, Paris, 1999, p. 114 ; *Paraphrase* du traité *De l'âme*, éd. Heinze, 97, 34 *sq*. ; 99, 26 *sq*. (*cf.* éd. Lyons, p. 180, 9 *sq*.). Averroès veut montrer deux choses : premièrement que s'agissant des intelligibles théorétiques, l'intellect s'identifie à son objet, ce qui n'est pas le cas du sens avec le sien (du fait que la réception du sens est matérielle) ; deuxièmement qu'on ne saurait d'emblée assurer, toutefois, que cette identification de l'intellect humain à son objet est du même type que celle qui vaut pour les substances séparées (puisque, malgré tout, l'intelligible qu'il pense n'est pas en lui comme il est dans les choses concrètes). Dans son rapport à l'intelligible théorétique, l'intellect humain pourrait donc n'être ni comme le sens (sa réception étant immatérielle), ni comme une réalité absolument séparée (l'intellect humain s'assimilant, lui, à de l'intelligible *abstrait*). Sur l'identification entre intellect, intelligeant et intelligé, *cf.* aussi, entre autres, al-Fārābī, l'*Epître sur l'intellect*, éd. Bouyges, p. 15, 9 *sq*. ; trad. Hamzah, p. 72 (*cf.* trad. Vallat, p. 23-24) :

> cette essence <notre intellect en puissance> ne devient intellect en acte que par <des intelligibles> qui sont des intelligibles en acte. Ainsi, qu'elle soit des intelligibles en acte et qu'elle soit intellect en acte, c'est une seule et

même chose, et ce que nous signifions quand nous disons d'elle qu'elle est "intelligeante" n'est rien d'autre <que le fait> que les intelligibles deviennent des formes pour elle en ce que, c'est elle, en tant que telle, qui devient ces formes. Par conséquent, les significations de "intelligeante en acte", "intellect en acte", et "intelligible en acte" sont une seule signification en soi <et renvoient à> un seul objet de pensée.

Voir les remarques de Ph. Vallat (dont nous ne partageons pas toute l'analyse) dans « L'intellect selon Farabi. La transformation du connaître en être », *in* M. Sebti et D. De Smet (éd.), *Noétique et théorie de la connaissance dans la philosophie arabe du* IXe *au* XIIe *siècle. Des traductions gréco-arabes aux disciples d'Avicenne*, Paris, 2020, p. 193-242, ici p. 233-234 ; *cf.* Ibn Sīnā, *Commentaire sur le livre Lambda de la* Métaphysique *d'Aristote (chapitres 6-10)*, éd. et trad. par M. Geoffroy, J. Janssens et M. Sebti, Paris, 2014, p. 72 (on revient plus bas sur ce passage qui nuance, en fait, l'assimilation formelle ; sur le principe de l'identification triadique intellect-intelligeant-intelligé, toutefois, les traducteurs, n. 24 et 28 p. 106 et 107, donnent plusieurs références : *al-Shifā'. Al-Ilāhiyyāt (La Métaphysique)*, VIII, 6, *in* t. II, livres VI-X, texte établi et édité par M. Y. Mūsā, S. Dunyā, S. Zāyid, Le Caire, 1960, p. 357-359, notamment p. 357, 4-5 ; *al-Mubāḥaṯāt*, éd. Bīdārfar, Qum, 1413 h. l./1371 h. s., p. 308, n° 864, 1-3 ; *al-Risāla al-ʿaršiyya*, éd. I. Hilāl, le Caire, ca. 1982, p. 24-26 ; la ps.-*Théologie d'Aristote* y recourt aussi : « Uṯūlūǧiyyā Arisṭāṭālīs » *(Théologie d'Aristote)*, in *Aflūṭīn ʿinda l-ʿarab. Plotinus apud Arabes. Theologia Aristotelis et fragmenta quae supersunt*, éd. ʿA. Badawī, Kuwait, ³1977, p. 22, 3-4). Pour l'usage plotinien du principe d'Aristote, voir P. Hadot, « La conception plotinienne de l'identité entre l'intellect et son objet. Plotin et le *De anima* d'Aristote », *in* G. Romeyer Dherbey (dir.), *Corps et âme. Sur le* De anima *d'Aristote*. Etudes réunies par C. Viano, Paris, 1996, p. 367-376.

114. Sur l'idée que l'intellect peut se penser lui-même dans l'intellection d'un intelligible, voir Aristote, *De l'âme*, III, 4, 429b9-10 ; *Métaphysique* XII, 7, 1072b19-21 ; *cf.* Averroès, *Compendio de metafísica*, éd. Quirós Rodríguez, Madrid, 1919, p. 146 (cf. *Averroes on Aristotle's "Metaphysics"*, éd. R. Arnzen, p. 157 : « since this is the nature of our intellect – I mean that it happens to return <to itself> and, thus, think itself, when it thinks intelligible things because its essence is the intelligibles themselves –, consequently, if the intellect in this <world> coincides with <its> intelligible, how much more will the same apply to these separate intellects ? For if this is a peculiarity of our intellect inasmuch as it is not imprinted in, but nevertheless connected to matter, this will all the more apply to the separate intellects which are not at all connected to matter »). Sur cette question de la connaissance de soi chez Averroès, voir de nouveau D. Wirmer, « Averroes on Knowing Essences ».

115. C'est ainsi qu'il faut comprendre, nous semble-t-il, par comparaison avec ce qu'Averroès dit du sens quelques lignes plus bas : « il n'est pas possible pour le sens de se sentir lui-même de <telle> sorte que le sens serait <identique au> sensible <lui-même> ». Averroès ne défend pas ici, comme Aristote, l'idée attendue que l'intellect devient ce qu'il pense et que, en le pensant, c'est lui-même qu'il pense par accident. Il raisonne autrement : l'intellect saisit l'intelligible des choses; ce faisant il se saisit lui-même, et l'on peut dire alors qu'*il se saisit comme identique à cet intelligible des choses*, parce que ce dernier n'est pas reçu en lui comme dans une matière, ce qui l'altérerait. Pour le sens, il en va différemment : certes, le sens reçoit un sensible et s'y assimile, mais il ne peut se saisir comme identique à ce sensible puisqu'il le reçoit dans une matière (via l'organe), c'est-à-dire sur un mode distinct de celui qui vaut pour le sensible en dehors de l'âme. Ce n'est pas le même problème, on le voit : chez Aristote, il s'agit de dire que la faculté s'identifie formellement à son objet et qu'en saisissant la forme de cet objet, c'est elle-même qu'elle saisit; chez Averroès, il faut comprendre que la faculté saisit la forme d'un objet qui tantôt est identique à l'objet même, auquel cas la faculté est identique à l'objet, tantôt n'est pas identique à l'objet même, auquel cas la faculté n'est pas identique à l'objet. Notons, toutefois, qu'Averroès indiquera plus bas que l'intellect humain n'est en fait pas identique à l'intelligible *à tous points de vue* (voir *infra*, n. 121, p. 200-203). Sur le sujet, *cf.* Alexandre d'Aphrodise, *De l'intellect*, 109, 11-14; *De l'âme*, 86, 15 *sq.*; trad. Bergeron-Dufour, p. 205 *sq.* :

> Puisque l'intellect en acte n'est rien d'autre que la forme pensée, comme on l'a également montré à propos de la sensation, l'intellect en tant que prédisposition (et c'est celui qui peut penser par lui-même et qui peut saisir en elles-mêmes les formes des intelligibles) peut dès lors se penser aussi lui-même. De fait, puisqu'il est la forme pensée, s'il est vrai qu'en pensant il devient ce qu'il pense, l'intellect qui possède la prédisposition de penser les formes possède donc aussi la prédisposition et la puissance de se penser lui-même. Car en pensant, l'intellect devient cela même qu'il peut penser, et il peut, lorsqu'il pense – pensant principalement et par soi la forme intelligible, mais se pensant lui-même par accident, parce qu'il coïncide avec la forme intelligible lorsqu'il pense –, devenir ce qu'il pense. <…>. C'est pourquoi on a raison de dire que l'intellect en acte, lorsqu'il devient identique à l'intelligible, se pense lui-même. Ainsi l'intellect en acte se pense lui-même, car il devient ce qu'il pense.

116. Ils n'apparaissent pas autrement, du fait que l'intellect les reçoit immatériellement (et que la réception dans une matière serait un facteur d'altération). Averroès, on le redit, suggère plus bas cependant que notre intellect, à la différence d'une substance séparée, n'est peut-être pas identique à l'intelligible *à tous points de vue*. Sur la différence entre le mode d'être de l'intelligible dans l'intellect humain et l'intelligible dans les choses, notons

ces autres développements (qui commentent *De an.* III, 8, 432a3-14, altéré en arabe) : Averroès, *Commentaire Moyen* du *De Anima*, III, § 36, trad. Elamrani-Jamal, p. 301 (éd. Ivry, § 313-314, p. 122-123) :

> … l'intellect peut recevoir les formes intelligibles et le sens les formes sensibles. La différence entre les deux modes d'existence est que l'existence des formes dans l'intellect et dans le sens est sur le mode de l'existence des choses promptes à disparaître que l'on appelle état *(aḥwāl)*, et que l'existence des formes hors de l'âme est sur le mode de l'existence stable que l'on appelle disposition *(malaka)*.

Cf. Averroès, *L'intelligence et la pensée*, p. 172 (éd. Crawford, III, c. 39 = *De an.* III, 8, 432a3-14) :

> Et *puisque, selon l'opinion* <commune>, le corps, qui est le genre le plus universel des choses sensibles, existe dans les sensibles eux-mêmes, mais qu'il est forme universelle pour les sensibles, en tant que l'intellect distingue cette <forme> et l'abstrait des sensibles, il dit ensuite : *Et les intelligibles sont*, etc. C'est-à-dire : puisque le corps, qui est le plus universel des intelligibles, est abstrait par l'intellect, mais qu'il existe dans les choses sensibles, il est nécessaire que les *formes* existent *dans l'intellect selon la fugacité* (*secundum velocitatem*) <de l'état>, <à savoir comme> une chose instable (*non fixam*) prompte au changement, et que ces mêmes *formes existent* hors de l'âme *dans les choses sensibles* à la manière dont une *disposition* existe dans ce qui possède cette disposition (*in habente habitum*), <à savoir> comme une *chose* stable *dans la chose qui pâtit* (*res fixa in re patienti*).

117. Même si le sens abstrait la forme d'une certaine matérialité (*cf.* Aristote, *De l'âme*, II, 12, 424a16-28 ; III, 2, 425b23-24 ; Alexandre d'Aphrodise, *De l'âme*, 39, 13 ; 60, 1-9), il est une puissance *matérielle*, solidaire d'un organe, et de ce point de vue la forme sentie est bien reçue dans une « matière » qui, en quelque sorte, l'altère. Alexandre d'Aphrodise dit autre chose dans son traité *De l'âme*, 87, 1 *sq.* ; trad. Bergeron-Dufour, p. 207 (nous soulignons) :

> Ce n'est plus de la même manière <*i.e.* que l'intellect> qu'on dit que la sensation en acte se perçoit elle-même, même si elle aussi saisit les formes des objets sensibles : c'est qu'elle perçoit les formes qu'elle perçoit en tant qu'elles existent dans une matière (car la sensation perçoit tel objet individuel), mais elle ne devient pas identique à l'objet sensible, *car ce n'est pas en tant que matière qu'elle saisit la forme.*

Alexandre oppose ici le cas de la sensation à celui de l'intellect en acte, lequel « se pense lui-même, car il devient ce qu'il pense. Il pense en effet les formes séparément de la matière : il pense non pas cet objet individuel, mais l'essence de cet objet » (*De l'âme*, 88, 28 *sq.* ; trad. Bergeron-Dufour, p. 207). Cela étant, l'Aphrodisien nuancera plus bas cette identification de l'intellect avec la forme qu'il pense : si la forme est une forme par soi, l'identification est parfaite ; si c'est une forme matérielle, elle est imparfaite puisque la forme ne « possède l'être qu'en s'ajoutant une matière » (*De l'âme*, 88, 13-14 ; trad. Bergeron-Dufour, p. 209). S'agissant de l'identification entre le percevant et le perçu, il y a donc chez Alexandre deux lignes de partage : d'une part, entre le sens et l'intellect ; d'autre part, pour l'intellect lui-même, entre la pensée de formes matérielles et celle de formes séparées ; voir *infra*, n. 121, p. 200-203.

118. Dans le sensible, la forme est inscrite dans une certaine matière, et dans le sens, elle est reçue dans une *autre* matière (alors que l'intellect, lui, reçoit immatériellement). Alexandre d'Aphrodise, on le redit, récuserait cette formulation. Dans son traité *De l'âme*, s'il est évident que le sens perçoit « au moyen d'une fonction corporelle » (86, 8 ; trad. Bergeron-Dufour, p. 205), il insiste pour dire que ce n'est pas « en tant que matière qu'elle <*i.e.* la perception sensible> reçoit les formes » (83, 16 *sq.* ; *ibid.* ; *cf.* 87, 4-5).

119. Averroès, curieusement, ne suit pas Aristote, pour qui le percevant et le perçu sont dissemblables *avant* l'acte de perception mais deviennent identiques dans son effectuation (*cf.* Aristote, *De l'âme*, II, 5, 417a17-20 ; III, 2, 425b25-426a27 ; sur le connaissant et le connu comme relatifs, voir *Métaphysique*, V, 15, 1021a31-b3 ; *Catégories* 7, 7b22-8a12 ; 10, 11b24-31). De même, le Commentateur dit ici l'inverse d'Alexandre d'Aphrodise, qui soutient avec le Stagirite que le percevant et le perceptible, *avant* la perception, sont des relatifs, mais qu'ils ne le sont *plus* dans l'acte de perception (et cela, qui prolonge une réflexion sur l'assimilation de la nourriture, vaut pour le sens comme pour l'intellection). Voir Alexandre d'Aphrodise, *De l'âme*, 39, 10 *sq.* ; trad. Bergeron-Dufour, p. 129 : « Le sensible et la sensation sont dissemblables avant l'activité, mais ils deviennent semblables lors de l'activité » ; et *ibid.*, 86, 23 *sq.* ; trad. Bergeron-Dufour, p. 207 : « avant que l'intellect ne pense en acte, ce qui pense et ce qui est pensé sont en rapport l'un avec l'autre, c'est-à-dire qu'ils sont opposés entre eux comme des relatifs. Mais lorsqu'ils sont en acte, devenant une seule chose, ils cessent de s'opposer. Il n'est plus même possible en effet de leur accorder la définition du relatif. » Ce qu'Averroès veut dire, lui, c'est que dans la sensation le mode d'être de la forme sentie est opposé à son être dans le sensible. Dans le *Commentaire moyen* du *De anima* et dans le *Grand commentaire*, on retrouvera en revanche la lecture « courante » ; *cf.* Averroès, *Commentaire moyen* du *De anima*, éd. Ivry, § 153-154, p. 58-59 ; *GCDA*, II, 54 (= *De an.* II, 4, 417a14-417a21), p. 213, 29 *sq.* :

> *C'est pourquoi pâtir se fait parfois par le semblable*, etc. C'est-à-dire : l'être des puissances passives est un mélange *(admixtum)* de puissance et d'acte ; ce qui pâtit, en effet, avant de pâtir, est contraire à l'agent, mais une fois que la passion s'est faite, il <lui> est semblable, et tandis qu'il pâtit, il est un mélange *(admixtum)* de semblable et de contraire ; tandis qu'il est mû, en effet, une partie du contraire, en lui, ne cesse de se corrompre, et une partie du semblable

ne cesse d'advenir *(non enim cessat, dum movetur, corrumpi in eo pars contrarii et fieri pars similis).* (nous traduisons)

120. C'est-à-dire la possibilité de se penser comme étant identique à l'intelligible des choses.

121. Autrement dit, il y a une identité de l'intellect (récepteur de l'intelligible théorétique) avec l'intelligible (hors de l'âme) qui le distingue du sens (lequel reçoit, lui, de façon matérielle), mais cela ne suffit pas à faire de l'intellect humain une substance séparée, puisqu'une certaine relation à la matière pourrait exister, qui introduise une différence entre l'intellect intelligeant, l'intelligible théorétique et l'intelligible hors de l'âme. Or, c'est bien le cas, dès lors que l'intelligible théorétique, reçu certes immatériellement, est *abstrait*, alors qu'il existe hors de l'âme *dans une matière*. L'intelligible théorétique, ainsi, n'est pas altéré par sa réception dans l'intellect, comme dans le cas du sens, mais il l'est par son abstraction (qui, si l'on peut dire, le dé-réalise). Averroès revient souvent sur l'idée que, pour cette raison, l'intellect humain n'est pas à tous points de vue identique à son objet. Dans le texte du *Compendium* sur la jonction qui prolonge le chapitre sur la faculté rationnelle (dans le seul manuscrit du Caire), il écrit par exemple : « nous disons que l'intellect et l'intelligible, dans <l'intelligible séparé>, sont un selon tous les modes, et que pour ces intelligibles qui sont nôtres, l'intellect et l'intelligible sont certes un pour nous, mais sont cependant affectés par une certaine différence, alors que celle-ci est niée de ceux-là » (trad. M. Geoffroy, dans « L'exposition de la *Jonction de l'intellect avec l'homme* (*Ittiṣāl al-ʿaql bi-l-insān*) d'Avempace », p. 148-149). Comme M. Geoffroy le note, cette différence entre l'intellect et l'intelligible quand nous pensons le monde sublunaire tient au fait que l'objet et le sujet de l'intellection s'unifient en ce cas seulement en nous, *l'objet ayant par ailleurs, en dehors de l'intellect, un être distinct de son être-intelligible*. Dans le même sens, *cf.* Averroès, *Commentaire Moyen* du *De Anima*, III, § 19, trad. Elamrani-Jamal, p. 296 (éd. Ivry, § 294, p. 115), et *L'intelligence et la pensée*, p. 112 (éd. Crawford, III, c. 19, p. 443, 85 *sq.*) :

> Aristote dit ensuite : *Et la science en acte est identique à la chose.* Et il veut indiquer, à mon avis, quelque chose de propre à l'intellect agent, en quoi il diffère du matériel : dans l'Intelligence agente la science en acte est identique à ce qui est su *(in intelligentia agenti scientia in actu eadem est cum scito).* Il n'en est pas ainsi dans l'intellect matériel, puisque son intelligible est constitué par des choses qui ne sont pas intellect par soi *(suum intellectum est res que non sunt in se intellectus).*

L'intellect matériel n'est pas absolument identique à ce qu'il intellige puisque ce qu'il intellige en propre est en réalité, c'est-à-dire dans le monde, autre chose que la forme intelligible abstraite qu'il en dégage et à laquelle il s'assimile. Le problème n'est pas, donc, que l'intellect ne s'assimile pas à ce qu'il reçoit, mais plutôt que ce qu'il reçoit d'abord et à quoi il s'identifie est *la forme abstraite de la chose et non la chose même.* Dans le cas de l'intellect matériel, par conséquent, il n'est pas tout à fait juste de dire que la science est identique à son objet, ce qui ne vaut que pour les intellects absolument immatériels n'ayant d'autre objet que de l'immatériel par soi. L'analyse d'Alexandre d'Aphrodise, on l'a noté *supra*, montre toutefois qu'il faudrait être plus précis et distinguer chez l'homme *deux* formes d'assimilation, selon que l'intellect matériel pense des formes matérielles *ou des formes par soi.* Selon le *type* d'intelligible que notre intellect saisit, en effet, son identification à l'objet est plus ou moins parfaite : s'il s'agit (a) d'un intelligible séparé, l'assimilation est totale; s'il s'agit en revanche (b) de l'intelligible d'une forme matérielle, on pourra dire que l'intellect se confond avec l'intelligible qu'il reçoit de façon immatérielle, *mais non pas qu'il s'identifie à ce qu'il pense* (puisque *ce* qu'il pense, dans son existence mondaine, *comporte de la matière*) : voir Alexandre d'Aphrodise, *De l'âme*, 88, 5 *sq.*; trad. Bergeron-Dufour, p. 209 :

> Si donc l'intellect qui pense devient, dans le fait de penser, ce qu'il pense, même l'intellect en nous – et c'est l'intellect en disposition –, lorsqu'il pense (a) ces formes <par soi, séparées de la matière et d'un substrat>, devient alors identique à ces formes. Car elles apparaissent, en ce qui les pense, telles qu'elles sont en leur réalité propre et séparément du fait d'être pensées : elles sont simples. De la sorte, l'intellect qui pense ces formes devient identique à elles lorsqu'il les pense. Ainsi, en ce qui concerne ces formes, ce qui est pensé et ce qui pense sont chacun un intellect, et les deux deviennent alors identiques. Et lorsque l'intellect pense (b) l'une des formes dans la matière et qu'il saisit la quiddité d'un être matériel, il ne devient plus parfaitement identique à la chose pensée, parce que la chose qui est pensée par lui possède l'être en s'ajoutant une matière, alors que l'intellect la saisit comme ayant été séparée de la matière.

Cf. en ce sens Alexandre d'Aphrodise, *Les principes du tout selon la doctrine d'Aristote*, éd. et trad. Ch. Genequand, Paris, 2017, p. 88 : « quant à l'intellect qui est en nous, il n'est jamais à tous points de vue la même chose que ce qu'il intellige, puisqu'il est forme d'un corps dans un certain état »; de même, *cf.* Thémistius, *Paraphrase de la* Métaphysique *d'Aristote (livre lambda)*, trad. Brague, p. 92 :

> Il <*i.e.* Dieu, le Premier moteur> est intellect et intelligé en même temps. Et il n'est pas vrai que, comme le sens n'est pas la même chose que le senti, puisque (celui-ci) imprime sa forme <en lui>, alors que la substance reste dehors, (il en est) de même aussi pour l'intellect <qu'est le Premier moteur> par rapport aux choses intelligées, qui lui viennent de son essence. Mais il porte toutes

> les formes sans qu'il reste parmi celles-ci hors de lui une substance qu'affecte la matière. En effet, il n'y a pas là de matière, mais une forme dépouillée à laquelle ne se mêle pas la matière, (forme) qui suit ce qu'il (sc. l'intellect) intellige ou ce qu'il pense, sans que l'un se divise ou s'écarte de l'autre comme les objets sentis dans la sensation. Mais (l'objet) est enfoncé dans l'intellect.

Sur le problème de l'identité entre le pensant et le pensé, il faut songer, outre al-Fārābī (pour l'intellect humain, voir son *Epître sur l'intellect*, trad. Hamzah, p. 70-72 ; éd. Bouyges, p. 13, 5-16, 4 ; pour le Premier, voir le *Régime politique*, trad. Vallat, p. 53 ; éd. Jaffar, p. 45, 16 *sq.* ; *Opinions des habitants de la cité vertueuse*, trad. Cherni, p. 50), à la position complexe d'Ibn Sīnā. *Cf.* son *Commentaire sur le livre Lambda de la* Métaphysique *d'Aristote (chapitres 6-10)*, p. 72, 4 *sq.* (qui commente 1074b35-75a5) dans lequel Avicenne souligne que « l'unité de l'intellect, de l'intelligeant et de l'intelligible ne concerne l'être intelligeant *qu'en tant qu'il se pense soi-même*, comme l'intellect humain se pensant lui-même ou bien, ce qui est le propos ici, l'intellect divin se pensant lui-même » (*ibid.*, n. 27, p. 107), ce qui veut dire, donc, que « c'est dans la substance séparée, ou peut-être seulement dans l'intelligence divine, qu'est réalisée l'unification essentielle entre l'intellect, l'intelligeant et l'intelligé » (*ibid.*, n. 24, p. 106 ; sans doute Avicenne hérite-t-il ici d'al-Fārābī) :

> Puis <Aristote> indique qu'il n'y a pas de différence, en Lui <*i.e.* Dieu>, entre l'intellect, l'intelligeant et l'intelligible, mais de son propos ne s'ensuite pas nécessairement que sa doctrine est qu'en toute chose, l'intellect, l'intelligible et l'intelligeant sont un. <…> Que l'*être-intelligé* <d'une chose> soit dans tous les cas distinct de son être-intelligeant, cela ne peut s'admettre. Bien plutôt, son être-intelligé <peut> consister en ce que sa forme n'est distincte en rien d'une chose immatérielle ; et son être-intelligeant, en ce qu'il est <lui-même> la forme d'une chose immatérielle qui n'est en rien distincte de lui. Et si cette chose <qui est intelligée> est l'essence <même de ce qui intellige>, son être-intelligée est identique à son être-intelligeant. Mais si c'est autre chose que son essence, ce qui est intelligé de <la chose> est autre que ce qui est intelligeant. Quant à l'intellect, il n'est pas un troisième élément dans ce cas <où l'intelligeant est identique à l'intelligé>. Il ne constitue un troisième élément que lorsque ce qui intellige est différent de ce qui est intelligé, auquel cas l'intellect, dans <l'acte d'intellection>, est autre chose que la triade <en laquelle sont unifiés intellect, intelligeant et intelligé>. Car par "intellect", on entend alors soit la substance de l'essence qui a pour nature d'intelliger, et qui sera ainsi par elle-même intellect mais par rapport à ce qui se réalise en elle et s'ajoute à son essence, intelligeante ; soit la relation même de cette essence à ce qui est intelligé ; soit la puissance de cette essence et sa disposition <à intelliger>. Quoi qu'il en soit, <l'intellect> diffère <de ce qui est intelligé> dans <tout> ce qui intellige autre chose que son essence. Et il n'y aurait pas <non plus> une <seule> chose en soi en aucun <être> qui intellige son essence, sauf dans le sens où il est vrai que celui-ci intellige d'une vérité qui englobe le nécessaire et le possible.

> Puis <Aristote> dit : « Et il n'en est pas ainsi, *le fait d'être intelligeant et celui d'être intelligé* dans une telle intellection *sont une seule et même chose.* »

Sur cette relativisation du principe d'unification entre l'intellect et son objet, *cf.* Ibn Sīnā, « Taʿlīqāt ʿalā ḥawāšī Kitāb al-nafs li-Arisṭāṭālīs » *(Gloses marginales sur le* De anima *d'Aristote), in* ʿA. Badawī (éd.), *Arisṭū ʿinda l-ʿArab*, al-Kuwayt, ^{2}1978, p. 105, 16 *sq.* :

> <Quant à> ceux qui affirment que l'intellect, l'intelligeant et l'intelligé sont une seule et même chose, <cela> n'est vrai que pour l'intellect <agent, ou divin>. Pour les choses autres que lui, l'intellect est une chose, l'intelligeant une autre chose, l'intelligé une autre et la représentation par l'intellect de l'intelligible <encore> une autre.

S'agissant à présent de la critique qu'Avicenne fait de la possibilité pour *l'âme* de *devenir* l'objet intelligible et sa condamnation de Porphyre, voir Avicenne, *Livre des Directives et des remarques* (*Kitāb al-'išārāt wa l-tanbīhāt*), trad. A.-M. Goichon, Beyrouth-Paris, 1951, p. 442 *sq.*; *Traité de l'âme du Šifā'*, V, 6, éd. Anawātī, le Caire, 1975, p. 212, 10-213, 20. Nous reprendrons ailleurs l'analyse de cette question chez Avicenne; voir, toutefois, M. Sebti (dont nous ne partageons pas toutes les analyses ni toutes les traductions), « La distinction entre intellect pratique et intellect théorique dans la doctrine de l'âme humaine d'Avicenne », spéc. p. 26 *sq.*; « Réceptivité et spéculation dans la noétique d'Avicenne », *in* M. Sebti, D. De Smet, G. de Callataÿ (éd.), *Miroir et savoir. La transmission d'un thème platonicien*, p. 145-172; « Avicenne », *in* M. Sebti et D. De Smet (éd.), *Noétique et théorie de la connaissance dans la philosophie arabe du* IXe *au* XIIe *siècle*, p. 267-309. Pour le texte du ps.-Porphyre qu'Avicenne paraît critiquer, voir W. Kutsch, « Ein arabisches Bruchstück aus Porphyrios (?) und die Frage des Verfassers der "Theologie des Aristoteles" », *Mélanges de l'Université St. Joseph* 31 (1954), p. 165-286; J. Finnegan, « Avicenna's Refutation of Porphyrius », *Avicenna Commemoration Volume*, Calcutta, 1956, p. 187-203.

122. *Cf.* Alexandre d'Aphrodise, *De l'intellect*, 111, 1 *sq.*; éd. Badawī, p. 38, 4-6 (nous traduisons) : « l'intellect n'est pas patient par sa nature en tant qu'il serait quelque chose d'autre et qu'il recevrait une affection, comme le sens. Mais il en va de lui d'une manière contraire au sens, car le sens est une passion *(infiʿāl)* et la réception d'une affection, et sa perception est la réception d'une affection *(idrākuhu qabūl al-aṯar)* » (*cf.*, pour le grec, Alexandre d'Aphrodise, *De l'âme II (Mantissa)*, trad. R. Dufour, Québec, 2013, p. 24 : « car l'intellect n'est point passif par sa propre nature, au sens où il naîtrait et pâtirait sous l'effet d'autre chose, comme c'est le cas pour la sensation. Il se comporte tout autrement. La sensation implique en effet une affection, car elle est passive, et la perception se produit pour elle au moyen d'une affection, alors que

l'intellect est agent »); cf. *De l'intellect*, 107, 13-14; éd. Badawī, p. 33, 9 : « la perception des sens n'est qu'une puissance *(quwwa)* relevant d'un corps *(li-ğism)* qui pâtit » (*cf.* trad. Dufour, p. 19 : « c'est pourquoi la perception des sensibles a lieu quand le corps reçoit une affection »). Voir aussi *De l'âme*, 84, 12 *sq.*; trad. Bergeron-Dufour, p. 201 *sq.* : « c'est pourquoi la sensation, même si elle n'est pas une altération, semble cependant se produire au moyen d'une sorte d'altération ». Averroès revient souvent sur ce qui, dans la passion, distingue l'intellect du sens; *cf.* notamment son *Epître 1*, dans *La béatitude de l'âme*, § 6-7, p. 202; § 28-29, p. 216; *Commentaire Moyen* du *De Anima*, III, § 2, trad. Elamrani-Jamal, p. 292 (éd. Ivry, § 277, p. 108), etc. Sur cette question de la « passivité » de l'intellect et du sens, voir M. Geoffroy, « *"Passio", "transmutatio", "receptio"* : Averroès sur l'analogie de l'intellect et du sens dans le(s) commentaire(s) au *De anima* d'Aristote », *in* J. Hamesse et O. Weijers (éd.), *Écriture et réécriture des textes philosophiques médiévaux. Volume d'hommage offert à Colette Sirat*, Turnhout, 2006, p. 137-184.

123. Voir Aristote, *De l'âme*, III, 4, 429a29-b5 (M. Geoffroy, « Sources et origines de la théorie de l'intellect d'Averroès », p. 200, note que l'argument d'Averroès est différent de celui d'Aristote, et peu conforme à la lettre de son texte : « Aristote affirme que l'impassibilité du sens est *moindre* que celle de l'intellect, tandis que pour Ibn Rušd, l'intellect est *dépourvu* de passivité »); *cf.* Alexandre d'Aphrodise, *De l'âme*, p. 86, 6-14; trad. Bergeron-Dufour, p. 205 (nous soulignons) : « l'intellect, en revanche, après avoir exercé son activité sur les choses les plus intelligibles, ne pense pas moins celles qui sont moins intelligibles. *Au contraire, il les pense même plus, car, dans son exercice préalable sur les choses plus intelligibles, il est devenu mieux préparé à accomplir ses activités propres* ». *Cf.* Averroès, *Commentaire Moyen* du *De Anima*, III, § 13, trad. Elamrani-Jamal, p. 295 (éd. Ivry, § 287, p. 112-113) : « il en est autrement de l'intellect pour qui, s'étant détourné d'un intelligible puissant, la fixation de ce qui est moins puissant que cet intelligible est plus aisée et meilleure. La raison en est que la faculté sensorielle est, dans une certaine mesure, mélangée à son sujet, alors que la faculté de l'intellect n'est absolument pas mélangée »; *L'intelligence et la pensée*, p. 86 (éd. Crawford, III, c. 7, p. 418, 22 *sq.*) :

> l'intellect, en revanche, une fois qu'il a conçu quelque chose de puissamment intelligible *(forte intelligibile)*, conçoit plus aisément quelque chose qui n'est pas puissamment intelligible; de là il s'ensuit qu'il ne pâtit ni ne subit de changement *(non patitur neque transmutatur)* de la part d'un intelligible puissant. Et ayant montré qu'ils différaient en cela, il en donne la cause. Et il dit : *La faculté sensorielle, en effet, n'est pas extérieure au corps; celui-ci au contraire est séparé.* C'est-à-dire : et la cause en est ce qu'on a expliqué avant, à savoir que la faculté sensorielle n'est pas extérieure au corps *(extra corpus)*, alors que l'intellect est séparé *(abstractus)*.

Pour une compréhension plus complète de ce passage, voir aussi Aristote, *De l'âme*, III, 7, 431a4-7; *cf.* Averroès, *L'intelligence et la pensée*, p. 134-136 (éd. Crawford, III, c. 28, p. 417-419). D'autres sources ne manquent pas : entre autres, *cf.* Ibn Sīnā (Avicenne), *al-mabdaʾ wa al-maʿād*, éd. Nûrânî, p. 104, 22 *sq.* (*Livre de la genèse et du retour*, trad. Y. J. Michot, III, 9, p. 71); *Livre de science* (*Dāneš Nāmeh*), trad. Achena et Massé, II, p. 71; *Kitāb al-Naǧāt*, éd. Fakhry, p. 218, 22 *sq.* (trad. Rahman, p. 52-53), etc.

124. Nous comprenons : ces formes (*ṣūra*, au singulier) psychiques résiduelles que sont les traces des formes des réalités sensibles.

125. C'est-à-dire la relation particulière, organique qu'il entretient avec la matière; le § suivant précisera que cette relation individuelle qu'on trouve dans les autres puissances de l'âme se traduit par le fait (ou consiste en ceci) que l'intelligible des formes inférieures est distinct de leur être. *Cf.* Ibn Bāǧǧa, *Conjonction de l'intellect avec l'homme*, éd. Genequand, § 38, p. 195 (nous soulignons) : « quant à l'intellect dont l'intelligible est lui-même, il n'a pas de forme spirituelle comme substrat, ce que l'on entend par intellect est alors ce que l'on entend par intelligible : il est un et non multiple, puisqu'*il est dépourvu de la relation par laquelle la forme est en rapport avec la matière* »; cf. *Conduite de l'isolé*, § 61, p. 133.

126. En *De an.* I, 4, 408b18 *sq.*, Aristote dit autre chose : non pas que l'intellect s'accroît, mais que la faculté intellective, en elle-même, n'est pas affectée par le déclin du corps (non plus que la puissance de sentir, du reste), et que si quelque chose s'affaiblit, c'est seulement son *exercice*, du fait de sa dépendance fonctionnelle aux organes somatiques :

> l'intelligence, de son côté, semble exister en nous comme étant une substance, et n'être point corruptible. C'est tout au plus en raison de l'affaiblissement dû à la vieillesse qu'elle pourrait se corrompre, mais, en fait, il en va de l'intelligence comme des organes des sens; si le vieillard, en effet, recouvrait un œil d'une qualité semblable, il pourrait voir aussi bien que le jeune homme. C'est donc qu'on est vieux non en raison d'une affection de l'âme, mais parce qu'on est dans un état comparable à l'ivresse ou aux maladies. L'intelligence et l'activité intellectuelle s'affaiblissent donc aussi parce qu'il y a une corruption intérieure, mais l'intelligence elle-même reste impassible (trad. Thillet).

Sur l'idée que l'intellect s'accroît avec l'âge, voir notamment Avicenne, *Livre de la genèse et du retour*, trad. Michot, III, 9, p. 71 (éd. Nûrânî, p. 104, 19-21) : « c'est donc patent, l'intellect n'est pas un instrument corporel. Sinon, il ne lui serait absolument pas possible de demeurer dans le même état chez les vieillards. Or, au contraire, dans la plupart des cas, l'intellect augmente de puissance après la quarantaine alors que, là, le corps commence à s'affaiblir »; *Livre de science*, II, p. 71; *Kitāb al-Naǧāt*, éd. Fakhry, p. 219, 11 *sq.* (trad. Rahman, p. 53); *Livre des Directives et des remarques*, trad. Goichon, p. 438; *Avicenna's* De Anima, éd. Rahman, p. 218, 17 *sq.*

127. Comprenons : comme c'est le cas *de l'intelligible* des formes individuelles par rapport à leur être.

128. « Preuves » traduit ici *dalā'il*, qu'on peut rendre par « signes ». Sur « la démonstration par le signe », voir A. Elamrani-Jamal, « La démonstration du signe *(burhān al-dalīl)* selon Ibn Rušd », *Oriens-Occidens* 3 (2000), p. 41-59; et surtout C. Cerami, « Signe physique, signe métaphysique : Averroès contre Avicenne sur le statut épistémologique des sciences de l'être », *in* Ead. (éd.), *Nature et Sagesse : Les rapports entre physique et métaphysique dans la tradition aristotélicienne. Recueil de textes en hommage à Pierre Pellegrin*, Louvain-la-Neuve, 2014, p. 429-474; *Génération et substance*, p. 316-336.

129. C'est-à-dire la connaissance que ces intelligibles théorétiques n'ont pas la « relation individuelle » qu'on trouve dans le reste des puissances de l'âme.

130. De cette « conclusion » vraie : *les étoiles brillent*, il ne s'ensuit pas nécessairement qu'*elles sont du feu* (ce qui serait la prémisse). De même, ici, de ce que les intelligibles théorétiques n'ont pas cette relation individuelle (qui caractérise les formes matérielles), il ne s'ensuit pas (ce qui serait la prémisse) qu'elles sont absolument séparées.

131. Tout ce qui est composé de feu brille, mais tout ce qui brille n'est pas nécessairement composé de feu. C'est la même chose ici : ce qui est toujours en acte n'a pas la relation individuelle à la matière qui caractérise les formes inférieures, mais tout ce qui n'a pas cette relation n'est pas pour autant toujours en acte. C'est bien ce qu'Averroès veut poser concernant les intelligibles théorétiques, lesquels ne sont ni proprement matériels, ni proprement séparés.

132. « Conséquent » traduit *lāḥiq*, « concomittant »; voir Aristote, *Réfutations sophistiques*, 5, 167b1-20.

133. « S'ils s'accompagnent de » traduit *hal talḥaquhā*. On pourrait traduire : « s'ils sont affectés par… », ou plus techniquement : « s'ils ont comme concomitants… ».

134. Cf. *supra*, p. 124 : Averroès avait distingué *quatre* propriétés des formes matérielles en tant que telles : outre (1) le fait de faire suite par essence à un changement et (2) d'être par essence nombrées par le nombre de leurs sujets, il parlait aussi (3) du fait d'être composées de quelque chose faisant office de forme et de quelque chose faisant office de matière (il en sera question à la fin de ce chapitre, p. 140, § 47), et enfin (4) du fait que leur intelligible était autre que leur être (ce qui précède ayant toutefois montré que cela ne pouvait valoir pour les intelligibles théorétiques ou, du moins, pas de la même façon que pour les intelligibles matériels). Quoi qu'il en soit, conformément à ce qu'il a annoncé, il suffit de montrer que les intelligibles théorétiques ne sont pas dépourvus de toutes les propriétés des formes matérielles, qu'ils en ont au moins une, pour conclure qu'ils ne sont pas purement et simplement séparés. C'est ce qui va s'imposer.

135. Comme on l'a vu plus haut, p. 188, n. 87, nous comprenons que l'existence des formes matérielles *fait suite par essence* à un changement, et non qu'elles font suite *à un changement par soi.* C'est la *dépendance* à l'égard du changement, ici, qui est essentielle (même si le changement, par ailleurs, doit être véritable).

136. Pour les partisans de la transmigration, en effet, le changement de substrat ne modifie pas essentiellement la forme, laquelle reste singulièrement la même en passant d'un sujet à l'autre (*cf.* Ibn Bāǧǧa, *Epître de l'adieu*, § 8, éd. Genequand, p. 91). Sur la critique de la transmigration des âmes chez Averroès, voir C. Cerami, *Génération et substance*, p. 527-528.

137. Le terme « empirique » *(taǧribiyya)* ne doit pas tromper. Comme Averroès va l'indiquer, *tous* les intelligibles sont en fait empiriques, tirés de l'« expérience » *(taǧriba).* La différence n'est donc pas entre des intelligibles innés (ce que seraient les premiers universels, les premières propositions, dont il va parler aussi) et des intelligibles tirés de l'expérience, mais entre des intelligibles dont nous ne savons *plus*, parce que nous l'avons oublié, ni *quand* ni *comment* ils nous sont empiriquement advenus, et des intelligibles dont à l'inverse nous nous rappelons (ou dont nous pourrions nous rappeler) quand et comment nous les avons abstraits. C'est de ces derniers qu'il est ici question.

Par ailleurs, lorsque Averroès dit de certains de ces intelligibles qu'ils composent des *prémisses (muqaddimāt)* empiriques, c'est-à-dire qu'ils sont en quelque façon premiers, le propos est ambigu puisqu'il sera question plus bas des intelligibles dits « premiers » (les notions universelles ou les principes propositionnels au fondement de toute pensée) et qu'on a affaire, par conséquent, à deux formes de primauté. Leur différence n'est pas explicite dans le *Compendium* du livre *De l'âme* (sans doute parce que ce n'était pas le lieu, et qu'Averroès n'avait pas y revenir), mais il faut comprendre que les intelligibles composant les prémisses dites « empiriques » sont les intelligibles relevant de certains *genres* de sensibles (la couleur, le son, etc.), si bien qu'ils interviennent comme principes intelligibles *propres* à *un certain genre de connaissance*, là où les intelligibles dit « premiers » sont les intelligibles *communs* à *tous* les étants sensibles qui, dans cette mesure, fondent l'édifice *entier* du savoir. Bref, tous les intelligibles dont il va s'agir dans ces paragraphes sont des intelligibles empiriques et tous sont premiers : mais les uns, les intelligibles dits « premiers », sont *absolument* premiers, et l'on ne se rappelle plus les conditions de leur production ; les autres, les intelligibles des prémisses « empiriques », sont *relativement* premiers, c'est-à-dire premiers dans un certain ordre de science, relativement à un certain type d'étant sensible, et l'on garde une forme de conscience ou de mémoire des conditions de leur production.

Sur la notion d'expérience, voir J. Janssens, « "Experience" *(tajriba)* in Classical Arabic Philosophy (al-Fārābī-Ibn Sīnā) », *Quaestio* 4 (2003), p. 45-62 ; J. J. McGinnis, « Scientific Methodologies in Medieval Islam », *Journal of the History of Philosophy* 41 (2003), p. 307-327 ; « Avicenna's Naturalized Epistemology and Scientific Method », *in* S. Rahman, T. Street et H. Tahiri (éd.), *The Unicity of Science in the Arabic Tradition. Science, Logic and Epistemology and their Interactions*, Berlin, 2008, p. 129-152 ; pour al-Fārābī en particulier, voir D. Janos, *Method, Structure and Development in al-Fārābī's Cosmology*, Leiden-Boston, 2012, p. 58-63 ; pour Averroès, voir principalement C. Cerami, « Induction et certitude dans le *Grand Commentaire* d'Averroès aux *Seconds Analytiques* », *in* J. Biard (éd.), *Raison et démonstration. Les commentaires médiévaux sur les* Seconds Analytiques, Turnhout, 2015, p. 47-69 ; D. L. Black, « Constructing Averroes' Epistemology », *in* P. Adamson-M. Di Giovanni (éd.), *Interpreting Averroes*, p. 96-115, spéc. p. 98 *sq.*

138. Litt. : « celui à qui manque l'un des sens, un certain intelligible lui manque aussi ». Un « certain » intelligible *(maʿqūl mā)*, c'est-à-dire un *genre* d'intelligibles, relevant d'un *genre* de sensibles. S'il manque à l'individu un sens, lequel a des sensibles *propres*, il lui manquera l'intelligible correspondant à ces sensibles propres, c'est-à-dire un type d'universel (pour la vue, la couleur ; pour l'ouïe, le son, etc.), si bien que lui manqueront aussi les propositions premières liées à ce sens et la science qui en découle : voir, pour la source, Aristote, *Seconds Analytiques*, I, 18, 81a38-39 (pour l'arabe, cf. *Manṭiq Arisṭū*, éd. ʿA. Badawī, al-Kuwayt-Bayrūt, 1980, II, p. 365) ; voir P. Pellegrin, « "Si un sens nous manquait". *De anima* III, 1, 424b22-425a13 », *in* G. Guyomarc'h, Cl. Louguet et Ch. Murgier (éd.), *Aristote et l'âme humaine. Lectures de* De anima III *offertes à Michel Crubellier*, Leuven-Paris-Bristol, CT, 2020, p. 1-18. Pour l'interprétation du passage par Averroès, voir à nouveau C. Cerami, « Induction et certitude », p. 65. Pour des passages parallèles chez le Cordouan, *cf.* Averroès, *Abrégé de la* Rhétorique, in *Averroës' Three Short Commentaries on Aristotle's "Topics", "Rhetoric" and "Poetics"*, ed. and transl. by Ch. E. Butterworth, Albany, 1977, § 38, p. 192 ; trad. angl., p. 75 (« celui qui perd un certain sens perd un certain sensible ») ; *Compendio de metafísica*, éd. Quirós Rodríguez, p. 149 ; cf. *Averroes on Aristotle's "Metaphysics"*, éd. Arnzen, p. 160 :

> as has already become clear, our intellect in actuality is subject to coming-to-be and corruption due to its connection to matter, whereas its intelligible <object> is eternal <and> immaterial. Due to its insufficiency the human intellect depends in its thinking on the senses. This is why, if we are deprived of one of the senses, we have no intellection of its <objects>. Similarly, if the perception of a certain thing is difficult for us, we fail to grasp its intelligible and cannot establish it other than by general assumption.

Cf. Id., *Grand Commentaire* des *Seconds Analytiques* (*Šarḥ al-burhān li-Arisṭū*), éd. ʿA. Badawī, *in* Ibn Rushd, *Grand commentaire et Paraphrase des* Seconds Analytiques *d'Aristote*, Koweit, 1984, p. 415, 5 *sq.* (= *Sec. Anal.* I, 18) ; *L'intelligence et la pensée*, p. 172 (éd. Crawford, III, c. 39, p. 506, 28-36) ; *Commentaire moyen* du *De anima*, III, § 36, trad. Elamrani-Jamal, p. 301 (éd. Ivry, § 314, p. 123) ; voir aussi J.-B. Brenet, *Les possibilités de jonction*, p. 65 *sq.*

139. *Cf.*, toutefois, Averroès, *Abrégé de la* Rhétorique, éd. Butterworth, § 39, p. 192 (trad. angl., p. 75) :

> Quant aux choses sensibles qui n'ont jamais été senties et dont nous n'avons aucun moyen d'appréhender l'existence par un syllogisme, *la certitude concernant leur existence peut se produire* mais le moins souvent, *tout comme peut se produire le moins souvent pour nous leur représentation telles qu'elles sont.* Mais pour ces pareilles choses, quand bien même leurs individus constitutifs (*ašḫāṣuhā*) ne traversent pas le sens, il faut que le traversent leurs noms ou ce qui les indique » (trad. Z. Bou Akl, *in* Id. (éd.), *Averroès. Le Philosophe et la Loi. Edition, traduction et commentaire de « L'Abrégé du Mustaṣfā »*, Boston-Berlin-Münich, 2015, p. 24).

La source d'Averroès est ici Ibn Bāǧǧa, *Conduite de l'isolé*, éd. Genequand, § 68, p. 135. Dans le prologue de son *Ḥayy ibn Yaqẓān*, Ibn Ṭufayl parle de l'aveugle de naissance *(man wulida makfūf al-baṣar)* pour illustrer ce qu'est le philosophe seulement spéculatif (l'homme du *naẓar*, de l'examen rationnel, de la « spéculation » ou contemplation), encore privé de la *mušāhada* (la vision, l'expérience directe, stade suprême de la connaissance), et il dit de lui qu'il connaît au moins les couleurs « par des explications des noms qu'elles portent *(šurūḥ asmāʾihā)* et par certaines définitions *(ḥudūd)* qui les désignent » (*Hayy ben Yaqdhân : roman philosophique d'Ibn Thofaïl*, 2e édition, Beirut, 1936, par L. Gauthier, ar. p. 7-9 ; franç., p. 6-7). L'aveugle-né, autrement dit, connaît la couleur, il en saisit l'intelligible, mais faute de la voir, il n'en a pas l'expérience directe, éclatante, de même que celui qui seulement connaît l'intelligible par l'intellect théorétique, le philosophe spéculatif, ne « goûte » pas la vérité et se tient en-deçà de la félicité ultime.

140. Sur l'exemple de l'éléphant, *cf.* al-Fārābī, *Book of Letters*, éd. M. Mahdi, Beirut, 1969, p. 170 (§ 169), et surtout Ibn Bāǧǧa, *Conjonction de l'intellect avec l'homme*, éd. Genequand, § 29, p. 192 : « l'éléphant n'est pas intelligible pour nous si nous ne l'avons pas vu » ; *Conduite de l'isolé*, éd. Ch. Genequand, § 101, p. 144-145 (voir aussi les discussions liées aux *Parva Naturalia* dans les § 63-88 et 124). Celui qui n'a pas la sensation des « individus » de l'espèce « éléphant », dit ici Averroès, n'en a pas l'intelligible. Notons qu'il paraît défendre autre chose, sinon l'inverse, dans son *Compendium* des *Parva naturalia* et son *Grand Commentaire* du *De anima*, à savoir qu'il est possible par la *cogitation* de concevoir (et cela, *vraiment*) ce qu'on n'a pas senti, c'est-

à-dire de se représenter correctement la chose *comme si* (comprenons : *aussi bien que si*) on l'avait sentie. Voir son *Talḫīṣ kitāb al-ḥiss wa-al-maḥsūs*, éd. Blumberg, p. 45, 2-11 (trad. Z. Bou Akl, *in* Id. (éd.), *Averroès. Le Philosophe et la Loi*, p. 28-29 ; nous soulignons) :

> De la réunion et de la collaboration de ces puissances ne découle pas seulement la convocation au présent de la chose qui a déjà été sentie et oubliée, mais lorsque cette réunion se produit les formes des choses senties se présentent en certains humains alors qu'ils ne les ont pas encore senties et que seules leurs qualités leur ont été transmises, comme ce qu'a raconté Aristote d'un certain ancien qui représentait des choses qui lui étaient transmises par audition sans qu'il les ait vues de sorte que, lorsque ces représentations étaient mises à l'épreuve, on les trouvait conformes à ce qui a été vu. De cette façon, *celui qui n'a jamais perçu l'éléphant par le sens peut se le représenter*. Cela n'arrive à l'homme que lorsque ces trois puissances se trouvent unifiées. Leur unification n'a lieu que du fait de l'âme rationnelle – je veux dire du fait de la soumission de ces puissances à cette âme – de même que leur séparation n'a lieu que du fait de l'âme animale. Leur unification est difficile et ardue pour l'homme, car elle a lieu du fait de la raison, alors que le repos de l'âme animale n'est que dans leur séparation.

De même, voir Averroès, *L'intelligence et la pensée*, p. 87 (éd. Crawford, III, c. 7, p. 419, 55 *sq.*) ; p. 118 (éd. Crawford, III, c. 20, p. 449, 168 *sq.*) :

> ces trois facultés <l'imaginative, la cogitative, la remémorative> sont dans l'homme pour lui rendre présente la forme de la chose imaginée quand la sensation est absente. Il a donc été dit là que, se prêtant mutuellement concours, ces trois facultés peuvent représenter la chose individuelle selon ce qu'elle est dans son être, bien que nous ne le sentions pas.

Cf. *ibid.*, p. 144 (éd. Crawford, III, c. 33, p. 475, 41 *sq.*), notamment ces lignes 44-47 et 51-55 qui montrent bien qu'il s'agit de la représentation, non pas simplement de ce qu'on ne sent plus, mais de ce qu'on n'a *jamais* senti :

> Et <Aristote> indique par là la manière dont peut exister par la cogitation une image vraie, *dont l'individu n'a jamais été senti par celui qui cogite.* <…> En effet, comme on l'a expliqué dans le livre *Du sens et du senti*, quand elle s'adjoint l'informative et la remémorative, la faculté cogitative est naturellement apte, à partir des images des choses, à rendre présente à l'assentiment et à la représentation *une chose qui n'a jamais été sentie, dans la disposition même qui serait la sienne si elle était sentie.*

Sur ce point, voir J.-B. Brenet, *Je fantasme*, chap. 6, p. 41-45 et chap. 10, p. 65-67. Ce qu'Averroès défend tient à l'influence des *Parva naturalia* arabes ; sur ce texte très altéré, voir R. E. Hansberger, *The Transmission of Aristotle's* Parva Naturalia *in Arabic* ; « *Kitāb al-Ḥiss wa-al-maḥsūs* : Aristotle's *Parva Naturalia* in Arabic Guise », *in* P.-M. Morel et Ch. Grellard (éd.), *Les* Parva naturalia *d'Aristote. Fortune antique et médiévale*, Paris, 2010, p. 143-162; « Averroes and the "Internal Senses" », *in* P. Adamson et M. Di Giovanni (éd.), *Interpreting Averroes*, p. 138-157; « The Arabic *Parva Naturalia* », *in* M. Sebti et D. De Smet (éd.), *Noétique et théorie de la connaissance dans la philosophie arabe du* IX*e au* XII*e siècle*, p. 45-75.

Cette discussion rejoint la question cruciale en Islam du témoignage et de sa valeur. La question du crédit qu'on accorde à ce qu'on rapporte sans qu'on en ait été témoin n'est-elle pas bouleversée, en effet, si l'homme a la capacité de produire la représentation *vraie* de ce qu'il n'a *pas* senti ? Sur le témoignage, voir M. Aouad, « La critique radicale du témoignage de la loi positive et du consensus par Averroès », *in* J.-B. Brenet (éd.), *Averroès et les averroïsmes juif et latin*, Turnhout, 2007, p. 161-181 ; Z. Bou Akl (éd.), *Averroès : Le Philosophe et la Loi*, spéc. p. 23-25 (nous partageons la critique que l'auteur fait de la lecture de M. Aouad, sans souscrire à l'ensemble de son analyse); voir aussi D. L. Black, « Memory, Individuals, and the Past in Averroes's Psychology »; « Constructing Averroes'Epistemology », p. 103-110.

141. « S'allume » traduit *yanqadiḥu* : le verbe désigne le jaillissement du feu ou de la flamme tandis que, par frottement, on cherche à produire du feu; voir E. W. Lane, *An Arabic-English Lexicon in Eight Parts*, Part 7 : Q-M, Beirut, 1968, 2493a. Le verbe se lit dans le Thémistius arabe, *Paraphrase* du *De anima*, éd. Lyons, p. 191, 13; éd. Heinze, 105, 18 (ἐκλάμψειεν; cité dans sa traduction par D. Wirmer, p. 75, n. 78). Par ailleurs, *cf.* Platon, *République*, IV, 435a1-2, *Lettre* 7, 344B1-C1.

142. *Cf.* Aristote, *Métaphysique* A, 1, 980a21 *sq.* et *Seconds Analytiques* II, 19, 99b35 *sq.*; Alexandre d'Aphrodise, *De l'âme* 83, 1 *sq.* (trad. Bergeron-Dufour, p. 199 *sq.*). Pour Averroès, voir son *Grand Commentaire* des *Seconds Analytiques*, éd. Venise, 1562-1574 (réimpr. Frankfurt am Main, 1962), vol. I/2a, II, c. 104, f. 563D *sq.* Sur le rapport entre expérience et induction chez Averroès, voir C. Cerami, « Induction et certitude »; *Génération et substance*, p. 343; 351.

143. On le répète : *tous* les intelligibles adviennent dans le temps, supposent du temps, c'est-à-dire le temps de constitution de l'« expérience » (dont les composantes sont ici la sensation, l'imagination, la mémoire, la répétition de la sensation), la différence étant que dans le cas des axiomes communs nous ne souvenons plus, du fait de sa précocité, de cette expérience. Cela dit, l'idée que les intelligibles adviennent dans le temps ne doit pas tromper. S'il faut du temps pour qu'ils surviennent, leur survenue, elle, est *instantanée*. C'est ce surgissement de l'universel qu'évoquait d'ailleurs le verbe *inqadaḥa* repéré plus haut, n. 141. Sur cette instantanéité, voir J.-B. Brenet, « Pensée, dénomination extrinsèque et changement chez Averroès », et dans un autre registre, *Je fantasme*, chap. 8, p. 55-60.

144. Ceux qu'on appelle les « intelligibles premiers » (ou les « propositions premières », comme « le tout est plus grand que la partie »). Sur cela, *cf.* Averroès, *Abrégé* des *Seconds Analytiques*, § 7 (nous remercions Ch. Butterworth de nous avoir fourni son édition du texte avant sa parution) ; *Commentaire Moyen* du *De Anima*, III, § 36, trad. Elamrani-Jamal, p. 301 (éd. Ivry, § 314, p. 123) ; *L'intelligence et la pensée*, p. 163 (éd. Crawford, III, c. 36, p. 496, 491-492) : « les intelligibles adviennent de deux manières en nous – soit naturellement (et ce sont les premières propositions, dont nous ne savons ni quand elles nous sont venues ni d'où ni comment), soit volontairement... » ; *ibid.*, p. 173 (éd. Crawford, III, c. 39, p. 506, 53-507, 55) : « les premières propositions semblent néanmoins être liées *(esse cum)* à l'imagination. Et cela montre qu'elles ont besoin des sens » ; *cf.* aussi le rapprochement entre *tawātur* (transmission par voies multiples) et intelligibles premiers dans Z. Bou Akl (éd.), *Averroès. Le Philosophe et la Loi*, § 96, p. 175, et p. 35-40 de l'introduction.

Sur les intelligibles premiers chez Averroès, voir C. Cerami, « Induction et certitude », p. 61 *sq.*; *Génération et substance*, p. 336-353 ; D. L. Black, « Constructing Averroes'Epistemology » ; M. Geoffroy, « Averroès sur l'intellect comme cause agente et cause formelle, et la question de la "jonction" – I* », *in* J.-B. Brenet (éd.), *Averroès et les averroïsmes juif et latin*, p. 77-110, ici p. 92, n. 51 : « Bien qu'elles soit dites "naturelles" et présentes "sans que nous sachions d'où elles viennent", les intelligibles premiers, principes de la démonstration eux-mêmes indémontrables d'Aristote (*Anal. post.*, I, 28, 87b *sq.*; II, 19, 99b15 100b5) sont issus de l'induction ou "expérience", par la récurrence d'impressions sensibles, probablement précoces (*cf.* Averroès, « Talḫīṣ kitāb Anālūṭīqā al-ṯāniya aw kitāb al-burhān », in *Paraphrase de la logique d'Aristote*, éd. G. Jéhamy, Beyrouth, 1982, 3 vol., vol. II, p. 369-491 ; chap. 19, p. 489, 5-490, 20). »

Pour quelques sources, voir al-Fārābī, *Kitāb al-burhān wa-Kitāb šarā'iṭ al-yaqīn*, éd. M. Fakhry et R. al-'Ajam, in *Al-Manṭiq 'inda l-Fārābī*, vol. 4, Beirut, 1986-87, (trad. J. McGinnis et D. Reisman, *Classical Arabic Philosophy : An Anthology of Sources*, Indianapolis, 2007, p. 66) ; cf. *L'accession à la félicité* (*Kitāb taḥṣīl al-sa'āda*, éd. J. al-Yasin), § 1, p. 119, 5-9 (trad. Vallat, dans *Régime Politique*, p. 133, n. 440) : « les vertus théorétiques, ce sont les sciences dont la fin ultime consiste en ce que les étants et ce qu'ils renferment deviennent intelligibles par une connaissance certaine uniquement. Parmi ces sciences, il y a ce qui advient à l'homme immédiatement, en sorte qu'il n'a pas conscience, ni n'a idée de comment cela est venu ou d'où cela est venu : ce sont les sciences premières *(al-'ulūm al-uwal).* » Cf. *Epître sur l'intellect*, trad. Hamzah, p. 67 (éd. Bouyges, p. 8, 5 *sq.*) ; *Régime politique*, trad. Vallat, p. 132-133 (éd. Najjar, p. 71, 14 *sq.*) :

> l'intellect agent est à l'égard de ce qu'il donne à l'homme dans une situation analogue à celle des corps célestes, car il donne tout d'abord à l'homme une force, à savoir un principe *(quwwa wa-mabdā')* grâce auquel celui-ci tend ou a la capacité de tendre de sa propre initiative vers toutes les entéléchies qu'il lui reste à obtenir. Le principe en question consiste dans les sciences premières, à savoir les intelligibles premiers qui sont présentes dans la partie rationnelle de l'âme. Ces connaissances et intelligibles, <l'intellect agent> les lui donne une fois que, dans l'homme, ont précédé et sont advenus premièrement la partie sensitive de l'âme, <puis> la partie impulsive par laquelle se concrétisent le désir et l'aversion qui résultent de la sensitive et, <enfin>, les organes qui, parmi les parties du corps, correspondent à ces deux <facultés> ; alors, moyennant ces deux <facultés>, la volonté advient <à son tour>.

Cf. al-Fārābī, *Opinions des habitants de la cité vertueuse*, trad. Cherni p. 184 (*cf.* trad. Karam *et alii*, p. 74) ; *La philosophie d'Aristote* (éd. M. Mahdi, p. 62, 4-5 ; 127, 20-128, 2) ; *Aphorismes choisis*, § 34, trad. S. Mestiri et G. Dye, Paris, 2003, p. 69 (*Fuṣūl muntazaʿa*, éd F. M. Najjar, Beyrouth, 1971, p. 51, 3-5) ; ajoutons le Ps.-al-Fārābī (?), *L'harmonie entre les opinions de Platon et d'Aristote*, texte arabe et traduction par F. M. Najjar et D. Mallet, Damas, 1999, § 49, p. 120 *sq*. Sur les propositions premières chez al-Fārābī, voir Ph. Vallat, « L'intellect selon Farabi. La transformation du connaître en être », *in* M. Sebti et D. De Smet (éd.), *Noétique et théorie de la connaissance*, p. 193-242, spéc. p. 221-223. *Cf.* également Avicenne, *Kitāb al-Naǧāt*, éd. Fakhry, p. 101, 12 *sq*. ; *Le livre de science*, trad. Achena et Massé, II, p. 69 ; *Livre de la genèse et du retour*, trad. Michot, p. 68 (éd. Nûrânî, p. 99, 1), etc.

145. C'est-à-dire les réalités particulières qui les instancient et dont ces intelligibles, donc, sont les intelligibles.

146. La même formule se lit dans l'*Abrégé* des *Seconds Analytiques*, cité *supra* (éd. Butterworth, § 7). La principale caractéristique des « premiers intelligibles » *(al-maʿqūlāt al-uwal)*, écrit Averroès, c'est d'être « connus en eux-mêmes et depuis le début *(maʿlūma bi-nafsi-hā wa-min awwal al-ʾamr)* ; voir *Tafsīr mā baʿd al-ṭabīʿat*, II, 1 (993a30 *sq*.), c. 1, éd. Bouyges, vol. 1, p. 7, 2 *sq*., où Averroès parle des « connaissances premières qui sont en nous par nature pour tous les genres d'étants » ; voir D. L. Black, « Constructing Averroes' Epistemology », p. 97.

147. Pourquoi ne nous souvenons-nous pas que ces intelligibles premiers *aussi* ont été abstraits ? Parce qu'ils l'ont été *depuis le début*. Et pourquoi l'ont-ils été depuis le début de notre existence ? Averroès l'explique dans deux textes majeurs bien mis en valeur par C. Cerami (« Induction et certitude », p. 61 *sq*.). Le premier, dans le *Grand Commentaire* des *Seconds Analytiques*, éd. Venise, 1562-1574, vol. I/2a, II, c. 106, f. 566vE (nous traduisons le latin peu clair de F. Burana) :

> <les espèces des intelligibles premiers> proviennent de la répétition de l'expérience : ce sont <à la fois les espèces> des <intelligibles> qui sont appelés "<intelligibles> de l'expérience" *(experientiae)* et les espèces <des intelligibles> qui sont appelés "intelligibles premiers", et ces derniers sont ceux dont on ne sait pas quand ils se produisent ni comment ils se produisent <dans l'âme> et, <de fait>, on ne se rappelle pas l'état d'induction qui fut le nôtre lorsque fut obtenu *(apud assecutionem)* leur intelligible. La cause en est que <ces intelligibles premiers> sont communs à tous les étants *(communicant omnibus entibus)*, et que nous les obtenons *(assequamur)* de la même façon que tout ce sur quoi tombe notre sens, dès lors qu'il se met à l'appréhender *(a principio eius, quod apprehenditur)* : par exemple, que le tout quel qu'il soit soit plus grand que <sa> partie, notre sens l'appréhende pour tout corps sur lequel il tombe, dès lors qu'il tombe sur lui. En revanche, les <intelligibles> parmi eux <*i.e.* ces intelligibles premiers, au sens large, > qui sont <non pas communs mais> comme un genre, distinct d'un autre *(quod autem erit ex ipsis, ut genus absque genere)*, ceux-là ne se produisent en nous qu'après l'impression d'une sensation <relevant> de ce genre <*i.e.* de ce genre-là d'intelligibles : *nisi post impressionem sensus istius generis*>, et c'est la raison pour laquelle certains ont pensé que les intelligibles <dits> "premiers", <eux>, ne provenaient pas du sens.

Le second texte se lit dans le *Grand Commentaire* des *Seconds Analytiques* I, 18, éd. ʿA. Badawī, p. 416, 10-19 (trad. C. Cerami légèrement modifiée, « Induction et certitude », p. 65-66) :

> on a dit que les prémisses premières sont de deux types : un type qui survient par induction, un type qui survient en nous par nature sans que l'on sache ni quand ni d'où elles sont survenues en nous. C'est à propos de ce <second type de> prémisses que l'on croit qu'on n'a pas besoin de l'induction, et donc qu'on n'a pas besoin du sens. Toutefois, il apparaît au sujet de ces prémisses, comme par exemple que *le tout est plus grand que la partie* et que *des quantités égales à une chose une sont égales entre elles*, qu'elles se trouvent dans les sensibles communs. C'est à cause de cela qu'elles surviennent en nous au tout début, du fait que les sensibles communs se trouvent dans tout ce sur quoi tombent nos sens. Et puisqu'elles surviennent en nous pendant l'enfance, nous ne nous rappelons ni quand ni comment elles sont survenues en nous. Or cela ne fait pas de doute, elles surviennent en nous à partir des sensibles. Et personne ne peut être dépourvu de ce genre de prémisses, parce qu'il est impossible de trouver quelqu'un qui soit privé du sens du toucher et que ces prémisses surviennent en vertu du sens du toucher.

Pourquoi, donc, ne se souvient-on pas de l'abstraction de ces intelligibles premiers? Parce qu'ils « sont communs à tous les étants », qu'ils sont en puissance dans *tous* les sensibles et qu'ils s'actualisent, de ce fait, dès le début, c'est-à-dire dès lors que, commençant à exister, nous commençons à toucher. Quoi qui se présente, on y aura affaire. Si les circonstances de leur survenue nous échappent, par conséquent, c'est qu'ils n'adviennent pas sur la base de sensibles particuliers (dont la rencontre, en raison de leur particularité, pourrait être marquante, mémorable), mais de *n'importe quelle chose*, à laquelle, par le sens fondamental du toucher, nous nous rapportons. Bref, dès que nous sommes, nous touchons, et dès que nous touchons, nous percevons des sensibles communs dont découlent ces intelligibles premiers qui font les axiomes communs.

148. *Cf.* de nouveau Averroès, *Grand Commentaire* des *Seconds Analytiques*, éd. Venise, 1562-1574, vol. I/2a, II, c. 106, f. 166v E (trad. Burana) : « on ne se rappelle pas l'état d'induction qui fut le nôtre lorsqu'on a obtenu leur intelligible » (« non comemorata fuit *dispositio* inductionis, quam habebamus apud assecutionem intelligibilis ex ipsis »). *Dispositio* traduit certainement ici *ḥāl*, « état ».

149. D'une *seule* et même façon. Il est donc clair que tous les intelligibles de l'homme sont tirés de l'expérience, ce qui explique, du reste, que c'est *par essence* et non par accident que les intelligibles théorétiques font suite à un changement.

150. La génération est le « venir à être » d'une forme à la suite d'une altération du substrat, laquelle altération requiert l'action d'un agent de même forme. *Cf.* entre autres Ibn Rušd, *Talḫīṣ kitāb al-nafs*, éd. al-'Ahwānī, p. 10, 6 *sq*; *Commentaire Moyen* du *De Generatione et Corruptione*, éd. H. Eichner, *Mittlerer Kommentar zu Aristoteles'* De Generatione et Corruptione, Paderborn-München-Wien-Zürich, 2005, p. 130, 6-8 : « la forme advient à la suite d'une sorte d'affection qui se produit dans la matière » (trad. C. Cerami, « Averroès, *Commentaire moyen* du *De generatione et corruptione* », p. 315). Sur la génération substantielle chez Averroès, voir C. Cerami, *Génération et substance*, chap. VI-IX.

151. *Cf.* Averroès, *L'intelligence et la pensée*, p. 80 (éd. Crawford, III, c. 5, p. 412, 721 *sq.*) ; *ibid.*, p. 120-121 (éd. Crawford, III, c. 20, p. 452, 257 *sq.*) : « Et tu dois savoir qu'il n'y a aucune différence entre l'exégèse de Thémistius et des anciens commentateurs et l'opinion de Platon sur le fait que les intelligibles existant en nous sont éternels et qu'apprendre, c'est se souvenir » (on cite ce texte plus longuement *infra*). *Cf.* Ibn Bāǧǧa, *De l'âme (Kitāb al-nafs)*, éd. Fès, p. 195, 6-8 ; 208, 18.

152. Non pas au sens où nous *exercerions* notre puissance de penser, mais au sens où notre disposition à l'exercer serait arrivée à maturité.

153. Si les intelligibles sont toujours en acte et que nous sommes prêts à les recevoir, comment expliquer que la pensée ne se manifeste pas toujours, que nous ne soyons pas toujours déjà savants et en train d'intelliger ? D'où vient, autrement dit, la nécessaire postériorité de notre science et son intermittence ? De fait, pour Averroès, les intelligibles théorétiques ne sont pas toujours en acte.

Pour savoir, l'être humain est ainsi fait qu'il ne peut se passer de la sensation, de l'expérience, c'est-à-dire d'une forme de parcours et d'entraînement qui requièrent du temps (*cf.* Averroès, *Epître 1*, dans *La béatitude de l'âme*, § 39, p. 220 ; *L'intelligence et la pensée*, p. 122 et 168 ; éd. Crawford, III, c. 20, p. 453, 301 *sq.* et c. 36, p. 501, 640 *sq.*). La critique ne vise pas seulement Platon, mais aussi la doctrine de l'intuition *(ḥads)* d'Avicenne, à qui Averroès reproche implicitement d'estimer que certains, les mieux doués, puissent quasiment faire l'économie de l'apprentissage et que l'expérience, par conséquent, d'où viennent les premières propositions, n'ait rien *d'absolument* nécessaire ; voir son *Compendium* des *Parva naturalia* (*Talḫīṣ kitāb al-ḥiss wa-al-maḥsūs*), éd. Blumberg, p. 89, 4 *sq.* (nous traduisons) :

> il est dans la nature de l'homme de comprendre *(yudrika)* les sciences théorétiques au moyen <de la connaissance> des premières propositions *(al-muqaddimāt al-ūlā)* dont il est doté, et s'il pouvait les comprendre sans les propositions *(muqaddimāt)*, les premières propositions dont il est doté seraient inutiles – de même que, s'il était possible à quelqu'un de marcher sans ses pieds, ses pieds seraient inutiles et superflus.

Cela étant, Avicenne critique lui-même la théorie platonicienne de la réminiscence : voir notamment : *al-Mubāḥaṯāt*, éd. Bīdārfar, Qum, 1413 h. l./1371 h. s., p. 100 ; ce rejet rejoint chez lui sa critique de la doctrine alexandrinienne de l'intellect acquis, où l'intellect agent s'unirait à notre intellect – voir *infra*, n. 294-295, p. 258-260 : si c'était le cas, en effet, et que l'intellect devait s'unir à nous en totalité, notre âme deviendrait « un intellect en acte pour l'ensemble des intelligibles, n'ignorant aucune chose et n'en recherchant aucune » (Ibn Sīnā, « Ta'līqāt 'alā ḥawāšī Kitāb al-nafs li-Arisṭāṭālīs », éd. 'A. Badawī, p. 93, 2) ; à suivre Alexandre, autrement dit, non seulement nous saurions tout, mais il ne serait même pas nécessaire de se ressouvenir.

Sur cette question, *cf.* le *fragment XII* de Théophraste, que cite Thémistius dans sa *Paraphrase* du traité *De l'âme*, 108, 18 *sq.* ; éd. Lyons, p. 197. Théophraste explique que si l'intellect « actif » (ou « agent ») nous est inné, immanent dès l'origine, et que, pourtant, nous ne pensons pas depuis toujours, sans discontinuer, c'est en raison de son « mélange » au principe potentiel (voir E. Barbotin, *La Théorie aristotélicienne de l'intellect d'après Théophraste*, Louvain-Paris, 1954, p. 271 et p. 161-166). Thémistius reprend l'idée que l'intellect agent se combine à l'intellect matériel, mais il estime que Théophraste parle ici du mélange de l'intellect (actif *et* matériel) *avec l'intellect « passif »* (ou « commun ») qu'est, selon lui, l'âme sensitive de l'homme (voir Thémistius, *Paraphrase* du traité *De l'âme*, 108, 28 *sq.* ; éd. Lyons, p. 197-198). Sur l'intellect « commun » chez Thémistius, voir H. J. Blumenthal, « *Nous pathêtikos* in later Greek philosophy », *in* H. J. Blumenthal et H. Robinson (éd.), *Aristotle and the Later Tradition, Oxford Studies in Ancient Philosophy*, suppl. vol. 1991, p. 191-205; M. Gabbe, « Themistius as a Commentator on Aristotle : Understanding and Appreciating his Conception of *Nous pathetikos* and *Phantasia* », *Dyonisius* 26 (2008), p. 73-92. Ce « mélange », que récuse Averroès, p. 38, § 44.

154. Quand on suit Platon, ce qu'Averroès, évidemment, ne fait pas.

155. Averroès, en vérité, va nuancer cette conclusion. Dans les intelligibles théorétiques de l'homme, qui sont eux aussi « composés », comme les formes matérielles, il y a une partie engendrable et corruptible (en tant qu'ils dépendent des images elles-mêmes engendrables et corruptibles) *et une partie éternelle (qui « demeure »)* : ici, la partie qui demeure est leur « forme », que constitue l'intellect agent; et la partie qui s'engendre et se corrompt est leur « matière », à savoir les images. Les intelligibles théorétiques ne sont donc que *relativement* corruptibles, à savoir sous le rapport de leur dépendance à l'image individuelle.

156. Voir Aristote, *Du ciel*, I, 12, 283b 17 *sq.*; trad. Pellegrin, p. 183 : « d'un point de vue physique et non pas général il est impossible qu'un étant d'abord éternel soit corrompu par la suite, ou que ce qui est d'abord non étant soit ensuite éternel. En effet, les choses corruptibles et générables sont aussi toutes altérables… » (cf. *ibid.*, 282a22-23; 283a4 *sq.*). *Cf.* Averroès, *Commentum magnum super libro De celo et mundo Aristotelis*, éd. F. J. Carmody et R. Arnzen, Leuven, 2003, I, c. 140, p. 268-269. Ce principe d'Aristote est majeur en noétique : cela implique, si l'intellect humain est engendré, qu'il est destiné à se corrompre, sauf à défendre – ce qu'Averroès refuse – la possibilité d'une transmutation ontologique, c'est-à-dire d'un devenir éternel de l'adventice (voir toutefois le passage délicat, *supra*, p. 158, § 73). C'est l'argument qu'Averroès utilisera dans son *Grand Commentaire* du *De anima* contre Alexandre d'Aphrodise et al-Fārābī : si l'on soutient comme eux que l'intellect matériel est engendré, on ne peut plus justifier selon lui que cet intellect se joigne à l'intellect agent éternel, c'est-à-dire qu'il l'admette comme forme, et il faudra dès lors renoncer soit à la jonction (ce qu'aurait fini par faire al-Fārābī, selon Averroès), soit à la cohérence théorique (ce qui serait le cas d'Alexandre d'Aphrodise); voir Averroès, *L'intelligence et la pensée*, p. 150-154 (éd. Crawford, III, c. 36, p. 481, 48-486, 190).

157. Les deux points, nous semble-t-il, ne sont pas à distinguer même si nous laissons la coordination « et » dans la traduction : que les intelligibles soient multipliés par la multiplication de leurs sujets et nombrés par leur nombre, cela n'est ici qu'une manière différente de dire la même chose. Voir, sur l'ensemble de ce développement, notre introduction, p. 35 *sq.*

158. Le terme de « sujet », qui vaut ici pour les choses réelles extérieures à l'âme, change de sens. On peut certes considérer que l'universel ou

l'intelligible s'*y* trouve en puissance, et que, donc, les choses individuelles sont bien les sujets-*substrats* de l'intelligible en puissance. Mais s'il est question de l'intelligible *en acte*, comme c'est le cas, la chose réelle ne peut plus en être le « sujet » au sens de matière, de récepteur, de substrat. Et Averroès, de fait, va soutenir que l'intelligible en acte *s'appuie sur* ses sujets, qu'il leur est relatif, joint, et non que, comme tel, il existe en eux ou leur est inhérent. S'agissant de la chose réelle dont l'universel en acte est extrait, autrement dit, « sujet » ne désigne pas *ce dans quoi* la forme se trouve, mais *ce à partir de quoi, par quoi et relativement à quoi* elle existe (en acte). Reste qu'il faudra tout de même déterminer quel est le sujet-substrat de cet intelligible en acte (c'est-à-dire établir quelle est la nature exacte de l'intellect dit « matériel »). Averroès l'examine plus bas et, révisant sa première position, rompra avec Ibn Bāǧǧa auquel, précisément, il reprochera d'avoir confondu dans l'image la dimension de sujet-moteur et celle de sujet-substrat.

159. Sur le verbe *istanada*, « s'appuyer sur », et sur le fait que les intelligibles s'appuient sur les individus (ou plutôt, comme la suite le dira, sur les images de ces individus, voir n. suivante), la source d'Averroès est Ibn Bāǧǧa, *Conduite de l'isolé*, § 213, éd. Genequand, p. 178. Dans le *Grand Commentaire* du *De anima*, Averroès, nous semble-t-il, ne reprendra plus à son compte ce vocabulaire de l'appui, qu'il prêtera explicitement, en revanche, à Ibn Bāǧǧa ; *cf.* Averroès, *L'intelligence et la pensée*, p. 158-159 (éd. Crawford, III, c. 36, p. 491, 337-345). Sur ce point, voir J.-B. Brenet, *Les possibilités de jonction*, p. 65 *sq.* ; *Je fantasme*, p. 72 ; J.-B. Brenet et G. Agamben, *Intellect d'amour*, Lagrasse, 2018, p. 38-40. Dans une approche transversale de l'œuvre d'Averroès, notons qu'à l'idée de l'intelligible appuyé sur les images pourrait correspondre dans le champ juridique celle des *muḥaddiṯīn* s'occupant des divers *isnād*-s sur lesquels fonder les « dits » du prophète. Sous cet angle, l'image apparaît comme le « garant » du concept, sa caution.

160. L'intelligible vrai est l'universel d'une chose extérieure à l'âme qui s'appuie sur l'image (vraie) de cette chose. Remarquons qu'il est dit, d'abord, que l'intelligible a un sujet *en dehors de l'âme* sur lequel il s'appuie, puis qu'il s'appuie sur *l'image* issue de ce sujet extérieur : tantôt, autrement dit, le sujet-point d'appui est la chose, tantôt c'est l'image, ou plutôt les images issues de la chose (mais Averroès, sauf erreur, n'emploie pas ici pour l'image le terme de « sujet », alors qu'Ibn Bāǧǧa le fait : *cf.* par exemple *Conjonction de l'intellect avec l'homme*, § 38, éd. Genequand, p. 195). Sur l'intelligible vrai, *cf.* le passage du *Grand Commentaire* du *De anima* sur les « deux sujets » : Averroès, *L'intelligence et la pensée*, p. 69-70 (éd. Crawford, III, c. 5, p. 400, 379-393 ; nous soulignons) :

> Car, puisque concevoir par l'intellect, comme le dit Aristote, c'est comme percevoir par le sens, et que percevoir par le sens s'accomplit par l'intermédiaire

de deux sujets, dont l'un est le sujet par lequel le sens devient vrai (et c'est le sensible extérieur à l'âme) et l'autre, le sujet par lequel le sens est une forme existante (et c'est la perfection première de la faculté sensorielle), il est aussi nécessaire que les intelligibles en acte aient deux sujets, *dont l'un est le sujet par lequel ils sont vrais, à savoir les formes qui sont des images vraies*, et le second, celui qui fait de chaque intelligible un étant du monde <réel>, et c'est l'intellect matériel. En effet, il n'y a en cela aucune différence entre le sens et l'intellect, si ce n'est que le sujet du sens, par lequel il est vrai, est extérieur à l'âme, alors que *le sujet de l'intellect, par lequel il est vrai, est à l'intérieur de l'âme.*

161. *Cf.* Ibn Bāǧǧa, *Conjonction de l'intellect avec l'homme*, § 28, éd. Genequand, p. 192 ; *Conduite de l'isolé*, § 68, éd. Genequand, p. 135 ; *Epître de l'adieu*, § 79, éd. Genequand, p. 114. Comment comprendre, donc, que l'intelligible en acte soit multiplié par la multiplication de la chose extérieure sur laquelle il se fonde ? L'intelligible « cheval », dirait Averroès, est multiplié par la multiplication des chevaux réels existant hors de l'âme et conditionnant son abstraction, ce qui signifie que « cheval » se multiplie en tant que, comme intelligible en acte, il s'appuie sur Bucéphale, Incitatus, Vizir ou Marengo. Pour chaque intelligible, tout part de la pluralité d'individus qui instancient la forme, et cet intelligible se multiplie du fait qu'il n'advient qu'« avec » ses sujets pluriels, que rapporté à eux. La dépendance n'est pas qu'à la chose, toutefois, et un problème pourrait le faire comprendre. Si l'intelligible « cheval » se différencie chez Alexandre le Grand, Néron ou Napoléon parce que l'un le rapporte à Bucéphale, l'autre à Incitatus, l'autre à Vizir ou Marengo, qu'arrive-t-il pour d'autres individus devant un seul et même cheval ? La multiplication se produit, là aussi, parce que ce dont dépend l'intelligible n'est pas seulement la chose extérieure à l'âme, mais c'est, dans l'âme, l'image interposée de cette chose, laquelle image varie en chacun. Notons, pour finir, que l'appui sur les sujets extérieurs produit non seulement leur multiplication, mais leur vérité, puisque l'intelligible n'est vrai qu'en tant qu'intelligible d'une chose réelle extérieure à l'âme.

162. *Cf.* Ibn Rušd, *Talḫīṣ kitāb al-nafs*, éd. al-'Ahwānī, p. 61, 11 *sq.*

163. Sur l'exemple du père, *cf.* Ibn Bāǧǧa, *Conjonction de l'intellect avec l'homme*, § 30, éd. Genequand, p. 192. Reformulons ce qui fut noté *supra.* Non seulement l'intelligible est multiplié comme intelligible en puissance, puisqu'il n'existe que dans des choses réelles hors de l'âme et distinctes entre elles, singulières, mais il est multiplié comme intelligible en acte parce que, même abstrait, dégagé du sensible, il n'existe comme intelligible en acte que *relativement* au « sujet » particulier dans lequel, en puissance, il existait ; il n'existe que rapporté à la chose singulière dont il est l'intelligible et qui, désormais, lui sert d'appui. La chose extérieure est sujet en deux sens pour l'intelligible : elle est d'abord son substrat, ce dans quoi,

en puissance, il se trouve, et de ce point de vue, elle l'individue ; elle est son point d'appui, ensuite, sa référence, ce en rapport à quoi on l'abstrait et le pense. L'intelligible, de cet autre point de vue, est multiplié parce qu'il n'est pas qu'un contenu noématique ; il est le noème d'une chose singulière, *jusque dans son intellection*, ce qui signifie que c'est toujours, tandis qu'on le pense, comme intelligible de la chose (dans laquelle, *concrètement*, il existait) qu'on le saisit. L'intelligible est multiplié parce que, quoiqu'abstrait, il n'est pensé, si l'on peut dire, qu'en situation, dans sa relation à la chose individuelle dont on l'a tiré. Sur l'intelligible théorétique comme relatif et sur son rapport de coexistence à l'image, *cf.* Ibn Bāǧǧa, *Conjonction de l'intellect avec l'homme*, § 27-31, éd. Genequand, p. 191-193 ; § 37, p. 195. Pour le relatif chez Aristote (dont les positions ne sont pas exactement celles qui sont présentées ici), voir notamment *Catégories*, VII et VIII, 11a20-38 ; *Métaphysique*, V, 15 ; *Physique* VII, 3, 247b1 *sq*.

164. Dans l'exposé de la doctrine d'Ibn Bāǧǧa sur la jonction qu'on trouve dans l'un des manuscrits transmettant le *Compendium*, Averroès raisonnera de la même façon *pour l'intelligible pur* : de même que l'intellect humain ne saisit l'intelligible théorétique que relativement aux images (à partir d'elles et avec elles, ce qui entraîne son adventicité), il ne se représente l'intelligible *séparé*, « métaphysique », *que relativement aux intelligibles théorétiques* (ce qui explique – la pensée des intelligibles théorétiques étant adventice – que la science de l'éternel ne soit pas elle-même éternelle). Voir M. Geoffroy, « L'exposition de la *Jonction de l'intellect avec l'homme* (*Ittiṣāl al-ʿaql bi-l-insān*) d'Avempace », p. 149 : « s'il en est ainsi, et que nous ne nous représentons les formes séparées que selon une proportion et par rapport aux intelligibles matériels, et qu'un rapport n'est autre qu'une certaine relation *(iḍāfa)*, et que si l'un des deux termes relatifs existe, l'autre existe nécessairement, tandis que si l'un est non existant, l'autre l'est également, les représentations qui se produisent dans cette science n'existent pas toujours en acte, mais au contraire viennent à l'être pour nous. » Sur cette théorie et ses difficultés, voir notre introduction, p. 62 *sq*.

165. Sur les formes de Platon et leur critique, *cf.* Ibn Bāǧǧa, *Conjonction de l'intellect avec l'homme*, § 49-50, éd. Genequand, p. 198-199. *Cf.* Averroès, *Epître 1*, dans *La béatitude de l'âme*, § 35-36, p. 218 ; *Epître 2*, *ibid.*, § 6, p. 224 ; *L'intelligence et la pensée*, p. 77-78 (éd. Crawford, III, c. 5, p. 408, 630-409, 653).

166. C'est-à-dire de la doctrine selon laquelle les universels existent en acte hors de l'âme. *Cf.* Averroès, *Grand Commentaire (Tafsīr) de la Métaphysique. Livre Bêta*, trad. L. Bauloye, Paris, 2002, spéc. chap. 12, p. 249-254 (pour l'arabe, voir Ibn Rušd, *Tafsīr mā baʿd aṭ-ṭabīʿat*, éd. Bouyges, I, p. 237-242) ; voir aussi le commentaire à Z 13-14, *ibid.*, II, p. 959-982 (*cf.* A. Elsakhawi,

Etude du livre Zāy (dzêta) de la « Métaphysique » d'Aristote dans sa version arabe et son commentaire par Averroès, Atelier National de Reproduction des Thèses, 2004, p. 176-195).

167. Sur cette question majeure de l'individuation relative des intelligibles, dont il sera de nouveau question plus bas, *cf.* Ibn Bāǧǧa, *Conjonction de l'intellect avec l'homme*, § 28, éd. Genequand, p. 192 ; voir Averroès, *The Epistle on the Possibility of Conjunction*, éd. Bland, sect. 11, p. 68 ; *L'intelligence et la pensée*, p. 73 (éd. Crawford, III, c. 5, p. 501 *sq.*).

168. Averroès parle d'une « jonction » (*ittiṣāl*) essentielle entre l'intelligible théorétique et les images dont il est extrait. Plus haut, comme on l'a vu, il disait de l'intelligible qu'il était « lié » (*murtabiṭ*) aux formes imaginées (voir *supra*, n. 49, p. 178-179). Le terme de jonction est utilisé le plus souvent pour désigner le rapport de l'intellect humain à l'intellect agent séparé.

169. C'est la disparition des images qui produit l'oubli des intelligibles (*cf.* Ibn Bāǧǧa, *Conjonction de l'intellect avec l'homme*, § 31, éd. Genequand, p. 193 ; § 33, p. 194). Voir la lecture que fait Averroès de *De an.* III, 5, 430a23-25 (« nous n'avons pas de souvenir, car elle <*i.e.* l'intelligence> est impassible, tandis que l'intelligence passive est corruptible », trad. Thillet) dans le *GCDA* III, c. 20, éd. Crawford, p. 449, 160-450, 188 ; p. 452, 245-253 (*L'intelligence et la pensée*, p. 117-118 et 120) ; on lit notamment (*L'intelligence et la pensée*, p. 117 ; éd. Crawford, III, c. 20, p. 449, 173-450, 188, trad. modifiée) :

> <Aristote> entend ici par *intellect passible* les formes de l'imagination en tant qu'agit sur elles la faculté cogitative propre à l'homme. En effet, cette faculté a un caractère rationnel, et son activité consiste soit à déposer l'"intention" de la forme imaginée, avec son individu, lors de la remémoration soit à la distinguer de lui lors de la conception. Or, il est manifeste que l'intellect qu'on appelle "matériel" reçoit les entités imaginées après cette distinction. Par conséquent l'intellect passible est nécessaire à la conception <par l'intellect>. Il a donc dit à bon droit : *Et nous ne nous souvenons pas, car il est n'est pas passible, alors que l'intellect passible, lui, est corruptible ; et sans cela il ne conçoit rien.* C'est-à-dire : sans la faculté imaginative et cogitative l'intellect qu'on appelle "matériel" ne conçoit rien ; ces facultés en effet sont comme les choses qui préparent la matière de l'art à recevoir l'action de l'art.

Cf. son commentaire de 408b24-25 (« l'intelligence et l'activité intellectuelle s'affaiblissent donc aussi parce qu'il y a une corruption intérieure », trad. Thillet ; dans l'arabo-latine : *et intelligere et considerare diuersantur* (sic) *quando aliquid aliud corrumpitur intus*) dans le *GCDA* I, c. 66 (= *De an.* I, 4, 408b24-31), éd. Crawford, p. 89, 17-26.

170. « Nous les considérons par la pensée » traduit *nufakkiruhā*. Nous avons traduit plus haut *fikr*, la pensée, par « cogitation » (voir, , p. 116, § 12).

171. Dans le *GCDA*, Averroès insistera pour dire que le changement qui affecte l'intellect, compte tenu de sa séparation d'avec le corps, est seulement d'ordre accidentel et qu'on ne saurait soutenir, par exemple, qu'il se fatigue. Il n'est pas affecté dans son acte propre de recevoir, et la fatigue qui survient ne concerne que les facultés de l'imagination qui « préparent » l'objet de l'abstraction intellectuelle. *Cf.* Averroès, *L'intelligence et la pensée*, p. 87 (éd. Crawford, III, c. 7, p. 419, 43 *sq.*) :

> nous avons dit que si l'intellect subit un changement essentiellement, et non pas accidentellement par l'intermédiaire d'autre chose (ce qui <*i.e.* le changement accidentel> a été concédé à propos de l'intellect), nécessairement ce changement l'affecte dans son action propre (qui est de concevoir), comme cela se produit pour le sens, mais que s'il ne subit pas de changement par soi et essentiellement, nécessairement ce ne peut être une faculté <existant> dans un corps (en effet toute faculté réceptrice <existant> dans un corps doit subir un changement en tant qu'elle est réceptrice). Il n'y a donc pas de raison d'objecter à cet argument en arguant du changement qui se produit dans l'intellect du fait de celui que subissent les facultés de l'imagination, principalement la cogitative. En effet, ce qui semble <alors> se produire dans l'intellect, c'est une fatigue, mais cela n'a lieu qu'accidentellement, car la faculté cogitative est du genre des facultés sensibles.

172. La dépendance essentielle que l'intelligible entretient avec l'imagination a donc au moins trois effets possibles sur l'intellection : l'oubli, la fatigue, l'erreur.

173. « S'accompagnent de » rend ici *talḥaqu*, qu'on a traduit à deux reprises aux lignes précédentes par « être affecté par ». Techniquement, il faut comprendre que les intelligibles ont comme *concomitants* (*lawāḥiq)* les choses indiquant qu'ils sont matériels.

174. Il faudrait préciser : *relativement* matériels, puisque les intelligibles théorétiques, comme ce qui précède l'a montré, ne sont pas purement et simplement des formes matérielles. Leur statut est intermédiaire, et même *nécessairement* intermédiaire dès lors que rien dans la nature ne se fait par saut : « il est dans l'ordre des choses *(min ša'ni-hi)*, écrit en effet Averroès dans son *Compendium* des *Parva naturalia*, que la nature, pour passer d'un être contraire à ce qui lui est opposé, passe d'abord par un intermédiaire ; or il n'est pas possible que le spirituel se produise à partir du corporel, si ce n'est <en passant> par un intermédiaire » (Averroès, *Talḫīṣ kitāb al-ḥiss wa-al-maḥsūs*, éd. Blumberg, p. 26, 6 *sq.* ; nous traduisons). Averroès reprend dans ce passage la formule qu'Ibn Bāǧǧa applique dans son *Livre de l'âme* à la faculté imaginative, « intermédiaire » entre les existences singulière et universelle, puisqu'il est « dans l'ordre des choses pour la nature *(min ša'ni al-ṭabī'a)* » de

ne jamais « se transporter d'un genre à un autre sans intermédiaire » (*Kitāb al-nafs*, éd. Fès, p. 208, 2-3).

175. Sur ce « mélange » chez Thémistius (celui de l'intellect agent avec l'intellect matériel, puis celui du composé de ces deux intellects avec l'intellect « passif » ou « commun » qu'est pour lui l'âme sensitive), voir *supra*, p. 216-217, n. 153. *Cf.* Averroès, *Commentaire Moyen* du *De Anima*, III, § 24, trad. Elamrani-Jamal, p. 298 (éd. Ivry, § 299, p. 117), cité *infra*, n. 202, p. 232; *L'intelligence et la pensée*, p. 60 (éd. Crawford, III, c. 5, p. 390, 93; 94; 113); sur l'idée que l'intellect théorétique désigne chez Thémistius l'intellect agent en tant qu'il *touche (tangit)* l'intellect matériel, *cf.* Averroès, *L'intelligence et la pensée*, p. 113-114; 116; 121 (éd. Crawford, III, c. 20, p. 445, 42; 47; 67; p. 448, 128; p. 452, 268).

176. *Infra*, p. 144, § 55, Thémistius est présenté comme partisan de l'éternité de *l'intellect matériel*, mais de *l'adventicité* des *intelligibles théorétiques*; il n'est donc pas concerné par la parenthèse qui suit où sont évoqués ceux pour qui ces intelligibles « existent toujours en acte » (ce qui pourrait désigner Avicenne, lequel, dit Averroès plus bas, soutient contradictoirement à la fois que les intelligibles « existent éternellement » et qu'ils sont « adventices »). Dans le *GCDA*, l'exposé sera différent : même si Thémistius semble devoir expliquer l'adventicité de l'intellection (voir ce passage sur l'interprétation thémistienne d'Aristote : *L'intelligence et la pensée*, p. 114; éd. Crawford, III, c. 20, p. 446 : 74-76 : « puis <Aristote> indique comment il est possible que, l'intellect n'étant pas corruptible, penser par lui soit corruptible »), il apparaît clairement comme un platonicien qui défend l'éternité de l'intellect théorétique (voir notamment *L'intelligence et la pensée*, p. 114; 120; éd. Crawford, III, c. 20, p. 445, 52 *sq.* – lu avec le manuscrit G; 451, 230-232; 452, 257-260). Selon Averroès, en effet, la position de Thémistius revient à poser que l'intellect agent et l'intellect matériel sont éternels et que l'intellect *théorétique*, compris comme l'intellect « que l'intellect agent pose *(ponit)* dans l'intellect matériel récepteur », sans référence explicite aux images, est *lui aussi* éternel; voir Averroès, *L'intelligence et la pensée*, p. 59-60 (éd. Crawford, III, c. 5, p. 389, 71-82) :

> Mais quand ils ont vu ensuite qu'Aristote affirmait la nécessité, s'il y avait un intellect en puissance, qu'il y eût aussi un intellect en acte, à savoir l'intellect agent (celui qui fait passer de la puissance à l'acte ce qui est en puissance), et qu'il y eût un intellect passé de la puissance à l'acte (celui que l'intellect agent pose dans l'intellect matériel, à la manière dont l'artisan pose les formes artisanales dans la matière soumise à son art), quand ils ont vu cela, donc, ils ont pensé qu'il était nécessaire que ce troisième intellect, à savoir l'intellect dit "théorétique", celui que l'intellect agent pose dans l'intellect matériel récepteur, fût éternel – en effet, si le récepteur est éternel et si l'agent est

éternel, <ce qui est> produit <à partir d'eux> doit nécessairement lui-même être éternel.

Chez Thémistius, autrement dit, le *factum* qu'est l'intellect théorétique n'est pas vraiment *factum*, « produit »; contrairement à ce qu'indique son nom, il ne peut être, en vérité, qu'*eternum* (cf. *GCDA* III, c. 5, éd. Crawford, p. 389, 71-82; c. 20, p. 444, 37-445, 40; p. 445, 66-67; 448, 126-128; 451, 231-232, etc.) :

> Ou bien, ajoute immédiatement Averroès, il faut dire que les termes "agent" et "produit" sont pris dans un sens métaphorique et que l'intellect théorétique n'est rien d'autre que la perfection de l'intellect matériel par l'intellect agent, en sorte que l'intellect théorétique soit un composé de l'intellect matériel et de l'intellect qui est en acte. Quant au fait que tantôt l'intellect agent conçoit quand il se joint à nous et que tantôt il ne conçoit pas, cela viendrait de son mélange, c'est-à-dire de son mélange avec l'intellect matériel (*L'intelligence et la pensée*, p. 60; éd. Crawford III, c. 5, p. 390, 86 *sq.*)

177. C'est-à-dire le discours de Thémistius et de ses partisans.

178. « Concomitants » traduit ici *lawāḥiq*, qui apparaît plusieurs fois dans le texte; cela désigne les choses qui découlent de la nature des intelligibles théorétiques; le verbe de même racine, *laḥiqa*, a été traduit plus haut par « s'accompagner de » et « être affecté par ».

179. Plus haut dans le *Compendium* (dans le chapitre sur le sens commun), Averroès avait souligné la valeur propédeutique relative que peut avoir l'image poétique (Ibn Rušd, *Talḫīṣ kitāb al-nafs*, éd. al-Ahwānī, p. 45, 21-46, 10; voir A. Ivry, « Averroes' *Short Commentary* of Aristotle's *De anima* », p. 537). Sur le discours poétique chez Averroès, voir son *Abrégé* de la *Poétique* ainsi que son *Commentaire moyen (Averroës' Three Short Commentaries on Aristotle's "Topics", "Rhetoric" and "Poetics"*, p. 79-84; *Averroes' Middle Commentary on Aristotle's Poetics*, transl. Ch. E. Butterworth, Princeton, 1986); voir aussi son *Abrégé* des *Seconds analytiques*, éd. Butterworth, § 84 : « we must avoid stylistical and poetical discourse in it. For instead of fundamental utterances and meanings, these two discourses use substituted, metaphorical ones. And, instead of the thing, they take an example or an imaginary imitation of it. Many people may thereby be led into error and use that sort of thing in scientific discourse. Now Aristotle discredited them <for doing so>. An example of that is Plato's saying that matter is feminine and form masculine, for this statement is far from making the substance of matter understood. » Pour une analyse de l'analogie et du paradigme chez Averroès, voir F. Ben Ahmed, *Manzilat al-tamṯīl fī falsafat Ibn Rushd*, Beirut-Rabat-Alger, 2014; dans la *falsafa*, plus largement, voir D. L. Black, *Logic and Aristotle's* Rhetoric *and* Poetics *in Medieval Arabic Philosophy*, spéc. chap. VI et VII.

180. Le même terme, *šanīʿa*, se lit dans un contexte similaire chez Ibn Bāğğa, *Conjonction de l'intellect avec l'homme*, § 21, éd. Genequand, p. 190 ; § 25, p. 191 (Genequand traduit par « choquantes » ; on pourrait dire monstrueuses, catastrophiques, scandaleuses, aberrantes, etc.) ; *cf.* Plotin, *Traité* 8 (IV, 9), « Si toutes les âmes n'en sont qu'une ». Averroès repère ici les *mêmes* aberrations que dans le *Grand Commentaire* du *De Anima* (*L'intelligence et la pensée*, p. 71 *sq.* ; éd. Crawford, III, c. 5, p. 401, 424 *sq.*), si l'intelligible devait n'être pas multiplié par les images, alors qu'il n'est pas question dans le *Compendium* de *l'unicité* de l'intellect matériel (conçue comme substance éternelle et, en un sens, séparée) dont on pouvait penser pourtant que cela constituait la racine du problème. Il ne s'agit pas ici de tirer la conséquence absurde que, *l'intellect matériel étant un pour toute l'espèce*, nous penserions ou oublierions tous en même temps la même chose si l'intelligible qu'il reçoit n'était pas multiplié par les images individuelles. Tout se passe comme si, quand bien même l'intellect matériel serait individué en tant que prédisposition de l'imagination individuelle, *l'unicité de l'intelligible lui-même, en tant qu'intelligible*, était problématique pour sauver le phénomène de la pensée singulière.

181. *Cf.* Averroès, *L'intelligence et la pensée*, p. 63 ; 71 (éd. Crawford, III, c. 5, p. 393, 176-181 ; p. 402, 449-403, 465). Non seulement les intelligibles théorétiques se multiplient selon la multiplication de leurs sujets, mais il est impératif en vérité que cela se fasse puisque de cette multiplication dépend la possibilité pour chacun de penser de façon propre. Comme on sait, Thomas d'Aquin dans le monde latin contestera absolument qu'Averroès puisse en rendre raison de cette façon ; voir entre autres son *De unitate intellectus*, trad. A. de Libera, *in* Thomas d'Aquin, *Contre Averroès.* L'Unité de l'intellect contre les averroïstes, *suivi des* Textes contre Averroès antérieurs à 1270, Paris, 1994 et le commentaire intégral d'A. de Libera (*L'Unité de l'intellect. Commentaire du "De unitate intellectus contra averroistas" de Thomas d'Aquin*, Paris, 2004) ; pour des analyses sur le rapport polémique de l'Aquinate à Averroès en psychologie, voir notamment D. L. Black, « Consciousness and Self-Knowledge in Aquinas's Critique of Averroes'Psychology » ; R. C. Taylor, « Averroes'Epistemology and its Critique by Aquinas », *in* R. E. Houser (éd.), *Medieval Masters : essays in memory of Msgr. E. A. Synan*, Houston, 1999, p. 147-177 ; « Aquinas and the Arabs : Aquinas's First Critical Encounter with the Doctrine of Averroes on the Intellect, *In 2 Sent.* d. 17, q. 2, a. 1 », *in* L. X. Lopez Farjeat et J. A. Tellkamp (éd.), *Philosophical Psychology in Arabic Thought and the Latin Aristotelianism of the 13th Century*, Paris, 2013, p. 142-183 et 277-296 ; J.-B. Brenet, « S'unir à l'intellect, voir Dieu. Averroès et la doctrine de la jonction au cœur du thomisme », *Arabic Sciences and Philosophy* 21 (2011), p. 215-247 ; « Descartes l'arabe. Averroès jusque dans la querelle d'Utrecht », *in* J.-B. Brenet et O. Lizzini (éd), *La philosophie arabe*

à l'étude. Sens, limites et défis d'une discipline nouvelle, Paris, 2019, p. 491-518 ; J.-B. Brenet, « L'averroïsme aujourd'hui », *in* A. de Libera, J.-B. Brenet, I. Rosier (éd.), *Dante et l'averroïsme*, Paris, 2019, p. 47-78 ; *Averroès l'inquiétant*, Paris, 2015.

182. Parce que les intelligibles « matériels » sont *relatifs* à ces « sujets », et non pas proprement inscrits en eux (même si à l'époque du *Compendium*, du fait de sa dépendance à l'égard d'Ibn Bāǧǧa, Averroès n'est pas encore parvenu à clairement distinguer l'image comme point d'appui de l'intelligible en acte, et l'image comme récepteur).

183. Autrement dit, ils possèdent aussi la troisième caractéristique des formes matérielles relevée *supra* (p. 124, § 22). Sur cette composition, voir notre introduction, p. 44-45 ; *cf.* Ibn Bāǧǧa, *Conjonction de l'intellect avec l'homme*, § 27, éd. Genequand, p. 191.

184. La formule arabe *ṣūrat li-šay'* est ambiguë : cette forme des intelligibles théorétiques, nous semble-t-il, est ici la forme *de* l'intellect agent, c'est-à-dire en fait la forme *qu'est* l'intellect agent, lequel est intellect dans son être même et devient, dans l'intellection, forme d'intelligibles théorétiques qui, eux, ne sont pas intellect par essence. D. Wirmer traduit : « weil sie Form für etwas ist, das seiner Existenz nach Intellekt ist ».

185. *Cf.* Ibn Bāǧǧa, *Epître de l'adieu*, § 79, éd. Genequand, p. 114 ; *Conjonction de l'intellect avec l'homme*, § 38, éd. Genequand, p. 195 ; *Kitāb al-nafs*, éd. Fès, p. 227, 6-21 (trad. du passage par Ch. Genequand, *in* Ibn Bāǧǧa, *Conduite de l'isolé*, p. 72 ; *cf.* Ibn Bāǧǧa, *Kitāb al-nafs*, éd. Fès, p. 154, 10-16 ; voir également les deux passages d'Ibn Bāǧǧa dans les *Rasā'il falsafiyya li-l-Kindī wal-l-Fārābī wa-Ibn Bāǧǧa wa-Ibn 'Adī*, éd. 'A. Badawī, Benghazi, 1973, p. 145, 13-146, 2, et *Rasā'il falsafiyya : Nuṣūṣ falsafiyya ġayr manšūra*, éd. J. al-'Alawī, Beirut, 1983, p. 147, 3-16). Sur cette « forme » des intelligibles que serait chez Ibn Bāǧǧa l'intellect agent, *cf.* la critique d'Averroès dans le *Grand Commentaire* du *De anima : L'intelligence et la pensée*, p. 80-81 (éd. Crawford, III, c. 5, p. 412, 729 *sq.* ; nous soulignons) :

> la manière dont Avempace pensait résoudre les questions concernant le fait de savoir si l'intellect est un ou multiple, à savoir celle qu'il a indiquée dans sa lettre intitulée *Jonction de l'Intellect avec l'homme*, n'est pas une manière convenable de résoudre cette question. En effet, l'intellect dont il a montré dans cette lettre qu'il est un, quand il travaillait à résoudre cette question, est autre que l'intellect dont il montre également là qu'il est multiple, puisque l'intellect qu'il a montré être un est *l'intellect agent en tant qu'il est nécessairement forme de l'intellect théorétique* ; mais l'intellect qu'il a montré être multiple est l'intellect théorétique lui-même. Or ce nom, à savoir *intellect*, est dit équivoquement du théorétique et de l'agent. C'est pourquoi, si ce qui est entendu par le nom *intellect* dans les deux discours opposés, à savoir celui qui conclut que l'intellect est multiple et celui qui conclut que l'intellect est

> un, a une signification non équivoque, alors ce qu'<Avempace> propose à ce sujet, savoir que l'intellect agent est un et le théorétique multiple, ne résout pas la question.

Pour une présentation de la remontée à la forme pure, *cf.* Averroès, *L'intelligence et la pensée*, p. 158-162 (éd. Crawford, III, c. 36, p. 490, 322-495, 459).

186. La forme des intelligibles théorétiques.

187. *Cf.* Averroès, *L'intelligence et la pensée*, p. 159 (éd. Crawford, III, c. 36, p. 492, 363 *sq.*).

188. *Cf.* Ibn Bāǧǧa, *Conjonction de l'intellect avec l'homme*, § 38, éd. Genequand, p. 195.

189. *Cf.* Averroès, *L'intelligence et la pensée*, p. 160 (éd. Crawford, III, c. 36, p. 492, 367-371) : « Or, puisque cette régression à l'infini est impossible (car elle aboutirait à poser un nombre infini de quiddités et d'intellects divers en espèce, selon qu'ils sont respectivement plus ou moins exempts de matière), il est nécessaire que l'intellect s'arrête là ».

190. C'est-à-dire : quant au fait qu'il soit possible ou pas de concevoir *cet intellect, l'intellect agent, dont l'être-intelligible est identique à l'être*, c'est ce que l'on verra plus bas. Le féminin *-hā*, dans *taṣawwura-hā* (sa conception), renvoie sans doute à « la forme des intelligibles théorétiques » (*ṣūrat al-ma'qūlāt al-naẓariyyat*) qui fait l'objet de tout ce passage, cette forme étant, précisément, constituée par l'intellect agent. Il en sera bien question plus loin, notamment dans la dernière page qui parle elle aussi de la « possibilité » d'un tel *taṣawwur.*

191. C'est la question de la « jonction » *(ittiṣāl)*, issue de *De an.* III, 7, 431b7-9 (l'intelligence « peut-elle avoir l'intellection de quelqu'un des êtres séparés sans être elle-même séparée de la grandeur, ou non, il faudra l'examiner plus tard », trad. Thillet), qui n'occupe pas dans notre texte la place centrale qu'elle prend par ailleurs dans l'œuvre d'Averroès : l'homme peut-il intelliger l'intellect agent, les formes séparées ? peut-il s'y joindre, et sur quel mode ? Sur cette question dans le *Compendium* du livre *De l'âme*, voir M. Geoffroy, « L'exposition de la *Jonction de l'intellect avec l'homme* (*Ittiṣāl al-'aql bi-l-insān*) d'Avempace » et notre introduction, p. 62-92.

192. « Qui disparaît » (ou s'efface, s'évanouit, s'éteint, s'anéantit) traduit *fāniyan*. Le terme, qu'Averroès reprend ici à Ibn Bāǧǧa (voir n. suivante), est par ailleurs caractéristique de la langue soufie (les soufis, comme on sait, parlent du *fanā'*, de l'extinction du « Soi », de la conscience de soi et, au sommet, du *fanā' al-fanā'*, de l'extinction de cette extinction). Cette idée d'effacement, si on y insiste, peut faire songer à la thèse peu connue d'Averroès selon laquelle ce n'est pas seulement l'image individuelle qui disparaît, s'efface, se détruit dans tel ou tel corps, mais au terme du parcours théorétique, dans l'homme

parfait, *l'ensemble de l'intellect en habitus fondé sur les images*. Dans son *Epître sur la possibilité de la jonction*, le Cordouan écrit ceci, en effet : « La forme de l'intellect en habitus sera *corrompue* et *détruite*, et il ne demeurera que l'intellect matériel » (Averroès, *The Epistle on the Possibility of Conjunction with the active Intellect by Ibn Rushd with the Commentary of Moses Narboni*, éd. K. P. Bland, New York, 1982, section 9, p. 52 ; nous traduisons l'anglais) ; *cf.* Averroès, *Grand Commentaire* de la *Métaphysique*, XII, c. 17 ; éd. Bouyges, p. 1489, 10 *sq.* (cf. *In Aristotelis Metaphysicorum libri XIIII*, Venetiis apud Iunctas, 1562, vol. 8, f. 303A) : « Nous avons déclaré <…> que l'intellect en habitus a une partie engendrable et une partie <non engendrable et non> corruptible ; ce qui est corruptible, c'est son action, mais en lui-même <l'intellect> n'est pas corruptible, et il entre en nous de l'extérieur (*dāḫil ʿalay-nā min ḫāriǧ*) » (*cf.* trad. fr. A. Martin, p. 126 ; nous reprenons, en lisant « partie *non engendrable et non corruptible* », la correction de M. Geoffroy dans « Averroès sur l'intellect comme cause agente et cause formelle », p. 89, n. 42). La suite immédiate du texte dit : « En effet, s'il était engendrable, sa survenue ferait suite à un changement (*taġayyur*), ainsi qu'on l'a expliqué plus haut dans les traités sur la substance, c'est-à-dire lorsqu'on a expliqué que, si quelque chose advenait sans un changement, alors quelque chose adviendrait à partir de rien ; et c'est pourquoi l'intellect qui est en puissance est comme un lieu pour cet intellect, et non comme une matière » ; puis (éd. Bouyges, p. 1490, 5 *sq.* ; *cf.*, pour le latin, éd. Venise, f. 303 C) : « si cet intellect *se dépouille* (*yataʿarrā* ; *denudetur*) de toute potentialité, quand se réalise la perfection humaine, il faut que son acte, qui n'est pas lui, *s'anéantisse* (*yubṭilu* ; *destruatur*) ». Sur cette question de la destruction de l'image, voir J.-B. Brenet, « L'image, puis rien », *in* J.-B. Brenet et L. Cesalli (éd.), *Sujet libre. Pour Alain de Libera*, Paris, 2018, p. 73-78 ; J.-B. Brenet et G. Agamben, *Intellect d'amour*, p. 42-44 ; 50-51 (S. Munk, jadis, l'avait noté : *Mélanges de philosophie juive et arabe*, Paris, 1988, p. 450-453 ; ainsi que, dans un rapprochement subtil et justifié à Maître Eckhart, Ph. Merlan, *Monopsychism, Mysticism, Metaconsciousness. Problems of the Soul in the Neoaristotelian and Neoplatonic Tradition*, The Hague, 1969, p. 19-20, n. 3).

193. Averroès le tient directement d'Ibn Bāǧǧa, *Conjonction de l'intellect avec l'homme*, § 27, éd. Genequand, p. 191 (« il apparaît que les intelligibles des choses existantes <…> sont composés d'une chose permanente et d'une chose temporaire et éphémère »). On le retrouve dans le *Grand Commentaire* du *De anima*, alors même que la noétique d'Averroès s'est modifiée, puisque l'intellect matériel y est désormais considéré en lui-même comme une substance éternelle ; voir Averroès, *L'intelligence et la pensée*, p. 69 (éd. Crawford, III, c. 5, p. 400, 376-379) : « et puisque ces intelligibles sont constitués <dans l'être> par deux choses, dont l'une est engendrée

et l'autre inengendrée, ce qui a été dit à ce sujet suit la voie de la nature ». Quelques pages plus bas, Averroès parle des premières notions universelles communes à tous les hommes et des axiomes qu'elles constituent, et il indique qu'on peut les envisager d'un double point de vue : (a) ils sont éternels relativement à l'espèce, puisqu'ils ne manqueront jamais d'exister dans l'intellect matériel unique ; (b) ils sont engendrables et corruptibles, en revanche, relativement à tel ou tel individu déterminé, c'est-à-dire quand on considère qu'ils dépendent d'images individuelles éphémères. Tout se passe comme si, par conséquent, « l'être qui leur revient était intermédiaire entre l'être disparaissant *(esse amissum)* et l'être permanent *(esse remanens)* (*ibid.*, p. 76, trad. modifiée ; éd. Crawford, III, c. 5, p. 407, 600 *sq.*). Sur ce passage, voir la suggestion de J. Janssens – que toutefois nous ne suivons pas : « Averroès. *L'intelligence et la pensée. Grand Commentaire du "De anima", Livre III (129a10-435b25)*, traduction, introduction et notes par A. de Libera (GF, 974) », *Revue Philosophique de Louvain* 97/4 (nov. 1998), p. 720-729, ici p. 724. Il nous paraît clair, quoi qu'il en soit, qu'*esse amissum* et *esse remanens* traduisent respectivement *wuǧūd fānin* et *wuǧūd bāqin* et qu'Averroès, donc, reprend à son compte dans le *Grand Commentaire* une formule baǧǧienne de son *Compendium* du livre *De l'âme* (*cf.* la remarque de D. Wirmer dans Averroes, *Über den Intellekt*, p. 215, n. 112).

194. Notons qu'ici la formule « engendrée et corruptible » *(kā'in fāsid)* vaut pour « qui disparaît » *(fānin)* apparue au paragraphe précédent.

195. Sur cette formule, *cf.* par exemple Averroès, *L'intelligence et la pensée*, c. 5, p. 60 (éd. Crawford, III, c. 5, p. 390, 86 *sq.*) : « ou bien, il faut dire que les termes "agent" et "produit" sont pris dans un sens métaphorique *(secundum similitudinem)* … » ; *ibid.*, c. 8, p. 88 (éd. Crawford, III, c. 8, p. 420, 15 *sq.*) : « c'est pourquoi il dit que, quand l'intellect se trouve dans cet état, il est encore en puissance en quelque manière ; c'est-à-dire qu'alors on ne lui attribue plus le nom de *puissance* véritablement, mais sur le mode de la comparaison *(non vere sed modo simili)* » ; *cf.* entre autres al-Fārābī, *Régime politique* ; trad. Vallat, p. 29, et n. 79.

196. La matière au sens propre étant cause d'adventicité, si les intelligibles devaient être éternellement en acte, donc non adventices par nature, ils ne sauraient avoir de matière proprement dite. Comme Averroès l'écrit dans le *Compendium* du *De generatione et corruptione*, en effet, « la matière première, dont l'existence a été démontrée dans la *Physique*, est la matière première qui est en elle-même propre à tout ce qui s'engendre et se corrompt » (*Mittlerer Kommentar zu Aristoteles* De generatione et corruptione, éd. H. Eichner, p. 45, 9 *sq.* ; trad. C. Cerami, « Averroès, *Commentaire moyen* du *De generatione et corruptione* », p. 22). La matière est la puissance en vertu de laquelle le substrat peut changer de forme, elle est puissance d'être et de ne pas être : « la puissance

(al-quwwa), comme nous l'avons dit plus d'une fois, est la cause la plus propre de l'adventicité *(al-ḥudūṯ)* » (Ibn Rušd, *Talḫīṣ kitāb al-nafs*, éd. al-Ahwānī, p. 65, 4-5). C'est la raison pour laquelle les cieux, qui ne sont pas produits, ne sont pas véritablement « matériels ». En tant qu'il n'est pas adventice mais éternel, le ciel n'a pas proprement de matière mais plutôt un « substrat ». Sur la différence bien connue entre « matière » et « substrat » *(mawḍū')*, voir Averroès, *De separatione primi principii*, *in* C. Steel et G. Guldentops, « An Unknown Treatise of Averroes against the Avicennians on the First Cause. Edition and Translation », *Recherches de théologie et philosophie médiévales* 64/1 (1997), p. 86-135, spéc. p. 110 *sq.*; *De Substantia orbis*, I; éd. Venise, 1562-1574, vol. 9 (réimpr. Frankfurt am Main, 1962), chap. 2, f. 6vG *sq.* (éd. Hyman, *Averroes'De substantia orbis*, Cambridge (Mass.)-Jerusalem, 1986, p. 82 *sq.*; éd. Alvaro de Toledo, *Commentarii in tractatum Averrois de substantia orbis*, *in* P. M. Alonso, *Comentario al « De substantia orbis » de Averroes (aristotelismo y averroismo) por Alvaro de Toledo*, Madrid, 1941, p. 149 *sq.*); C. Cerami, « Averroès, *Commentaire moyen* du *De generatione et corruptione* », p. 21 *sq.*; J.-B. Brenet, *Les possibilités de jonction*, p. 24-27; voir également la n. 198 *infra*.

197. Sans quoi les intelligibles reçus ne sauraient être éternels. Constitués par une prédisposition adventice, ils seraient eux-mêmes adventices.

198. La véritable prédisposition matérielle *constitue* ce qu'elle reçoit. Averroès, à l'inverse, dit souvent de la forme séparée qu'elle n'est pas « constituée par son sujet », qu'elle *ne subsiste pas* par lui *(non constituitur per subiectum; laysa qā'iman bi-mawḍū'* ou *lā qiwāma lahu bi-l-mawḍū')*. *Cf.* par exemple Averroès, *De substantia orbis*, I; éd. Venise, 1562, éd. Alvaro de Toledo, p. 108 et 110; nous traduisons) : « Comme il est apparu à <Aristote> au sujet des corps célestes que leurs formes existent "dans" leurs sujets, mais d'une existence <telle> qu'elles ne sont pas divisées par la division du sujet, et que la cause en est qu'elles n'existent pas dans les sujets selon qu'ils sont divisibles, il lui est apparu <aussi> que ces formes ne sont pas constituées par <leur> sujet *(non constituuntur per subiectum)*; au contraire, elles sont séparées dans l'être *(abstractae in esse)* »; pour quelques occurrences et analyses, voir D. Twetten, « Averroes'Prime Mover Argument », *in* J.-B. Brenet (éd.), *Averroès et les averroïsmes juif et latin*, p. 24, n. 54, 55, 56; « Whose Prime Mover is more (Un)Aristotelian, Broadie's, Berti's or Averroes' ? » *in* J.-B. Brenet et O. Lizzini (éd.), *La philosophie arabe à l'étude*, p. 355-356; M. Geoffroy, « Averroès sur l'intellect comme cause agente et cause formelle », p. 101 *sq.*; J.-B. Brenet, *Les possibilités de jonction*, p. 173-178.

199. Autrement dit, si les intelligibles sont absolument éternels, et que pourtant une prédisposition à intelliger se joint à eux, en les recevant, cette prédisposition ne saurait les constituer ou être constituée par eux; elle

n'intervient, si l'on peut dire, que comme occasion de dévoilement. Averroès pense ici à Platon ; cf. *L'intelligence et la pensée*, p. 120 (éd. Crawford, III, c. 20, p. 452, 257 *sq*.) :

> Et tu dois savoir qu'il n'y a aucune différence entre l'exégèse de Thémistius et des anciens commentateurs et l'opinion de Platon sur le fait que les intelligibles existant en nous sont éternels et qu'apprendre c'est se souvenir. Mais, pour Platon, ces intelligibles sont tantôt en nous et tantôt non, du fait que le sujet est tantôt préparé à les recevoir et tantôt non ; avant que nous les recevions, ils sont en eux-mêmes exactement tels qu'ils sont après <que nous les avons reçus> – ainsi, ils existent en dehors de l'âme exactement comme ils existent dans l'âme. Pour Thémistius, en revanche, d'être tantôt joints à nous et tantôt non leur échoit à cause de la nature du récepteur. Il pense en effet que l'intellect agent n'est naturellement apte (*innatus*) à se joindre à nous initialement qu'en tant qu'il touche l'intellect matériel. C'est pourquoi cette diminution lui échoit <nécessairement>, parce que la jonction avec les « intentions » de l'imagination est sous un mode une sorte de réception et sous l'autre une sorte d'action, et c'est pourquoi aussi les intelligibles sont en lui <*i.e.* dans l'intellect qui est en nous> selon une disposition différente de leur être (*suo esse*) dans l'intellect agent.

200. Le plus souvent, Averroès pense à Théophraste (du fait des longues citations que Thémistius fait lui-même de ce dernier dans sa *Paraphrase du De anima*).

201. *Cf.* Averroès, *Commentaire Moyen* du *De Anima*, III, § 6, trad. Elamrani-Jamal, p. 293 (éd. Ivry, § 283, p. 111); *Epître 1*, dans *La béatitude de l'âme*, § 14, p. 204 ; *L'intelligence et la pensée*, p. 59 (éd. Crawford, III, c. 5, p. 388, 54 *sq*.) :

> Voilà, par conséquent, ce qui a poussé Aristote à poser que cette nature diffère à la fois de la nature de la matière, de celle de la forme et de celle de l'agrégat <de forme et de matière>. C'est ce même <argument> qui a conduit Théophraste, Thémistius et plusieurs commentateurs à soutenir que l'intellect matériel était une substance inengendrable et incorruptible. En effet, tout ce qui est soumis à la génération et à la corruption est quelque chose dont on dit "ceci" *(est hoc)*, or il est déjà prouvé que cet intellect n'est pas quelque chose dont on dit "ceci" *(non est hoc)*, c'est-à-dire un corps ou une forme <existant> dans un corps (*cf.* aussi *L'Intelligence et la pensée*, p. 100 *sq.* ; éd. Crawford, III, c. 14, p. 432, 129 *sq*.).

Sur l'assimilation thémistienne de l'intellect potentiel à une substance incorporelle, ou à une prédisposition inhérente à une substance incorporelle, voir H. A. Davidson, *Alfarabi, Avicenna, and Averroes, on Intellect. Their Cosmologies, Theories of the Active Intellect, and Theories of Human Intellect*, New York-Oxford, 1992, p. 9-10 ; M. Geoffroy, « À la recherche de la

Béatitude », *in* Averroès, *La béatitude de l'âme*, p. 49-50 ; 65-71 ; J.-B. Brenet, *Les possibilités de jonction*, p. 44-55.

202. « Liés » (ou attachés, couplés) traduit *murtabiṭa* (du verbe *irtabaṭa*), qu'on a rencontré plus haut (p. 116) et qui reparaît une fois plus bas (p. 148) pour dire la liaison de l'intelligible avec l'image. Averroès en use ici pour présenter la position de Thémistius, qui défendrait lui aussi que l'intelligible est lié à l'image et qu'il est pour cette raison adventice, engendrable et corruptible. On retrouvera cette présentation de Thémistius dans le *Commentaire moyen* et le *Grand Commentaire* du *De anima*, mais avec un autre vocabulaire (le verbe *inḍamma* dans le *Commentaire moyen*, qui signifie « s'agréger, se joindre à » ; le terme *continuatio*, « jonction », dans le *Grand Commentaire*, qui certes pourrait traduire *irtibāṭ* aussi bien *qu'ittiṣāl*). *Cf.* Averroès, *Commentaire Moyen* du *De Anima*, III, § 24, trad. Elamrani-Jamal, p. 298 (éd. Ivry, § 299, p. 117) :

> il faut que tu saches que Thémistius et la plupart des commentateurs pensent que l'intellect qui est en nous est composé de l'intellect en puissance et de l'intellect en acte, je veux dire l'intellect agent ; que du fait qu'il est composé, il ne pense pas son essence et pense ce qui est ici-bas, lorsque les entités imaginatives sont jointes *(inḍammat)* à lui ; que par la corruption de ces dernières, il arrive à ses intelligibles d'être corrompus, et qu'ainsi il est affecté par l'oubli et l'erreur.

Et *cf.* Averroès, *L'intelligence et la pensée*, p. 121 (III, c. 20, éd. Crawford, p. 452, 269-270), qui parle au sujet de Thémistius de « la jonction avec les "intentions" de l'imagination *(continuatio cum intentionibus ymaginationis)* ». Pour le passage de Thémistius auquel Averroès songe sans doute, *cf.* Thémistius, *Paraphrase* du traité *De l'âme*, 108, 26 *sq.* ; éd. Lyons, p. 197, 15 *sq.* (l'arabe, comme le grec, parle de « mélange », *iḫtilāṭ*, entre l'intellect humain – lui-même fait du « mélange » de l'intellect agent et de l'intellect hylique – et l'intellect « commun », c'est-à-dire l'âme sensitive). Notons que la position de Thémistius, présentée de cette façon dans le *Compendium*, paraît très proche de celle d'Averroès dans le *Grand Commentaire* du *De anima*. Pour le dernier Averroès, en effet, qui récuse la doctrine thémistienne de l'intellect théorétique, l'intellect matériel est en soi une substance éternelle, mais les intelligibles sont en lui relativement adventices en tant que, sous le rapport des individus qui les causent en partie, ils dépendent d'images elles-mêmes adventices (sur le rapport à Thémistius, toutefois, voir *infra*, p. 235, n. 217).

203. D. Wirmer note que certains manuscrits lisent : « d'autres, qui suivent Avicenne et d'autres… ».

204. « Ne sont pas affectés par… » traduit *lā yalḥaqu-hā* : les intelligibles théorétiques ne s'accompagnent pas de la passivité matérielle.

205. Sauf erreur, on ne lit pas cela, tel quel, chez Avicenne. Cela étant, D. Wirmer renvoie à *Avicenna's* De Anima, éd. Rahman, I, 5, p. 48, 18-49, 5; V, 2, p. 216, 3-8; V, 6, 244, 4-7.

206. Dans son commentaire du *De intellectu* d'Alexandre d'Aphrodise (postérieur au *Compendium* du livre *De l'âme*), Averroès propose de cette difficulté une solution qui repose sur la distinction remarquable entre *engendrement* et *production*. L'intellect humain, dira-t-il, n'est ni « engendré » *(kā'in)* ni « corruptible » *(fāsid)*, mais il est en quelque façon « produit » *(ḥādiṯ)* en tant qu'il passe à l'acte, du fait de l'abstraction des images dont il reçoit l'universel. Pour le texte, voir M. Zonta, « La tradizione giudeo-araba ed ebraica del *De intellectu* di Alessandro di Afrodisia e il testo originale del Commento di Averroè », *Annali di Ca' Foscari*, XL, 3, (2001) (Serie orientale 32), p. 17-35, ici p. 28, 18 *sq.*; pour une analyse, voir M. Geoffroy, *Sources et origines de la théorie de l'intellect d'Averroès*, p. 219-225.

207. Voir p. 144, § 54, au début de la section.

208. *Cf.* Thémistius, *Paraphrase* du traité *De l'âme*, 94, 13 *sq.*

209. « Se saisir » traduit *tašabbaṯa* (s'accrocher à, adhérer à); sur ce verbe, *cf.* Avicenne (?), *Epître sur les prophéties*, introduction O. Lizzini, traduction et notes J.-B. Brenet, Paris, 2018, n. 15, p. 125 : « ce verbe apparaît dans la traduction arabe du *De intellectu* d'Alexandre d'Aphrodise (112, 16 *sq.*; éd. Badawī, p. 40, 7 *sq.*), dans un passage important (et délicat, puisqu'il ne correspondait pas, en fait, à une position personnelle d'Alexandre) <...>. Il est question de l'intellect agent, divin (que le texte arabe va nommer « acquis » en tant qu'il entre en nous), lorsque celui-ci *s'empare* de cet outil qu'est pour lui l'intellect matériel : "ainsi, lorsque <cet intellect séparé> se saisit (*tašabbaṯa*; λάβηται) de cet instrument <qu'est l'intellect matériel>, à ce moment-là il agit comme agit par l'instrument l'artisan qui possède l'instrument". »

210. *Cf.* entre autres Averroès, *Epître 1*, dans *La béatitude de l'âme*, § 9, p. 204.

211. Plus largement, sur cette lecture courante de *De an.* III, 4, 429a18-22, *cf.* Averroès, *Epître 1*, dans *La béatitude de l'âme*, § 8-11, p. 202-204; *Commentaire Moyen* du *De Anima*, III, § 3, trad. Elamrani-Jamal, p. 292-293 (éd. Ivry, § 277, p. 108-109); *L'intelligence et la pensée*, p. 53-57; 57-59; (éd. Crawford, III, c. 4, p. 383-386; III, c. 5, p. 387-388).

212. Toute prédisposition est prédisposition de quelque chose, d'un sujet-substrat dans laquelle elle se trouve et dont elle dépend; voir *supra*, p. 167, n. 9. *Cf.* Aristote, *Phys.* I, 6, 189a34 *sq.* Il est clair que les principes de la physique jouent en noétique et qu'il faut prendre au sérieux, par exemple, l'idée de l'intellect-matière. Avant même la question du *mouvement* vers la jonction totale, le principe que nous défendons d'une « physique de la pensée » est justifié.

213. *Cf.* Ibn Rušd, *Talḫīṣ kitāb al-nafs*, éd. al-'Ahwānī, p. 4, 1-4 (trad. M. Geoffroy, « Sources et origines de la théorie de l'intellect d'Averroès », p. 29-30) : « Il a été expliqué <dans la *Phys.*, ou plutôt ses commentaires> que la matière première de ces corps est non pourvue de forme par sa propre essence et qu'elle est non existante en acte, et que l'être qui lui est propre n'est sien qu'en tant qu'elle est en puissance de recevoir les formes, non en tant que la puissance serait sa substance, mais en tant que cela est consécutif à sa substance, et <comme> une ombre qui l'accompagne » ; *ibid.*, p. 13, 14 *sq.* : « la matière première ne peut être séparée. En effet, il n'y a pas en elle de forme en acte par laquelle elle est disposée à recevoir une autre forme ».

214. *Cf.* Averroès, *L'intelligence et la pensée*, p. 56 (éd. Crawford, IIII, c. 4, p. 386, 87 *sq.*) :

> Et † sa nature <*i.e.* de l'intellect matériel> n'est pas non plus celle de la matière †, <car> elle <la matière première> ne reçoit que des formes distinctes les unes des autres *(nisi diversas)* et en tant qu'elles sont intelligibles en puissance, non en acte. <L'intellect matériel> est donc un étant autre que la forme, que la matière et que l'agrégat des deux » ;

> *L'intelligence et la pensée*, p. 97 (éd. Crawford, III, c. 14, p. 429, 28-34) : « la différence de sens entre la réception qui a lieu dans l'intellect et celle qui a lieu dans les choses matérielles ne peut se découvrir que par le raisonnement. Il ne faut pas croire que la matière première soit cause de réception absolument parlant, elle ne cause qu'une réception selon le changement (*transmutabilis*) et c'est la réception d'un individu désigné (*huius singularis*) : seule cette nature <la passivité de l'intellect> cause une réception au sens absolu.

215. C'est précisément ce que le *Grand Commentaire* du *De Anima* contestera, l'intellect matériel étant désormais conçu par Averroès comme un « quatrième genre d'être » : non pas la matière première, la forme séparée ou le composé hylémorphique, mais une substance séparée en puissance, c'est-à-dire l'équivalent dans l'ordre intelligible de ce qu'est la matière dans l'ordre sensible. Voir Averroès, *L'intelligence et la pensée*, p. 78 *sq.* (éd. Crawford, III, c. 5, p. 409, 654 *sq.*; nous soulignons) : « La troisième question – comment l'intellect matériel est un certain étant et n'est ni une forme matérielle ni la matière première – se résout ainsi. *Il faut en effet considérer qu'il s'agit d'un quatrième genre d'être.* De même en effet que l'être sensible se divise en forme et en matière, de même il faut que l'être intelligible se divise en quelque chose de semblable à ces deux, à savoir en quelque chose de semblable à la forme et en quelque chose de semblable à la matière ».

216. Ce qui contrevient à leur thèse de l'éternité de cette prédisposition.

217. C'est la position erronée, selon Averroès, de Thémistius. *Cf.* Averroès, *Epître 1*, dans *La béatitude de l'âme*, § 13-14, p. 204 :

> Lorsque cela lui fut apparu avec évidence à propos de l'intellect matériel, il lui apparut <*i.e.* à Aristote> que cette partie de la perfection qui se trouve dans l'âme, et que l'on appelle "intellect matériel", ne possède que la seule nature de la possibilité et de la préparation, puisqu'elle n'est pas mélangée à la matière ni à aucune des natures sensibles. C'est pourquoi cette préparation n'est pas quelque chose d'existant dans un sujet, de relatif à la nature de l'intellect, comme l'ont pensé des commentateurs anciens. Et de ce fait, sa possibilité diffère des autres possibilités. Et <Aristote> affirme cela parce que ce n'est rien d'existant avant d'intelliger. Les commentateurs anciens, Théophraste et d'autres, ont entendu par-là que <l'intellect> ne comptait pas parmi les existants en acte, mais était, par contre, une substance en puissance recevant les formes matérielles, à savoir que la possibilité qu'il possède se trouverait dans la substance, qui serait en puissance appropriée à l'espèce qu'elle reçoit.

Cf. Averroès, *Commentaire Moyen* du *De Anima*, III, § 5, trad. Elamrani-Jamal, p. 293 (éd. Ivry, § 281, p. 110) :

> Quant aux autres commentateurs, ils ont compris son propos selon lequel l'intellect matériel doit être sans mélange, qu'il est une disposition existant dans une substance séparée, l'intellect matériel devant être une substance. <…> Il n'est pas possible <en effet> que la disposition appartienne à un genre et son substrat à un autre genre. Ce qui veut dire que la chose disposée à recevoir l'intelligible doit être un intellect.

Sur ce passage, voir le commentaire 35 de M. Geoffroy dans M. Geoffroy et C. Sirat, *De la faculté rationnelle. L'original arabe du Grand Commentaire (šarḥ) d'Averroès au* De anima *d'Aristote*, Roma, 2021, p. 292-293. Voir aussi le manuscrit de Modène, f. 55r, gl. 18 (nous remerciions M. Geoffroy dans nos *Possibilités de jonction* de nous avoir communiqué le texte, p. 51, n. 161) :

> Tous les commentateurs admettent la proposition disant que la disposition qui reçoit les intelligibles ne doit être mélangée à aucune d'entre les formes matérielles, mais ils divergent à propos de ce qui doit être appelé intellect en puissance. Théophraste, Thémistius et tous les commentateurs pensent que cette disposition a nécessairement besoin d'un substrat qui ne lui est pas mélangé, parce que la disposition n'existe pas sans le substrat, et qu'en outre, comme il le dit, il est impossible que ce substrat soit l'une d'entre les formes matérielles. Donc, le substrat de cette disposition est une substance intellectuelle dont l'existence est en puissance.

Sur le rapport à Thémistius, concernant cette question, voir H. A. Davidson, *Alfarabi, Avicenna an Averroes, on Intellect*, p. 295, ainsi que les remarques de M. Geoffroy, « À la recherche de la *Béatitude* », *in* Averroès, *La béatitude de l'âme*, p. 69; et, dans une perspective un peu différente, J.-B. Brenet, *Les possibilités de jonction*, p. 44-55.

218. Litt. : « ce dont elle est capable ».

219. Si l'intellect (en puissance) était la prédisposition d'un intellect (nécessairement en acte), cela voudrait dire qu'un acte est en puissance vis-à-vis de ce qu'il est (pourtant déjà) en acte, ce qui ne va pas (puissance et acte étant des contradictoires) ; Averroès y revient plus bas, p. 148, § 61. Cela étant, le principe du dépouillement du récepteur doit être nuancé; le récepteur, certes, ne doit pas être en acte ce vis-à-vis de quoi il est en puissance, mais cela ne signifie pas qu'il ne doit être absolument rien en acte :

> La proposition qui dit que le récepteur ne doit rien avoir en acte de ce qu'il reçoit n'est pas énoncée absolument parlant, mais sous condition <au sens où>, comme nous l'avons dit, il n'est pas nécessaire que le récepteur ne soit rien du tout en acte <*i.e.* qu'il ne soit pas une substance>, mais seulement qu'il ne soit rien en acte de ce qu'il reçoit <*i.e.* pas une substance de la même espèce> (Averroès, *L'Intelligence et la pensée*, p. 79 ; éd. Crawford, III, c. 5, p. 410, 584 *sq.*).

Sur cette nuance et ses conséquences concernant *l'être* de l'intellect matériel, voir J.-B. Brenet, *Les possibilités de jonction*, p. 28 *sq.*; « Averroès et l'intellect matériel diaphane. Remarques sur une analogie variable », *Recherches de Théologie et Philosophie Médiévales* 85/2 (2018), p. 261-284.

220. C'est-à-dire une partie de l'intellect servant de « matière » à la prédisposition qu'est l'intellect en puissance.

221. Le changement advenant dans l'intellection (dont Averroès sous-entend qu'il relève du changement « selon la substance ») ne concernerait que la *quantité* de puissance disponible dans l'intellect matériel, le reste étant en acte.

222. Contrairement, donc, à ce que font « Thémistius et d'autres commentateurs anciens ».

223. Ce que pourtant Avicenne ferait (selon Averroès).

224. Cf. *supra*, p. 120, § 17.

225. De fait, Averroès dénoncera explicitement une forme de platonisme chez Thémistius et Théophraste : voir Averroès, *L'intelligence et la pensée*, p. 59 *sq.* (éd. Crawford, III, c. 5, p. 389, 57 *sq.*). Pour Platon, *cf.* Averroès, *L'intelligence et la pensée*, p. 78 (éd. Crawford, III, c. 5, p. 409, 644-645); voir *supra*, p. 134, § 38 et p. 136, § 42.

226. Cette tripartition vient d'Alexandre d'Aphrodise, *De l'intellect*, 106, 19 *sq. Cf.* Averroès, *Commentaire* du *De intellectu*, éd. Zonta, p. 27 *sq.* (le texte s'ouvre ainsi : « Nous disons que l'intellect, chez Aristote, est de trois sortes ») ; voir aussi les *Epîtres 1* et *2*, dans *La Béatitude de l'âme*. Cette grille vient encore contaminer la compréhension de *De an.* III, 5, 430a10-17 (où Aristote ne distingue que *deux* intellects, l'agent et le matériel) dans son *Grand Commentaire* du *De anima* : voir Averroès, *L'intelligence et la pensée*, p. 105-107 (éd. Crawford, III, t. 18, p. 437, 1-7, et c. 18, p. 437, 8-438, 35).

227. Sous-entendu : avec Platon.

228. Avicenne et les siens ont maladroitement voulu « aristotéliser » Platon en prétendant combiner la thèse que l'intelligible était éternel (Platon) avec l'idée que, nonobstant, devait exister un intellect « produit » (Aristote). Le résultat est une contradiction théorique qui interdit de penser vraiment l'advenir de l'intellection humaine, c'est-à-dire la réelle production de la pensée. Averroès en fera le reproche à Thémistius dans le *Grand Commentaire* du *De anima*, celui de ne pouvoir concevoir proprement une *abstraction* de l'intelligible.

229. Averroès valorise Alexandre d'Aphrodise, donc, qui n'aurait pas cherché à accorder les paroles d'Aristote avec l'idée d'une éternité de l'intelligible. Dans le *Grand Commentaire* du *De anima*, c'est Thémistius et Théophraste qui, sur la question du sujet de la puissance de penser (c'est-à-dire sur la nature de l'intellect matériel), sont présentés comme plus fidèles à Aristote que ne l'est Alexandre :

> Et puisque le sujet de la préparation <dont nous parlons> n'est ni une forme de l'imagination ni, comme le soutenait Alexandre, un mélange des quatre éléments, et puisque <d'autre part> on ne saurait dire qu'une préparation est dénuée de sujet, nous voyons bien <pourquoi> Théophraste, Thémistius, Nicolas et les autres péripatéticiens de l'Antiquité s'en sont tenus davantage *(magis retinent)* à la démonstration d'Aristote et ont davantage conservé *(magis conservant)* ce qu'il avait dit. De fait, quand ils ont consulté les écrits d'Aristote et examiné ses paroles, aucun n'a pu les rapporter ni à une préparation prise absolument ni à une chose servant de sujet à la préparation au titre de faculté <existant> dans un corps : au contraire, ils ont dit que cette chose était simple et séparée, qu'elle était impassible et qu'elle n'était pas mélangée au corps. Et si ce n'était pas l'opinion d'Aristote, il faudrait, malgré tout, la tenir pour l'opinion vraie (Averroès, *L'intelligence et la pensée*, p. 100, modifiée ; éd. Crawford, c. 14, p. 432, 123 *sq*.).

L'effet néfaste de la réputation d'Alexandre, en revanche, est dénoncé :

> Pour ce qui est de l'opinion attribuée à Alexandre <*i.e.* l'idée que l'intellect matériel ne serait qu'une prédisposition>, il semble bien, en revanche, qu'elle ait été forgée par lui seul, et que, de son temps, elle ait été jugée impossible à soutenir et rejetée par tous. C'est, selon moi, la raison pour laquelle Thémistius l'oublie complètement et l'évite comme on se méfie, en général, de ce qui est déraisonnable. <Malheureusement>, c'est le contraire qui arrive chez les Modernes. Personne n'est considéré par eux comme un savant accompli, s'il n'est pas disciple d'Alexandre. Cela vient de la grande renommée (*famositas*) de cet homme et du fait que tout le monde croit qu'il est vraiment un des bons commentateurs d'Aristote (Averroès, *L'intelligence et la pensée*, p. 101 ; éd. Crawford, III, c. 14, p. 433, 145 *sq*.).

230. Ce qui laisse entendre que tel – du moins en détail – n'est pas l'objet de ce *Compendium*. Il est bien clair, d'ailleurs, que ce texte ne s'écrit pas en référence directe au *De anima* d'Aristote. Voir l'introduction p. 9 *sq*.

231. Il faudrait de nouveau préciser : *relativement* ou *en partie* adventices, puisque ces intelligibles sont composés et que leur « forme », constituée par l'intellect agent, est éternelle.

232. Sur ce principe qu'il n'est de prédisposition ou de préparation que d'un « sujet », voir *supra*, p. 167 et 233, n. 9 et 212.

233. Un sujet auquel, redisons-le, cette prédisposition ne sera qu'attenante, associée, et non pas mélangée (voir *supra*, n. 9, p. 167). Dans le *Grand Commentaire* du *De anima*, Averroès aura définitivement rompu avec l'idée alexandrinienne de l'intellect matériel comme « prédisposition » ou « préparation » pure d'un sujet. Cet intellect sera non plus la « préparation » (le non-écrit de la tablette, si l'on reprend la métaphore de *De an.* III, 4, 429b31-430a2) mais le sujet préparé lui-même (la tablette susceptible de recevoir l'écriture) : voir Averroès, *L'intelligence et la pensée*, p. 64-65; 99-100 (éd. Crawford, III, c. 5, p. 395, 236-245; III, c. 14, p. 430, 77 *sq*.). Averroès se réfère plus bas, explicitement, à ce passage d'Aristote sur la tablette : voir *infra*, p. 152, § 64, avec les notes.

234. C'est-à-dire en étant proprement *dans* leur matière-sujet, et « constituées » par leur sujet (sur cette formule, cf. *supra*, p. 230, n. 198). Par ailleurs, *cf.* Averroès, *L'intelligence et la pensée*, p. 55 (éd. Crawford, III, c. 4, p. 385, 62-386, 79) :

> Que, nécessairement, la substance recevant les formes <dont nous parlons> ne soit ni un corps ni une faculté <existant> dans le corps est manifeste par les propositions mêmes qu'Aristote emploie dans le <présent> discours. La première est que cette substance reçoit toutes les formes matérielles – ce qui <s'applique> notoirement à l'intellect <matériel>. La seconde est que tout ce qui reçoit quelque chose est nécessairement dénué de la nature de ce qui est reçu et que son essence n'est pas spécifiquement identique à l'essence de ce qui est reçu. Si en effet ce qui reçoit était de même nature que ce qui est reçu, une chose se recevrait elle-même, et le moteur serait mû. <…>. De ces <deux> propositions découle que la substance que l'on nomme "intellect matériel" n'a dans sa nature aucune d'entre les formes matérielles. Donc, comme les formes matérielles sont soit des corps soit des formes <existant> dans un corps, il est manifeste que la substance que l'on nomme "intellect matériel" n'est ni un corps ni une forme <existant> dans un corps. Il <l'intellect matériel> est donc absolument sans mélange avec la matière.

235. Le sujet-substrat de la prédisposition à recevoir l'intelligible en acte *est un intellect en puissance*; il ne peut être en acte, d'emblée, ce vis-à-vis de quoi il est par nature en puissance; il ne peut donc exister d'emblée comme intellect. Comme l'indique la note précédente (n. 234 ; *cf.* n. 229), ce principe

vaudra aussi pour le corps dans le *Grand Commentaire* du *De Anima*. Dans le *GCDA*, toutefois, l'analyse aura changé et Averroès, semblant valoriser Thémistius, fera bien de ce sujet-substrat un « intellect » : voir Averroès, *L'intelligence et la pensée*, c. 14, p. 100 ; éd. Crawford, III, c. 14, p. 432 124-136 ; cité *supra*, p. 237, n. 229.

236. *Cf.* Averroès, *Epître 1*, dans *La béatitude de l'âme*, § 15, p. 208.

237. Notons un glissement significatif (et problématique) dans la formulation : Averroès ne parle plus comme à la ligne précédente du sujet de la *prédisposition* à recevoir les intelligibles (le substrat de la faculté d'intelliger, de l'intellect en puissance), mais, reprenant l'idée imprécise d'une « matière des intelligibles » sur laquelle s'ouvrait le développement, du sujet *de ces intelligibles mêmes* (le substrat des intelligibles *en acte*, donc, l'idée implicite étant que le sujet de la prédisposition à recevoir les intelligibles est ce qui reçoit lui-même ces intelligibles). Or les deux, en vérité, devraient être rigoureusement distingués. D'un côté, un sujet-substrat pour la prédisposition à intelliger – dans le *Compendium*, ce seront les images, sujet-substrat de l'intellect matériel. De l'autre, un sujet-substrat des intelligibles en acte – dans le *Compendium*, ce devrait être l'intellect matériel, le problème étant, par écrasement de cette distinction, que les images deviennent elles-mêmes, contradictoirement, sujet-substrat des intelligibles. C'est ce qui conduira Averroès à abandonner sa première conception. Le problème disparaît dans le *Grand Commentaire* où l'intellect matériel n'est plus une prédisposition pure attenante aux images mais une substance séparée.

238. « Liés » traduit de nouveau *murtabiṭa* (voir *supra*, p. 178, n. 49 et p. 232, n. 202), qu'Averroès utilise dans ce *Compendium* à la fois pour lui-même, pour dire le rapport de l'intelligible à l'image (ce que, sauf erreur, il ne fera plus dans le *Grand Commentaire* du *De anima*, où il ne parlera plus explicitement de la « relation » liant l'intelligible à la forme imaginée), et pour résumer la position de Thémistius et d'autres (voir *supra*, p. 232, n. 202).

239. *Tūǧadu bi-wuǧūdi-hā wa-taʿdamu bi-ʿadami-hā* : les intelligibles « existent *quand* les images existent et cessent d'exister *quand* elles cessent d'exister », ou bien « ils existent *du fait de* leur existence et disparaissent *du fait de* leur disparition ». Le double sens temporel et instrumental de la particule *bi-* est pertinent : l'intelligible existe *par* l'image, et *en même temps qu*'elle, et cesse d'exister *du fait qu'*elle cesse d'exister, et *tant qu'*elle s'absente. Sur la « relation » entre l'intelligible et l'image, cf. *supra*, p. 136 *sq*. Cela étant, on se situe ici au point de bascule entre le premier Averroès (encore dépendant d'Ibn Bāǧǧa, tel qu'il le comprend) et l'Averroès du *Grand Commentaire* du *De anima* : l'« erreur » du jeune Averroès (qu'Averroès dénonce lui-même dans les révisions de son *Compendium*) est de passer de l'idée correcte que les images (et plus exactement, les images de ses « sujets », les choses extérieures

à l'âme auxquelles il renvoie) sont un appui pour l'intelligible, qu'il n'existe que par elles et avec elles, à l'idée que ces images, de ce fait, sont le sujet-substrat de la prédisposition à recevoir l'intelligible en acte (ce qui est juste, dans une certaine mesure, puisqu'il n'est de puissance intellective que chez un être imaginant), *et donc* le sujet-*substrat* de cet intelligible *en acte* (ce qui, cette fois, ne sera plus admissible). De l'image des « sujets » extérieurs à l'âme, point d'appui et moteur de l'intelligible, à l'image comme sujet-substrat de l'intelligible en acte, la conséquence n'est pas bonne ; elle est même contradictoire puisque le moteur devient, en même temps, le mû. Comme on l'a noté plusieurs fois, c'est ce qui va signer la ruine du *Compendium*.

240. Cette formulation, on le redit, est problématique, et l'Averroès du *Compendium* dans sa première version ne le réalise pas encore : il y a bien une prédisposition dans les images, mais c'est une prédisposition à *produire* (à titre de moteur) l'intelligible et à faire, ainsi, que de l'intelligible soit reçu (dans un sujet-récepteur distinct), mais non pas une prédisposition à *recevoir* l'intelligible qu'elles contribuent à produire et dont elles constituent la référence, le point d'appui (le risque étant que, en tant que sujet de la prédisposition à recevoir l'intelligible, elles en soient elles-mêmes, en dernière instance, les récepteurs).

241. C'est *la* thèse du jeune Averroès sur la nature de l'intellect « matériel » (qu'il va corriger dans le passage ajouté qui suit immédiatement) : la « matière », le sujet de la prédisposition à intelliger, c'est-à-dire *à recevoir des intelligibles*, ce sont les formes imaginées. Averroès pense la tenir d'Ibn Bāǧǧa; cf. *La conjonction de l'intellect avec l'homme*, § 16, éd. Genequand, p. 188-189 (la traduction nous paraît devoir être corrigée). À la fin de son *Compendium*, p. 160, le Cordouan reprochera explicitement à Ibn Bāǧǧa de l'avoir induit en erreur sur ce point, et l'on verra apparaître dans la révision la position qui sera celle du *Grand Commentaire*, à savoir que les images ne sont pas « sujet » (sujet-récepteur) mais « moteur » de l'intelligible en acte, dont le sujet-substrat n'est que l'intellect matériel substantiel. On retrouve ici, quoi qu'il en soit, le glissement problématique repéré plus haut : le « sujet » de la prédisposition à recevoir les intelligibles est devenu – la prédisposition comme telle n'étant pas un récepteur – le sujet des intelligibles eux-mêmes. Il y aurait donc *dans les images mêmes* une prédisposition non pas seulement à *devenir* intelligibles (ou, si l'on peut dire, à « mouvoir vers » l'intelligible, du fait que l'image est universelle en puissance) mais à *recevoir*, via la prédisposition dont les images seraient porteuses, l'universel abstrait. C'était évidemment absurde, l'image ne pouvant être à la fois motrice de l'universel (en tant qu'elle l'est en puissance, et qu'elle meut vers lui, dans certaines conditions) *et mue par lui* (en tant qu'elle recevrait cela même qu'elle serait devenue ou qu'elle aurait contribué à faire advenir). Tout cela repose sur l'équivocité de la notion de

« puissance » de la pensée, ou, si l'on veut, d'intellect en « puissance ». Si l'on désigne par-là la propension à devenir intelligible ou à produire de l'intelligible (à enclencher l'intelligibilisation), alors cette puissance est effectivement dans l'image (l'imagination étant bien ce sans quoi, du reste, l'intellect ne peut advenir); mais si l'on désigne par cette notion le récepteur de l'intelligible produit, ce ne pouvait plus être l'image, puisque l'imagination ne peut être ce dans quoi l'intelligible en acte se réaliserait. L'obsession d'Averroès sera dès lors de comprendre quel peut être ce sujet-récepteur, quelle doit être la nature de ce substrat de l'intelligible *en acte* séparé des images motrices.

242. Si les images sont le sujet-substrat de la prédisposition à recevoir les intelligibles, c'est-à-dire en fait le sujet récepteur de l'intelligible lui-même, cela veut dire, si l'image est d'une certaine manière identique à l'intelligible (ce dernier n'étant que l'image abstraite, universalisée), que quand elle reçoit l'intelligible, elle se reçoit contradictoirement elle-même; cf. *supra*, p. 116, § 10, où Averroès en déduisait que l'image était motrice de l'intelligible, et non sujet; *cf.* Averroès, *L'intelligence et la pensée*, p. 172 (éd. Crawford, III, c. 39, p. 506, 28-32) : « et puisque l'"intention" intelligible est identique à la chose que le sens perçoit dans le senti, nécessairement celui qui ne sent rien n'apprend rien par l'intellect selon la connaissance et la distinction. »

243. Si l'on entend par-là ce qui est destiné à recevoir l'intelligible en acte.

244. C'est-à-dire autre chose que « la prédisposition existant dans les formes imaginées à recevoir les intelligibles », autre chose que les images en tant qu'elles seraient disposées à la réception de ces intelligibles.

245. *Cf.* Aristote, *De an.*, III, 4, 429a18-24; III, 5, 430a14-15. Dans ces passages, Aristote n'emploie pas le terme de « substance » à propos de l'intellect (*cf.*, au contraire, I, 4, 408b18-19). Son usage, en revanche, sera caractéristique de l'Averroès de la maturité – comme le recours précis, désormais, à ce que le Stagirite lui-même dit.

246. M. Geoffroy, « Sources et origines de la théorie de l'intellect d'Averroès », p. 202, n. 96, conteste que ce passage soit « une addition tardive »; selon lui, il « se laisse interpréter d'une manière parfaitement compatible avec ce qui précède immédiatement dans le texte ».

247. S'il est vrai que l'image est motrice de l'intelligible en acte et qu'elle ne saurait, donc, le recevoir, il est manifeste qu'il faut un *autre* sujet, lequel sera le substrat adéquat de cet intelligible en acte. L'image continuera d'être « sujet » de l'intelligible, mais en un sens particulier qu'Averroès va seulement suggérer dans la ligne qui suit : sujet-*substrat* de l'intelligible *en puissance*, sujet-*moteur* de l'intelligible *en acte*. Sur les différents sens du mot « sujet » appliqué à l'image, voir notre introduction, p. 35 *sq*.

248. Cette formule fait évidemment écho à celle qu'on retrouve dans le *Grand Commentaire* du *De anima* et qui le caractérise : l'intelligible en acte a

« deux sujets », dira Averroès, l'intellect matériel, d'un côté, qui en fait « un étant du monde » (un intelligible existant en acte – la formule est d'origine farabienne), et l'image, par lequel il est vrai (*i.e.* par lequel il est l'intelligible de quelque chose, l'intelligible existant en acte de quelque chose de réel) ; voir Averroès, *L'intelligence et la pensée*, p. 69-70 ; éd. Crawford, III, c. 5, p. 400, 379 *sq*. Deux remarques : a) cette nouvelle idée suppose une *autre* composition des intelligibles que celle dont Averroès, dans le *Compendium* initial, parlait : si l'intelligible théorétique est composé, ce n'est plus de l'intellect agent (sa forme) et des images (sa matière), mais de la détermination issue des images (sa forme, qui certes reconduit à l'intellect agent) et de l'intellect matériel-substance (sa matière) ; b) elle est, dans sa formulation, équivoque, non seulement parce qu'elle dit explicitement de l'image qu'elle est elle aussi « sujet », comme l'intellect matériel, alors que le terme ne peut valoir dans le même sens (puisque l'intellect matériel est sujet-*substrat* de l'intelligible *en acte*, et que les images *ne reçoivent pas* l'intelligible *en acte*), mais aussi parce que ce second « sujet » qu'est l'image est en un sens, tout de même, « sujet », et un autre sens « moteur ». Qu'est-ce à dire ? Que l'image, second « sujet » de l'intelligible en acte, est en fait, comme on l'a noté, sujet-substrat de l'intelligible en puissance (ou sujet-point d'appui, sujet-corrélat de l'intelligible en acte) et moteur de l'intelligible en acte. Sur les « deux sujets », *cf.* Ibn Bāǧǧa, *Conduite de l'isolé*, § 213, éd. Genequand, p. 178. Sur ce point de doctrine majeur, voir entre autres D. Black, « Consciousness and Self-Knowledge in Aquinas's Critique of Averroes'Psychology » ; « Models of the mind : metaphysical presuppositions of the averroist and thomistic accounts of intellection », *Documenti e Studi sulla tradizione filosofica medievale* 15 (2004), p. 319-352 ; A. de Libera, *Archéologie du sujet*. III. *La double révolution*, Paris, 2014, p. 165-244 ; J.-B. Brenet, *Transferts du sujet*, p. 311-328 ; « Averroès a-t-il inventé une théorie des deux sujets de la pensée ? » ; *Je fantasme*, chap. 7 et 11.

249. On s'attendait à lire plutôt que l'intellect matériel est à l'intelligible en acte *comme le sens est aux formes senties* (et non comme la matière aux formes sensibles), mais ce n'est qu'une formulation plus large qui correspond à la vision rushdienne de la *scala naturae* : l'intellect matériel est bien dans l'ordre intelligible cela même qu'est la matière dans l'ordre sensible, lequel reproduit sur un mode inférieur l'ordre intelligible (voir *supra*, n. 215 sur l'intellect matériel comme quatrième genre d'être). L'expression d'intellect « matériel » et sa justification viennent d'Alexandre d'Aphrodise (*De l'intellect*, 106, 19 *sq*.). Notons toutefois que l'explication d'Alexandre est modifiée dans la traduction arabe, d'une façon qui correspond à ce qu'Averroès dit ici. En grec, l'Aphrodisien compare l'intellect à la matière non pas du fait qu'il est, comme elle, un *hupokeimenon*, un « sujet » ou « substrat », mais parce que, comme elle, il est en puissance :

> l'intellect matériel est le premier intellect. Si je l'appelle "matériel", ce n'est pas parce qu'il est un sujet comme la matière – j'appelle en effet matière un sujet qui peut, par l'adjonction d'une forme, devenir un être déterminé – mais, puisque la quiddité de la matière <consiste> en une potentialité à l'égard de toutes choses, un être où l'on retrouve cette puissance et ce caractère potentiel mérite, dans la mesure de sa potentialité, la qualification de matériel. (trad. P. Moraux, *Alexandre d'Aphrodise exégète de la noétique d'Aristote*, Liège-Paris, 1942, p. 185)

Dans l'arabe, en revanche, on lit (éd. Badawī, p. 31, 16-17) que l'intellect matériel est « un substrat en puissance de *(mumkinan)* devenir parfait, comme la matière » (voir M. Geoffroy, « La tradition arabe du Περὶ νοῦ d'Alexandre d'Aphrodise et les origines de la théorie farabienne des quatre degrés de l'intellect », *in* C. d'Ancona et G. Serra (dir.), *Aristotele e Alessandro di Afrodisia nella tradizione araba*, Padoue, 2002, p. 191-231, ici p. 204, n. 36). L'intellect est désormais *un substrat, comme la matière*, la différence étant que celle-ci reçoit des formes déterminées là où l'intellect reçoit de l'universel.

250. « Sujet » en tant qu'elles sont intelligibles en puissance, que l'intelligible s'y trouve en puissance, ou bien en tant que l'intelligible en acte s'appuie sur elles, les a comme corrélat constant. On pourrait ajouter - même si Averroès, ici, n'en dit rien - qu'elles servent aussi de substrat à la faculté d'intelliger en ce sens que, *sans* les images, sans l'imagination, il n'est pas de puissance intellective. Si l'on résume, l'image est « sujet » en divers sens ; elle l'est comme (a) ce sans quoi il n'y a pas de puissance intellectuelle (le substrat de la faculté en puissance) ; (b) ce dans quoi se trouve l'intelligible en puissance (le substrat de l'objet en puissance) ; (c) ce par quoi l'intelligible advient (le moteur de l'objet, aidé par l'intellect agent) ; (d) ce par rapport à quoi l'intelligible se pense et se vérifie (le point d'appui, le corrélat de l'objet noétique).

251. Cf. *supra*, p. 116, § 10 à propos des intelligibles pratiques.

252. Ce paragraphe s'insère mal dans le développement, même si l'intellect en habitus fut évoqué plus haut. Ce dont il était question, en effet, c'est de l'intellect matériel compris comme prédisposition des images, et c'est bien de cela qu'Averroès va reparler aussitôt. Sur cette définition de l'intellect en *habitus*, cela étant, *cf.* Averroès, *L'intelligence et la pensée*, p. 106 (éd. Crawford, III, c. 18, p. 438, 26-29) : « telle est en effet la définition de l'habitus : elle <pose> que celui qui possède <cet> habitus pense par lui ce qui lui est propre, de lui-même et quand il le veut *(ex se et quando voluerit)*, sans qu'il ait besoin pour ce faire de quelque chose d'extrinsèque » ; pour les sources courantes, *cf.* au moins Alexandre d'Aphrodise, *De l'âme*, 82, 1 *sq.* ; 85, 10 *sq.* (trad. Bergeron-Dufour, p. 199 ; 203 *sq.*) ; *De l'intellect*, 107, 21 *sq.* (trad. Dufour, p. 19 ; éd. Badawī, p. 33, 15 *sq.*) ; Thémistius, *Paraphrase* du traité *De*

l'âme, 98, 22 *sq.* (éd. Lyons, p. 173 *sq.*) ; al-Fārābī, *Epître sur l'intellect*, trad. Vallat, p. 23 *sq.* (éd. Bouyges, p. 15 *sq.* ; trad. Hamzah, p. 71 *sq.*) ; Avicenne, *Livre des définitions* (*Kitāb al-ḥudūd*), éd. et trad. A.-M. Goichon, Le Caire, 1963, § 3, 23, p. 16 (fr.) ; 13 (ar.) ; *Avicenna's* De Anima, éd. Rahman, p. 49, 13, etc. Sur la question majeure de la « volonté » de penser chez Averroès, de la pensée comme voulue, maîtrisée, voir J.-B. Brenet, *Les possibilités de jonction*, p. 60-68 ; *Averroès l'inquiétant*, chap. 8 (pour la critique de Thomas d'Aquin) ; *Je fantasme*, chap. 11 ; « Descartes l'arabe. Averroès jusque dans la querelle d'Utrecht », spéc. p. 510-514.

253. Voir Aristote, *De l'âme*, II, 5, 417a22 *sq.* ; *cf.* Averroès, *GCDA*, II, c. 55-56, éd. Crawford, p. 213-216 ; *Commentaire Moyen* du *De Anima*, éd. Ivry, § p. 61-62.

254. *Cf.* Averroès, *GCDA*, II, c. 56 (= *De an.* 417a28-b2), éd. Crawford, p. 215, 9-12 : « sciens autem Gramaticam considerando in ea est sciens secundum ultimam perfectionem ; et tale dicimus sciens in rei veritate hoc de quo considerat, non in eo quod scit illud sed non considerat actu de eo. »

255. *Cf.* Aristote, *Seconds analytiques*, II, 1-2, 89b23-37 ; *cf.* Averroès, *Abrégé* des *Seconds analytiques*, éd. Butterworth, § 91 : « perfection in an art comprises four things. One is to know the principles of that art. The second is to infer from them what ought to be inferred from among the things that have not been explicitly declared in the art. The third is to eliminate from it the essential things that lead into error. The fourth is to have a capacity for teaching it. »

256. Sur l'échelle de la nature, chaque vivant de niveau supérieur se caractérise par une prédisposition inscrite dans (ou liée à) la forme qui constitue la perfection ultime du vivant de niveau immédiatement inférieur (la bête par rapport à l'homme, la plante par rapport à la bête).

257. Sur ce passage, voir notamment M. Geoffroy, « Sources et origines de la théorie de l'intellect d'Averroès », p. 203-206 ; J.-B. Brenet, *Les possibilités de jonction*, p. 39-43. Pour la métaphore de la tablette, dont il fut question *supra*, p. 238, n. 233, voir Aristote, *De l'âme*, III, 4, 429b31 *sq.* Pour la lecture d'Alexandre d'Aphrodise, voir son traité *De l'âme*, 84, 24-85, 10, trad. Bergeron-Dufour, p. 203. Pour Averroès, cf. *The Epistle on the Possibility of Conjunction*, éd. Bland, sect. 14, p. 85 ; *Commentaire Moyen* du *De Anima*, III, § 18, trad. Elamrani-Jamal, p. 296 (éd. Ivry, § 293, p. 115) ; *Épître I*, § 15, dans *La Béatitude de l'âme*, p. 208, et la note 33, p. 256-257 ; *L'intelligence et la pensée*, p. 64-65 ; 99-100 (éd. Crawford, III, c. 5, p. 395, 236-245 ; III, c. 14, p. 430, 77 *sq.*). Notons que dans ce passage apparaît bien la thèse caractéristique du *Compendium* du livre *De l'âme*, à savoir l'idée que la puissance imaginative soit le « sujet » de la prédisposition à penser (qu'est l'intellect matériel).

258. Il y a dans l'âme nutritive de l'animal une prédisposition à sentir qui la distingue de l'âme nutritive de la plante (l'animal ne vit pas comme la plante) et il y a dans l'âme sensitive/imaginative de l'homme une prédisposition à intelliger qui la distingue de l'âme sensitive/imaginative de l'animal (l'homme ne sent pas, n'imagine pas comme l'animal). Mais les prédispositions à sentir (de l'animal) et à intelliger (de l'homme) ne sont pas du même type et entretiennent avec leur substrat immédiat (la faculté inférieure) un rapport distinct : la faculté sensitive/imaginative s'y mêle, la faculté d'intelliger ne lui est qu'associée. Si l'intellect matériel, comme prédisposition, était mêlé à la faculté d'imaginer, et donc aux images, il ne pourrait recevoir les intelligibles tirés de ces images puisqu'il posséderait déjà, en quelque façon, ce qu'il aurait à recevoir : le non-mélange, ici, fait la virginité qui conditionne la réception de l'objet. Notons qu'Averroès ne révise pas dans cette phrase l'idée que les images aient en elles une prédisposition à recevoir l'intelligible (ce que, dans sa dernière position, il récusera totalement, comme le § suivant va l'indiquer) ; il précise seulement la nature du rapport entre cette prédisposition et son substrat : ce ne saurait être, dit-il seulement, un rapport *de mélange* (sur l'intellect « sans mélange », voir évidemment Aristote, *De an.* III, 4, 429a18 ; 24-25).

259. *Cf.* Averroès, *Commentaire Moyen* du *De Anima*, III, § 3, trad. Elamrani-Jamal, p. 293 (éd. Ivry, § 277-278, p. 109 ; *cf.* Averroès, *Epître 1*, dans *La béatitude de l'âme*, § 9, p. 204) :

> quant à cette faculté, il faut qu'elle ne soit absolument pas mélangée à l'une des formes matérielles. En effet, si cette faculté – que l'on nomme l'intellect matériel – pense toutes choses, c'est-à-dire qu'elle reçoit les formes de toutes les choses, elle ne doit être mélangée à aucune des formes, c'est-à-dire ne pas être mélangée au sujet dans lequel elle existe, comme c'est le cas pour les autres puissances matérielles. Car si elle se trouvait mélangée à l'une des formes, il s'ensuivrait de deux choses l'une : ou bien la forme du sujet à laquelle cette faculté est mélangée empêchera <la réception des> formes que cette faculté reçoit, ou bien elle les rendra autres, je veux dire qu'elle changerait la forme reçue. S'il en était ainsi, les formes des choses n'existeraient pas dans l'intellect selon leur propre être, je veux dire que les formes des étants dans l'intellect changeraient en des formes autres. S'il est de la nature de l'intellect de recevoir les formes des choses, leurs natures étant conservées, alors il faut que cette faculté soit une faculté absolument sans mélange avec l'une des formes.

260. Averroès se réfère par ce pluriel à Aristote (*De an.* III, 4, 429a18-27) et aux commentateurs qui reprennent cette idée.

261. On retrouve dans cette révision ce qui fut noté plus haut. Les images, dit désormais Averroès, ne sont pas sujet-substrat de la prédisposition à recevoir les intelligibles, et donc récepteurs de l'intelligible même, elles sont motrices de l'intelligible.

262. *Cf.* Alexandre d'Aphrodise, *De l'âme*, 84, 24-26; trad. Bergeron-Dufour, p. 203. *Cf.* Averroès, *Epître 1*, dans *La béatitude de l'âme*, § 16, p. 208; § 18, p. 210; § 21, p. 212; *Commentaire* du *De intellectu*, éd. Zonta, p. 28, 1-4 (« cette prédisposition *(istiʿdād)* n'a pas de substrat et sa nature n'est rien d'autre que la nature de la possibilité *(imkān)*, dépourvue de tout substrat, parce que ne se trouve en elle rien des formes sensibles ou intelligibles qu'il lui est possible de recevoir, mais qu'elle est disposée à les recevoir toutes »; nous traduisons); *The Epistle on the Possibility of Conjunction*, éd. Bland, sect. 1, p. 23; 8, p. 50; *Commentaire Moyen* du *De Anima*, III, § 4, trad. Elamrani-Jamal, p. 293 (éd. Ivry, § 280, p. 110); § 12, p. 295 (éd. Ivry, § 286, p. 112); § 8, p. 294 (éd. Ivry, § 283, p. 111) : « ce qui prouve que cet intellect n'est pas une prédisposition pure est que nous constatons que l'intellect matériel perçoit cette prédisposition dépouillée *(ḫulwan)* de formes et perçoit les formes. C'est pourquoi il peut penser les privations *(al-ʾaʿdām)*, je veux dire du fait de la perception de son essence dépouillée des formes. S'il en est ainsi, la chose qui perçoit cette prédisposition et les formes acquises de son fait *(al-ḥāṣilat fīhi)* est nécessairement autre chose que la prédisposition »; *L'intelligence et la pensée*, p. 64-65 (éd. Crawford, III, c. 5, p. 395, 236-245) :

> Alexandre explique la démonstration d'Aristote concluant que l'intellect matériel n'est pas passif, qu'il n'est pas quelque chose dont on dit "ceci", à savoir un corps ou une faculté <existant> dans le corps, comme visant la préparation elle-même et non le sujet de la préparation. C'est pourquoi il dit dans son livre *De l'âme* que l'intellect matériel ressemble plus à la préparation qui est dans la tablette non écrite qu'à la tablette préparée elle-même; que cette préparation peut être vraiment caractérisée <comme> "ce qui n'est pas quelque chose dont on dit 'ceci', ni un corps ni une faculté <existant> dans le corps", et qu'elle n'est pas passive.

La thèse d'Alexandre est reprise plus bas dans le *Grand Commentaire* puis sévèrement récusée, Averroès estimant désormais que l'intellect matériel ne peut désigner que le *sujet* de la préparation (caractérisée par le fait de n'avoir en lui, pas même à l'état de puissance prochaine, aucune forme intelligée), et non pas la préparation seule (voir Averroès, *L'intelligence et la pensée*, p. 99 *sq.*; éd. Crawford, III, c. 14, p. 430, 77 *sq.*). Sur la critique d'Alexandre d'Aphrodise à propos de cette notion de « préparation », voir A. Elamrani-Jamal, « Averroès : la doctrine de l'intellect matériel dans le *Commentaire moyen* au *De anima* d'Aristote », p. 288-289; M. Geoffroy, « À la recherche de la *Béatitude* », *in* Averroès, *La béatitude de l'âme*, p. 62-65; D. Wirmer,

« Nachwort », *in* Averroes, *Über den Intellekt*, p. 349 ; 390 ; J.-B. Brenet, *Les possibilités de jonction*, p. 35 *sq*.

263. L'intellect matériel a besoin du substrat que sont les formes imaginées *pour exister* ; mais il n'en dépend pas *pour recevoir* les intelligibles (*i.e.* pour fonctionner comme l'intellect qu'il est), et au contraire, même, puisqu'il lui faut n'être aucunement mélangé aux images pour que la réception de l'intelligible puisse se faire. C'est ce que la doctrine alexandrinienne de l'intellect matériel comme « prédisposition seulement », non mêlée aux images, ferait voir. Averroès formule ici ce qu'on retrouve dans son *Epître sur la possibilité de la jonction*, à savoir, s'agissant des rapports entre intellect matériel et formes imaginées, la distinction entre « lien d'existence » et « lien de mélange » : voir Ibn Rušd, *The Epistle on the Possibility of Conjunction*, éd. Bland, p. 13, 44-47 : « et lorsqu'il sera clair pour toi que les formes imaginatives sont les substrats des intelligibles, alors <tu sauras que> la faculté de recevoir les intelligibles, que l'on appelle l'intellect matériel, leur est nécessairement liée selon un lien d'existence, mais non selon un lien de mélange » (trad. M. Geoffroy, *Sources et origines de la théorie de l'intellect*, p. 196 *sq*.). Notons que, dans cette même *Epître sur la possibilité de la jonction*, la distinction entre « lien d'existence » et « lien de mélange » en recoupe une autre, entre « jonction d'existence » et « jonction d'appréhension » : une puissance supérieure est jointe à l'inférieure d'une « jonction d'existence » (c'est le lien d'existence dont on vient de parler), en tant que celle-ci, l'inférieure, constitue le substrat qui permet à la supérieure d'exister, qu'elle est ce « sans quoi » cette puissance supérieure, dans son acte premier, ne saurait exister (et c'est l'*un* des sens du terme *mawḍū'*, le sujet-substrat) ; quant à la puissance inférieure, elle est jointe à la supérieure d'une « jonction d'appréhension » en tant que la supérieure appréhende les objets de l'inférieure et les hisse, ce faisant, à un plus grand degré de « spiritualité ». Sur cette distinction, voir M. A. Blaustein, *Averroes on the imagination and the intellect*, p. 59 *sq*. ; H. A. Davidson, *Alfarabi, Avicenna, and Averroes, on Intellect*, p. 324, n. 39 ; M. Geoffroy, « Averroès sur l'intellect comme cause agente et cause formelle », p. 107 ; *Sources et origines de la théorie de l'intellect*, p. 199 *sq*. ; J.-B. Brenet, *Les possibilités de jonction*, p. 64 *sq*.

264. C'est-à-dire l'idée d'Alexandre d'une prédisposition pure attenante, sans mélange, aux formes imaginées. « Commentateurs » désigne ici Thémistius et ses partisans.

265. *Cf*. Averroès, *Commentaire Moyen* du *De Anima*, III, § 6, trad. Elamrani-Jamal, p. 293 (nous soulignons ; éd. Ivry, § 282, p. 111) : « Mais de l'autre point de vue <*i.e.* celui de Thémistius et de Théophraste> aussi résulte une absurdité, à savoir l'existence d'*une substance séparée à l'état de disposition et de puissance* (*ǧawhar mufāriq wuǧuduhu fī al-isti'dād wa-al-quwwa)* » ; *Epître 1*, dans *La béatitude de l'âme*, § 14 p. 204 :

> Les commentateurs anciens, Théophraste et d'autres, ont entendu par là que <l'intellect> ne comptait pas parmi les existants en acte, mais était, par contre, une substance en puissance recevant les formes matérielles, à savoir que la possibilité qu'il possède se trouverait dans la substance, qui serait en puissance appropriée à l'espèce qu'elle reçoit;

et plus bas :

> Selon l'opinion de ces gens <*i.e.* Théophraste et Thémistius>, il faut donc comprendre que la nature de l'intellect matériel se conçoit comme la nature de la matière, savoir qu'il faille dire que cet intellect est ce qui présente avec la chose qu'il intellige une relation semblable à celle d'une matière considérée avec sa forme, bien que l'essence de la matière soit la puissance. Et comme *ils posent que cette substance est un existant seulement en puissance...*

266. L'arabe écrit : *fī al-kawn*, qu'on traduit deux lignes plus bas par « existence » (*fī āḫiri kawni-hi* : « à la fin de son existence »)

267. Autrement dit, devant la difficulté de la position d'Alexandre (celle de l'intellect matériel comme prédisposition pure), certains en sont venus à défendre la thèse de l'intellect matériel comme substance séparée éternelle, mais cette position n'est pas moins problématique. Outre les difficultés relevées plus haut, Averroès repère deux écueils. Le premier est un écueil ontologique : comment un intellect compris comme substance éternelle pourrait-il être la perfection ontologique d'un corps non éternel comme est le corps de l'homme individuel ? Si l'intellect est la perfection du corps humain – et le mode de ce perfectionnement n'est pas discuté, ici –, comment peut-il être éternel dès lors que le corps, lui, est engendrable et corruptible ? *Cf.* Averroès, *Commentaire Moyen* du *De Anima*, III, § 6, trad. Elamrani-Jamal, p. 293-294 (éd. Ivry, § 282, p. 111) : « il résulterait encore une autre absurdité <de la thèse des commentateurs soutenant que l'intellect matériel est une disposition existant dans une substance séparée>, à savoir que la perfection première de l'intellect soit éternelle et la dernière, générable et corruptible. En outre, l'homme n'étant par sa perfection première qu'un être générable et corruptible, il faut que cette perfection de l'intellect soit générable et corruptible » ; *cf.* Averroès, *L'intelligence et la pensée*, p. 62 *sq.* (éd. Crawford, III, c. 5, p. 392, 158 *sq.*; sur ce passage délicat du *Grand Commentaire* du *De anima*, voir la n. 36 de D. Wirmer, *in* Averroes, *Über den Intellekt*, p. 175 ; M. Geoffroy dans M. Geoffroy et C. Sirat, *De la faculté rationnelle. L'original arabe du Grand Commentaire (šarḥ) d'Averroès au* De anima *d'Aristote*, p. 296-301, confirmait la lecture méticuleuse d'A. de Libera).

268. Deuxième problème : si l'intellect est éternel, comment peut-il perfectionner, non plus le corps, mais *l'homme* (puisque, en tant que perfection du corps, il est *ipso facto* perfection de l'homme composé du corps

et de l'intellect), et ce faisant, *lui donner d'intelliger?* Autrement dit, comment l'homme, s'il est engendrable et corruptible – ne serait-ce que parce que le corps entre dans son être –, pourrait-il *intelliger* par le biais d'un intellect éternel? L'enjeu est considérable : la thèse de Thémistius permet-elle de penser, d'un côté, que l'intellect (éternel) soit la perfection (ontologique) du corps (engendré et mortel), et, de l'autre, d'établir que l'homme (engendré et mortel) s'accomplisse comme tel dans l'intellection (c'est-à-dire dans l'acte d'une substance hétérogène, éternelle et non plus contingente) ? Notons toutefois que, dans le *Compendium* du livre *De l'âme*, Averroès paraît finir par défendre lui-même l'idée que non seulement l'intelligible théorétique, mais l'homme – et l'homme *parfait*, plus exactement –, est composé de l'éternel et de l'adventice :

> Mais si l'on considère ce qu'il en est de l'homme par rapport à cette jonction, il apparaît qu'il s'agit d'un miracle (*min aʿāǧīb*) de la nature, et qu'il arrive à l'homme d'être comme composé de ce qui est éternel et de ce qui est corruptible, en tant qu'il existe des intermédiaires (*mutawassiṭāt*) entre les genres appropriés, comme l'intermédiaire entre les plantes et les animaux, et entre l'animal et l'homme. Cette existence est distincte de celle qui est propre à l'homme en tant qu'homme. (Ibn Rušd, *Talḫīṣ kitāb al-nafs*, éd. al-Ahwānī, p. 95, 3 *sq.* ; trad. M. Geoffroy, dans « L'exposition de la *Jonction de l'intellect avec l'homme* (*Ittiṣāl al-ʿaql bi-l-insān*) d'Avempace », p. 151-152)

Sur ce dernier point crucial, voir notre introduction, p. 62 *sq.*

269. L'idée de cette perfection « à la fin de son *kawn (être, existence)* » est équivoque (cf. *infra*, p. 255, n. 289). S'agit-il d'un simple état de maturité ou bien véritablement – comme Averroès paraît l'entendre – du terme d'un long cursus théorétique? Le Cordouan est sans doute influencé ici par ce passage équivoque d'Alexandre d'Aphrodise dans sa version arabe, *De intellectu*, 110, 31 *sq.* (éd. Badawī, p. 38, 1 *sq.*; nous traduisons) : « Et lorsqu'il est complet *(tamma)* et arrivé à pleine croissance *(namā)*, l'intellect qui est en puissance pense celui-là <*i.e.* l'agent>; car, de même que la puissance de marcher qu'a l'homme à sa naissance passe à l'acte après un certain temps, quand est parfait ce par quoi se fait la marche, de même l'intellect, quand il est parfait, pense les choses qui sont par nature intelligibles, et il rend les sensibles intelligibles, car il est agent » (*cf.* son *De l'âme*, 91, 5-6; trad. Bergeron-Dufour, p. 213). Pour un commentaire, voir Averroès, *L'intelligence et la pensée*, p. 152-153 (éd. Crawford, III, c. 36, p. 483, 114-484, 142). En vérité, pour Averroès – comme pour Alexandre, du reste – la dimension formelle de l'intellect agent (sa pensée, par l'homme) n'est *pas* terminale, sans nuances; dès lors que l'homme pense, elle a toujours déjà commencé, et ce qui (chez Averroès, du moins) est terminal, c'est la réalisation d'une jonction *totale*; sur cette question majeure de l'information *progressive* de l'intellect matériel par l'intellect agent, voir

J.-B. Brenet, *Les possibilités de jonction*, p. 111-147 ; *Je fantasme*, chap. 7 ; J.-B. Brenet, (avec G. Agamben), *Intellect d'amour*, p. 37-38 ; « L'intellect agent, la lumière, l'*hexis*. Averroès lecteur d'Aristote et d'Alexandre d'Aphrodise », *Chôra. Revue d'études anciennes et médiévales* 18-19 (2020-2021), p. 431-452.

270. Autrement dit, Thémistius ne permet pas de penser, si l'intellect matériel est une substance séparée, que l'homme soit perfectionné et qu'il intellige par lui (du fait de la disproportion entre l'éternité de cet intellect et le caractère engendrable et corruptible de l'homme), mais la position d'Alexandre n'est pas meilleure, puisque si l'intellect matériel est au départ une puissance de l'âme engendrée (en tant que prédisposition pure attenante à l'âme adventice de l'individu) et que, donc, l'homme est un être adventice, comment pourrait-il *à la fin* être parachevé par une substance séparée non adventice ? La même aporie, autrement dit, se manifeste : Thémistius soutient que l'intellect est éternel, ce qui ne permet pas de comprendre comment, d'emblée, il parachève le corps de l'homme et lui permet de penser ; Alexandre soutient que l'intellect, certes, est engendré, mais cela ne permet pas de comprendre comment, une fois parfait, il lui sera possible d'être parachevé par un intellect éternel. C'est le problème de la jonction, dans les deux cas, qui se pose : ici, celui d'une jonction par abaissement de l'éternel vers le contingent, dans la constitution de l'homme et l'effectuation de son acte de penser ; là, celui d'une jonction par transmutation du contingent en éternel si l'on prétend que l'homme, « à la fin », accède à la métaphysique et à la pensée de l'intelligible pur. Notons qu'on peut lire au sens fort chez Alexandre d'Aphrodise l'idée que l'homme soit *perfectionné* par l'intellect agent, en inscrivant l'idée de « perfection » (*kamāl* ou *istikmāl*) dans le cadre d'une ontologie gradualiste où la forme de l'homme passe de la prédisposition à l'acte total. Sur la notion de « perfection », voir R. B. Todd, « Lexicographical notes on Alexander of Aphrodisias'philosophical terminology », *Glotta* 52 (1974), p. 207-215 ; R. Wisnovsky, *Avicenna's Metaphysics in Context*, Ithaca, New York, 2003 ; sur le gradualisme d'Alexandre et la notion de τελειότης, voir M. Rashed, *Essentialisme. Alexandre d'Aphrodise entre logique, physique et cosmologie*, Berlin-New York, 2007, p. 309-323 ; *Alexandre d'Aphrodise. Commentaire perdu à la Physique d'Aristote (Livres IV-VIII). Les scholies byzantines.* Edition, traduction et commentaire, Berlin-Boston, 2011, p. 126-161 ; sur la distinction entre ἐπιτηδειότης, ἕξις et τελειότης, voir C. Cerami, « Changer pour rester le même. Forme, δύναμις et ἕξις chez Alexandre d'Aphrodise », *in* A. Balansard et A. Jaulin (éd.), *Alexandre d'Aphrodise et la métaphysique aristotélicienne*, Leuven-Paris-Bristol, 2017, p. 237-280 ; sur la dépendance d'Averroès à l'égard d'al-Fārābī lui-même dépendant d'Alexandre, voir J.-B. Brenet, « Alexandre d'Aphrodise lu par al-Fārābī : Averroès et la notion de *tağawhara* », à paraître dans les Actes du 10th International Colloquium

of the *Société Internationale d'Histoire des Sciences et de la Philosophie Arabes et Islamiques* (S. I. H. S. P. A. I.) : *Science, philosophy and kalam in Islamic civilisation : the Old and the New* », Napoli, 9-11 sept. 2019; *Les possibilités de jonction*, p. 113-147; *Je fantasme*, chap. 7 et 9; J.-B. Brenet (avec G. Agamben), *Intellect d'amour*, p. 37-38.

271. Ce sera principalement l'objet du *Grand Commentaire* du *De anima*, livre III, com. 36. Nous traduisons ici *Muḫtaṣar* par *Compendium*, et non par *Abrégé*. Sur le titre du livre, voir l'introduction, p. 8.

272. Voir *supra*, p. 140-142. Rappelons cette référence à Ibn Bāǧǧa, *Conjonction de l'intellect avec l'homme*, éd. Genequand, § 27, p. 191-192.

273. Voir *supra*, p. 140 § 49. Rappelons que la position d'Averroès évoluera : ici, l'intelligible théorétique est composé de l'intellect agent (sa forme éternelle) et de la forme imaginée (sa « matière » éphémère); dans le *Grand Commentaire* du *De anima*, en revanche, et déjà dans les révisions qu'on a vues (*supra*, p. 150), l'intelligible est composé de la forme imaginée (ou plutôt de la détermination *issue* de l'image, qui constitue sa forme) et de l'intellect matériel éternel, qui constitue sa « matière »; quant à l'intellect agent (qui est en vérité partiellement « forme », dès lors que l'individu pense), Averroès dit de lui qu'il est, dans l'intelligible théorétique *(intellectum speculativum)*, comme la forme dont les premières propositions seraient comme la matière (voir Averroès, *L'intelligence et la pensée*, p. 164; éd. Crawford, III, c. 36, p. 497, 515; sur cela, voir notamment D. Black, « Conjunction and the Identity of Knower and Known in Averroes », *American Catholic Philosophical Quarterly* 73 (1999), p. 161-184).

274. En vérité, il a déjà été question d'un moteur dans les pages qui précèdent, révisions comprises, puisque l'image est apparue comme étant sous un certain rapport, c'est-à-dire en tant qu'intelligible en puissance dont le concept est extrait, motrice de l'intelligible théorétique (voir *supra*, p. 150 et p. 152). Mais Averroès entend parler cette fois du moteur *noétique*, intellectuel, c'est-à-dire de l'intellect agent, dont il avait laissé entendre plus haut qu'il était nécessaire (p. 116, § 10). Car l'image meut, certes, mais elle ne le peut pas d'elle seule : il faut qu'intervienne l'intellect agent, sans qu'on sache clairement sur quel mode, pour que l'intelligible qu'elle recèle en puissance en soit extrait. Ainsi, et comme le *GCDA* le montrera bien, la théorie rushdienne des « deux sujets » de la pensée en acte est en vérité *la théorie du sujet et des deux moteurs*, c'est-à-dire du sujet-substrat qu'est pour elle l'intellect matériel et de ces *deux* moteurs que sont, à des titres divers, l'intellect agent (qui illumine l'intellect matériel ainsi que son objet, et qui en vérité, dans chaque acte d'intellection, n'est pas seulement moteur mais forme, et cela de plus en plus tandis que la pensée progresse) et l'image individuelle (qui, illuminée par l'intellect agent – sans que, on le répète, la

nature de cette illumination et le processus soient clairs – en vient à mouvoir l'intellect matériel et à se « déposer » en lui, à l'état d'universel en acte, c'est-à-dire à l'actualiser) ; voir entre autres ce passage : Averroès, *L'intelligence et la pensée*, p. 107 (éd. Crawford, III, c. 18, p. 438, 51-439, 57) :

> bien que l'on pose que le rapport des "intentions" de l'imagination à l'intellect matériel est comme le rapport des sensibles au sens (comme Aristote le dit ensuite), il est donc nécessaire de poser qu'il y a un autre moteur qui les rend à même de faire passer à l'acte l'intellect matériel (ce qui consiste à les rendre intelligibles en acte en les abstrayant de la matière).

L'image, donc, est aussi un moteur de l'intelligible (un moteur que, si l'on peut dire, l'intellect agent « mobilise », rend effectivement moteur), et c'est la raison pour laquelle, du reste, le rapport de l'intellect agent à l'intellect matériel n'est pas « à tout point de vue semblable au rapport des arts à l'artefact », puisque « l'art impose une forme à toute la matière <à laquelle il s'applique> sans que rien, dans cette matière, existe de l'"intention" de la forme avant que l'artisan ne l'ait produite » (*L'intelligence et la pensée*, p. 107 ; éd. Crawford, c. 18, p. 438, 36 *sq.*). Sur ce dernier point, qui concerne le type de causalité qu'exerce l'intellect agent dans l'acte d'intellection, *cf.* notre introduction, p. 59-62. Pour un exemple des réflexions latines sur la causalité problématique de l'intellect agent, voir J.-B. Brenet, *Transferts du sujet*, p. 136-165.

275. *Cf.* al-Fārābī, *The Philosophy of Aristotle*, éd. M. Mahdi, p. 127.

276. Cf. *supra*, p. 148 § 61.

277. Sur ce principe, *cf.* entre autres Averroès, *Risālat mā ba'd al-ṭabī'a* (*Rasā'il Ibn Rušd al-falsafiyya* 6), éd. Ǧ. Ǧihāmī, Beyrouth, 1994 (réimpr. de l'éd. Hyderabad 1947), p. 155, 10 *sq.* (cf. *Averroes. On Aristotle's « Metaphysics »*, éd. Arnzen, p. 159) ; *Commentaire moyen* du *De anima*, III, § 22, trad. Elamrani-Jamal, p. 297 (éd. Ivry, § 297, p. 116) ; cité *infra*, n. 286. Voir Ph. Rosemann, *Omne agens agit sibi simile. A "Repetition" of Scholastic Metaphysics*, Leuven, 1996, p. 175-183.

278. Si ce qui est mû (l'intellect matériel) est un intellect séparé de la matière, son moteur ne peut être lui-même qu'un intellect immatériel (et réciproquement, du reste, ce qui est matériel ne peut être mû directement que par une cause matérielle ; c'est ce qui motive la critique que fait Averroès de la doctrine du *dator formarum* d'Avicenne, à ses yeux trop platonicien et « théologien »). *Cf.* Averroès, *Grand commentaire* de la *Métaphysique*, VII, c. 31 (= *Metaph.* 1034a30-b7) ; éd. Bouyges, vol. II, p. 886 (éd. Venise, 1562, vol. 8, f. 182vK-L) : « Aristote a été poussé à introduire un intellect actif séparé de la matière pour l'advenue (*ḥudūṯ*) des puissances intellectuelles seulement parce que, selon lui, les puissances intellectuelles ne sont pas mélangées à la matière. Et il est nécessaire que ce qui n'est pas mélangé à la matière en quelque façon procède de (*'an*) ce qui n'est absolument pas mélangé à la matière, de

même que tout ce qui est mélangé à la matière procède de ce qui est mélangé à la matière » (la traduction latine, nous semble-t-il, est fautive : « unde necesse est ut illud quod est non mixtum cum materia generetur *quoquo modo* a non mixto cum materia simpliciter… » ; il fallait plutôt comprendre : « illud quod non est mixtum cum materia *quoquo modo* generetur a non mixto… » ; il est question, autrement dit, de ce qui n'est pas lié à la matière en quelque façon, et non pas de ce qui, n'étant pas mélangé à la matière, est engendré en quelque façon, etc.). Plus largement, *cf.* Averroès, *Grand commentaire* de la *Métaphysique*, XII, c. 18 (= *Metaph.* 1070a27-30) ; éd. Bouyges, vol. III, p. 1491-1505 (éd. Venise, 1562, vol. 8, f. 303E-305H ; trad. A. Martin, p. 127-140). Sur le « principe de synonymie » entre la cause et le causé, son enjeu, ses nuances, voir C. Cerami, *Génération et substance*, p. 567-665 (sur le passage cité, en particulier, voir p. 664-665) ; J.-B. Brenet, « Le feu agit-il en tant que feu ? Causalité et synonymie dans les *Quaestiones de sensu et sensato* de Jean de Jandun », *in* Ch. Grellard et P.-M. Morel (dir.), *Les* Parva naturalia *d'Aristote. Fortune antique et médiévale*, p. 163-195.

279. S'il n'y avait pas d'intellect agent, toujours en acte, non seulement l'intellect en puissance n'existerait pas *en acte*, ne passerait pas à l'acte, mais il n'existerait tout simplement pas (dans le *Commentaire moyen* du *De anima*, la réponse est peut-être un peu différente : l'intellect matériel n'étant qu'« une chose composée de la disposition qui existe en nous et d'un intellect <*i.e.* l'intellect agent séparé> joint à cette disposition », si l'intellect agent n'existait pas il ne pourrait advenir ; pour la citation, voir III, § 9, trad. Elamrani-Jamal, p. 294). Sur la causalité de l'intellect agent, *cf.* d'abord Alexandre d'Aphrodise, *De l'âme*, 88, 17-89, 11 ; trad. Bergeron-Dufour, p. 209-211 ; *De l'intellect*, 107, 29 *sq.* (*cf.*, toutefois, le délicat passage de 111, 25 *sq.*, qui apparemment renverse le rapport ; sur cela, voir la note de P. Accattino, Alessandro di Afrodisia, *De intellectu*, Torino, 2001, p. 54).

280. *Cf.* le texte cité *supra*, n. 278, p. 252-253 : Averroès, *Grand commentaire* de la *Métaphysique*, VII, c. 31 (1034a30-b7), éd. Bouyges, vol. II, p. 886, où Averroès explique *dans le cadre d'une réflexion sur la génération substantielle* ce qui justifie aux yeux d'Aristote l'introduction de l'intellect agent. En vertu du principe de synonymie (qui veut que le produit partage la forme de sa cause), si l'homme est un être corporel *doté d'un intellect en puissance* (c'est-à-dire une faculté intellective *séparée de la matière*), son engendrement *suppose* l'existence d'une forme intellective elle-même séparée mais *en acte* (et c'est l'intellect agent). D. Wirmer renvoie à Aristote, *Physique*, III, 2, 202a7-12.

281. *Cf.* la réciproque : Averroès, *L'intelligence et la pensée*, p. 158 (éd. Crawford, III, c. 36, p. 490, 309-310) : « ce qui est éternel n'a pas besoin pour agir de <ce qui est> engendrable et corruptible *(eternum enim non indiget in sua actione generabili et corruptibili)* ». Sur l'idée que si l'acte propre d'une

chose est immatériel, elle est elle-même sans matière, voir Aristote, *De an.* I, 1, 403a10-12; cf. *GCDA* I, c. 12, éd. Crawford, p. 16-18; pour une lecture de ce passage difficile, voir M. Geoffroy, « Sources et origines de la théorie de l'intellect d'Averroès », p. 265-275; J.-B. Brenet, *Les possibilités de jonction*, p. 187-196.

282. « Actif » traduit ici l'arabe *fā'il*, là où *fa''āl*, traditionnellement, qualifie l'intellect « agent ». Cet intellect « actif », cela étant, est bien l'intellect agent. Chez Ibn Bāǧǧa, dont Averroès s'inspire, les deux aussi sont identiques (*cf.* la note de Ch. Genequand au § 46 de la *Conjonction de l'intellect avec l'homme*, p. 375).

283. Le contenu de l'intelligible, autrement dit, provient de l'image; ce que l'intellect agent confère, lui, c'est l'intelligibilité de la forme intelligible.

284. Sur la plus grande noblesse de l'intellect agent, voir Aristote, *De l'âme*, III, 5, 430a18-19; *cf.* notamment Alexandre d'Aphrodise, *De l'âme*, 89, 19-21 (trad. Bergeron-Dufour, p. 211); *De l'intellect*, 109, 24 *sq.*; *cf.* Averroès, *L'intelligence et la pensée*, p. 111 (éd. Crawford, III, c. 19, p. 442, 56 *sq.*) : « *En effet l'agent est toujours plus noble que le patient.* C'est-à-dire : et <l'agent> est toujours, en son essence, activité, tandis que <le patient> se trouve dans l'un et l'autre état. Or, on a déjà expliqué que le rapport de l'intellect agent à l'intellect patient est en quelque façon comme le rapport du principe moteur à la matière mue; mais l'agent est toujours plus noble que le patient et le principe plus noble que la matière »; *Commentaire Moyen* du *De Anima*, III, § 22, trad. Elamrani-Jamal, p. 297 (éd. Ivry, § 297, p. 116) :

> Il est évident que cet intellect qui est par un côté forme pour nous et par un autre côté agent des intelligibles, est séparé et qu'il n'est ni générable ni corruptible. L'agent en effet doit toujours être plus noble que l'objet de l'action et le principe plus noble que la matière. Cet intellect est celui dans lequel l'intellection et ce qui est pensé sont une seule et même chose par essence, puisqu'il ne pense rien d'autre qui soit extérieur à son essence. Il est donc nécessaire qu'il y ait un intellect agent car l'agent de l'intellect doit être un intellect, l'agent ne pouvant donner que ce qui est semblable dans sa substance.

285. *Cf.* Alexandre d'Aphrodise, *De l'intellect*, 108, 1-3; 16-18 (trad. Dufour, p. 20; éd. Badawī, p. 34, 2 *sq.*; 34, 16 *sq.*); *De l'âme*, 87, 28 *sq.*; trad. Bergeron-Dufour, p. 209 :

> et les intelligibles qui sont intelligibles par leur propre nature le sont en acte, car ceux qui existent dans une matière sont intelligibles en puissance. Or, l'intelligible en acte est identique à l'intellect en acte, s'il est vrai que ce qui est pensé est identique à ce qui pense. *La forme immatérielle est donc un intellect en acte et au sens propre.* L'intellect qui pense cette forme pense donc un intellect, car ce n'est pas lorsque cette forme est pensée qu'elle devient un

intellect, comme c'est le cas pour les formes dans la matière, mais *elle est un intellect, et cela séparément du fait d'être pensée par l'intellect.*

Cf. *ibid.*, 90, 20 *sq.*; trad. Bergeron-Dufour, p. 213 : « en fait, les autres pensées viennent elles aussi du dehors, non pas toutefois en étant un intellect, mais en le devenant dans le fait d'être pensées. Or, c'est aussi en tant qu'intellect que cet intellect vient du dehors, car *lui seul, parmi les formes pensées, est un intellect par soi et indépendamment du fait d'être pensé.* » Nous soulignons.

286. *Cf.* Averroès, *L'intelligence et la pensée*, p. 112 (éd. Crawford, III, c. 19, p. 443, 85-90) : « Il dit ensuite : *Et la science en acte est identique à la chose.* Et il veut indiquer, à mon avis, quelque chose de propre à l'intellect agent, en quoi il diffère du matériel : dans l'Intelligence agente la science en acte est identique à ce qui est su. Il n'en est pas ainsi dans l'intellect matériel, puisque son intelligible est constitué par des choses qui ne sont pas intellect par soi. » Cf. *Commentaire Moyen* du *De Anima*, III, § 22, trad. Elamrani-Jamal, p. 297 (éd. Ivry, § 297, p. 116) : « Cet intellect est celui dans lequel l'intellection et ce qui est pensé sont une seule et même chose par essence, puisqu'il ne pense rien d'autre qui soit extérieur à son essence ». Sur cette question de l'identité du connaissant et du connu, voir *supra*, p. 128-130.

287. A savoir, la forme (éternelle) des intelligibles théorétiques (adventices) ; voir *supra*, p. 140, § 49.

288. La justification de cette conclusion n'est pas évidente. Quoi qu'il en soit, le texte semble régler ici, fût-ce sous cette forme prudente (si la traduction par « l'on peut estimer » est correcte), le problème majeur de *De an.* III, 7, 431b17-19 (« peut-elle <*i.e.* l'intelligence> avoir l'intellection de quelqu'un des êtres séparés sans être elle-même séparée de la grandeur, ou non, il faudra l'examiner plus tard », trad. Thillet), c'est-à-dire, dans l'optique et les termes d'Averroès, celui de la jonction à l'intelligible séparé. Cela étant, plus bas dans le *Compendium* du livre *De l'âme* (du moins dans l'un des manuscrits), Averroès paraît tout de même affronter la difficulté qui deviendra l'un de ses principaux soucis théoriques. Pour l'analyse de ce passage, déjà évoqué, voir M. Geoffroy, « L'exposition de la *Jonction de l'intellect avec l'homme* (*Ittiṣāl al-ʿaql bi-l-insān*) d'Avempace » et notre introduction, p. 62-85.

289. Cette formule, *bi-aḫara*, est ambiguë (voir *supra*, p. 249, n. 269). Originairement, en *De an.* III, 7, 431b17-19, elle traduit le grec σκεπτέον ὕστερον et ne concerne que le moment requis pour *l'examen du problème* de la jonction (la possibilité la jonction à l'intelligible pur, c'est ce qu'il faudra examiner « à la fin », une fois passée l'étude de tout le reste) ; mais l'expression s'est déplacée pour en venir à concerner le temps *de la jonction elle-même*, le moment éventuel de sa survenue dans la vie d'un homme. Il ne s'agit plus de dire que l'on doit *examiner à la fin* s'il est possible de se joindre à l'intelligible

pur, mais de se demander s'il est possible de *se joindre à la fin* – c'est-à-dire au terme du parcours théorétique – à l'intelligible pur.

Pour un exemple de ce glissement, voir Averroès, *L'intelligence et la pensée*, p. 148 (éd. Crawford, III, t. 36, p. 479, 2 *sq.*); on lit d'abord : « notre réflexion portera à la fin sur la question de savoir s'il peut penser une chose séparée… » ; ou encore : « nous devrons examiner et nous *demander à la fin* si cet intellect qui est en nous *peut penser* quelque chose qui est intellect par soi et séparé de la matière » (*ibid.*, p. 148 ; éd. Crawford, III, c. 36, p. 480, 9 *sq.*; cf. *Commentaire Moyen* du *De Anima*, III, § 35, trad. Elamrani-Jamal, p. 301) ; puis apparaît le déplacement (*L'intelligence et la pensée*, p. 158 ; éd. Crawford, III, c. 36, p. 490, 319 *sq.*) : « voilà donc notre opinion sur ce que disent les commentateurs péripatéticiens sur la possibilité d'arriver à cette fin, à savoir de penser à la fin les choses séparées » *(hoc igitur videmus de sermone expositorum Peripateticorum in hunc finem esse possibilem, scilicet intelligere in postremo res abstractas)*. *Cf.*, pour cette formule, Ibn Bāǧǧa, *Conjonction de l'intellect avec l'homme*, § 20 ; trad. Genequand, p. 190 : « la faculté rationnelle se dit premièrement de la forme spirituelle en tant qu'elle reçoit l'intellect, et elle se dit de l'intellect en acte. C'est elle que vise Abū Naṣr lorsqu'il exprime ses doutes en disant : “est-elle présente dans l'enfant, noyée par l'humeur, ou survient-elle à la fin ? ” » (voir la note du traducteur au § 20, p. 360-362). Comme on l'a noté plus haut (p. 249-250, n. 269), cette jonction « à la fin » ne peut pas désigner chez Averroès l'accès pur et simple à l'intellect agent comme forme, puisque l'intellect agent (même s'il n'est pas en lui-même, à proprement parler, divisible) est partiellement forme pour l'homme qui pense dès là que l'intellection débute : cela correspond à l'accès à l'intellect agent comme forme parfaite, ou *complète*.

290. Peut-être faut-il comprendre ainsi : il fut expliqué que l'intellect agent était forme des intelligibles théorétiques ; on voit ici qu'il est « actif », aussi, et même d'abord, en tant qu'il meut les images jusqu'à l'intelligibilité ; l'intellect agent, autrement dit, est le moteur d'intelligibles (à partir des images) dont il est la forme, et de là, semble dire Averroès, on peut estimer que ce processus en vienne à s'achever, et que l'intellect agent, ayant agi sur toutes les images possibles, toutes les sortes d'image, en vienne à être forme de tous les intelligibles et, par là, pleinement forme pour nous qui les pensons. Quoi qu'il en soit, se demander si l'on peut intelliger l'intellect agent, à la fin, c'est se demander s'il peut être forme pour nous. C'est tout le problème : l'intellect agent peut-il être pour nous non seulement agent, mais également – ou plutôt finalement, la causalité agente n'ayant plus lieu d'être – forme.

Sur cette question majeure, dont notre texte fait curieusement peu de cas, voir notamment, outre notre introduction, M. Geoffroy, « Averroès sur l'intellect comme cause agente et cause formelle », *in* J.-B. Brenet (ed.), *Averroès et les averroïsmes juif et latin*, p. 77-110 ; « La tradition arabe du Περὶ voũ d'Alexandre d'Aphrodise et les origines de la théorie farabienne des quatre degrés de l'intellect » (cet article dense est à manier avec précaution – une fois n'est pas coutume, s'agissant du travail de M. Geoffroy auquel nous devons tant ; plusieurs erreurs nous paraissent affecter sa démonstration et le scénario qu'il propose : p. 206, sur le texte qui fonde le reste – le traité *De l'intellect* d'Alexandre, 107, 29-108, 7 –, il est inexact de considérer qu'il s'agit « d'un bout à l'autre » de l'intellect *agent*, lequel, contrairement à ce qu'affirme M. Geoffroy, n'est pas chez Alexandre celui qui « sépare les formes de la matière pour les rendre intelligibles en acte ». Sharples le relève à raison, p. 28, n. 63 de sa traduction anglaise ; la traduction de M. Geoffroy p. 208, 11 *sq.* est donc également fausse, et les erreurs s'enchaînent : p. 209, M. G. lit mal Badawī, p. 34, 18, qui n'écrit pas « fa-hāḏā huwa *al-'aqlu* bi-l-fi'l », mais – comme il l'avait bien noté dans un premier temps – « fa-hāḏā huwa *'aqlun* bi-l-fi'l », ce qui dans le contexte n'est pas mineur et fragilise les analyses qui suivent, p. 209 *sq.*, où l'auteur repère dans une certaine lecture de l'arabe des glissements déjà présents, nous semble-t-il, dans le grec) ; voir aussi H. A. Davidson, *Alfarabi, Avicenna, and Averroes, on Intellect*, p. 321-340 ; D. L. Black, « Conjunction and the Identity of Knower and Known in Averroes » ; A. Ivry, « Averroes on Intellection and Conjunction », *Journal of the American Oriental Society* 86/2 (1966), p. 76-85 ; « Conjunction in and of Maimonides and Averroes », *in* J.-B. Brenet (éd.), *Averroès et les averroïsmes juif et latin*, p. 231-247 ; R. C. Taylor, « The Agent Intellect as "form for us" and Averroes's Critique of al-Fârâbî », *Tópicos. Revista de filosofía* (Universidad Panamericana, México), 29 (2005), p. 29-51 ; « Averroes' Philosophical Conception of Separate Intellect and God », *in* A. Hasnaoui (éd.), *La lumière de l'intellect. La pensée scientifique et philosophique d'Averroès dans son temps*, Leuven, 2011, p. 391-404 ; C. d'Ancona, « Le Plotin arabe et les origines de la "noétique" », *in* M. Sebti et D. De Smet (éd.), *Noétique et théorie de la connaissance*, p. 13-43 ; J.-B. Brenet, « S'unir à l'intellect, voir Dieu. Averroès et la doctrine de la jonction au cœur du thomisme » ; *Les possibilités de jonction*, p. 111-147 ; plus largement, voir D. Wirmer, « Nachwort », *in* Averroes, *Über den Intellekt*, p. 325-409.

291. Cf. *supra*, n. 285, p. 254-255.

292. L'homme peut avoir affaire dans sa vie à deux sortes d'intelligibles : les intelligibles théorétiques courants, tandis qu'il fait preuve d'intelligence et progresse dans la science (ce sont les intelligibles qu'il « produit », en les abstrayant des images), puis au sommet de sa vie théorétique, les intelligibles non plus abstraits mais séparés, en acte par eux-mêmes, auxquels il se joint sans avoir à les produire ; voir notre introduction p. 90-92, et *supra* la n. 289, p. 255-256. On rappelle cette citation, Ibn Rušd, *Talḫīṣ kitāb al-nafs*, éd. al-'Ahwānī, p. 95, 21 *sq.* : « Et la différence entre les deux puissances est que la puissance naturelle, lorsqu'elle existe en acte, est l'existence de quelque chose

qui auparavant n'existait pas, tandis que lorsque cette puissance <divine> existe en acte, la perfection consiste dans ce cas dans la relation *(iḍāfa)*. C'est en fonction de ce rapport *(nisba)* que l'intellect agent est appelé acquis *(mustafād)* » (trad. M. Geoffroy, « L'exposition de la *Jonction de l'intellect avec l'homme* (*Ittiṣāl al-ʿaql bi-l-insān*) d'Avempace », p. 153).

293. L'« union », *ittiḥād*, ou la « jonction », *ittiṣāl*. L'assimilation des deux termes ne va pas de soi (on la retrouve dans le développement sur la jonction que présente le manuscrit cairote du *Compendium* : voir M. Geoffroy, « L'exposition de la *Jonction de l'intellect avec l'homme* (*Ittiṣāl al-ʿaql bi-l-insān*) d'Avempace », p. 151-152 : « Mais si l'on considère ce qu'il en est de l'homme par rapport à cette jonction, il apparaît qu'il s'agit d'un miracle (*min aʿāǧīb*) de la nature… Cet état d'union (*ittiḥād*) est celui auquel aspirent les Soufis »). On peut en effet sauver l'idée d'une jonction à l'intellect agent sans défendre celle d'une union véritable à lui : c'est évidemment le cas, pour des raisons différentes, chez al-Fārābī et Avicenne. Al-Ġazālī, lui, rapproche les deux notions d'*ittiḥād* et d'*ittiṣāl* et les condamne : voir notamment *Al-Munqiḏ min aḍalāl (Erreur et délivrance)*, trad. F. Jabre, Beyrouth, [2]1969, p. 101 : « Bref, les Mystiques en arrivent à une Proximité qui, pour certains, pourrait presque être l'Inhérence, pour d'autres l'Union et, pour d'autres, la Connexion. Ce qui est faux… »; cf. *Le tabernacle des lumières (Michkât Al-Anwâr)*, trad. R. Deladrière, Paris, 1981, p. 54-55; 95; *cf.* al-Ġazālī, *The Niche of Lights*, ed. and transl. D. Buchman, Provo, Utah, 1998, p. 18; 52. Pour quelques remarques sur le rapport entre *ittiṣāl* et *ittiḥād* chez Averroès, voir J.-B. Brenet, *Je fantasme*, p. 50-52.

294. Après avoir parlé de « jonction » ou d'« union », Averroès introduit l'idée d'« intellect acquis ». Les trois, dans son esprit, sont liés : l'intellect agent se joint ou s'unit à nous en tant qu'on l'acquiert. La notion d'intellect « acquis » *(mustafād)*, qui ne vaut dans le Περὶ ψυχῆς d'Alexandre d'Aphrodise que pour l'intellect en disposition (c'est le *nous epíktêtos*, deuxième stade de l'intellect; voir son traité *De l'âme*, 82, 1), devient solidaire *dans la traduction arabe* de l'intellect « du dehors », le *nous thurathen (min ḫāriǧ)*, « venu par la porte », tiré d'Aristote, *De generatione animalium*, II, 3, 736 b27-29; pour le grec, voir Alexandre d'Aphrodise, *De l'âme*, 90, 19 *sq*. P. Moraux le signalait dans son *Alexandre d'Aphrodise, exégète de la noétique d'Aristote*, p. 100, n. 1, et l'histoire de ce déplacement est encore à faire; voir toutefois M. Geoffroy, « La tradition arabe du Περὶ νοῦ d'Alexandre d'Aphrodise et les origines de la théorie farabienne des quatre degrés de l'intellect » (l'auteur se trompe p. 217 en *identifiant* l'intellect « venu par la porte » et l'intellect *epíktêtos*).

Sur la relance par Averroès du concept alexandrino-farabien d'intellect « acquis », voir M. Geoffroy, « Averroès sur l'intellect comme cause agente et cause formelle », spéc. p. 85-96. Sur cette notion, plus largement, voir de nouveau les développements de H. A. Davidson, *Alfarabi, Avicenna and Averroes, on intellect*; sur al-Fārābī en particulier, voir J. Jolivet, « L'intellect selon al-Fārābī. Quelques remarques », in *Mélanges offerts à Henri Laoust*, Institut Français de Damas, *Bulletin d'études orientales*, 29 (1997), p. 251-259 et Ph. Vallat, « Onto-noétique. L'intellect et les intellects chez Farabi », qui accompagne sa traduction de l'*Epître sur l'intellect*; J.-B. Brenet, *Les possibilités de jonction, passim*; « Acquisition de la pensée et acquisition de l'acte chez Averroès. Une lecture croisée du *Grand Commentaire* au *De anima* et du *Kitāb al-Kašf ʿan manāhij al-adilla* », *in* L. X. Lopez Farjeat et J. A. Tellkamp (éd.), *Philosophical Psychology in Arabic Thought and the Latin Aristotelianism of the 13th Century*, Paris, 2013, p. 111-139; *Je fantasme*, chap. 11. Notons dans le développement sur la « jonction » qu'on trouve dans le manuscrit cairote du *Compendium* du livre *De l'âme* cette justification de l'acquisition :

> En effet il n'y a dans la puissance à la perfection divine, dernière, rien de la notion (*maʿnā*) de la puissance matérielle, ni de la multiplicité individuelle. C'est à propos de l'existence de cette puissance que les Anciens ont pensé qu'elle existait pour l'homme dès le début, au moment de la naissance. C'est pourquoi ils ont dit qu'elle était submergée par l'humidité. Et la différence entre les deux puissances est que la puissance naturelle, lorsqu'elle existe en acte, est l'existence de quelque chose qui auparavant n'existait pas, tandis que lorsque cette puissance <divine> existe en acte, la perfection consiste dans ce cas dans la relation (*iḍāfa*). C'est en fonction de ce rapport (*nisba*) que l'intellect agent est appelé aquis (*mustafād*) (trad. M. Geoffroy, « L'exposition de la *Jonction de l'intellect avec l'homme* (*Ittiṣāl al-ʿaql bi-l-insān*) d'Avempace », p. 153).

Averroès tire de cette idée de rapport, de relation, la justification de l'idée d'intellect « acquis ». L'intellect « acquis », doit-on comprendre, c'est l'intellect agent, c'est l'intelligible pur qu'est l'intellect agent, et il est « acquis » dans la « jonction », *c'est-à-dire* en tant qu'on se « rapporte » à lui, qu'on se « relie » à lui lorsque, sur la base de notre parfait intellect théorétique, on le pense par analogie. « Acquérir » veut dire se relier à, se rapporter à; on ne l'acquiert pas par assimilation, par identification, on l'acquiert en tant qu'on s'y joint par relation (ce qui, de fait, pouvait rejoindre un passage du *De intellectu* d'Alexandre, 112, 25 *sq*., même si nous savons que ces lignes n'exposent pas la position propre de l'Aphrodisien). Averroès ne défendra plus cette conception dans le *Grand Commentaire* du *De anima*.

295. *Cf.* Averroès, *L'intelligence et la pensée*, p. 151 *sq*. (éd. Crawford, III, c. 36, p. 482, 82 *sq*.); *Commentaire du* De intellectu *d'Alexandre d'Aphrodise*, *in* M. Zonta, « La tradizione giudeo-araba ed ebraica del *De intellectu* di Alessandro di Afrodisia e il testo originale del Commento di Averroè », p. 17-35, ici p. 31, 14 *sq*.; *Epître 1*, dans *La béatitude de l'âme*, § 26, p. 214 *sq*.; *Epître 2*, *ibid*., § 3, p. 222 *sq*. *Cf.* Alexandre d'Aphrodise, *De l'âme*, 90, 11 *sq*.;

trad. Bergeron-Dufour, p. 213 (pour les occurrences de la notion d'intellect « acquis » dans le *De intellectu* d'Alexandre, apparue dans la traduction arabe, voir M. Geoffroy, « La tradition arabe du Περὶ νοῦ d'Alexandre d'Aphrodise », p. 214-216).

Notons qu'Avicenne, qui a sa propre conception de l'intellect acquis (cela désigne chez lui l'état de l'intellect quand il pense, chaque fois qu'il pense consciemment des formes reçues du dehors, c'est-à-dire acquises de l'intellect agent auquel il s'est joint), connaît parfaitement cette interprétation de l'acquisition par Alexandre d'Aphrodise tel qu'il pouvait le lire en arabe, et il la récuse dans ses *Gloses marginales sur le* De anima *d'Aristote* : « ils disent également que cette chose qui est l'intellect agent ne fait passer nos âmes de la puissance à l'acte dans l'intellect qu'en s'unissant (*yattaḥidu*) lui-même avec nos âmes, devenant une forme pour elles et devenant pour nous un intellect acquis (*mustafād*) » (*Al-taʿlīqāt ʿalā ḥawāšī Kitāb al-nafs li-Arisṭāṭālīs*, *in* ʿA. Badawī (éd.), *Arisṭū ʿinda l-ʿarab*, al-Kuwayt, [2]1978, p. 92, 11 *sq.*) ; sur la notion d'« intellect acquis » chez Avicenne, voir Avicenne (?), *Epître sur les prophéties*, p. 127-128.

296. Dans cette révision, Averroès ne se contente plus comme il le faisait quelques lignes plus haut d'« estimer » que l'intellection de l'intellect agent nous est possible à la fin (en paraissant vouloir se calquer sur ce qu'Ibn Bāǧǧa en disait) ; il s'agirait d'examiner à présent si elle l'est vraiment, si elle peut vraiment avoir lieu. Sur la position du jeune Averroès concernant la jonction, voir notre introduction p. 62 *sq*.

297. « Cette science », à savoir la physique. Voir n. 300 *infra*.

298. L'une des questions serait de savoir si « la perfection dernière de l'homme », c'est-à-dire la perfection de son intellect parvenu à la conception de la forme absolument séparée, constitue bien la perfection d'une chose naturelle *en tant qu'elle est naturelle et changeante* et si cela relève, par conséquent, de la physique. Comme on l'a noté plus haut (n. 268, p. 248-249), dans le développement sur la jonction qu'on trouve dans le manuscrit du Caire, Averroès parle de l'existence que l'homme parfait atteint dans la jonction comme d'une existence « distincte de celle qui est propre à l'homme en tant qu'homme ». Sur cela, voir l'introduction, p. 86-92.

299. « Agent » traduit ici *fāʿil*. Pour l'intellect, le même mot a été traduit *supra* par « actif », pour éviter la confusion avec *faʿʿāl*, qu'on traduit par « agent » quand il est question de « l'intellect agent ».

300. La physique, à savoir la partie la plus générale de l'étude de la nature, se charge de montrer quelles sont les *perfections dernières* des choses naturelles en tant que telles et d'établir aussi par des démonstrations dites du « signe », remontant de l'effet à la cause, l'existence des causes premières *matérielle* et *motrice*. La *Métaphysique*, elle, consacrée à l'étude de l'être en

tant qu'être, dévoilera l'essence de cette première cause motrice en montrant qu'elle est également *fin* et *forme* premières. Sur l'idée que les perfections dernières des choses naturelles font l'objet de la physique, *cf.* Averroès, *Epitome in Physicorum libros*, éd. Puig, p. 12, 8 *sq.* (cf. *Epítome de física (Filosofía de la naturaleza)*, traducción y estudio J. Puig, Madrid, 1987, p. 109-110) ; D. Wirmer cite *Averrois Cordubensis Expositionis mediae super libros Physicorum Aristotelis*, Venise, 1562-1574 (réimp. Frankurt am Main, 1962), vol. IV, f. 434r. Sur l'idée majeure que les quatre causes aristotéliciennes sont conçues chez Averroès comme des classes génériques qui comportent des causes premières et communes et des causes secondes et spécifiques, voir C. Cerami, *Génération et substance*, p. 237 *sq.* ; « Averroès, *Commentaire moyen* du *De generatione et corruptione* » (chap. I. 1).

301. Il s'agit d'abord de Thémistius.

302. Ici « sujet » désigne, sinon l'image, l'individu extérieur à l'âme dont l'intellect, *via* les images, extrait l'intelligible.

303. Le verbe pourrait paraître étrange puisque, l'intelligible étant séparé, il ne s'agit plus de l'abstraire. Mais comme l'indique la fin de la phrase, cela fait référence au processus baǧǧien conduisant à la réception de l'intellect agent. Il n'y a donc pas d'abstraction à proprement parler, puisque ces formes ne sont ni dans des matières ni dans des sujets et qu'il n'y a pas à les en dégager, mais il existe malgré tout un processus d'abstraction si l'on pose qu'il s'agit de considérer la forme matérielle en tant qu'elle est intelligible. On pourrait comparer cela avec le traité *Sur l'intellect* d'al-Fārābī ; voir J. Jolivet, « L'intellect selon al-Fārābī. Quelques remarques ».

304. D. Wirmer met tout au pluriel, ce qui est discutable (sauf à considérer que le singulier arabe vaut ici comme pluriel). Cela étant, s'agissant des formes séparées, ce glissement entre singulier et pluriel se lit déjà chez Alexandre d'Aphrodise (cf. *De l'âme*, 87, 25-29 ; 88, 6 ; *De l'intellect*, 110, 14-15 ; 111, 1 et 112, 3 ; voir Alessandro di Afrodisia, *L'anima*, trad. P. Accattino et P. Donini, Roma, 1996, note à 87, 26). De fait, *cf.* Averroès, *L'intelligence et la pensée*, p. 155 (éd. Crawford, III, c. 36, p. 487, 235 *sq.*), où c'est le pluriel qu'on trouve (le texte est cité à la n. suivante).

305. Sur ce raisonnement, *cf.* Averroès, *L'intelligence et la pensée*, c. 36, p. 155 (éd. Crawford, III, c. 36, p. 487, 235 *sq.*, trad. modifiée) :

> Thémistius s'appuie à ce propos sur la topique du majeur. Il dit en effet que, puisque l'intellect matériel a la puissance d'abstraire les formes de la matière et de les concevoir, il est d'autant plus naturellement apte à penser les <choses> qui sont à titre premier dénuées de matière *(quanto magis habet innatum intelligendi ea que sunt primo denudata a materia).*

Cf. Averroès, *Epître 1*, § 23-24, dans *La béatitude de l'âme*, p. 212 et *ibid.*, § 32-33, p. 216-218. *cf.* Thémistius, *Paraphrase* du traité *De l'âme*, éd. Heinze, p. 115, 6-7 ; éd. Lyons (pour la version arabe), p. 210, 4-8 :

> on pourrait penser que l'intellect mêlé à la matière n'intelligera pour sa part rien des choses qui sont extérieures à la matière. Mais ce n'est pas vrai. En effet, cette faculté est capable de se représenter (*taṣawwur*) les choses absolument séparées (*al-mufāraqa aṣlan*) de la matière. Comme il intellige les formes mêlées à la matière en les <séparant> de la matière, il est évident qu'il est d'autant plus à même d'intelliger les choses séparées. (trad. M. Geoffroy, dans Averroès, *La Béatitude de l'âme*, p. 266, n. 55)

306. *Cf.* Averroès, *L'intelligence et la pensée*, p. 158-162 (éd. Crawford, III, c. 36, p. 490, 322-493, 399). Voir D. Wirmer, « Nachwort : Einführung in die Psychologie des Averroes », *in* Averroes, *Über den Intellekt*, p. 342 et p. 399-401. Thomas d'Aquin tiendra d'Averroès cette présentation d'Avempace/ Ibn Bāǧǧa, et cela pour la critiquer : voir sa *Somme contre les Gentils*, III, c. 41 ; *Somme de Théologie* I^a^, q. 88, a. 2 ; sur cela, voir de nouveau D. Wirmer, « Avempace – "ratio de quiditate". Thomas Aquinas's Critique of an Argument for the Natural Knowablity of Separate Substances », *in* A. Speer et L. Wegener (dir.), *Wissen über Grenzen. Arabisches Wissen und lateinisches Mittelalter* (*Miscellanea Mediaevalia* 33), Berlin-New York, 2006, p. 569-590.

307. C'est-à-dire cette considération de l'intelligible adventice en tant qu'intelligible, exclusivement.

308. C'est-à-dire la perfection dernière que les intelligibles atteignent en tant que choses « matérielles », ou « naturelles et changeantes » – ce dont, écrivait Averroès à la ligne précédente, le physicien s'occupe. D. Wirmer comprend autrement en considérant que la précision (أعني الهيولاني, « je veux dire le matériel ») renvoie à *l'intellect* matériel (ce qui d'un point de vue théorique est certes correct, puisque la perfection dernière de ces intelligibles est bien celle de l'intellect matériel lui-même, mais ne nous paraît pas être ce dont Averroès parle ici) ; il traduit : « Und dies ist der Fall, wenn sie aktuell Intellekt geworden sind entsprechend ihrer letzten Vollendung – ich meine der materielle <Intellekt> ; und zwar deshalb, weil sie, solange sie nicht zu ihrer letzten Vollendung gelangt sind, ein erzeugter Intellekt sind. »

309. Litt. : « représentation » (*taṣawwur*). Il s'agit implicitement d'un *taṣawwur bi-al-ʿaql*, c'est-à-dire proprement d'une représentation par l'intellect, d'une conception.

310. La fin visée par l'homme en tant qu'homme (même si, on le redit, Averroès parle de l'existence de l'homme parfait comme d'un existence « distincte de celle qui est propre à l'homme en tant qu'homme » ; voir Ibn Rušd, *Talḫīṣ kitāb al-nafs*, éd. al-'Ahwānī, p. 95, 6-7 ; trad. M. Geoffroy, « L'exposition de la *Jonction de l'intellect avec l'homme* (*Ittiṣāl al-ʿaql bi-l-insān*) d'Avempace », p. 152). Notons que si l'intellection de la forme séparée (ou des

formes séparées) est la fin de l'homme, elle ne peut pas *ne pas* avoir lieu, sans quoi la nature serait vaine. La « jonction », comprise comme l'intellection parfaite (autant que possible) de l'intellect agent par l'intellect matériel *doit* se produire et ne saurait constituer seulement un horizon. Cette « visée », du reste, ne relève pas seulement du choix individuel mais s'inscrit d'abord dans le cadre plus large de l'ordre cosmique régi par la « providence ». Sur la fin visée pour l'homme, *cf.* Averroès, *Kitāb al-kašf ʿan manāhiǧ al-adilla fī ʿaqāʾid al-milla*, éd. al-Ǧābirī, Beyrouth, 1998, p. 199, § 342; p. 200, § 345 *sq.* (voir la traduction de M. Geoffroy : Averroès, L'*Islam et la raison. Anthologie de textes juridiques, théologiques et polémiques*, Paris, 2000, p. 152). Sur l'idée de visée providentielle chez Averroès, voir J.-B. Brenet, « Métaphysique et politique "en intention seconde". Jean de Jandun héritier d'Averroès et d'Alexandre d'Aphrodise »; par ailleurs, voir C. Cerami, *Génération et substance*, p. 666-671; R. C. Taylor, « Providence in Averroes », *in* P. d'Hoine et G. Van Riel (éd.), *Fate, Providence and Moral Responsibility in Ancient, Medieval and Early Modern Thought.* Collected Studies in Honour of Carlos Steel, Leuven, 2014, p. 454-72.

311. Averroès estime avoir été induit en erreur par la lecture des commentateurs, et d'abord par Ibn Bāǧǧa. Le retour à Aristote sans intermédiaire le conduit à réviser sa position antérieure sur l'intellect matériel pour cesser d'en faire « la disposition existant dans les formes imaginées à recevoir les intelligibles » (*cf.* p. 148 *supra*). Dans le *GCDA*, Averroès reportera la faute plus en amont, sur Avicenne; voir Averroès, *L'intelligence et la pensée*, p. 139; éd. Crawford, III, c. 30, p. 470, 41 *sq.* :

> Mais ce qui a fait errer cet homme <Avempace>, et nous aussi il y a longtemps, c'est que les Modernes laissent de côté les livres d'Aristote et examinent <plutôt> ceux des commentateurs – principalement pour *L'Âme*, car ils pensent que ce livre est impossible à comprendre. Et tout cela est la faute d'Avicenne qui n'a imité Aristote que dans sa *Dialectique*, mais qui a erré pour tout le reste, particulièrement dans la *Métaphysique*; car il a, pour ainsi dire, <re>commencé <à partir de lui-même>.

Cf. Averroès, *Grand Commentaire* de la *Physique*, VIII, c. 78; éd. Venise, 1562 (réimpr. Frankfurt am Main, 1562), vol. VIII, p. 424L. Signalons la critique similaire qu'Averroès fait dans le *GCDA* à propos d'Alexandre d'Aphrodise, dont il dépend pourtant grandement (*L'intelligence et la pensée*, p. 101; éd. Crawford, III, c. 14, p. 433, 145-153, cité *infra*, p. 237-238, n. 229). Sur le rapport distant d'Averroès à Avicenne, plus largement, voir A. Bertolacci, « The "Andalusian revolt against Avicennian metaphysics" : Averroes' Criticism of Avicenna in the *Long Commentary* on the *Metaphysics* », conférence donnée au colloque *Averroès, l'averroïsme, l'antiaverroïsme* (org. A. De Libera), XIVe Symposium annuel de la SIEPM, Genève, 4-6 Octobre 2006 (nous remercions A. Bertolacci de nous avoir transmis son texte);

C. Cerami, « A Map of Averroes' Criticism against Avicenna : *Physics, De caelo, De generatione et corruptione, Meteorology* », *in* D. N. Hasse et A. Bertolacci (éd.), *The Arabic, Hebrew and Latin Reception of Avicenna's Physics and Cosmology*, Berlin, 2018, p. 163-240.

312. La structure de la phrase n'est pas évidente, sans que cela affecte le sens principal; voir la n. 164 p. 111 de la traduction de D. Wirmer. « La substance recevant la puissance qui est en elle » traduit l'arabe *al-ǧawhar al-qābil li-al-quwwa allatī fīhi*, et la difficulté porte sur la référence du pronom *-hi* dans *fīhi*, qui peut être soit l'intellect matériel dont il est question plus haut (c'est ainsi que comprend D. Wirmer : il s'agirait de la substance recevant la puissance qui est en *lui*, l'intellect matériel), soit la substance réceptrice de cet intellect (c'est ainsi que nous traduisons). Le premier sens a comme désavantage de n'être pas clair d'un point de vue théorique puisque, à proprement parler, il n'y a pas dans le cadre du *Compendium* de puissance *dans* l'intellect matériel, étant donné que cet intellect *est* lui-même puissance, aptitude, prédisposition (mais l'on pourrait n'y voir qu'un flottement dans l'expression et considérer aussi que le *fī*-, « dans », ne doit pas s'entendre au sens fort). Quant au second sens, il a comme défaut d'être redondant : Averroès parlerait d'une substance *recevant* la puissance qu'est l'intellect matériel, pour ajouter inutilement que cette puissance est *en elle*, la substance. C'est exact, mais il arrive à Averroès de recourir à ce genre de répétition. Plus haut dans le *Compendium*, on lit par exemple à propos de l'imagination : « quant au sujet de cette puissance <*i.e.* l'imaginative> *(wa-'ammā al-mawḍū' li-hāḏihi al-quwwa)*, ce dans quoi en réside la prédisposition *(allaḏī fīhi al-isti'dād)*, il s'agit du sens commun » (Ibn Rušd, *Talḫīṣ kitāb al-nafs*, éd. al-'Ahwānī, p. 61, 19).

313. Pour pouvoir tout recevoir, l'intellect matériel doit n'être rien (*cf.* Aristote, *De an.* III, 4, 429 a20-24), mais si le substrat de la puissance qu'il est était quelque chose en acte (un intellect séparé, ou les images, comme il l'avait d'abord cru), sa réceptivité ne serait pas totale puisque, du fait de son substrat (*quand bien même il ne serait pas mélangé à lui*), l'intellect matériel serait *déjà* quelque chose qu'il n'aurait plus à recevoir ou ne serait pas en mesure de recevoir. Averroès le répète : voir *supra*, p. 236, n. 219.

314. Comprenons : du sujet-substrat, du récepteur de son acte. Les images sont pour l'intellect matériel comme les choses visibles pour la vue, et non pas, comme Ibn Bāǧǧa le croyait (selon Averroès), ce qu'est *l'œil* pour la vue. C'est-à-dire que ce sont, d'un terme anachronique, les *objets* de la puissance (et de l'acte) de penser, ses moteurs, et non pas leurs sujet-substrat, leur récepteur, ce dans quoi la pensée en acte viendrait se réaliser (l'œil pouvant être considéré comme ce dans quoi, en un sens, la vue a lieu). L'imagination reste donc *ce sans quoi* la puissance de penser ne saurait exister, puisque seul intellige l'animal qui imagine, mais les images ne sont plus conçues désormais que comme *ce par quoi* l'intellection se produit, et non plus comme *ce en quoi*

elle aurait lieu. Sur cette critique d'Ibn Bāğğa, *cf.* Averroès, *L'intelligence et la pensée*, c. 30, p. 138; c. 5, p. 70 (éd. Crawford, III, c. 30, p. 469, 22 *sq.*; c. 5, p. 400, 395 *sq.*)

315. Cf. *supra*, p. 148, § 61.

316. Cf. *supra*, n. 241, p. 240-241.

317. « Commentaire » traduit ici l'arabe *šarḥ*, qui désigne plutôt un « Grand commentaire », et c'est bien dans son *Grand Commentaire* sur le livre *De l'âme* qu'Averroès revient explicitement sur cette lecture bağğienne de l'intellect matériel (voir *supra*, p. 263, n. 311). Cela étant, on sait aujourd'hui que ce *Grand Commentaire*, inlassablement repris par son auteur, a sans doute existé sous plusieurs états et l'on se gardera, par conséquent, de l'identifier strictement au texte arabo-latin édité par Crawford. Sur cela, voir M. Geoffroy et C. Sirat, *L'original arabe du* Grand Commentaire *d'Averroès au* De anima *d'Aristote. Prémices de l'édition*, Paris, 2005 (*cf.* la recension de D. Wirmer, « Le *Grand Commentaire* d'Averroès au *De anima* et ses lecteurs juifs. C. Sirat et M. Geoffroy, *L'original arabe du* Grand Commentaire *d'Averroès au* De anima *d'Aristote*... », *Arabic Sciences and Philosophy* 7/1 (2007), p. 135-168); des mêmes auteurs, voir aussi « La version arabo-hébraïque médiévale du *Grand Commentaire* d'Averroès sur le *De anima* d'Aristote et Shem Tov b. Joseph b. Shem Tov », *in* J. Meirinhos et O. Weijers (éd.), *Florilegium medievale. Études offertes à Jacqueline Hamesse à l'occasion de son éméritat*, Louvain-la-Neuve, 2009, p. 541-561; et *De la faculté rationnelle. L'original arabe du Grand Commentaire (šarḥ) d'Averroès au* De anima *d'Aristote.*

318. S'il est fautif, pourquoi ne pas avoir supprimé ce *Compendium* ? Non seulement, répond Averroès, parce qu'il est trop tard et que, si l'on peut dire, il « circule » déjà, mais aussi parce que, en dépit de ses erreurs, il exerce sur le lecteur apprenti une fonction propédeutique bienvenue en ce qu'il permet de questionner l'idée d'Aristote que l'intellect serait éternel. Non pas qu'Aristote ait absolument tort de le soutenir (il a raison, au contraire), mais parce qu'en doutant de sa position, on en améliore la juste compréhension.

319. *Cf.* le texte cité *supra*, p. 231, n. 201 : Averroès, *L'intelligence et la pensée*, p. 59 (éd. Crawford, III, c. 5, p. 389, 57-70); on en rappelle la fin :

> cette conception (*intentio*), c'est-à-dire celle qui attribue à l'intellect la nature <inengendrable et incorruptible> susdite, s'impose d'elle-même à qui considère la démonstration d'Aristote et les termes qu'il utilise : pour la démonstration, selon l'explication que nous en avons fournie; pour les termes employés, parce qu'<Aristote> dit que l'intellect n'est pas passif, et qu'il est séparable et simple. Or Aristote utilise ces trois mots à propos de l'intellect, et il n'est pas correct, il est même absurde de les utiliser dans un discours démonstratif, en les appliquant à quelque chose d'engendrable et de corruptible.

INDEX DES NOMS

Alexandre d'Aphrodise (*al-Iskandar <al-Afrūdīsī>*) : 148, 152, 154, 156
Aristote (*Arisṭū*) : 118, 136, 138, 148, 150, 152, 156, 158, 160
Ibn Bāǧǧa (*Abū Bakr ibn al-Ṣā'iġ*) : 160
Ibn Sīnā : 144
Platon (*Aflāṭūn*) : 118, 134, 136, 148
Thémistius (*Ṭamisṭiyūs*) : 138, 144, 146

INDEX DES LIEUX

Aristote (*Arisṭū*)
  De l'âme (*Kitāb fī al-nafs*) : 160
  Éthique à Nicomaque (*Nīqūmāḫiya*) : 118
  Métaphysique (*mā ba'd al-ṭabī'at*) : 136
  Physique (*al-samā'*) : 146
  Du ciel et du monde (*<Kitāb fī> al-samā' wa-al-'ālam*) : 136

LEXIQUE ARABE-FRANÇAIS

– ’BW –

ab : père 137

– ’BY –

abā : refuser 109

– ’ṮR –

āṯār : traces 131

– ’ḪḎ –

aḫaḏa : prendre 111
aḫḏ : saisie 135

– ’ḪR –

āḫar : autre 135, 143, 151
aḫīr : ultime, dernier 121, 135, 151, 159
āḫir, fī-āḫiri : à la fin 137, 155, 159
bi-aḫara : à la fin 157
muta'aḫḫirāt : conséquences 133

– ’ZL –

azaliyy/a : éternel/le 109, 145, 147, 149, 151, 153, 157, 161 ; éternellement, 145

– ’SD –

asad : lion 119

– ’ṢL –

uṣūl : principes 155

– ’LF –

mu'allafa (*min*) : constituées (de) 111

– ’LH –

ilāhiyya : divine 115

– ’ML –

ta'ammala : examiner, considérer 123, 125, 133, 135, 141
ta'ammul : examen 115, 137

– ’NS –

insān : homme 113, 117, 119, 127, 139, 151, 155, 157, 159
insāniyya : humains 119, 143
nās : gens, hommes 109, 115
ma'šar al-nās : l’ensemble des hommes 109

– ’WL1 –

awwal, awwaliyy : premier, première 113, 123, 135, 149
ta'awwala : interpréter 149

– ’WL2 –

āla : instrument 123
āliyya : (instrumental) organique 123

– BD’–

mabādī' : principes 113
ibtada'a : commencer par 109, 115

– BRD –

bārid : froid 111, 123

– BRHN –

burhān : démonstration 151

- BSṬ -

basīṭa : simples 123
al-basā'iṭ : les <notions> simples 113 ; les <corps> simples 123
absaṭ : plus développé 155

- BṢR -

abṣara : regarder 131
baṣar : vue 147, 161
mubṣar : visible 161

- BṬL -

bāṭilan : vaine 117

- B'D -

ba'īd/a : éloignée de 111, lointain 125

- B'Ḍ -

ba'ḍ : en partie; les unes... les autres 108, 113, 115, 121, 123, 125, 127, 147

- BĠḌ -

baġaḍa : détester 119

- BQY-

baqiya : demeurer, rester 131
baqā' : survie 119
baqāyā : résidus 117
bāqin : qui demeure 143

- BNW -

ibn : fils 137

- BWB -

bāb : catégorie 131, 147

- BYN -

bayyin : évident, manifeste 108, 111, 113, 115, 121, 125, 129, 133, 137, 141
bayān : clarifier (*fī bayān*, pour clarifier) ; exposé 119
bayyana : expliquer 121, 161
bāyana : se distinguer 117, 123, 129
mubāyin/a : distinct/e(s) de 117, 125, 127, 129, 131, 135
mubāyana : différence 108, 133
tabāyun : *fī ġāyat al-tabāyun*, se distinguent on ne peut plus 111
mutabāyin/a : distinct/e 111, 129
tabayyana : se distinguer, distinguer, montrer clairement, apparaître clairement 111, 115, 127, 131, 133, 137, 139, 141, 143, 149, 155, 157

- TB' -

tābi'/a : faire suite à 125, 133, 135, 137, 139
itbā' : *tābi' li-... itbā'an ḏātiyyan*, fait suite à... de manière essentielle 135

- TMM -

tamma : s'accomplir 117
tamām : *'alā tamām*, parfaitement 108, 111
tamāmāt : accomplissements 151

- ṮQL -

ṯiql : lourdeur 123

- ǦRB -

taǧriba : expérience 115, 135
taǧrībiyya : empiriques 135

- ǦRD -

muǧarrad/a (*min*) : abstrait/e(s), dépouillé/e(s) de 111, 113, 153
ǧarrada : abstraire 111, 129
taǧrīd : abstraction 111, 129

- ǦRY -

ǧarā (*maǧrā*) : tenir lieu de 125, 141

- ǦZ'-

ǧuz'/aǧzā' : partie/s 123, 143, 155
ǧuz'iyy/a : particulier 137

– ĞSM –

ğism/ağsām : corps 109, 123, 147 149, 153, 155
ğismāniyya : corporelles 149

– Ğ'L –

ğa'ala : poser, soutenir 145, 153

– ĞM' –

ğam' : (réunion) réunir 149
ğāmi' : tous 151, 157, 159

– ĞNS –

ğins : genre 121, 135

– ĞWZ –

tağawwuz : *'alā ğihat al-tağawwuz*, en un sens large 145

– ĞWHR –

ğawhar : substance 143, 147, 151, 155, 159

– ḤBB –

aḥabba : aimer 119, 161

– ḤDṮ –

ḥudūṯ : advenir, adventicité 115, 125, 145, 153
ḥādiṯ/a : adventice 108, 115, 133, 137, 139, 145, 147, 149, 159

– ḤDD –

maḥdūd/a : déterminé/e 119, 129

– ḤRR –

ḥārr : chaud 123

– ḤRK –

taḥrīk : motion 109, 159
muḥarrik : moteur 109, 117, 121, 147, 151, 153, 155
taḥarraka : se mouvoir 113, 119
taḥarruk : mouvement 159
mutaḥarrik : mobile 147, 155

– ḤRY –

aḥrā : plus propre à, plus apte à, convenir mieux à 147, 153, 159

– ḤSS –

ḥassa : sentir 111, 131, 135
maḥsūs/maḥsūsāt : senti/s, sensible/s 111, 113, 117, 131, 151, 153, 161
ḥiss : sensation, sens 111, 115, 117, 131, 135, 139, 161
ḥāssah/ ḥawāss : sens 135, 153
ḥassāsa : sensitive 123
ḥissiyya : sensitive 123, 131
iḥsās : sensation 115, 135

– ḤṢL –

ḥaṣala : obtenir , atteindre, advenir 108, 111, 115, 121, 135, 151, 157
ḥāṣila : qui se produisent 115, 139, 151
ḥuṣūl : survenue, advenue, advenir 123, 133, 135

– ḤṢY –

aḥṣā : dénombrer 123

– ḤḌR –

ḥāḍir/a : présent/e 113, 147

– ḤQQ –

ḥaqīqa : *ḥaqīqat ray'ī*, ce que je pense vraiment 161
ḥaqīqiyy : véritable 123, 145

– ḤKM –

ḥakama : prédiquer, juger 113, 129, 145
ḥukm : jugement, juger 129, 155
ḥikma : sagesse 137

– ḤFẒ –

ḥifẓ : mémoire 135
taḥaffaẓa : (conserver) s'en tenir à 149

- ḤML -

maḥmūlāt : prédicats 125
iḥtamala : (admettre) permettre 155

- ḤWK -

ḥiyāka : tissage 119

- ḤWL 1 -

ḥāl/aḥwāl : disposition/s, état/s 125, 133, 151, 157

- ḤWL 2 -

muḥālāt : impossibilités 137
mustaḥīl : impossible 147

- ḤYN -

ḥīn : moment 121
fī al-ḥīn : à ce moment-là 131

- ḤYY -

ḥayawān : animal 113, 117, 119, 151
ḥayawāniyya : animale 117

- ḪTL -

ḫatala : induire en erreur 139

- ḪDM -

ḫadama : être au service de 113

- ḪRǦ -

ḫāriǧ : dehors, en dehors de 131, 137, 147, 155
aḫraǧa : faire passer 155
muḫriǧ : qui fait passer, qui fait sortir 109, 149

- ḪṢR -

muḫtaṣar : compendium 155

- ḪṢṢ -

ḫaṣṣa : être propre à 123, 125, 127, 129, 131, 133, 137
ḫāṣṣ : propre à 127, 133, 157
ʾaḫāṣṣ : le plus propre 145
ḫaṣṣah/ḫawāṣṣ : propriété/s 133, 137, 145

- ḪṬṬ -

ḫaṭṭ : ligne 111

- ḪFF -

ḫiffa : légèreté 123

- ḪLṬ -

muḫāliṭ/a : mélange, mélangé/e 139, 153

- ḪLF -

ḫālafa : se distinguer de 127
muḫālif : différer 149
iḫtalafa : diverger 109, 117, 119
ḫilāf : *bi-ḫilāf*, à la différence de 131

- ḪLW -

ḫalā (min) : être dépourvu de 115

- ḪYR -

iḫtiyār : choix 115

- ḪYL -

ḫayāl/ḫayālāt : image/s 117, 119, 137, 139
ḫayāliyya : imaginale(s) 119, 139, 145, 149, 151, 153, 159, 161
taḫayyala : imaginer 111, 135
taḫayyul : imagination 111, 115, 117, 135, 139
mutaḫayyal/a : imaginé/e 117, 137, 151
mutaḫayyila : imaginative 117, 123, 151, 153

- DḪL -

daḫala : (entrer) se retrouver 155
idḫāl : introduction 147

– DRK –

adraka : saisir, percevoir 111, 113
idrāk : saisie, appréhension 111, 113, 117, 121, 129, 131, 135, 139
mudrak/a : saisi/e(s) 111, 113, 135
mudrakāt : les <objets> saisis 115, 129

– DRY –

darā : savoir 135, 145

– D'W –

istad'ā : requérir 119, 155

– DLL –

dalla (*'alā*) : désigner 137
dalā'il : preuves 133

– DWM –

dā'im : continuel 109; *dā'ima* : toujours 145
dā'iman : toujours 109, 121, 125, 131, 133, 135, 139, 155, 157

– DYK –

dīk : coq 119

– ḎKR –

ḏakara : mentionner , se souvenir 119, 135, 159
ḏikr : mémoire 125
taḏakkur : réminiscence 135

– ḎHB –

ḏahaba (*'an*) : partir 125, 131
ḏahāb : (départ) disparaître 139
maḏhab : doctrine 149, 155, 161

– ḎW –

ḏātu-hu : lui-même 129
bi-ḏāti-hi/hā : par essence , par lui/elle-même, en elles-mêmes 121, 125, 133, 137, 155
fī ḏāti-hā : en eux-mêmes 145
ḏātiyy/a : essentiel/le(s) 109, 123, 125, 133, 135, 139

– R'Y –

ra'ā : estimer, penser , voir 137, 139, 157
ra'y : opinion 145, 149 (*ḥaqīqat ray'ī*, ce que je pense vraiment 161)
mir'ā : miroir 121

– RBṬ –

murtabiṭ/a : lié/e(s) 117, 145, 149, 151

– RTB –

martaba/marātib : rang/s 109, 123, 125
rutba : rang 143
tartīb : arrangement 123
mutarattiba : rangées 123

– RǦ' –

raǧa'a : revenir 149, 155

– RSM –

irtisām : impression 121

– RŠD –

aršada (*ilā*) : indiquer 109, 111

– RṬB –

ruṭūba : humidité 109, 121, 145
raṭb : humide 123

– RF' –

irtafa'a ('an) : (supprimer, éliminer) retirer 129
irtifā' : retrait 129

– RKB –

murakkab/a : composé/e(s) 109, 125, 141
rakkaba : composer 113
tarkīb : composition 113

- RWD -

arāda : vouloir, signifier 133, 149, 153

- RWḌ -

irtāḍa, irtiyāḍ : être exercé 121

- RWM -

rāma : être désireux de, souhaiter 145, 149

- Zʿ M -

zaʿama : alléguer, prétendre 139, 145 ; selon lui 147

- ZMN -

zamān : temps 135

- ZWL -

zāwala : pratiquer 125, 133
azāla (*ʿan*) : débarrasser (de) 121

- ZYD -

tazayyada : s'accroître 131
tazayyud : accroissement 109

- S'L -

suʾāl : question 143
masʾala : question 161

- SBB -

sabab/asbāb : cause/s 121, 129, 131, 133, 139, 145, 159

- SDS -

tasdīs : formation de cellules (les figures hexagonales d'une ruche) 119

- SĠR -

saġīr : petit 123

- SQṬ -

suqūṭ : (effondrement) s'effondrer 121, 137

- SLB -

maslūba (*ʿan*) : dépouillé (de) 125

- SLF -

salafa : précéder 111

- SLM -

taslīm : *fī taslīm*, en ce qu'il postule 155
salāma : préservation 113

- SMW -

ism/asmāʾ : nom/s 137
sammā : appeler 145
asmā : appeler 157

- SND -

istanada : s'appuyer sur 137, 139
istinād : *bi-istinād*, s'appuyer sur 139

- SHL -

ashal : plus simple 115

- Š'N -

min šaʾni-hi ʾan : il est dans sa nature de, il lui appartient de, il est naturellement apte à 111, 131, 155; *innama šaʾnu-hu ʾan*, ne peut 139

- ŠBṬ -

tašabbaṭa (bi-) : (s'accrocher à, adhérer à) se saisir de 147

- ŠBH -

šibh : quelque chose de similaire 155
šabīh/a : semblable à 121, 131
šabbaha : comparer 153
tašbīh : *ʿalā ǧihat al-tašbīh*, par similitude 145
tašābaha bi- : s'assimiler à 131
mutašābiha : *al-aǧsām al-mutašābihat al-ʾaǧzāʾ*, les corps homéomères 123
ašbaha : ressembler 121; *yušbihu*, il semble bien 135

- ŠǦʿ -

šağuʿa : être courageux 119
šağāʿa : courage 119

- ŠḪṢ -

šaḫṣ/ašḫāṣ : individu/s 135, 137, 139
šaḫṣiyy/a : individuel/le(s) 111, 121, 127, 129, 131, 133, 139
tašaḫḫaṣa : être individué 111

- ŠRḤ -

šarḥ : grand commentaire 161

- ŠRṬ -

šarṭ/šurūṭ : condition/s 145, 153

- ŠRF -

ašraf : plus noble 158

- ŠRK -

sāraka : partager 123
ištaraka : partager 123
muštarak/a : commun/e 115, 117

- ŠʿR -

šaʿara : (avoir conscience de) réaliser 145
šiʿriyya : poétique 139
layta šiʿrī : si seulement je le savais ! 135, 147, 151

- ŠKK -

taškīk : *ʿalā nawʿ min al-taškīk*, de manière en quelque façon équivoque 119
mušakkik : qui remet en question 161

- ŠKL -

šakl : figure 111
šakliyya : morales (*al-faḍāʾil al-šakliyya*, les vertus morales) 119
iškāl : ambiguïté 153

- ŠNʿ -

šanīʿ : abominable 139

- ŠWR -

mušār ilayhi : désigné 127, 141

- ŠWQ -

mutašawwaq : ce qu'on désire 109

- ŠYʾ -

šāʾa : vouloir 151

- ŠYḪ -

šayḫūḫa : vieillesse 151

- ṢBW -

ṣiban : enfance 109, 121

- ṢḤB -

ṣāḥib/aṣḥāb : partisan/s, celui qui s'adonne à/compagnons 121, 133, 159, 161
ṣāḥaba : se lier à 119

- ṢRF -

ṣarafa : détourner 149
inṣarafa : se détourner de 131
inṣirāf : se trouver écarté de 131
mutaṣarrif : disposer de 119

- ṢDʾ -

ṣadaʾ : rouille 121

- ṢDQ -

ṣādiq : vrai 137
taṣdīq : assentiment 113, 129

- ṢNʿ -

ṣināʿa/ṣanāʾiʿ : art/s 113, 125, 133, 151
ṣināʿiyya : artisanale 115
maṣnūʿāt: artefacts 117

- ṢNF -

ṣinf : sorte 111

- ṢWB -

ṣawāb : *ʿalā ġāyat al-ṣawāb*, de la façon la plus droite 119
al-lāh al-muwaffiq li-al-ṣawāb, que Dieu aide à ce que l'on soit dans le vrai 161

- ṢWR -

ṣūra/ṣuwar : forme/s 117, 119, 121, 123, 125, 127, 129, 131, 133, 135, 137, 139, 141, 143, 145, 147, 151, 153, 155, 157, 159
taṣawwara : représenter, concevoir 131, 139, 145, 151
taṣawwur : représentation, conception 113, 129, 135, 143, 159

- ḌDD -

mutaḍādd : contraire 123

- ḌRB -

iḍṭaraba : vaciller 143

- ḌRR -

ḍarūriyy : nécessaire 113, 115, 119
ḍarūratan : nécessairement 109, 111, 113, 115, 117, 127, 129, 131, 137, 141, 145, 147, 149, 155, 157
iḍṭirār : ce qui est nécessaire 113
muḍṭarra : (forcés à) requérir 115
muḍṭarrūn : contraints 135

- ḌʿF -

aḍʿaf : plus faible 131

- ḌWʾ -

muḍīʾa : brillantes 133

- ḌYF -

iḍāfa : relation 137
muḍāf : relatif 131, 137

- ṬBʿ -

ṭabʿ : *ʿan ṭabʿ* par nature 119
ṭibāʿ : (naturels, natures) nature 109
ṭabīʿa : nature 113, 119, 129, 141, 153, 155
ṭabīʿiyy/a : naturel/le 149, 155, 159

- ṬLB -

ṭalaba : chercher 109
maṭālib : (desiderata) questions 111
maṭlūb/a : (demandé/e(s), recherché/e(s)) recherche ; questions (*al-umūr al-maṭlūba*) 115, 133

- ṬLQ -

aṭlaqa : appeler 121
muṭlaqa : purement et simplement 125
bi-iṭlāq : purement et simplement, de façon absolue123, 133
muṭlaqan : absolument, 113

- ṬWQ -

ṭāqah : *bi-ḥasabi ṭāqatinā* selon nos moyens 119

- ṬWL -

aṭāla : parler longuement de 125
taṭwīl : s'attarder 139

- ẒNN -

ẓanna : estimer 119, 123, 125, 127, 129, 131

- ẒHR -

ẓahara : apparaître, ressortir 113, 115, 123
ẓuhūr : *yaẓharu ẓuhūran kaṯīran* il ressort très clairement 125

- ʿBṮ-

ʿabaṯan : inutile, sans utilité 117, 137

– ʿDD –

ʿadda : faire le compte, dénombrer 115, 145
ʿaddada : faire le compte, être compté 127, 137, 151
mutaʿaddida : nombrées 125, 137
taʿaddud : nombre 125, 137
muʿadda (*naḥwa*) : destiné (à) 113
istiʿdād : prédisposition 109, 117, 121, 123, 135, 145, 147, 149, 151, 153

– ʿDM –

ʿadima : être dépourvu de, cesser d'exister 133, 149
ʿādima : dépourvus de 133
ʿadam : privation 155 ; *taʿdamu bi-ʿadamihā*, cessent d'exister avec elles 149
maʿdūma : inexistants 145

– ʿRḌ –

ʿaraḍa li- : arriver à 129, 131, 149
aʿrāḍ : accidents 109
bi-al-ʿaraḍ : par accident 121, 147
ʿaraḍiyy : accidentel 133
ʿāriḍ li- : affecter 115

– ʿRF –

ʿarafa : connaître 157
maʿrifa : connaissance (*bi-maʿrifatihā* : en connaissant cela), chercher à savoir 111, 133, 137

– ʿRW–

iʿtarā : advenir 135

– ʿRY–

ʿariya (*min*) : être dépouillé de 123

– ʿŠR–

ʿāšara : nouer des relations 119
maʿšar al-nās : l'ensemble des hommes 109

– ʿṬL –

taʿaṭṭala : (être désactivé) être inhibé 109

– ʿṬW –

aʿṭā : donner, conférer 113, 155, 157
iʿṭā' : *fī iʿṭā'i sabab*, ce qui donne la cause 139

– ʿẒM –

ʿiẓam : grandeur 111

– ʿQD –

iʿtaqada : croire 149

– ʿQL –

ʿaqala : intelliger 119, 129, 135, 141, 153, 157
ʿaql/ʿuqūl : intellect/s , intellection 115, 117, 119, 121, 129, 131, 141, 143, 147, 149, 151, 153, 155, 157, 159, 161
ʿāqil : intelligeant , intelliger 129, 131, 133, 155
ʿaqliyy : intellectuelle 129
maʿqūl/maʿqūlāt : intelligé/s, intelligible/s 115, 117, 121, 123, 125, 127, 129, 131, 133, 135, 137, 139, 141, 143, 145, 147, 149, 151, 153, 155, 157, 159

– ʿKS –

ʿaks : inverse 141
inʿakasa : *laysa yanʿakisu*, la réciproque n'est pas vraie 133

– ʿLM1 –

ʿālam : monde 137

– ʿLM2 –

ʿilm/ʿulūm : connaissance/sciences 109, 111, 113, 121, 135, 139, 151, 159
ʿalima : connaître 109
maʿlūma : connues 135
ʿallama : enseigner 151

muʿallim : enseignant 151
taʿallama : apprendre 139
taʿallum : apprentissage 135, 137, 139

– ʿMD –

iʿtamada (*ʿalā*) : se fonder sur 159

– ʿMR –

ʿumr : vie 129

– ʿML –

ʿamal : action 113
ʿamaliyya : pratique 115, 119
istaʿmala : utiliser, user de 111, 123, 127
mustaʿmala : utilisé 111

– ʿMM –

ʿamma : être commun à 123, 125, 127
ʿāmm : commun 111

– ʿNZ + ʾYL –

ʿanz-ayyal : bouc-cerf 137

– ʿNQ –

ʿanqāʾ muġrib : phénix 137

– ʿNKB –

ʿanākib : araignées 119

– ʿNY –

ʿanāʾ : effort 139
ʿināya : providence 115
ʿanā : (vouloir dire) entendre, vouloir parler 145, 155, 157, 159, 161
maʿnā/maʿānin : notion/s, sens, aspect/s, conception/s 111, 113, 115, 117, 121, 123, 125, 131, 149, 151, 153, 161

– ʿWQ –

ʿāqa : empêcher 121, 147
maʿūqa (ou *muʿawwaqa ʿan*) : être empêché de 145

– ʿWN –

maʿūna : aide 119

– ʿYR –

istiʿāra : *ʿalā ǧihat al-istiʿāra*, en un sens métaphorique 147
mustaʿār : métaphorique 121, 145

– ʿYN –

ʿayn : œil 161
muʿayyan/a (*fī*) : assigné/e/s à (ou bien il faut lire maʿniyya fī, concerné/e/s par) 113

– ĠḎY –

ġāḏiya : nutritive 117, 123, 151

– ĠLṬ –

ġallaṭa : induire en erreur 133
ġalaṭ : erreur 149

– ĠMR –

maġmūra : submergée 109, 121, 145

– ĠYB –

ġāʾiba : absents 113

– ĠYR –

taġayyur : changement 123, 125, 133, 135, 137, 139, 147
muġāyir/a : différent/e 115, 131
mutaġāyyira : changeantes 159

– ĠYY –

ġāya : fin 159 (*ʿalā ġāyat al-ṣawāb*, de la façon la plus droite 119; *fī ġāyat al-mubāyana*, se distinguant au plus haut point 133 ; *ġāyat mā naqūlu fī ḏālika*, ce que nous voulons dire ici 135)

– FḤṢ –

faḥaṣa : examiner 109, 111, 119
faḥṣ : examen 149, 159

- FRḌ -

faraḍa : supposer 135, 143, 147

- FRĠ -

tafarraġa (li-) : se consacrer à 149

- FRQ -

farq : différence 119, 121, 127, 153
fāraqa : être séparé, se distinguer 109, 149, 151
mufāriq/a : séparé/e 121, 125, 127, 129, 131, 155
mufāraqa : séparation 133

- FSD -

fasada : se corrompre 137, 139
fasād : corruption 115, 147
fāsid/a : corruptible 109, 115, 117, 125, 127, 137, 139, 141, 143, 145, 147, 151, 155

- FSR -

mufassirūn : commentateurs 145, 153

- FḌL -

faḍā'il : vertus 119
afḍal : meilleur 113

- FḌW -

afḍā : mener 133

- F'L -

fi'l/af'āl : acte/s, action/s 109, 113, 115, 117, 119, 121, 123, 129, 131, 133, 137, 139, 145, 147, 149, 155, 157
bi-al-fi'l : en acte 115, 121, 125, 129, 133, 135, 137, 139, 141, 143, 145, 147, 149, 151, 153, 155, 159
fā'il : actif, agent 157, 159
fa''āl : agent 121, 149
infi'āl : passion 131, 145, 153

- FQD -

faqd : absence 153

- FKR -

fikr : cogitation 117, 119
fikra : pensée 113
fakkara : considérer par la pensée 139

- FNY -

fānin : qui disparaît 143

- FHM -

tafahhum : comprendre 109

- FWT-

fāta : être privé de 135
tafāwata : différer 115
tafāwut : diversité 125

- FYD -

afāda : (être utile à) fournir 139
istafāda : acquisition, acquérir 119, 157
mustafād : acquis 157

- FYL -

fīl : éléphant 135

- QBL -

qabila : recevoir 111, 123, 129, 131, 145, 147, 151, 159
qabūl : réception, recevoir 111, 117, 129, 131, 135, 147, 149, 151, 153
qābil : qui reçoit, récepteur/trice 121, 147, 153, 159
muqābil : opposé 131
mutaqābila : opposées 123, 131

- QDḤ-

inqadaḥa : s'allumer 135

- QDR -

qadara : avoir la capacité de 131
qudra : capacité
miqdār : (mesure) *ilā ayy miqdār*, jusqu'où ; *al-miqdār allaḏī yaǧibu*,

autant qu'il le faut 119 ; *innama ša'nu-hu an yufīda <...> al-miqdār allaḏi...*, ne peut fournir davantage que... 139

- QDM -

qudamā' : anciens 109, 145
taqaddama : précéder 109, 123, 125, 145, 149, 155, 161 (*man taqaddama* : <nos> prédécesseurs ; *fī mā taqaddama*, plus haut 145 ; *mimma taqaddama min al-qawl*, à considérer ce qu'on a dit précédemment 147)
mutaqaddim : prémisse 133
muqaddimāt : prémisses 111, 133, 135, 141

- QR' -

qara'a : lire 139

- QRB -

qarīb : proche 125
aqrab : plus proche 149
qurb : proximité 123

- QRR -

aqarra : admettre 145
taqarrara : être établi 141, 159

- QSM -

qism : division, partie 115
inqasama : être divisé 113, 115, 121, 123
munqasima : divisées 123 ; divisible 147
inqisām : division 113, 115, 123

- QṢD -

maqṣūda : visée 159
maqṣūdūn : ceux que <la providence> vise 115

- QṢR -

iqtaṣara (*'alā*) : se limiter à 113

- QṢY -

aqṣā : dernière, le plus éloigné 109, 159

- QḌY -

inqaḍā : se terminer 159

- QN' -

qanā'a : modération 110

- QWL -

qawl/aqāwil : argument/s, discours, idée/s, propos 111, 115, 119, 121, 127, 139, 143, 147, 149, 153, 155, 159, 161
maqūla : dit 119

- QWM -

qawm : certains 119, 159
taqawwama : subsister 145
qiwām : subsister 109, 155

- QWY -

quwwa/qiwā : puissance/s, techniques 109, 111, 113, 115, 117, 121, 123, 129, 131, 133, 135, 145, 149, 153, 155, 159
bi-al-quwwa : en puissance 115, 121, 137, 141, 143, 145, 147, 149, 151, 155
qawwiyy : puissant 131
qawwiyya (*'alā*) : (capable de) en puissance vis-à-vis de 147, 149

- QYS -

qiyās/aqīsa : syllogisme/s 111

- KBR -

kabīr : grand 123

- KTB -

kataba : copier 161
kitāba : écriture 153
maktūb : texte 161

- KṮR -

kaṯra : multiplicité 129
kaṯiran : grandement 109
kaṯīra : nombreuses 115
mutakaṯṯira : multipliées 125, 127, 133, 137, 139

takaṯṯur : multiplication 125, 133, 137, 139

- KḎB–

kāḏib/a : faux/sse 137

- KRR –

takarrur : répétition 135

- KFY –

kāfiyy/a : suffire 117, 125, 129

- KLL –

kulliyy/a/āt : universel/le(s) 111, 117 129, 135, 137, 139
kalāl : fatigue 139

- KML –

kamāl/āt : perfection/s 109, 117, 135, 149, 151, 159
istakmala : perfectionner 155
istikmāl : perfection 115
mustakmal : ce qui est perfectionné 155

- KMM –

kammiyya : quantité 147

- KMN –

kumūn : latence 121

- KMH –

akmah : aveugle de naissance 135

- KHL –

kuhūla : âge mûr 121, 135

- KWKB –

kawākib : étoiles 133

- KWN –

kawn : génération, être, existence 121, 125, 155
kā'in/a : engendrable/s, engendré/e(s) 117, 127, 141, 143, 145, 147, 151, 155, 159
mutakawwin/a : engendré/e(s), soumis à la génération 125, 143, 159

- L'M –

ilta'ama (*min*) : bâtir, être composé de 113, 135

- LḤQ –

laḥiqa : s'accompagner de, être affecté par 133, 139, 145
lāḥiq/a, lawāḥiq : concomitant/e(s) 109, 139 ; *mawḍū' al-lāḥiq* : lieu du conséquent 133

- LḪṢ –

laḫaṣṣa : exposer 147, 155

- LZM –

lazima : s'ensuivre, induire, impliquer 117, 127 129, 133, 139, 141, 143, 145, 147, 149, 151, 153
lāzima : découlant 137
ilzām : conséquence 147

- LFY –

alfā : constater 125

- LWḤ–

lawḥ : tablette 153

- LWN –

lawn/alwān : couleur/s 111, 135, 147, 153

- MḤD –

maḥd : (pur) purement 133

- MḤW –

maḥā : effacer 131

- MDD –

mādda/mawād : matière/s 121, 123, 125, 141, 147, 151
al-mādda al-ūlā : la matière première 123

- MZĞ -

mizāğ : complexion 123
mizāğiyya : complexionnelle 123, 125

- MKN -

amkana : être possible, pouvoir, avoir la possibilité de 109, 123, 129, 131, 135, 137, 145, 147, 149, 153, 157
mumkin/a : possible 115, 143, 157
imkān : possibilité 147

- MLK-

malaka : habitus 149, 151

- MN' -

mumtani' : impossible 147

- MHN -

mihan : métiers 113, 115

- NBT -

nabāt : plante 117, 151

- NBṬ -

instanbaṭa : déduire 113
instinbāṭ : déduction 117, 119

- NTĞ -

natā'iğ : conclusions 111

- NĞW -

anğā : (délivrer) échapper à 147

- NḤL -

naḥl : abeilles 119

- NḤW -

naḥā : suivre 145

- NZ' -

nizā' : controverse 115
intaza'a : extraire 159
intizā' : extraire 159
muntaza' : extrait 131

- NZL -

anzala : (faire descendre) soutenir 139, 143
manzila : rôle 117, 129, *bi-manzilat* : comme 133
tanazzala (manzilat) : jouer le rôle de 117, 129, 161

- NSB -

nisba : rapport, se rapporter à 127, 131, 133, 151, 153, 161
mansūb : relié 119

- NSḪ -

tanāsuḫ : transmigration 125, 133

- NSY -

nasiya : oublier 139
nisyān : oubli 139

- NṢṢ -

naṣṣa : stipuler 161

- NṬQ -

nuṭq : raison 113
nāṭiqa : rationnelle 129, 159
manṭiq : logique 125, 133

- NẒR -

naẓara : examiner 115, 121, 133, 155, 157, 159
naẓar : examen 143
nāẓirūn : ceux qui s'en sont occupés 143
naẓariyy/a : théorétique/s 113, 115, 117, 121, 141, 151, 159

- NFS -

nafs : âme, essence 109, 113, 117, 123, 125, 131, 133, 137, 147, 149, 151, 161
nafsāniyya : psychiques 125, 127, 129

- NF' -

nāfi'a : être utile à 113
naf' : utilité 113

- NQṢ -

nāqiṣ : défectueux 159

- NQḌ -

nāqaḍa : se contredire, défendre des thèses contradictoires 145
tanāquḍ : contradiction 145
mutanāqiḍ/a : contradictoire, s'exclure mutuellement 147

- NQṬ -

nuqṭa : point 111

- NHY -

intahā : se porter, déboucher sur 109, 159
nihāya : limite 109
mutanāhin : (quelque chose de) fini 129
ġayr mutanāhin : (quelque chose d') infini 129
ġayr mutanāhiyya : infinité 143

- NWR -

nār : feu 133

- NW' -

naw'/anwā' : espèce/s, genre/s, sorte/s 115, 117, 119, 123, 135, 147, 149

- HMM -

'ahamm : (la chose) principale 109

- HY' -

tahayyu': aptitude 117

- HYWLY -

hayūlā : matière 109, 111, 113, 121, 123, 125, 127, 129, 131, 137, 139, 141, 143, 145, 147, 151, 153, 155, 157, 159
hayūlāniyy/a : matériel/le/s 111, 121, 123, 125, 127, 129, 131, 133, 135, 137, 139, 141, 143, 145, 149, 151, 153, 155, 157, 159, 161
ġayr hayūlāniyy : immatériel 129, 141, 155

- WǦB -

wāǧib : *bi-al-wāǧib*, nécessairement 113, 115, 141

- WǦD -

waǧada : trouver, exister 113, 115, 131, 133, 137, 143, 145, 147, 149, 155
wuǧūd : être, existence, exister 113, 115, 117, 123, 127, 131, 133, 135, 137, 139, 141, 147, 153, 157
mawǧūd : être 125, 127, 133, 143

- WḤD -

ittiḥād : union 157

- WD' -

wada'a : laisser 149

- WZL -

azāla : supprimer 161

- WṢF -

ṣifa : caractéristique 125
ittaṣafa (*bi*) : se caractériser par 123

- WṢL -

ittaṣala : se joindre à 121, 145
ittiṣāl : jonction ; *bi-ittiṣāl,* étant joints 121, 123, 139, 157

- WḌ' -

waḍa'a : poser, défendre une thèse, soutenir, admettre 131, 145, 147, 149
waḍ' : position, soutenir 127, 137, 145
mawḍi'/mawāḍi' : lieu 133, *fī ġayr mā mawḍi'* : ailleurs 109, 137 ; *fī al-mawḍi'* : là où 119 ; endroits 111
mawḍū'/a/āt : sujet(s) 109, 117, 121, 123, 125, 127, 137, 139, 147, 149, 151, 153, 159, 161

- WQT -

waqt : *fī al-waqt*, quand 119

– WQʿ –

wāqiʿa : fournie 119

– WQF –

waqafa : connaître, prendre connaissance 109, 125, 161
wuqūf : compréhension 123, 125

– WHM –

tawahhama : estimer 133

– YBS –

yābis : sec 123

– YQN –

yaqīn : certitude 109
yaqīniyya : certaines 111

BIBLIOGRAPHIE

ŒUVRES D'AVERROÈS (IBN RUŠD)

Aristotelis Opera cum Averrois Commentariis, Venise, apud Iunctas, 1562-1574 ; réimpr. Frankfurt am Main, Minerva, 1962.

Abrégé des *Seconds Analytiques*, éd. et trad. Ch. Butterworth, à paraître.

Abrégé du *Mustaṣfā*, voir Z. Bou Akl (éd.).

La béatitude de l'âme, éditions, traductions annotées, études doctrinales et historiques d'un traité d'« Averroès », par M. Geoffroy et C. Steel, Paris, Vrin, 2001.

Commentaire du De intellectu *d'Alexandre d'Aphrodise*, voir M. Zonta.

Commentarium magnum in Aristotelis De anima libros, éd. F. Stuart Crawford, Cambridge (Mass.), The Mediaeval Academy of America, 1953 ; *Long Commentary on the* De anima *of Aristotle*, trad. angl. R. C. Taylor, Th.-A. Druart, New Haven and London, Yale University Press, 2009 ; *L'intelligence et la pensée. Grand Commentaire du* De anima, *Livre III (429a10-435b25)*, trad. fr. partielle A. de Libera, Paris, GF-Flammarion, 1998 ; *Über den Intellekt. Auszüge aus seinen drei Kommentaren zu Aristoteles'* De anima. Arabisch, Lateinisch, Deutsch, trad. all. partielle D. Wirmer, Freiburg-Basel-Wien, Herder, 2008.

Grand Commentaire (Tafsīr) de la Métaphysique. Livre Bêta, présentation et traduction de L. Bauloye, Paris, Vrin, 2002.

Grand Commentaire de la Métaphysique *d'Aristote* (*Tafsīr mā ba'd al-ṭabī'at*), Livre Lam-Lambda traduit de l'arabe et annoté par A. Martin, Paris, Les Belles lettres, 1984.

Middle Commentary on Aristotle's De anima. A Critical Edition of the Arabic Text with English Translation, Notes and Introduction by A. L. Ivry, Provo (Utah), Brigham Young University Press, 2002. Traduction française du chapitre sur l'intellect par A. Elamrani-Jamal *in* A. de Libera, E. Elamrani-Jamal et A. Galonnier (éd.), *Langages et Philosophie. Hommage à Jean Jolivet*, Paris, Vrin, 1997, p. 292-301.

Middle Commentary on Porphyry's Isagoge, Translated from the Hebrew and Latin Versions, and *on Aristotle's* Categoriae, Translated from the Original Arabic and the Hebrew and Latin Versions, with Notes and Introduction, by H. A. Davidson, Cambridge (Mass.)-Berkeley-Los Angeles, The Mediaeval Academy of America and The University of California Press, 1969.

Averroes'Middle Commentary on Aristotle's Poetics and on Aristotle's Categoriae, transl. with introduction and notes, by Ch. E. Butterworth, Princeton, Princeton University Press,1986.

Commentum magnum super libro De celo et mundo Aristotelis, ex recognitione F. J. Carmody †, in lucem edidit R. Arnzen. Editioni praefatus est G. Endress, Leuven, Peeters, 2003.

Averrois Cordubensis Compendia librorum Aristotelis qui Parva naturalia *vocantur. Talḫīṣ K. al-Ḥiss wa-l-maḥsūs*, éd. H. Blumberg, Cambridge (Mass.), The Mediaeval Academy of America, 1972 ; *Epitome of Parva naturalia*, translated from the original Arabic and the Hebrew and Latin versions, with notes and introduction by H. Blumberg, Cambridge (Mass.), The Mediaeval Academy of America, 1961.

Compendio de Metafísica, texto árabe con traducción y notas de C. Quirós Rodríguez, Madrid, Estanislao Maestre, 1919.

The Epistle on the Possibility of Conjunction with the active Intellect by Ibn Rushd with the Commentary of Moses Narboni, éd. K. P. Bland, New York, The Jewish Theological Seminary of America, 1982 ; *Drei Abhandlungen über die Möglichkeit der Conjunction des separaten Intellekts mit dem Menschen von Averroes Vater und Sohn*, trad. all. partielle J. Hercz, Berlin, Hermann,1869.

Epitome de anima, éd. S. Gómez Nogales, Instituto « Miguel Asin »-Madrid, Instituto Hispano-Arabe de Cultura, Consejo Superior de Investigaciones Científicas, 1985 ; *La psicología de Averroes, Comentario al libro sobre el alma de Aristóteles*, traducción S. Gomez Nogales, Madrid, Universidad nacional de educación a distancia, 1987.

Epitome in Physicorum libros, éd. J. Puig, Madrid, Instituto Hispano-Arabe de Cultura, Consejo Superior de Investigaciones Científicas, 1983 ; *Epítome de física (Filosofía de la naturaleza)*, traducción y estudio J. Puig, Madrid, Instituto Hispano-Arabe de Cultura, Consejo Superior de Investigaciones Científicas, 1987.

Ǧawāmiʿ al-Kawn wa-l-Fasād, texte établi par A.W. al-Taftazānī et S. Zāyid, révision et introduction par I. Madkour, Le Caire, Société générale égyptienne d'édition, 1991.

Kitāb al-kašf ʿan manāhiǧ al-adilla fī ʿaqāʾid al-milla, éd. al-Ǧābirī, Beyrouth, Markāz dirāsāt al-waḥdat al-ʿarabiyya, 1998 ; *La découverte des méthodes démonstratives des dogmes religieux, et l'exposé des ambiguïtés déviatrices et des innovations déroutantes résultants de l'interprétation de ces dogmes*, trad. fr. A. el Ghannouchi, Carthage, Académie tunisienne des sciences, des lettres et des arts, 2016 ; traduction partielle par M. Geoffroy *in* Averroès, L'*Islam et la raison. Anthologie de textes juridiques, théologiques et polémiques*, Paris, GF-Flammarion, 2000, p. 95-160.

al-Kulliyyāt fī al-ṭibb, éd. S. Šaybān-'A. al-Ṭālbī, révision A. Š. al-Rūbī, Le Caire, Société générale égyptienne d'édition, 1989.

Ibn Rushd's Metaphysics : A Translation with Introduction of Ibn Rushd's Commentary on Aristotle's Metaphysics, Book Lām, by Ch. Genequand, Leiden, Brill, 1984.

Mittlerer Kommentar zu Aristoteles De generatione et corruptione, mit einer einleitenden Studie versehen, herausgegeben und kommentiert von H. Eichner, Paderborn-München-Wien-Zürich, Ferdinand Schöningh, 2005 ; pour la trad. fr. voir C. Cerami ; *On Aristotle's "De Generatione et Corruptione". Middle Commentary and Epitome*, Translated from the original Arabic and the Hebrew and Latin versions with notes and introduction by S. Kurland, Cambridge (Mass.), The Mediaeval Academy of America, 1982.

On Aristotle's « Metaphysics ». An Annotated Translation of the So-called « Epitome », éd. R. Arnzen, Berlin-New York, de Gruyter, 2010.

Rasā'il Ibn Rushd, Hayderābād, Dā'irat al-ma'ārif al-'uṯmāniyya, 1946-1947.

Šarḥ al-burhān li-Arisṭū wa-talḫīṣ al-burhān, *in* Ibn Rushd, *Grand commentaire* et *Paraphrase* des *Seconds Analytiques* d'Aristote. Edition critique, notes et introduction par 'A. Badawī, Koweit, Qism al-Turāṯ al-'arabiyy, 1984.

Questions in Physics : From the Unpublished Sêfer ha-derûšîm ha-tib'îyîm, trans. H. T. Goldstein, Dordrecht, Kluwer academic, 1991.

De separatione, primi principii, *in* C. Steel et G. Guldentops, « An Unknown Treatise of Averroes against the Avicennians on the First Cause ; Edition and Translation », *Recherches de théologie et philosophie médiévales* 64/1 (1997), p. 86-135.

Averroes'De substantia orbis, Critical Edition of the Hebrew Text with English Translation and Commentary by A. Hyman, Cambridge (Mass.)-Jerusalem, The Mediaeval Academy of America and The Israel Academy of Sciences and Humanities, 1986.

Tafsīr mā ba'd al-ṭabī'at (*« Grand Commentaire » de la* Métaphysique), texte arabe inédit établi par M. Bouyges, *s. j.*, Beyrouth, Dar el-Machreq, [2]1973.

Tahafot at-Tahafot, éd. M. Bouyges, Beyrouth, Dar el-Machreq, [3]1992 ; *Averroes'Tahafut al-Tahafut (The Incoherence of the Incoherence)*, vol. I et II, translated from the Arabic with Introduction and Notes by S. Van Den Bergh, Cambridge, Cambridge University Press, 1987 (Oxford-London, Luzac, [1]1954).

Talḫīṣ kitāb al-nafs li-Abī al-Walīd Ibn Rušd wa-arba' rasā'il, éd. F. al-'Ahwānī, Le Caire, Maktabat al-naḥda al-miṣriyya, 1950.

Talḫīṣ K. al-Qiyās, éd. M. Qāsim *et al.*, Le Caire, al-Hay'a al-miṣriyya al-'āmma li-l-kitāb, 1983.

Talḫīṣ K. Aristūṭālīs fī l-ǧadal, éd. M. Salīm Sālim, Le Caire, al-Hay'a al-miṣriyya al-ʿāmma li-l-kitāb, 1980.
Averroës' Three Short Commentaries on Aristotle's "Topics", "Rhetoric" and "Poetics", éd. and transl. by Ch. E. Butterworth, Albany, State University of NY Press,1977.

SOURCES GRECQUES ET ARABES

ALEXANDRE D'APHRODISE, *De Anima (De l'âme)* : De Anima *liber cum* Mantissa, in *Commentaria in Aristotelem Graeca*, éd. I. Bruns, Berlin, Reimer, 1887 (p. 1-100) ; *cf.* Alexander Aphrodisiensis *De anima libri mantissa. A new Edition of the Greek text with Introduction and Commentary* by R. W. Sharples, Berlin-New York, de Gruyter, 2008 ; *De l'âme*, texte grec introduit, traduit et annoté par M. Bergeron et R. Dufour, Paris, Vrin, 2008 ; *L'anima*, trad. ital. P. Accattino, P. Donini, Roma, Laterza, 1996 ; *On the Soul. Part 1 : Soul as Form of the Body, Parts of the Soul, Nourishment, and Perception*, trad. angl. partielle V. Caston, London-Bristol, Classical Press, 2012. Pour l'édition partielle de la version arabo-hébraïque, voir A. Günsz, *Die Abhandlung Alexanders von Aphrodisias über den Intellekt. Aus handschriftlichen Quellen zum ersten Male herausgegeben und durch die Abhandlung « Die Nûslehre Alexanders von Aphrodisias und ihr Einfluss auf die arabisch-jüdische Philosophie des Mittelalters » eingeleitet*, Diss. Berlin, 1886.
– *De Intellectu (De l'intellect)* : De Anima *liber cum* Mantissa, in *Commentaria in Aristotelem Graeca*, éd. I. Bruns, Berlin, Reimer, 1887 (p. 106-113) ; cf. *De anima libri mantissa. A new edition of the Greek text with Introduction and Commentary*, éd. R.W. Sharples, Berlin, de Gruyter, 2008. Traduction française du grec : (a) P. Moraux, *Alexandre d'Aphrodise exégète de la noétique d'Aristote*, Liège-Paris, Faculté de Philosophie-Droz, 1942 (p. 185-194) ; (b) Alexandre d'Aphrodise, *De l'âme II (Mantissa)*, trad. R. Dufour, Québec, Presses de l'Université Laval, 2013 (p. 17-28). Traduction anglaise : (a) Alexander of Aphrodisias, *Supplement to "On the Soul"*, trad. R.W. Sharples, Ithaca (NY), Cornell University Press, 2004 (p. 24-44) ; (b) F. M. Schroeder, R.B. Todd, *Two Greek Aristotelian Commentators on the Intellect. The* De intellectu *Attributed to Alexander of Aphrodisias and Themistius' Paraphrase of Aristotle* De anima *3.4-8*, Toronto, Pontifical Institute of Mediaeval Studies, 1990 (p. 46-58). Traduction italienne : Alessandro di Afrodisia, *De intellectu*, éd. et trad. P. Accattino, Torino, Thélème, 2001 ; *De anima II (Mantissa)*. Premessa, testo rivisto, traduzione e note di P. Accattino, con la collaborazione di P. Cobetto Ghiggia, Alessandria, Edizioni dell'Orso, 2005. Pour le texte arabe du *De intellectu*, voir J. Finnegan, « Texte arabe du περὶ νοῦ d'Alexandre d'Aphrodise », *Mélanges de l'Université Saint-Joseph* 33 (1956), p. 159-202 ; et « Maqālat al-Iskandar al-Afrūdīsī fī al-ʿaql ʿalā ra'y Arisṭūṭālīs », *in* ʿA. Badawī

(éd.), *Šurūḥ ʿalā Arisṭū mafqūda fī al-yūnāniyya wa-rasāʾil uḫrā/Commentaires sur Aristote perdus en grec et autres épîtres*, Beyrouth, Dar el-Machreq, 1971, p. 31-42.

– *Commentaire perdu à la Physique d'Aristote (livres IV-VIII) : Les scholies Byzantines, édition, traduction et commentaire*, éd. M. Rashed, Berlin, de Gruyter, 2011.

– *Les principes du tout selon la doctrine d'Aristote*, trad. Ch. Genequand, Paris, Vrin, 2017.

– *Scripta Minora : Quaestiones ; De fato ; De mixtione*, ed. I. Bruns, Berlin, Reimer, 1892.

– *Traité de la providence (Περὶ προνοίας). Version arabe de Abū Bishr Mattā ibn Yūnus*, éd. et trad. P. Thillet, Lagrasse, Verdier, 2003.

AL-FĀRĀBĪ, *Fuṣūl muntazaʿah (Selected Aphorisms)*, éd F. M. Najjar, Beyrouth, Dar el-Machreq, 1971 ; *Aphorismes choisis*, trad. fr. S. Mestiri et G. Dye, Paris, Fayard, 2003 ; trad. angl. *Alfarabi. The Political Writings. Selected Aphorisms and Other Texts*, by Ch. Butterworth, Ithaca and London, Cornell University Press, 2001, p. 11-67.

– *Kitāb al-burhān (Livre de la démonstration)*, in *Al-Manṭiq ʿinda l-Fārābī*, éd. M. Fakhry, Beyrouth, Dar el-Machreq, 1987, p. 19-96.

– *Kitāb al-ḥurūf, in* Alfarabi's *Book of Letters*. Arabic Text, Introduction and Notes by M. Mahdi, Beyrouth, Dar el-Machreq, [2] 1990.

– *Kitāb al-siyāsa al-madaniyya*, éd. F. M. Najjar, Beyrouth, Dar el-Machreq, [2] 1993 ; trad. fr. *Le livre du Régime politique*, introduction, traduction et commentaires Ph. Vallat, Paris, Les Belles Lettres, 2012 ; *La politique civile ou les principes des existants*, trad. fr. A. Cherni, Beyrouth, 2012 ; *The Political Writings, II. « Political Regime » and « Summary of Plato's Laws »*, trad. angl. Ch. E. Butterworth, Ithaca and London, Cornell University Press, 2015.

– *Kitāb taḥṣīl al-saʿāda, in* Al-Fārābī, *The Philosophical Works*, éd. J. Al Yasin, Beirut, Dar al-Manahel, 1987 ; *De l'obtention du bonheur*, trad. fr. (faite sur l'anglais, à l'évidence) O. Sedeyn et N. Lévy, Paris, Allia, 2010.

– *On the Perfect State.* Abū Naṣr al-Fārābī's *Mabādiʾ ārāʾ ahl al-madīna al-fāḍila*, R. Walzer (ed. and transl.), Oxford, Oxford University Press, 1985 ; *Idées des habitants de la cité vertueuse*, traduction française de l'arabe avec introduction et notes par Y. Karam, J. Chlala, A. Jaussen, Beyrouth-Le Caire, Commission libanaise pour la traduction des chefs-d'œuvre-Institut français d'archéologie orientale, 1980 ; *Opinions des habitants de la cité vertueuse*, trad. fr. A. Cherni, Beyrouth, al-Bouraq, 2011.

– *Al-Fârâbî's Philosophy of Aristotle (Falsafat Arisṭûṭâlîs)*, éd. M. Mahdi, Beirut, Dâr Majallat Shi'r, 1961 ; *Al-Farabi's Philosophy of Plato and Aristotle*, translated with an Introduction by M. Mahdi, Ithaca (New York), Cornell University Press, 2001.

– *Risalat fi'l-ʿaql*, éd. M. Bouyges, Beyrouth, Dar el-Machreq, [2] 1986 ; *L'épître sur l'intellect, al-Risâla fî-l-ʿaql*, trad. fr. D. Hamzah, Paris, L'Harmattan, 2001 ;

Epître sur l'intellect (Risāla fī l-ʿaql), introduction, traduction, et commentaire de Ph. Vallat, Paris, Les Belles Lettres, 2012.

PS.-AL-FĀRĀBĪ (?), *L'harmonie entre les opinions de Platon et d'Aristote*, texte arabe et traduction par F. M. Najjar et D. Mallet, Damas, Institut français de Damas, 1999.

AL-ĠAZĀLĪ, *Iḥyā' ʿulūm al-dīn*, 5 vol., Beyrouth, Dār al-kutub al-ʿilmiyya, 1992.

– *Maqāṣid al-falāsifa*, Le Caire, Dār al-maʿārif bi-miṣr, 1961.

– *Al-Munqiḍ min aḍalāl (Erreur et délivrance)*, traduction française, introduction et notes par F. Jabre, Beyrouth, Commission libanaise pour la traduction des chefs, [2] 1969.

– *Le tabernacle des lumières (Michkât Al-Anwâr)*, traduction de l'arabe et introduction par R. Deladrière, Paris, Le Seuil, 1981 ; *The Niche of Lights*, édition et trad. angl., D. Buchman, Provo, Utah, Brigham Young University Press, 1998.

– *Tahāfut al-falāsifa. The Incoherence of the Philosophers.* A parallel English-Arabic text translated, introduced, and annotated by M. E. Marmura, Provo, Utah, Brigham Young University Press, [2]2000.

AL-KINDĪ, *Œuvres philosophiques*, éd. et trad. R. Rashed et J. Jolivet, volume II, *Métaphysique et cosmologie*, Leiden, Brill,1998.

ALVARO DE TOLEDO, *Commentarii in tractatum Averrois de substantia orbis*, éd. P. M. Alonso, in *Comentario al « De substantia orbis » de Averroes (aristotelismo y averroismo) por Alvaro de Toledo*, Madrid, Bolaños y Aguilar, 1941.

ARISTOTE, *De l'âme*, texte établi par A. Jannone, traduction et notes de E. Barbotin, Paris, Les Belles Lettres, 1989 (troisième tirage) ; cf. *De l'âme*, traduction inédite, présentation, notes et bibliographie par R. Bodéüs, Paris, GF-Flammarion, 1993 ; *De l'âme*, éd. et trad. par P. Thillet, Paris, Gallimard, 2005.

– Arisṭūṭālīs, *Fī al-nafs*, éd. ʿA. Badawī, Le Caire, Maktabat al-naḥda al-miṣriyya, 1954, p. 125-175.

– *Aristotle's "De Anima". Translated into Hebrew by Zeraḥyah Ben Isaac Ben Shealtiel Ḥen. A Critical Edition with an Introduction and Index*, éd. G. Bos, Leiden-New York-Köln, Brill, 1994.

– *Du ciel*, texte établi et traduit par P. Moraux, Paris, Les Belles Lettres, 2003 (2 e tirage).

– *Traité du ciel*, traduction et notes par C. Dalimier et P. Pellegrin, introduction de P. Pellegrin, Paris, GF-Flammarion, 2004.

– *La Génération des animaux*, trad. D. Lefebvre, *in* P. Pellegrin (éd.), Aristote, *Œuvres complètes*, Paris, Flammarion, 2014.

– *Generation of Animals. The Arabic Translation Commonly Ascribed to Yaḥyā ibn al-Biṭrīq*, éd. J. Brugman et H. J. Drossaart Lulofs, Leiden, Brill, 1971.

– *Aristotle. De animalibus, Michael Scot's Arabic-Latin Translation. Part three. Books XV-XIX : Generation of Animals*, éd. A. M. I. Van Oppenraaij, With a

Greek Index to *De generatione animalium* by H. J. Drossaart Lulofs, Leiden-New York-Köln, Brill, 1992.
– *De la génération et la corruption*, texte établi, traduit et annoté par M. Rashed, Paris, Les Belles Lettres, 2004.
– *Manṭiq* Arisṭū, éd. ʿA. Badawī, 3 vol., al-Kuwayt-Bayrūt, Wikālat al-maṭbūʿa-Dār al-qalam, 1980.
– *Métaphysique*, introduction, traduction, notes, bibliographie et index par M.-P. Duminil et A. Jaulin, Paris, GF-Flammarion, 2008.
– *Météorologiques*, introduction, traduction, notes et bibliographie par J. Groisard, Paris, GF-Flammarion, 2008.
– *The Arabic Version of Aristotle's* Meteorology, éd. C. Petraitis, Beyrouth, Dar el-Machreq, 1967.
– *The Arabic Version of the* Nicomachean Ethics, with an introduction and annotated translation by Douglas M. Dunlop, éd. A. Akasoy et A. Fidora, Leiden, Brill, 2005.
– *The Arabic Version of Aristotle's* Part of Animals. Books XI-XIV of the *Kitāb al-Ḥayawān*, éd. R. Kruk, Amsterdam-Oxford, Koninklijke Nederlandse Akademie van Wetenschappen, 1979.
– *Petits traités d'histoire naturelle (Parva Naturalia)*, traduction inédite, introduction, notes et bibliographie par P.-M. Morel, Paris, GF-Flammarion, 2000.
– *Physique*, traduction, présentation, notes, bibliographie et index par P. Pellegrin, Paris, GF-Flammarion, 2000.
– *Seconds Analytiques*, introduction, traduction, notes, bibliographie et index par P. Pellegrin, Paris, GF-Flammarion, 2005.
– *al-Ṭabīʿa* (*La Physique*), trad. *Isḥāq ibn Ḥunayn*, éd. ʿA. Badawī, 2 vol., Le Caire, al-Dār al-qawmiyya li-al-ṭibāʿa wa-al-našr, 1384-1385 (1964-1965).
FREGE G., *Écrits logiques et philosophiques*, trad. Cl. Imbert, Paris, Le Seuil, 1971.
IBN BĀĞĞA (Avempace), *La conduite de l'isolé et deux autres épitres*, introduction, édition critique du texte arabe, traduction et commentaire par Ch. Genequand, Paris, Vrin, 2010.
– « Kitāb al-nafs li-bni Bāğğa », éd. Ğ. Rāšiq ; et « al-Qawl fī al-quwwa al-nāṭiqa li-bni Bāğğa », éd. M. Alūzād *et al.*, *in* M. Alozade (dir.), *Les Cahiers du Groupe de recherche sur la philosophie islamique, II*, Fès, 1999, p. 87-209 ; 220-334.
– *Kitāb al-nafs*, éd. M. al-Maʿṣūmī, Bayrūt, Dār Ṣādir, 1412 h./1992 ; *Ibn Bajjah's ʿilm al-nafs*, english translation and notes by M. S. Hasan Maʿsumi, New Dehli, Kitab Bhavan,1992.
– *Rasāʾil falsafiyya li-al-Kindī wa-al-Fārābī wa-Ibn Bāğğa wa-Ibn ʿAdī*, éd. ʿA. Badawī, Benghazi, 1973.
– *Rasāʾil falsafiyya : Nuṣūṣ falsafiyya ġayr manšūra*, éd. Ğ. al-ʿAlawī, Beirut, 1983.
IBN SĪNĀ (Avicenne), *Commentaire sur le livre Lambda de la* Métaphysique *d'Aristote (chapitres 6-10)*, édition critique, traduction et notes par M. Geoffroy, J. Janssens et M. Sebti, Paris, Vrin, 2014.

– *Epistola sulla vita futura (al-Risāla l-aḍḥawiyya fī al-ma'ād)*, a cura di F. Lucchetta. Testo arabo, traduzione, introduzione e note, Padova, Antenore, 1969.
– *Epître sur l'amour* (*R. fī l-'išq)*, éd. M. A. F. Mehren, in *Traités mystiques d'Aboû Alî al-Hosain b. Abdallâh b. Sînâ ou d'Avicenne*, fasc. 3, Leyde, Brill, 1894, p. 1-27.
(AVICENNE ?), *Epître sur les prophéties*, traduction et notes J.-B. Brenet, introduction O. L. Lizzini, Paris, Vrin, 2018.
– *Kitāb al-'Išārāt wa-l-tanbīhāt*, éd. J. Forget, Leiden, 1892 ; *Livre des Directives et des remarques* (*Kitāb al-'išārāt wa l-tanbīhāt*), trad. fr. A.-M. Goichon, Beyrouth-Paris, Commission internationale pour la traduction des chefs d'œuvre-Vrin, 1951.
– *Kitāb al-Naǧāt fī al-ḥikma al-manṭiqiyya wa-al-ṭabī'iyya wa-al-ilāhiyya*, éd. M. Fakhry, Beirut, Dār al-afāq al-ǧadīda, 1985 ; *Avicenna's Psychology. An English Translation of* Kitāb al-najāt, *Book II, chapter VI*, by F. Rahman, Oxford-London, Oxford University Press-Geoffrey Cumberlege, 1952.
– *Livre des définitions* (*Kitāb al-ḥudūd*), éd. et trad. A.-M. Goichon, Le Caire, Institut français d'archologie orientale, 1963.
– *Livre de la genèse et du retour* (*Kitāb al-mabda' wa-l-ma'ād*), trad. fr. Y. J. Michot, Oxford, 2002 (en ligne seulement) ; pour le texte arabe : *al-Mabda' wa al-ma'âd (The Beginning And The End)* by Ibn Sînâ, éd. A. Nûrânî, Tehran, Institute of Islamic Studies (McGill University)-Tehran University, 1984.
– *Livre de science* (*Dāneš Nāmeh*), I (Logique et Métaphysique) ; II (Science Naturelle, Mathématiques), trad. M. Achena et H. Massé, Paris, Les Belles Lettres-Unesco, [2] 1986.
– *al-Mubāḥaṯāt*, éd. Bīdārfar, Qum, Intišārāt-i Bīdār, 1413 h. l./1371 h. s.
– *Kitāb al-Mubāḥaṯāt li-Ibn Sīnā*, *in* 'A. Badawī, *Arisṭū 'indā l-'arab*, al-Kuwait, Wikālat al-maṭbū'āt, [2]1978, p. 117-239.
– *The Physics of* the Healing, A parallel English-Arabic text translated, introduced, and annotated by J. McGinnis, Provo (Utah), Brigham Young University Press, 2009.
– *al-Risāla al-'aršiyya*, éd. I. Hilāl, Le Caire, Ǧāmi'at al-azhar-Kulliyyat al-nabāt, ca. 1982.
– *al-Shifā'. Al-Ilāhiyyāt (Al-Shifā'. La Métaphysique)*, t. I, livres I-V, éd. par G.C. Anawati et S. Zayed, révision et introduction par I. Madkour ; t. II, livres VI-X, texte établi et édité par M. Y. Mousa, S. Dunya, S. Zayed, révisé et précédé par une introduction du Dr. I. Madkour, à l'occasion du millénaire d'Avicenne, Le Caire, Ministère de la culture et de l'orientation, 1960 ; *La métaphysique du Shifā'*, trad. fr. G. Anawati, livres I-V, Paris, Vrin, 1978 ; livres VI-X, Paris, Vrin, 1985.
– *al-Shifā'. al-Ṭabī'iyyāt. II. al-Samā' wa-l-'ālam. III. al-Kawn wa-l-fasād. IV. al-Af'āl wa-l-infi'ālāt*, éd. M. Qāsim, Le Caire, Dār al-kitāb al-'arabiyy li-ṭibā'a wa-l-našr, 1969.
– *al-Shifā'. al-Ṭabī'iyyāt VI. al-Nafs (Livre de l'âme* du *Šifā')*, éd. G.C. Anawati, S. Zayed, I. Madkour, Le Caire, al-Hay'a al-miṣriyya al-'āmma li-l-kitāb,

1975 ; cf. *Avicenna's* De Anima *(Arabic Text), being the psychological part of* Kitāb al-shifā', éd. F. Rahman, Londres-New York-Toronto, Oxford University Press, 1959.

– *Ta'līqāt 'alā ḥawāšī Kitāb al-nafs li-Arisṭāṭālīs (Gloses marginales sur le* De anima *d'Aristote), in* 'A. Badawī (éd.), *Arisṭū 'inda l-'Arab*, al-Kuwayt, Wikālat al-maṭbū'āt, [2] 1978, p. 75-116.

– *Tafsīr kitāb Uṯūlūǧiyā min al-Inṣāf 'an al-Šayḫ al-Ra'īs Abī 'Alī bin Sīnā*, in 'A. Badawī, *Arisṭū 'indā l-'arab*, al-Kuwayt, [2] 1978, p. 35-74; « Les notes d'Avicenne sur la "Théologie d'Aristote" », trad. fr. G. Vajda, *Revue thomiste* 51 (1951), p. 346-406.

IBN ṬUFAYL, *Hayy ben Yaqdhân : roman philosophique d'Ibn Thofaïl*, texte arabe avec les variantes des manuscrits et de plusieurs éditions et traduction française par L. Gauthier, 2 e éd., revue, augmentée et complètement remaniée, Beyrouth, Imprimerie catholique, 1936.

IGNOTI AUCTORIS, *Aristoteles'* De anima. *Eine verlorene spätantike Paraphrase in arabischer & persischer Überlieferung*, éd. R. Arnzen, Leiden-New York-Köln, Brill, 1998.

PHILOPON, *In Aristotelis De anima Libros Commentaria*, éd. M. Hayduck, Berlin, Reimer, 1897. (Le livre III de ce commentaire est considéré comme pseudépigraphe par son éditeur, qui proposait de l'attribuer à Etienne d'Alexandrie; pour une traduction anglaise de ce Pseudo-Philopon (?), voir Philoponus, *On Aristotle On the Soul 3.1-8*, trans. W. Charlton, London, Duckworth, 2000. Un autre commentaire au *De anima* III est attribué à Philopon, dont une partie, *in An.* III 4-8, a été conservée dans une traduction latine de Guillaume de Moerbecke : voir Jean Philopon, *Commentaire sur le De anima d'Aristote. Traduction de Guillaume de Moerbecke*, éd. G. Verbeke, Louvain-Paris, Publications universitaires de Louvain-Editions Béatrice Nauwelaerts, 1966; pour une traduction anglaise, voir Philoponus, *On Aristotle On the Intellect*, trans. W. Charlton, London, Duckworth, 1991).

PLATON, *Œuvres complètes*, sous la dir. de L. Brisson, Paris, GF-Flammarion, 2011.

PLOTIN, *Traités 1-54*, traductions sous la direction de L. Brisson et J.-F. Pradeau, 9 vol., Paris, GF-Flammarion, 2002-2010.

– *Traité 5 (V, 9)*, introduction, traduction, commentaires et notes par A. Schniewind, Paris, Le Cerf, 2007.

(PLOTINO), *La discesa dell'anima nei corpi* (*Enn.* IV, 8 <6>). *Plotiniana arabica* (*Pseudo-teologia di Aristotele*, capitoli 1 e 7 ; *Detti del Sapienti Greco*. A cura di C. D'Ancona, Padova, Il Poligrafo, 2003.

PLOTINUS ARABUS (Anonyme), *Plotiniana arabica ad codicum fidem anglice vertit* G. Lewis, in *Plotini Opera*, éd. P. Henry et H.-R. Schwyzer, vol. II, Paris-Bruxelles, DDB-L'édition universelle, 1959.

– « Uṯūlūǧiyā Arisṭāṭālīs » *(Théologie d'Aristote)*, in *Aflūṭīn 'inda l-'arab. Plotinus apud Arabes. Theologia Aristotelis et fragmenta quae supersunt*, éd. 'A. Badawī, al-Kuwayt, Wikālat al-maṭbū'āt, [3]1977, p. 1-164 (*cf.* F. Dieterici, *Die sogenannte Theologie des Aristoteles aus arabischen Handschriften zum ersten Mal herausgegeben*, Leipzig, J. C. Hinrichs'sche Buchhandlung, 1882).

PROCLUS, voir G. Endress *infra*.

Ps. PORPHYRE, voir W. Kutsch *infra*.

THÉMISTIUS, *In Libros Aristotelis* De anima *Paraphrasis* (*Paraphrase* du traité *De l'âme* d'Aristote), éd. R. Heinze, Berlin, Reimer, 1889.

– *In Aristotelis* Physica *paraphrasis*, éd. H. Schenkl, Berlin, Reimer, 1900.

– *An Arabic Translation of Themistius'Commentary on Aristotle's* De anima, éd. M. C. Lyons, Columbia (South Carolina)-Oxford (England), University of South California Press-Bruno Cassirer, 1973.

– *On Aristotle. On the soul*, translated by R. B. Todd, London, Duckworth, 1996.

– *Paraphrase de la* Métaphysique *d'Aristote (livre lambda)*, traduit de l'hébreu et de l'arabe, introduction, notes et *indices* par R. Brague, Paris, Vrin, 1999.

THÉOPHRASTE, *Theophrastus of Eresus. Sources for His Life, Writings, Thought and Influence*, edited and translated by W. W. Fortenbaugh *et al*, Leiden, Brill, 1992.

LITTÉRATURE SECONDAIRE

ACCATTINO P., « Generazione dell'anima in Alessandro di Afrodisia, *De anima* 2.10-11.1 ? », *Phronesis* 40, 1995, p. 182-201.

ACCATTINO P. et DONINI P., « Alessandro di Afrodisia, *De an.* 90. 23 *sq.* A proposito del *nous thurathen* », *Hermes* 122 (1994), p. 373-375.

ADAMSON P. et DI GIOVANNI M., *Interpreting Averroes. Critical Essays*, Cambridge, Cambridge University Press, 2019.

ADAMSON P. et WISNOVSKY R., « Yaḥyā Ibn ʿAdī on the Location of God », *Oxford Studies in Medieval Philosophy* 1 (2013), p. 205-228.

AL-ʿALAWI Ǧ., *al-Matn al-rušdī. Madḫal ilā qirāʾa ǧadīda*, Casablanca, Tūbqāl, 1986.

ALPINA T., « Intellectual Knowledge, Active Intellect and Intellectual Memory in Avicenna's *Kitāb al-Nafs* and Its Aristotelian Background », *Documenti e Studi sulla tradizione Filosofica Medievale* 25 (2014), p. 131-183.

ALTMANN A., « Ibn Bājja on Man's Ultimate Felicity », *Studies in Religious Philosophy and Mysticism*, London, Routledge and Kegan Paul, 1969, p. 73-107 (repris *in* H. A. Wolfson et S. Lieberman (éd.), *Harry Austryn Wolfson Jubilee Volume*, Jerusalem, American Academy for Jewish Research, 1965, p. 47-87).

ALŪZĀD M., « Ḥuḍūr Ibn Bāǧǧa fī ǧawāmiʿ al-nafs li-Ibn Rušd. Min al-tamāṯul ilā tadšīn al-infiṣāl », *in* M. al-Miṣbāḥī (éd.), *al-Ufuq al-kawnī li-fikr Ibn Rušd. Aʿmāl al-nadwa al-duwaliyya bi-munāsabat murūr ṯamāniya qurūn ʿalā wafāt Ibn Rušd, Murrākuš, 12-15 dīsambar 1998* [Actes du colloque Ibn Rušd, Marrakech, 12-15 décembre 1998], Marrakech, 2001, p. 75-102.

ANAWATI G. C., « Le néo-platonisme dans la pensée musulmane. État actuel des recherches », *Études de philosophie musulmane*, Paris, Vrin, 1974, p. 155-221.

AOUAD M., « La *Théologie d'Aristote* et autres textes du *Plotinus Arabus* », *in* R. Goulet (éd.), *Dictionnaire des philosophes antiques*, Paris, Éditions du CNRS, 1989, t. I, p. 541-590.

ARBERRY A. J., *A Handlist of the Arabic Manuscripts. Volume VI. MSS 4501-5000*, Dublin, Hodges, Figgis and Co., 1963.

BADAWĪ 'A., *Ariṣṭū 'inda al-'arab*, al-Kuwayt, Wikālat al-maṭbū'āt, [2] 1978.

BAKKER P. J. J. M. et THIJSSEN J. M. M. H. (éd.), *Mind, Cognition and Representation. The Tradition of Commentaries on Aristotle's* De anima, London-New York, Routledge, 2007.

BALLÉRIAUX O., *D'Aristote à Thémistius. Contribution à une histoire de la noétique après Aristote* (Dissertation inédite), Liège, 1943.

– « Thémistius et l'exégèse de la noétique aristotélicienne », *Revue de philosophie ancienne* 7 (1989), p. 199-233.

– « Thémistius et le néoplatonisme : le *nous pathêtikos* et l'immortalité de l'âme », *Revue de philosophie ancienne* 12/2 (1994), p. 171-200.

BARBOTIN E., *La Théorie aristotélicienne de l'intellect d'après Théophraste*, Louvain-Paris, Presses Universitaires de Louvain-Vrin, 1954.

BAZAN B. C., « L'authenticité du "De intellectu" attribué à Alexandre d'Aphrodise », *Revue philosophique de Louvain* 71 (1973), p. 468-487.

– « *Intellectum speculativum* : Averroes, Thomas Aquinas and Siger of Brabant on the Intelligible Object », *Journal of the History of Philosophy* 19/4 (1981), p. 425-446.

– *Thomas d'Aquin. L'âme humaine*, éd. J.-B. Brenet, Paris, Vrin, à paraître.

BEN AHMED F., « Une approche philosophique de la dialectique chez Averroès : valeurs, usages et limites » (en arabe), *Mélanges de l'Université Saint-Joseph*, 63 (2010-2011), p. 259-322.

– *Manzilat al-tamṯīl fī falsafat Ibn Rušd*, Beirut-Rabat-Alger, Manšūrāt Ḍifāf-Manšūrāt al-'iḫtilāf-Dār al-'Aman, 2014.

BERMAN E. Z., « A Manuscript Named "Shoshan Limmudim" and its Relationship to a Provençal Circle of Scholars » [en hébreu], *Qiryat sefer* 53 (תשלח [=1978]), p. 368-372.

BERTOLACCI A., *The Reception of Aristotle's* Metaphysics *in Avicenna's* Kitāb al-Šifā'. *A Milestone of Western Metaphysical Thought*, Leiden-Boston, Brill, 2006.

– « The "Andalusian revolt against Avicennian metaphysics" : Averroes' Criticism of Avicenna in the *Long Commentary* on the *Metaphysics* », conférence donnée au colloque *Averroès, l'averroïsme, l'antiaverroïsme*, XIVe symposium annuel de la SIEPM, Genève, Suisse, 4-6 Octobre 2006 (org. A. de Libera).

BLACK D. L., *Logic and Aristotle's* Rhetoric *and* Poetics *in Medieval Arabic Philosophy*, Leiden-New York-København-Köln, Brill, 1990.

– « Consciousness and Self-Knowledge in Aquinas's Critique of Averroes's Psychology », *Journal of the History of Philosophy* 31 (1993), p. 349-385.
– « Estimation in Avicenna : The Logical and Psychological Dimensions », *Dialogue* 32 (1993), p. 219-253.
– « Memory, Individuals, and the Past in Averroes's Psychology », *Medieval Philosophy and Theology* 5 (1996), p. 161-187.
– « Conjunction and the Identity of Knower and Known in Averroes », *American Catholic Philosophical Quarterly* 73 (1999), p. 161-184.
– « Estimation and Imagination. Western Divergences from an Arabic Paradigm », *Topoi* 19 (2000), p. 59-75.
– « Models of the Mind : Metaphysical Presuppositions of the averroist and thomistic Accounts of Intellection », *Documenti e Studi sulla tradizione filosofica medievale* 15 (2004), p. 319-352.
– « Psychology : Soul and Intellect », *in* P. Adamson et R. C. Taylor (éd.), *The Cambridge Companion to Arabic Philosophy*, Cambridge, Cambridge University Press, 2005, p. 308-326.
– « Intentionality in Medieval Arabic Philosophy », *Quaestio* 10 (2010), p. 65-82.
– « Averroes on the Spirituality and Intentionality of Sensation », *in* P. Adamson (éd.), *In the Age of Averroes : Arabic Philosophy in the Sixth/Twelfth Century*, London, Warburg Institute, 2011, p. 159-174.
BLAUSTEIN M., *Averroes on the Imagination and the Intellect*, unpublished Thesis, Harvard University, Cambridge (Mass.), 1984.
BLUMENTHAL H. J., « Neoplatonic Interpretations of Aristotle on Phantasia », *Review of Metaphysics* 31 (1977), p. 242-257.
– « Themistius, the Last Peripatetic Commentator ? », *in* R. Sorabji (éd.), *Aristotle Transformed. The Ancient Commentators and Their Influence*, London, Duckworth, 1990, p. 113-125.
– « *Nous pathêtikos* in later Greek Philosophy », *in* H. J. Blumenthal et H. Robinson (éd.), *Aristotle and the Later Tradition* (*Oxford Studies in Ancient Philosophy*, suppl. vol. 1991), p. 191-205.
– *Soul and Intellect. Studies in Plotinus and Later Neoplatonism*, Aldershot, Variorum, 1993.
BOU AKL Z. (éd.), *Averroès. Le Philosophe et la Loi. Édition, traduction et commentaire de « L'Abrégé du Mustaṣfā »*, Boston-Berlin-Münich, de Gruyter, 2015.
BRENET J.-B., *Transferts du sujet. La noétique d'Averroès selon Jean de Jandun*, Paris, Vrin, 2003.
– « Averroès a-t-il inventé une théorie des deux sujets de la pensée ? », *Tópicos. Revista de filosofía* (Universidad Panamericana, México) 29 (2005), p. 53-86.
– (éd.) *Averroès et les averroïsmes juif et latin. Actes du colloque international, Paris 16-18 juin 2005*, Turnhout, Brepols, 2007.

– « Corps-sujet, corps-objet. Notes sur Averroès et Thomas d'Aquin dans le *De immortalitate animae* de P. Pomponazzi », *in* J. Biard et Th. Gontier (dir.), *Pietro Pomponazzi entre traditions et innovations*, Amsterdam-Philadelphia, B. R. Grüner Publishing Company, 2009, p. 11-28.
– « Le feu agit-il en tant que feu ? Causalité et synonymie dans les *Quaestiones* sur le *De sensu et sensato* de Jean de Jandun », *in* Ch. Grellard et P.-M. Morel (dir.), *Les "Parva Naturalia" d'Aristote. Fortune antique et médiévale*, Paris, Publications de la Sorbonne, 2010, p. 163-195.
– « S'unir à l'intellect, voir Dieu. Averroès et la doctrine de la jonction au cœur du thomisme », *Arabic Sciences and Philosophy* 21 (2011), p. 215-247.
– « Acquisition de la pensée et acquisition de l'acte chez Averroès. Une lecture croisée du *Grand Commentaire* au *De anima* et du *Kitāb al-Kašf 'an manāhij al-adilla* », *in* L. X. López Farjeat et J. A. Tellkamp (éd.), *Philosophical Psychology in Arabic Thought and the Latin Aristotelianism of the 13th Century*, Paris, Vrin, 2013, p. 111-139.
– *Les possibilités de jonction. Averroès-Thomas Wylton*, Berlin-Boston, de Gruyter, 2013.
– « Du corporel au spirituel. Averroès et la question du sens agent », *Freiburger Zeitschrift für Philosophie und Theologie* 61/1 (2014), p. 19-42.
– « Pensée, dénomination extrinsèque et changement chez Averroès. Une lecture d'Aristote, *Physique* VII, 3 », *Archives d'Histoire Doctrinale et Littéraire du Moyen Âge* 82 (2015), p. 23-43.
– « Alexandre d'Aphrodise ou le matérialiste malgré lui : La question de l'engendrement de l'intellect revue et corrigée par Averroès », *in* P. J. J. M. Bakker (éd.), *Averroes' Natural Philosophy and its Reception in the Latin West*, Leuven, Peeters, 2015, p. 37-67.
– *Averroès l'inquiétant*, Paris, Les Belles Lettres, 2015.
– *Je fantasme. Averroès et l'espace potentiel*, Lagrasse, Verdier, 2017.
– « Métaphysique et politique "en intention seconde". Jean de Jandun héritier d'Averroès et d'Alexandre d'Aphrodise », *Archives d'Histoire Littéraire et Doctrinale du Moyen Âge* 85 (2018), p. 109-127.
– « L'image, puis rien », *in* J.-B. Brenet et L. Cesalli (éd.), *Sujet libre. Pour Alain de Libera*, Paris, Vrin, 2018, p. 73-78.
– « Averroès et l'intellect matériel diaphane. Remarques sur une analogie variable », *Recherches de Théologie et Philosophie Médiévales* 85/2 (2018), p. 261-284.
– et AGAMBEN G., *Intellect d'amour*, Lagrasse, Verdier, 2018.
– « Averroism and the Metaphysics of Intellect », *in* St. Schmid (éd.), *Philosophy of Mind in the Late Middle Ages and Renaissance* (R. Copenhaver et Ch. Shields (éd.), *The History of Philosophy of Mind*, vol. 3), London-New York, Routledge, 2019, p. 83-100.
– et LIZZINI O. (dir.), *La philosophie arabe à l'étude. Sens, limites et défis d'une discipline moderne. Studying Arabic Philosophy. Meaning, Limits and Challenges of a Modern Discipline*, Paris, Vrin, 2019.

– « Descartes l'arabe. Averroès jusque dans la querelle d'Utrecht », *in* J.-B. Brenet et O. Lizzini (éd), *La philosophie arabe à l'étude. Sens, limites et défis d'une discipline nouvelle*, p. 491-518.

– et LIBERA A. (de), ROSIER I. (éd.), *Dante et l'averroïsme*, Paris, Collège de France-Les Belles Lettres, 2019.

– « L'intellect agent, la lumière, l'*hexis*. Averroès lecteur d'Aristote et d'Alexandre d'Aphrodise », *Chôra. Revue d'études anciennes et médiévales* 18-19 (2020-2021), p. 431-452.

– « Alexandre d'Aphrodise lu par al-Fārābī : Averroès et la notion de *tağawhara* », Actes du 10th International Colloquium of the *Société Internationale d'Histoire des Sciences et de la Philosophie Arabes et Islamiques* (S. I. H. S. P. A. I.) : « *Science, philosophy and kalam in Islamic civilisation : the Old and the New* », Napoli, 9-11 sept. 2019, à paraître.

BROADIE S., « *Nous* and Nature in *De Anima* III », *Proceedings of the Boston Area Colloquium in Ancient Philosophy* 12 (1996), p. 163-192.

BURNETT Ch., « Coniunctio-continuatio », *in* I. Atucha, D. Calma, C. König-Pralong et I. Zavattero (éd.), *Mots médiévaux offerts à Ruedi Imbach*, Turnhout, Brepols, 2011, p. 185-198.

CANOVA B., « Aristote et le Coran dans le *Kitāb al-Kašf ʿan manāhiğ al-adilla* d'Averroès », *in* J.-B. Brenet, *Averroès et les averroïsmes juif et latin*, p. 193-213.

CASTON V., « Why Aristotle Needs Imagination », *Phronesis* 41 (1996), p. 20-55.

– « Aristotle's Two Intellects : a Modest Proposal », *Phronesis* 44/3 (1999), p. 199-227.

– « Aristotle's Argument for Why the Understanding is not Compounded with the Body », *Proceedings of the Boston Area Colloquium in Ancient Philosophy* 16 (2000), p. 135-75.

– « The Spirit and the Letter : Aristotle on Perception », *in* R. Salles (éd.), *Metaphysics, Soul, and Ethics in Ancient Thought : Themes from the Work of Richard Sorabji*, Oxford, Clarendon Press, 2005, p. 245-320.

CERAMI C., « Generazione verticale, generazione orizzontale : Il principio di sinonimia nel *Commento Grande* di Averroè al libro Z della *Metafisica* di Aristotele », *Chôra. Revue d'études anciennes et médiévales* 7-8 (2009-2010), p. 131-160.

– « Mélange, *minima naturalia* et croissance animale dans le *Commentaire Moyen* d'Averroès au *De generatione et corruptione* I, 5 », *in* J. Biard et S. Rommevaux (éd.), *La nature et le vide dans la physique médiévale. Études dédiées à Edward Grant*, Turnhout, Brepols, 2012, p. 137-164.

– « Signe physique, signe métaphysique : Averroès contre Avicenne sur le statut épistémologique des sciences de l'être », *in* C. Cerami (éd.), *Nature et Sagesse : Les rapports entre physique et métaphysique dans la tradition aristotélicienne. Recueil de textes en hommage à Pierre Pellegrin*, Louvain-la-Neuve, Peeters, 2014, p. 429-474.

– *Génération et Substance. Aristote et Averroès entre physique et métaphysique*, Boston-Berlin, de Gruyter, 2015.

– « Essence, accident et nécessité : la notion de *par soi* chez Averroès », *Les Études philosophiques* 162 (2016), p. 217-241.

– « Changer pour rester le même. Forme, δύναμις et ἕξις chez Alexandre d'Aphrodise », *in* A. Balansard et A. Jaulin (éd.), *Alexandre d'Aphrodise et la métaphysique aristotélicienne*, Leuven-Paris-Bristol, Peeters, 2017, p. 237-280.

– « A Map of Averroes'Criticism against Avicenna : *Physics*, *De caelo*, *De generatione et corruptione*, *Meteorology* », *in* D. N. Hasse et A. Bertolacci (éd.), *The Arabic, Hebrew and Latin Reception of Avicenna's Physics and Cosmology*, Berlin, de Gruyter, 2018, p. 163-240.

– « Averroès, *Commentaire moyen* du *De generatione et corruptione*. Introduction, traduction, notes », Mémoire inédit de l'Habilitation à diriger des recherches : *Entre ciel et terre. La doctrine de la génération substantielle, d'Aristote au néo-aristotélisme*, Sorbonne Université, 2020.

CODA E., « Thémistius on Intellect. Theophrastus and Plotinus as Sources of *In De anima* III, 5 », *Studia graeco-arabica* 10 (2020), p. 1-20.

CORDONIER V., « Matière, qualités, mélange. La physique élémentaire d'Aristote chez Galien et Alexandre d'Aphrodise », *Quaestio* 7 (2007), p. 79-103.

– « Corps, matière et contact. La cohérence du sensible selon Alexandre d'Aphrodise », *in* M. Rashed (éd.), *Alexandre d'Aphrodise, commentateur d'Aristote et philosophe*, *Les Études Philosophiques* 86/3 (2008), p. 353-378.

– « Le mélange chez Averroès. Sources textuelles et implications théoriques », *in* A. Hasnawi et G. Federici Vescovini (éd.), *La circolazione dei saperi nel Mediterraneo : filosofia e scienze (secoli IX-XVII) ; La circulation des savoirs autour de la méditerranée : philosophie et sciences (IXe-XVIIe siècle)*, Florence, Cadmo, 2012, p. 361-376.

D'ANCONA C., *Storia della filosofia nell'Islam medievale*, 2 vol., Torino, Einaudi, 2005.

– « Greek into Arabic : Neoplatonism in translation », *in* P. Adamson et R. Taylor (éd.), *The Cambridge Companion to Arabic Philosophy*, Cambridge, CUP, 2005, p. 10-31.

– « Man's Conjunction with Intellect. A Neoplatonic Source of Western Muslim Philosophy », *The Israel Academy of Sciences and Humanities Proceedings* VIII, 4 (2008), p. 57-89.

– « Plotinus Arabic », *in* H. Lagerlund (éd.), *Encyclopedia of Medieval Philosophy*, Dordrecht, Springer, 2011, p. 1030-1038.

– « La *Teologia* neoplatonica di "Aristotele" e gli inizi della filosofia arabo-musulmana », *in* P. Derron, R. Goulet, U. Rudolph et Ch. Riedweg (éd.), *Entre Orient et Occident. La philosophie et la science gréco-romaines dans le monde arabe*, Vandœuvres-Genève, Fondation Hardt, 2011, p. 135-190.

– « Aux origines du *Dator formarum*. Plotin, *L'Epître sur la science divine* et al-Fārābī », *in* E. Coda et C. Martini Bonadeo (éd.), *De l'Antiquité tardive au Moyen Âge. Études de logique aristotélicienne et de philosophie grecque, syriaque, arabe et latine offertes à Henri Hugonnard-Roche*, Paris, Vrin, 2014, p. 381-413.

– « Le Plotin arabe et les origines de la “noétique” », *in* M. Sebti et D. De Smet (éd.), *Noétique et théorie de la connaissance dans la philosophie arabe du IXᵉ au XIIᵉ siècle*, p. 13-43.

D'ANCONA C. et SERRA G (éd.), *Aristotele e Alessandro di Afrodisia nella tradizione araba*. Atti del colloquio *La ricezione araba ed ebraica della filosofia e della scienza greche*, Padova, 14-15 maggio 1999, Padova, Il Poligrafo, 2002.

DARE (The Digital Averroes Research Environment – Thomas-Institute, University of Cologne) : *dare.unikoeln.de.*

DAVIDSON H. A., « The Principle That a Finite Body Can Contain Only Finite Power », *in* S. Stein et R. Loewe (éd.), *Studies in Jewish Religious and Intellectual History : Presented to Alexander Altmann on the Occasion of his Seventieth Birthday*, London-University, Alabama, The Institute of Jewish Studies-The University of Alabama Press, 1979, p. 75-92.

– « Averroes on the Material Intellect », *Viator* 17 (1986), p. 91-137.

– *Alfarabi, Avicenna, and Averroes, on Intellect. Their Cosmologies, Theories of the Active Intellect, and Theories of Human Intellect*, New York-Oxford, Oxford University Press, 1992.

– « The Relation Between Averroes'*Middle* and *Long Commentaries* on the *De anima* », *Arabic Sciences and Philosophy* 7 (1997), p. 139-151.

DERENBOURG H., « Notes critiques sur les manuscrits arabes de la Bibliothèque Nationale de Madrid », *in* E. Saavedra (éd.), *Homenaje á Francisco Codera en su jubilación del profesorado. Estudios de erudición oriental*, Zaragoza, M. Escar, 1904, p. 571-618.

– « Le commentaire arabe d'Averroès sur quelques petits écrits physiques d'Aristote », *Archiv für Geschichte der Philosophie* 18 (1905), p. 250-252.

DEVEREUX D., « Theophrastus on the Intellect », *in* W. W. Fortenbaugh et D. Gutas (éd.), *Theophrastus : His psychological, Doxographical, and Scientific Writings*, New Brunswick and London, 1992, p. 32-43.

DI GIOVANNI M., « La definizione delle sostanze sensibili nel *Commento Grande* (*Tafsîr*) di Averroè a *Metafisica* Z 10 », *Documenti e studi sulla tradizione filosofica medievale* 14 (2003), p. 27-63.

– « The Doctrine of Genus as Matter », *Documenti e studi sulla tradizione filosofica medievale* 15 (2004), p. 255-285.

– « Averroes on the Species of Celestial Bodies », *in* A. Speer et L. Wegener (éd.), *Wissen über Grenzen. Arabisches Wissen und Lateinisches Mittelalter* (*Miscellanea Mediaevalia*, 33), Berlin-New York, de Gruyter, 2006, p. 438-464.

– « Individuation by Matter in Averroes'Metaphysics », *Documenti e studi sulla tradizione filosofica medievale* 18 (2007), p. 187-210.

– « Substantial Form in Averroes's *Long Commentary* on the *Metaphysics* », *in* P. Adamson (éd.), *In the Age of Averroes : Arabic Philosophy in the Sixth/Twelfth Century*, London, Warburg Institute, 2011, p. 175-194.

– « Motifs of Andalusian Philosophy in the Pre-Almohad Age », *Documenti e studi sulla tradizione filosofica medievale* 22 (2011), p. 209-234.

– « Averroes and Philosophy in Islamic Spain », *in* J. Marenbon (éd.), *The Oxford Handbook of Medieval Philosophy*, Oxford, OUP, 2012, p. 106-129.

DI MARTINO C., Ratio particularis. *Doctrines des sens internes d'Avicenne à Thomas d'Aquin*, Paris, Vrin, 2008.

DONATI S., « La dottrina delle dimensioni indeterminate in Egidio Romano », *Medioevo* 14 (1988), p. 149-233.

– « Il dibattito sulle dimensioni indeterminate tra XIII e XIV secolo : Thomas Wylton e Walter Burley », *Medioevo* 29 (2004), p. 177-232.

DRUART Th.-A., « Le traité d'Avempace sur "Les choses au moyen desquelles on peut connaître l'intellect agent" », *Bulletin de philosophie médiévale* 22 (1980), p. 73-77.

– « La fin humaine selon Ibn Bajjah (Avempace) », *Bulletin de philosophie médiévale* 23 (1981), p. 59-64.

– « Averroes : The Commentator and the Commentators », *in* L. Schrenk (éd.), *Aristotle and Late Antiquity*, Washington, DC, Catholic University of America Press, 1994, p. 184-202.

EICHNER H., « Contamination and Interlingual Contamination as a Challenge to the Averrois Opera : The Case of the Judaeo-Arabic Transmission of Averroes'Manuscripts », *in* A. M. I. van Oppenraay et R. Fontaine (éd.), *The Letter before the Spirit : The Importance of Text Editions for the Study of the Reception of Aristotle*, Leiden, Brill, 2013, p. 227-265.

ELAMRANI-JAMAL A., « Averroès, le *commentateur* d'Aristote ? », *in* M. A. Sinaceur (éd.), *Penser avec Aristote*, Toulouse-Paris, Erès, 1991, p. 643-651.

– « Averroès : la doctrine de l'intellect matériel dans le *Commentaire moyen au "De anima"* d'Aristote », *in* A. de Libera, A. Elamrani-Jamal et A. Galonnier (éd.), *Langages et Philosophie. Hommage à Jean Jolivet*, Paris, Vrin, 1997, p. 281-307.

– « Le sujet de la pensée dans la *Paraphrase* du *De anima* d'Ibn Rushd », *Oriens-Occidens. Sciences, mathématiques et philosophie de l'Antiquité à l'Âge classique* 4 (2002), p. 159-169.

– « *De anima.* Tradition arabe », *in* R. Goulet *et alii* (éd.), *Dictionnaire des philosophes antiques. Supplément*, I, Paris, Éditions du CNRS, 2003, p. 346-358.

– « Averroès, de l'*Epitomé* au *Commentaire Moyen* du *De anima*, questions de méthode », *in* C. Baffioni (éd.), *Averroes and the Aristotelian Heritage*, Naples, Guida, 2004, p. 121-136.

ELSAKHAWI A., *Étude du livre Zāy (dzêta) de la « Métaphysique » d'Aristote dans sa version arabe et son commentaire par Averroès*, Atelier National de Reproduction des Thèses, 2004.

ENDRESS G., *Proclus Arabus. Zwanzig Abschnitte aus der* Institutio Theologica *in arabischer Übersetzung*, Beirut, In Komission bei Franz Steiner Verlag-Wiesbaden, 1973.

– « Averroes' *De caelo* : Ibn Rushd's Cosmology in his Commentaries on Aristotle's *On the Heavens* », *Arabic Sciences and Philosophy* 5 (1995), p. 9-49.

– « Le projet d'Averroès », *in* G. Endress, J. A. Aertsen (éd.), *Averroes and the Aristotelian Tradition*, p. 3-31.

– « Philosophische Ein-Band-Bibliotheken aus Isfahan », *Oriens* 36 (2001), p. 10-59.

– « Alexander Arabus on the First Cause. Aristotle's First Mover in an Arabic Treatise attributed to Alexander of Aphrodisias », *in* C. D'Ancona et G. Serra (éd), *Aristotele e Alessandro di Afrodisia nella tradizione araba*, Padova, Il Poligrafo, 2002, p. 19-74.

– « Platonizing Aristotle : The Concept of Spiritual (*rūhānī*) as a Keyword of the Neoplatonic Strand in Early Arabic Aristotelianism », *Studia Graeco-Arabica* 2 (2012) [accès en ligne: http://www.greekintoarabic.eu/uploads/media/ Endress_SGA_II.pdf]

– et AERTSEN J. A. (ed., with the assistance of Klaus Braun), *Averroes and the Aristotelian Tradition : Sources, Constitution and Reception of the Philosophy of Ibn Rushd (1126-1198)*, Proceedings of the Fourth Symposium Averroicum (Cologne, 1996), Leiden-Boston-Köln, Brill, 1999.

FINNEGAN J., « Avicenna's Refutation of Porphyrius », *Avicenna Commemoration Volume*, Calcutta, Iran Society, 1956, p. 187-203.

FREDE D. et REIS B. (éd.), *Body and Soul in Ancient Philosophy*, Berlin, de Gruyter, 2009.

FREDE M., « La théorie aristotélicienne de l'intellect agent », *in* G. Romeyer Dherbey (dir.), *Corps et âme. Sur le* De anima *d'Aristote*, Paris, Vrin, 1996, p. 377-390.

FREUDENTHAl G., *Aristotle's Theory of Material Substance : Heat and Pneuma, Forma and Soul*, Oxford, Oxford University Press, 1995.

– « The Medieval Astrologization of Aristotle's Biology : Averroes on the Role of the Celestial Bodies in the Generation of Animate Beings », *Arabic Sciences and Philosophy* 12 (2002), p. 111-137.

– « The Medieval Astrologization of the Aristotelian Cosmos : from Alexander of Aphrodisias to Averroes », *Mélanges de l'Université Saint-Joseph* 59 (2006), p. 29-68.

– « Averroes'changing Mind on the Role of the Active Intellect in the Generation of Animal Beings », *in* A. Hasnawi (éd.), *La lumière de l'intellect*, p. 319-328.

GABBE M., « Themistius as a Commentator on Aristotle : Understanding and Appreciating his Conception of *Nous pathētikos* and *Phantasia* », *Dyonisius* 26 (2008), p. 73-92.

GÄTJE H., *Studien zur Überlieferung der aristotelischen Psychologie im Islam*, Heidelberg, Carl Winter-Universitätsverlag, 1971.

– « Bemerkungen zur arabischen Fassung der Paraphrase der aristotlischen Schrift über die Seele durch Themistios », *Der Islam* 54 (1977), p. 272-291.

GEOFFROY M., « La Tradition arabe du Περὶ νοῦ d'Alexandre d'Aphrodise et les origines de la théorie farabienne des quatre degrés de l'intellect », *in* C. D'Ancona et G. Serra (éd.), *Aristotele e Alessandro di Afrodisia nella tradizione araba*, Padova, Il Poligrafo, 2002, p. 191-231.

– « La formazione della cultura filosofica dell'Occidente musulmano », *in* C. D'Ancona (dir.), *Storia della filosofia nell'Islam medievale*, vol. 2, p. 671-703.

– « *"Passio"*, *"transmutatio"*, *"receptio"* : Averroès sur l'analogie de l'intellect et du sens dans le(s) commentaire(s) au *De anima* d'Aristote », *in* J. Hamesse et O. Weijers (éd.), *Écriture et réécriture des textes philosophiques médiévaux. Volume d'hommage offert à Colette Sirat*, Turnhout, Brepols, 2006, p. 137-184.

– « Averroès sur l'intellect comme cause agente et cause formelle, et la question de la "jonction" – I* », *in* J.-B. Brenet (éd.), *Averroès et les averroïsmes juif et latin*, p. 77-110.

– *Sources et origines de la théorie de l'intellect d'Averroès*, Thèse de Doctorat (EPHE, Section des sciences religieuses), 2009.

– « L'exposition de la *Jonction de l'intellect avec l'homme* (*Ittiṣāl al-ʿaql bi-l-insān*) d'Avempace dans le *Compendium* d'Averroès sur l'âme (*Ǧawāmiʿ* ou *Muḫtaṣar al-nafs*), présentation et traduction annotée », *in* N. Koulayan et M. Sayah (éd.), *Synoptikos. Mélanges offerts à Dominique Urvoy*, Toulouse, Université de Toulouse le Mirail, 2011, p. 129-153.

– « Alexandre d'Aphrodise et la doctrine de l'intellect d'Averroès. Remarques générales », *in* E. Coda et C. Martini Bonadeo (éd.), *De l'Antiquité tardive au Moyen Âge. Études de logique aristotélicienne et de philosophie grecque, syriaque, arabe et latine offertes à Henri Hugonnard-Roche*, Paris, Vrin, 2014, p. 545-558.

– « Sources et origines de la théorie de l'intellect d'Averroès (I) », *Mélanges de l'Université Saint Joseph* 66 (2015-2016), p. 181-302.

GEOFFROY M. et SIRAT C., *L'original arabe du Grand Commentaire d'Averroès au* De anima *d'Aristote. Prémices de l'édition*, Paris, Vrin, 2005.

– « La version arabo-hébraïque médiévale du *Grand Commentaire* d'Averroès sur le *De anima* d'Aristote et Shem Tov b. Joseph b. Shem Tov », *in* J. Meirinhos et O. Weijers (éd.), *Florilegium mediaevale. Études offertes à Jacqueline Hamesse à l'occasion de son éméritat*, Louvain-la-Neuve, Brepols, 2009, p. 541- 561.

– *De la faculté rationnelle. L'original arabe du Grand Commentaire (šarḥ) d'Averroès au* De anima *d'Aristote* (III, 5, 429a10-432a14), Édition diplomatique et critique des gloses du manuscrit de Modène, Biblioteca Estense, A. J. 6. 23 (ff. 54v-58v), Roma, Aracne Editrice, 2021.

GIMARET D., *La doctrine d'al-Ash'arî*, Paris, Cerf, 1990.

GLASNER R., *Averroes'Physics. A Turning Point in Medieval Natural Philosophy*, Oxford, Oxford University Press, 2009.

GOICHON A.-M., *Lexique de la langue philosophique d'Ibn Sīnā (Avicenne)*, Paris, Desclée de Brouwer, 1938.

GUTAS D., « Philoponus and Avicenna on the Separability of the Intellect : Case of Orthodox Christian-Muslim Agreement », *Greek Orthodox Theological Review* 31 (1986), p. 121-129 ; repris dans D. Gutas, *Greek Philosophers in the Arabic Tradition*, Aldershot, Routledge, 2000, chapitre XI.

– « Averroes on Theophrastus, through Themistius », *in* G. Endress et J. A. Aertsen (éd.), *Averroes and the Aristotelian Tradition*, p. 63-102.

Avicenna and the Aristotelian Tradition. Introduction to Reading Avicenna's Philosophical Works. Second, Revised and Enlarged Edition, Including an Inventory of Avicenna's Authentic Works, Leiden, Brill, 2014.

GUYOMARC'H G., *L'unité de la métaphysique selon Alexandre d'Aphrodise*, Paris, Vrin, 2015.

– « Le Visage du divin : la forme pure selon Alexandre d'Aphrodise », *Les Études philosophiques* 86/3 (2008), p. 323-341.

– et LOUGUET Cl., MURGIER Ch. (éd.), *Aristote et l'âme humaine. Lectures de* De anima III *offertes à Michel Crubellier*, Louvain-la-neuve, Peeters, 2020.

HADOT P., « La conception plotinienne de l'identité entre l'intellect et son objet. Plotin et le *De anima* d'Aristote », *in* G. Romeyer Dherbey (dir.), *Corps et âme. Sur le* De anima *d'Aristote*, p. 367-376.

HANSBERGER R. E., *The Transmission of Aristotle's Parva Naturalia in Arabic*, Doctoral Thesis, Somerville College, University of Oxford, 2006.

– « Kitāb al-Hiss wa-l-mahsūs : Aristotle's *Parva Naturalia* in Arabic Guise », *in* Ch. Grellard et P.-M. Morel (éd.), *Les* Parva naturalia *d'Aristote. Fortune antique et médiévale*, Paris, Publications de la Sorbonne, 2010, p. 143-162.

– « Plotinus Arabus Rides Again », *Arabic Sciences and Philosophy* 21 (2011), p. 57-84.

– « Averroes and the "Internal Senses" », *in* P. Adamson et M. Di Giovanni (éd.), *Interpreting Averroes*, p. 138-157.

– « The Arabic *Parva Naturalia* », *in* M. Sebti et D. De Smet (éd.), *Noétique et théorie de la connaissance dans la philosophie arabe du IXe au XIIe siècle*, p. 45-75.

HARVEY S., « The Hebrew Translation of Averroes'Prooemium to his *Long Commentary on Aristotle's Physics* », *Proceedings of the American Academy for Jewish Research* 52 (1985), p. 55-84.

– « Shem-Tov Ibn Falaquera's De'ot Ha-Filosofim : Its Sources and Use of Sources », in *The Medieval Hebrew Encyclopedias of Science and Philosophy*, Dordrecht, Springer, 2000, p. 211-247.

– « Some Notes on "Avicenna among Medieval Jews" », *Arabic Sciences and Philosophy* 25 (2015), p. 249-277.

HASNAWI A. (éd.), *La lumière de l'intellect. La pensée scientifique et philosophique d'Averroès dans son temps. Actes du IVe colloque international de la SIHSPAI (Société internationale d'histoire des sciences et de la philosophie arabes et islamiques). Cordoue, 9-12 décembre 1998*, Leuven, Peeters, 2011.

HASSE D. N., *Avicenna's* De anima *in the Latin West. The Formation of a Peripatetic Philosophy of the Soul 1160-1300*, London-Turin, The Warburg Institute-Nino Aragno Editore, 2000.

– « Spontaneous Generation and the Ontology of Forms in Greek, Arabic, and Medieval Latin Sources », *in* P. Adamson (dir.), *Classical Arabic Philosophy. Sources and Reception*, London-Torino, The Warburg Institute-Nino Aragno Editore, 2007, p. 150-175.

HUBY P., *Theophrastus of Eresus. Sources for his Life, Writings Thought and Influence. Commentary volume 4. Psychology (Texts 265-327), with contributions on the arabic material by D. Gutas*, Leiden-Boston-Köln, Brill, 1999.

– « Stages in the Development of Language about Aristotle's Nous », *in* H. Blumenthal et H. Robinson (éd.), *Aristotle and the later Tradition*, Oxford, Oxford University Press, 1991, p. 129-143.

HYMAN A., « Aristotle's "First Matter" and Avicenna's and Averroes' "Corporeal Form" », *in* H. A. Wolfson et S. Lieberman (éd.), *Harry Austryn Wolfson, Jubilee Volume. On the occasion of his Seventy-fifth Birthday*, Jerusalem, American Academy of Jewish Research, 1965, vol. I, p. 385-406.

– « Averroes'Theory of the Intellect and the Ancient Commentators », *in* G. Endress et J. A. Aertsen (éd.), *Averroes and the Aristotelian Tradition*, p. 188-198.

IVRY A. L., « Averroes on Intellection and Conjunction », *Journal of the American Oriental Society* 86/2 (1966), p. 76-85.

– « Averroes'Middle Commentary on the *De Anima* », *in* R. Työrinoja, A. I. Lehtinen et D. Føllesdal (éd.), *Knowledge and the Sciences in Medieval Philosophy.* Proceedings of the Eighth International Congress of Medieval Philosophy (S.I.E.P.M.) Helsinki 24-29 August 1987, vol. III, Helsinki, Yliopistopaino, 1990, p. 79-86.

– « La logique de la science de l'âme. Étude sur la méthode dans le Commentaire d'Averroès », *in* G. Hahn et M. A. Sinaceur (éd.), *Penser avec Aristote*, Toulouse, Erès, 1991, p. 687-700.

– « Averroes'*Middle* and *Long Commentaries* on the *De anima* », *Arabic Sciences and Philosophy* 5 (1995), p. 76-92.

– « Averroes'*Short Commentary* on Aristotle's *De anima* », *Documenti e studi sulla tradizione filosofica medievale* 8 (1997), p. 512-513.

– « Averroes' Three Commentaries on *De anima* », *in* G. Endress et J. A. Aertsen (éd.), *Averroes and the Aristotelian Tradition*, p. 199-216.

– « The Arabic Text of Aristotle's *De Anima* and Its Translator », *Oriens* 36 (2001), p. 59-77.

– « Conjunction in and of Maimonides and Averroes », *in* J.-B. Brenet (éd.), *Averroès et les averroïsmes juif et latin*, p. 231-247.

– « The Ontological Entailments of Averroes'Understanding of Perception », *in* S. Knuuttila et P. Kärkkäinen (éd.), *Theories of perception in medieval and early modern philosophy*, Dordrecht, Springer, 2008, p. 73-86.

JANSSENS J., « The Notions of *wāhib al-ṣuwar* (Giver of forms) and *wāhib al-ʿaql* (Bestower of intelligence) in Ibn Sīnā », *in* M. C. Pacheco et J. F. Meirinhos (éd.), *Intellect et imagination dans la Philosophie médiévale*, Turnhout, Brepols, 2006, vol. I, p. 551-562.

JOLIVET J., « Résumé des conférences », *Annuaire de l'École Pratique des Hautes Études, Section des Sciences Religieuses*, à partir du t. 75 (1967-68).

– (éd.), *Multiple Averroès. Actes du colloque international organisé à l'occasion du 850 e anniversaire de la naissance d'Averroès, Paris, 20-23 septembre 1976*, Paris, Les Belles Lettres, 1978.

– « Divergences entre les métaphysiques d'Ibn Rushd et d'Aristote », *Arabica*, XXIX, 3 (1982), p. 225-245.

– « Aux origines de l'ontologie d'Ibn Sīnā », *in* J. Jolivet et R. Rashed (éd.), *Études sur Avicenne*, Paris, Les Belles lettres, 1984, p. 11-28.

– « Averroès et le décentrement du sujet », *Internationale de l'imaginaire* 17/18 (1991), p. 161-169 ; réimpr. *in* J. Jolivet, *Perspectives médiévales et arabes*, Paris, Vrin, 2006, p. 229-234.

– « Étapes dans l'histoire de l'intellect agent », *in* A. Hasnawi, A. Elamrani-Jamal et M. Aouad (éd.), *Perspectives arabes et médiévales sur la tradition scientifique et philosophique grecque.* Actes du Colloque de la SIHSPAI, Paris, 31 mars-3 avril 1993, Leuven-Paris, Peeters, 1997, p. 569-582 ; réimpr. *in* J. Jolivet, *Perspectives médiévales et arabes*, Paris, Vrin, 2006, p. 163-174.

– « L'intellect selon Al-Fārābī. Quelques remarques », *Mélanges offerts à Henri Laoust*, Institut français de Damas, *Bulletin d'études orientales* XXIX (1997), p. 251-259.

KHALIDI O., « A Guide to Arabic, Persian, Turkish, and Urdu Manuscript Libraries in India », *MELA Notes* 75/76 (2002–2003), p. 1-59.

KUPREEVA A., *Alexander of Aphrodisias on Soul as Form (de anima 1-26 Bruns)*, Ph. D. thesis, Graduate Department of Philosophy, University of Toronto, 1999.

KUTSCH W., « Ein arabisches Bruchstück aus Porphyrios (?) und die Frage des Verfassers der “Theologie des Aristoteles” », *Mélanges de l'Université St. Joseph* 31 (1954), p. 165-286.

LAUGIER DE BEAURECUEIL S. (de), *Manuscrits d'Afghanistan*, Le Caire, Imprimerie de l'Institut français d'archéologie orientale, 1964.

LERNER M.-P., *Le Monde des sphères*, Paris, Les Belles Lettres, 1996-1997, vol. I (« Genèse et triomphe d'une représentation cosmique »).

LETTINCK P., *Aristotle's* Physics *and Its Reception in the Arabic World, With an Edition of the Unpublished Parts of Ibn Bâjja's* Commentary on the Physics, Leiden-New York-Köln, Brill, 1994.

LIBERA A. de, « Existe-t-il une noétique averroïste ? Note sur la réception latine d'Averroès aux XIIIe et XIVe siècles », *in* F. Niewöhner et L. Sturlese (éd.), *Averroismus im Mittelalter und in der Renaissance*, Zürich, Spur Verlag, 1994, p. 51-80.

– *La querelle des universaux. De Platon à la fin du Moyen Âge*, Paris, Le Seuil, 1996.

– *L'Unité de l'intellect. Commentaire du* De unitate intellectus contra averroistas *de Thomas d'Aquin*, Paris, Vrin, 2004.

– « Intention », *in* B. Cassin (dir.), *Vocabulaire européen des philosophies*, Paris, Le Seuil-Le Robert, 2004, p. 608-619.

– *Archéologie du sujet. I. Naissance du sujet*, Paris, Vrin, 2007.

– *Archéologie du sujet. II. La quête de l'identité*, Paris, Vrin, 2008.

– « Descartes et la querelle d'Utrecht », *Annuaires de l'EPHE* 118 (2009-2010), p. 233-237.

– *Archéologie du sujet. III. 1. La double révolution. L'acte de penser*, Paris, Vrin, 2014.

– « Formes assistantes et formes inhérentes : sur l'union de l'âme et du corps du moyen âge à l'âge classique », *Archives d'Histoire Doctrinale et Littéraire du Moyen Age* 81 (2014), p. 197-248.

– « Vers une archéologie du sujet », *in* Cl. Lafleur (éd.), *Le sujet « archéologique » et boécien. Hommage institutionnel et amical à Alain de Libera*, Canada (sans précision), 2016, p. 65-108.

– « Logique et anthropologie : averroïsme et platonisme selon Buridan et Nifo », *in* Ch. Grellard (éd), *Amicus est quasi speculum et representatio amici. Mélanges offerts à Joël Biard à l'occasion de ses 65 ans*, Paris, Vrin, 2017, p. 329-352.

LIZZINI O., « Intellectus, intelligentia, mens in Avicenna », *in* E. Canone (a cura di), *Per una storia del concetto di mente*, I, Firenze, Olschki, 2005, p. 123-165.

– « Vie active, vie contemplative et philosophie chez Avicenne », *in* Ch. Trottmann (éd.), *Vie active et vie contemplative au Moyen Âge et au seuil de la Renaissance*, Roma, École française de Rome, 2009, p. 207-239.

– « L'âme chez Avicenne : quelques remarques autour de son statut épistémologique et de son fondement métaphysique », *Documenti e Studi sulla tradizione filosofica medievale* 21 (2010), p. 223-242.

– *Fluxus (fayḍ). Indagine sui fondamenti della metafisica e della fisica di Avicenna*, Bari, Edizioni di Pagina, 2011.

– *Avicenna*, Rome, Carocci, 2012.

– « Human Knowledge and Separate Intellect », *in* L. Lopez-Farjeat et R. C. Taylor (éd.), *The Routledge Companion to Islamic Philosophy*, London-New York, Routledge, 2015, p. 285-299.

LLOYD G. E. R. et OWENS G. E. L. (éd.), *Aristotle on Mind and the Senses. Proceedings of the Seventh Symposium Aristotelicum*, Cambridge, Cambridge University Press, 1975.

MACH R., *Catalogue of Arabic Manuscripts (Yahuda Section) in the Garrett Collection*, Princeton University Library, Princeton, Princeton University Press, 1977.

MARTIN S. B., « The Nature of the Human Intellect as it is expounded in Themistius'"Paraphrasis in Libros Aristotelis de Anima" », *in* F. J. Adelman (éd.), *The Quest for the Absolute*, Boston-The Hague, Boston College Chestnut hill-M. Nijhoff, 1966, p. 1-21.

MASSIGNON L., *Essai sur les origines du lexique technique de la mystique musulmane*, Paris, Vrin, 1954.

MENN S., « Aristotle and Plato on God as Nous and as the Good », *Review of Metaphysics* 45 (1992), p. 543-573.

– « The Origins of Aristotle's Concept of ἐνέργεια and δύναμις », *Ancient Philosophy* 14 (1994), p. 73-114.

– « Aristotle's Definition of Soul and the Programme of the *De Anima* », *Oxford Studies in Ancient Philosophy* 22 (2002), p. 83-139.

– « From *De anima* III 4 to *De anima* III 5 », *in* G. Guyomarc'h, Cl. Louguet et Ch. Murgier (éd.), *Aristote et l'âme humaine. Lectures de* De anima III *offertes à Michel Crubellier*, p. 95-155.

MERLAN P., *Monopsychism, Mysticism, Metaconsciousness. Problems of the Soul in the Neoaristotelian and Neoplatonic Tradition*, The Hague, M. Nijhoff, 1969.

MICHOT J. R. (Yaḥya), « "L'épître sur la connaissance de l'âme rationnelle et de ses états" attribuée à Avicenne. Présentation et essai de traduction », *Revue Philosophique de Louvain* 82 (1984), p. 479-499.

– *La destinée de l'homme selon Avicenne. Le retour à Dieu (maʿād) et l'imagination*, Louvain, Peeters, 1986.

– « "L'épître sur la disparition des formes intelligibles vaines après la mort" d'Avicenne. Édition critique, traduction et index », *Bulletin de Philosophie Médiévale* 29 (1987), p. 152-170.

MORAUX P., *Alexandre d'Aphrodise exégète de la noétique d'Aristote*, Liège-Paris, Faculté de philosophie-Droz, 1942.

– « Le *De anima* dans la tradition grecque. Quelques aspects de l'interprétation du traité, de Théophraste à Thémistius », *in* G. E. R. Lloyd et G. E. L. Owen (éd.), *Aristotle on Mind and the Senses. Proceedings of the Seventh Symposium Aristotelicum*, p. 281-324.

MUNK S., « Manuscrits hébreux de l'Oratoire à la Bibliothèque Nationale de Paris. Notices inédites », *Zeitschrift für hebræische Bibliographie* 12, n° 5 (1908), p. 151-159.

– *Mélanges de philosophie juive et arabe*, Paris, Vrin, 1988.

MUSIL R., *L'homme sans qualités*, trad. Ph. Jaccottet, Paris, Le Seuil, 1995.

AL-NADAWĪ Hāšim, *Taḏkirat al-nawādir : al-maḫṭūṭāt al-'arabiyya*, Ḥaidarābād, 1350 H. [= 1931].

NIEWÖHNER F. et STURLESE L. (éd.), *Averroismus im Mittelalter und in der Renaissance*, Zürich, Spur Verlag, 1994.

NWYIA P., *Exégèse coranique et langage mystique. Nouvel essai sur le lexique technique des mystiques musulmans*, Beyrouth, Dar el-Machreq, ²1991.

OGDEN St., « On a Possible Argument for Averroes's Single Separate Intellect », *Oxford Studies in Medieval Philosophy* 4 (2017), p. 27-63.

PAPADIS D., « "L'intellect agent" selon Alexandre d'Aphrodise », *Revue de philosophie ancienne* 9 (1991), p. 133-151.

– *Die Seelenlehre bei Alexander von Aphrodisias*, Bern, Peter Lang, 1991.

PELLEGRIN P., « "Si un sens nous manquait". *De anima* III, 1, 424b22-425a13 », *in* G. Guyomarc'h, Cl. Louguet et Ch. Murgier (éd.), *Aristote et l'âme humaine. Lectures de* De anima III *offertes à Michel Crubellier*, p. 1-18.

PINES Sh., « The Limitations of Human Knowledge According to al-Farabi, ibn Bājja, and Maimonides », *in* I. Twersky (éd.), *Studies in Medieval Jewish History and Literature*, Cambridge (MA)-London, Harvard University Press,1979, p. 82-109.

– *La liberté de philosopher. De Maïmonide à Spinoza*, trad. intr. et notes de R. Brague, Paris, Desclée de Brouwer, 1997.

PUIG MONTADA J., « Materials on Averroes's Circle », *Journal of Near Eastern Studies* 51 (1992), p. 241-260.

– « Les stades de la philosophie naturelle d'Averroès », *Arabic Sciences and Philosophy* 7 (1997), p. 115-137.

– « Sustancia y forma en Averroes », *Documenti e studi sulla tradizione filosofica medievale* 15 (2004), p. 287-317.

– « Fragmentos del gran comentario de Averroes a la Física », *Al-Qanṭara* 30 (2009), p. 69-81.

RASHED M., « Aristote, *De generatione et corruptione*, tradition arabe », *in* R. Goulet (éd.), *Dictionnaire des philosophes antiques*, Supplément, Paris, Éditions du CNRS, 2003, p. 304-314.

– « Agrégat de partie ou *vinculum substantiale?* Sur une hésitation conceptuelle du corpus philosophique aristotélicien », *in* A. Laks et M. Rashed (éd.), *Aristote et le mouvement des animaux. Dix études sur le* De motu animalium, Villeneuve d'Ascq, Presses Universitaires du Septentrion, 2004, p. 185-202.

– *Essentialisme. Alexandre d'Aphrodise entre logique, physique et cosmologie*, Berlin-New York, de Gruyter, 2007.

– *Alexandre d'Aphrodise, Commentaire perdu à la Physique d'Aristote (Livres IV-VIII). Les scholies byzantines*, édition, traduction et commentaire, Berlin-Boston, de Gruyter, 2011.

RICHLER B. (éd.), *Hebrew Manuscripts in the Biblioteca Palatina in Parma*, Jerusalem, Jewish National and University Library, 2001.

– (éd.), *Hebrew Manuscripts in the Vatican Library. Catalogue Compiled by the Staff of the Institute of Microfilmed Hebrew Manuscripts, Jewish National and University Library, Jerusalem*, Città del Vaticano, Biblioteca Apostolica Vaticana, 2008.

ROBLES Fr. G., *Catálogo de los manuscritos árabes existentes en la Biblioteca Nacional de Madrid*, Madrid, M. Tello, 1889.

RODIER G., *Aristote.* Traité de l'âme. *Commentaire par G. Rodier*, Paris, Vrin, 1985.

ROMEYER DHERBEY G. (dir.), *Corps et âme. Sur le* De anima *d'Aristote.* Études réunies par C. Viano, Paris, Vrin, 1996.

ROSEMANN Ph., *Omne agens agit sibi simile. A "Repetition" of Scholastic Metaphysics*, Leuven, Leuven University Press, 1996.

ROWSON E. K., *A Muslim Philosopher On the Soul and its Fate : al-ʿĀmirī's* Kitāb al-'amad ʿalā al-abad, New Haven, American Oriental Society, 1988.

RULAND H.-J., « Die arabische Übersetzung der Schrift des Alexander von Aphrodisias über die Sinneswahrnehmung », *Nachrichten der Akademie der Wissenschaften in Göttingen*, phil.-hist. Kl. (1978) no. 5, p. 161-225.

SCARPELLI CORY Th., « Averroes and Aquinas on the Agent Intellect's Causation of the Intelligible », *Recherches de Théologie et Philosophie médiévales* 82 (2015), p. 1-60.

SCHMIEJA H., « Drei Prologe im Grossen Physikkommentar des Averroes ? », *in* A. Zimmermann (éd.), *Aristotelische Erbe im Arabisch-Lateinischen Mittelalter* (*Miscellanea Mediaevalia* 18), p. 175-189.

SCHOFIELD M., « Aristotle on the Imagination », *in* G. E. R. Lloyd et G. E. L. Owen (éd.), *Aristotle on Mind and the Senses*, p. 99-141 (réimpr. *in* M. C. Nussbaum et A. Oksenberg Rorty (éd.), *Essays on Aristotle's De anima*, with an additional essay by M. F. Burnyeat, Oxford, Oxford University Press, 1992, p. 249-277).

SCHROEDER F. M., « The Analogy of the Active Intellect to Light in the "De Anima" of Alexander of Aphrodisias », *Hermes* 59 (1981), p. 215-225.

– « The Potential or Material Intellect and the Authorship of the *De intellectu*. A Reply to B. C. Bazán », *Symbolae Osloenses* 57 (1982), p. 115-125.

– « Light and the Active Intellect in Alexander and Plotinus », *Hermes* 112 (1984), p. 239-248.

– et R. B. TODD, « The *De intellectu* revisited », *Laval Théologique et Philosophique* 64/3 (2008), p. 663-680.

– « From Alexander of Aphrodisias to Plotinus », *in* P. Remes et S. Slaveva-Griffin (éd.), *The Routledge Handbook of Neoplatonism*, London-New York, Routledge, 2014, p. 293-309.

SEBTI M., *Avicenne. L'âme humaine*, Paris, PUF, 2000.

– « La distinction entre intellect pratique et intellect théorique dans la doctrine de l'âme humaine d'Avicenne », *Philosophie* 77 (2003), p. 23-44.

– « Réceptivité et spéculation dans la noétique d'Avicenne », *in* M. Sebti, D. de Smet et G. de Callataÿ (éd.), *Miroir et savoir. La transmission d'un thème platonicien, des Alexandrins à la philosophie arabo-musulmane.* Actes du colloque international tenu à Leuven et Louvain-la-Neuve, les 17 et 18 novembre 2005, Leuven, Peeters, 2008, p. 145-172.

– et SMET D. de (éd.), *Noétique et théorie de la connaissance dans la philosophie arabe du* IXe *au* XIIe *siècle. Des traductions gréco-arabes aux disciples d'Avicenne*, Paris, Vrin, 2020.

SHARPLES R. W., « Alexander of Aphrodisias : Scholasticism and Innovation », *Aufstieg und Niedergang der römischen Welt*, vol. II, 36/2, Berlin, de Gruyter, 1987, p. 1176-1243.

– « On Body, Soul and Generation in Alexander of Aphrodisias », *Apeiron* 27 (1994), p. 163-170.

– « Common to Body and Soul : Peripatetic Approaches after Aristotle », *in* R. A. H. King (éd.), *Common to Body and Soul*, Berlin, de Gruyter, 2006, p. 165-186.

– « The Hellenistic Period : What Happened to Hylomorphism ? », *in* P. Destrée et G. Van Riel (éd.), *Ancient perspectives on Aristotle's* De anima, Leuven, Peeters, 2010, p. 155-166.

SHIHADEH A., « Avicenna's Corporeal Form and Proof of Prime Matter in Twelfth-Century Critical Philosophy : Abū l-Barakāt, al-Mas'ūdī and al-Rāzi », *Oriens* 42 (2014), p. 364-396.

SIRAT C., « Les citations du *Grand Commentaire* d'Averroès au *De anima* d'Aristote dans les Croyances des Philosophes de Shem-Tov Ibn Falaquera », *in* J.-B. Brenet (éd.), *Averroès et les averroïsmes juif et latin*, p. 249-255.

STEEL C. et GULDENTOPS G., « An unknown treatise of Averroes against the Avicennians on the first cause. Edition and translation », *Recherches de Théologie et Philosophie Médiévales* 61,1 (1997), p. 86-135.

STEINSCHNEIDER M., *Catalogus Codicum Hebraeorum Bibliothecae Academiae Lugduno-Batavae*, Leiden, Brill, 1858.

– *Die Handschriften-Verzeichnisse der königlichen Bibliothek zu Berlin. Zweiter Band : Verzeichniss der hebræischen Handschriften. Zweite Abteilung*, Berlin, A. Asher and co., 1897.

STONE A., « Simplicius and Avicenna on the Essential Corporeity of Material Substance », *in* R. Wisnovsky (éd.), *Aspects of Avicenna*, Princeton, Markus Wiener Publishers, 2001, p. 73-130.

TAYLOR R. C., « Averroes on Psychology and the Principles of Metaphysics », *Journal of the History of Philosophy* 36 (1998), p. 507-523.

– « Remarks on *Cogitatio* in Averroes' *Commentarium Magnum in Aristotelis De Anima Libros* », *in* G. Endress et J. A. Aertsen (éd.), *Averroes and the Aristotelian Tradition*, p. 217-255.

– « Averroes'Epistemology and its Critique by Aquinas », *in* R. E. Houser (éd.), *Medieval Masters : essays in memory of Msgr. E. A. Synan*, Houston, Center for Thomistic Studies, 1999, p. 147-177.

– « *Cogitatio*, *Cogitativus* and *Cogitare* : Remarks on the Cogitative Power in Averroes », *in* J. Hamesse et C. Steel (éd.), *L'élaboration du vocabulaire philosophique au Moyen Âge*, Turnhout, Brepols, 2000, p. 111-146.

– « Separate Material Intellect in Averroes'Mature Philosophy », *in* R. Arnzen et J. Thielmann (éd.), *Words, Texts and Concepts Cruising the Mediterranean Sea. Studies on the Sources, Contents and Influences of Islamic Civilization and Arabic Philosophy and Science, Dedicated to Gerhard Endress on His Sixty-fifth Birthday*, Leuven, Peeters, 2004, p. 289-309.
– « Improving on Nature's Exemplar : Averroes'Completion of Aristotle's Psychology of Intellect », *in* P. Adamson, H. Baltussen et M. W. F. Stone (éd.), *Philosophy, Science and Exegesis in Greek, Arabic and Latin Commentaries*, London, Institute of Classical Studies, 2004, p. 107-130.
– « The Agent Intellect as "form for us" and Averroes's Critique of al-Fârâbî », *Tópicos. Revista de filosofía* (Universidad Panamericana, México) 29 (2005), p. 29-51 ; réimpr. in *Proceedings of the Society for Medieval Logic and Metaphysics* 5 (2005), p. 18-32.
– « Intelligibles in act in Averroes », *in* J.-B. Brenet (éd.), *Averroès et les averroïsmes juif et latin*, p. 111-140.
– « Intellect as Intrinsic Formal Cause in the Soul according to Aquinas and Averroes », *in* M. Elkaisy-Friemuth et J. M. Dillon (éd.), *The Afterlife of the Platonic Soul. Reflections on Platonic Psychology in the Monotheistic Religions*, Leiden, Brill, 2009, p. 187-220.
– « Averroes'Philosophical Conception of Separate Intellect and God », *in* A. Hasnawi (éd.), *La lumière de l'intellect*, p. 391-404.
– « Themistius and the Development of Averroes'Noetics », *in* J.-M. Counet et R. L. Friedman (éd.), *Soul and Mind. Medieval Perspectives on Aristotle's De Anima. Âme et Intellect. Perspectives antiques et médiévales sur le De Anima d'Aristote. Proceedings of the De Wulf-Mansion Centre Jubilee Conference (Louvain-la-Neuve – Leuven 14-17 February 2007)*, Louvain-la-Neuve-Louvain-Paris-Walpole, MA, Peeters, 2013, p. 1-38.
– « Averroes on the Ontology of the Human Soul », *The Muslim World* 102 (2012), p. 580-596.
– « Aquinas and the Arabs : Aquinas's First Critical Encounter with the Doctrine of Averroes on the Intellect, *In 2 Sent.* d. 17, q. 2, a. 1 », *in* L. X. Lopez Farjeat et J. A. Tellkamp (éd.), *Philosophical Psychology in Arabic Thought and the Latin Aristotelianism of the 13th Century*, Paris, Vrin, 2013, p. 142-183 et 277-296.
– « Providence in Averroes », *in* P. d'Hoine et G. Van Riel (éd.), *Fate, Providence and Moral Responsibility in Ancient, Medieval and Early Modern Thought.* Collected Studies in Honour of Carlos Steel, Leuven, Peeters, 2014, p. 454-472.
– « Averroes on the Attainment of Knowledge », *in* H. Lagerlund (éd.), *Knowledge in Medieval Philosophy* (*The Philosophy of History*, vol. 2), London-New York, Bloomsbury, 2019, p. 59-80.

TEICHER J., « I commenti di Averroè sul *De anima* (considerazioni generali e successione cronologica) », *Giornale della Società Asiatica Italiana*, N.S. 3 (1935), p. 233-256.

THILLET P., « Matérialisme et théorie de l'âme et de l'intellect chez Alexandre d'Aphrodise », *Revue philosophique de la France et de l'étranger* 106 (1981), p. 5-24.

TODD R. B., « Lexicographical Notes on Alexander of Aphrodisias' Philosophical Terminology », *Glotta* 52 (1974), p. 207-215.

– « Themistius and the Traditional Interpretation of Aristotle's Theory of *Phantasia* », *Acta Classica* 24 (1981), p. 49-59.

TREIGER A., « Reconstructing Isḥāq ibn Ḥunayn's Arabic Translation of Aristotle's *De Anima* », *Studia graeco-arabica* 7 (2017), p. 193-211.

TWETTEN D., « Averroes on the prime mover proved in the physics », *Viator* 26 (1995), p. 107-134.

– « Averroes' prime mover argument », *in* J.-B. Brenet (éd), *Averroès et les averroïsmes juif et latin*, p. 9-75.

– « Aristotelian Cosmology and Causality in Classical Arabic Philosophy and its Greek Background », *in* D. Janos (éd.), *Ideas in Motion in Baghdad and Beyond : Philosophical and Theological Exchanges between Christians and Muslims in the Third/Ninth and Fourth/Tenth Centuries*, Leiden, Brill, 2015, p. 312-433.

– « Arabic Cosmology and the Physics of Cosmic Motion », *in* L. López Farjeat et R. C. Taylor (éd.), *Routledge Companion to Islamic Philosophy*, New York, Routledge, 2016, p. 156-167.

– « Whose Prime Mover is more (Un)Aristotelian, Broadie's, Berti's or Averroes' ? », *in* J.-B. Brenet et O. Lizzini (dir.), *La philosophie arabe à l'étude. Sens, limites et défis d'une discipline nouvelle*, p. 345-390.

VAJDA G., « Les notes d'Avicenne sur la "Théologie d'Aristote" », *Revue thomiste* 51 (1951), p. 346-406.

VALLAT Ph., *Farabi et l'École d'Alexandrie. Des prémisses de la connaissance à la philosophie politique*, Paris, Vrin, 2004.

– « Vrai philosophe et faux prophète selon Farabi. Aspects historiques et théoriques de l'art du symbole », *in* D. De Smet, M. Sebti et G. De Callataÿ (éd.), *Miroir et Savoir. La transmission d'un thème platonicien, des Alexandrins à la philosophie arabo-musulmane*, Louvain, Peeters, 2008, p. 117-143.

– « L'intellect selon Farabi. La transformation du connaître en être », *in* M. Sebti et D. De Smet (éd.), *Noétique et théorie de la connaissance dans la philosophie arabe du IXe au XIIe siècle*, Paris, Vrin, 2020, p. 193-242.

VAN DER HEIDE A., *Hebrew Manuscripts of Leiden University Library*, Leiden, Universitaire Pers, 1977.

VAN ESS J., « Kumūn », *Encyclopédie de l'Islam*, t. V, Paris, 1981, p. 385-386.

WIRMER D., « Der Begriff der Intention und seine erkenntnistheoretische Funktion in den *De-anima*-Kommentaren des Averroes », *in* M. Lutz-Bachmann,

A. Fidora et P. Antolic (éd.), *Erkenntnis und Wissenschaft. Probleme der Epistemologie in der Philosophie des Mittelalters*, Berlin, de Gruyter, 2004, p. 35-67.

– « Avempace – "ratio de quiditate". Thomas Aquinas's Critique of an Argument for the Natural Knowablity of Separate Substances », *in* A. Speer et L. Wegener (dir.), *Wissen über Grenzen. Arabisches Wissen und lateinisches Mittelalter* (*Miscellanea Mediaevalia* 33), Berlin-New York, de Gruyter, 2006, p. 569-590.

– « Le *Grand Commentaire* d'Averroès au *De anima* et ses lecteurs juifs », *Arabic Sciences and Philosophy* 17 (2007), p. 135-158.

– « Metaphysik und Intellektlehre. Philosophische Hauptthemen des Ibn Rušd (Averroes) », *in* H. Eichner, M. Perkams et Ch. Schäfer (éd.), *Islamische Philosophie im Mittelalter. Ein Handbuch*, Darmstadt, Wbg Academic, 2013, p. 340-364.

– *Vom Denken der Natur zur Natur des Denkens. Ibn Bāǧǧas Theorie der Potenz als Grundlegung der Psychologie*, Berlin-München-Boston, de Gruyter, 2014.

– « Averroes on Knowing Essence », *in* P. Adamson et M. Di Giovanni (éd.), *Interpreting Averroes*, p. 116-137.

WISNOVSKY R., *Avicenna's Metaphysics in Context*, Ithaca, New York, Cornell University Press, 2003.

WOERTHER F., *Le plaisir, le bonheur, et l'acquisition des vertus. Édition du livre X du Commentaire moyen d'Averroès à l'*Ethique à Nicomaque *d'Aristote, accompagnée d'une traduction française annotée, et précédée de deux études sur le commentaire moyen d'Averroès à l'*Ethique à Nicomaque, Leiden-Boston, Brill, 2018.

WOLFSON H. A, « The Termes *taṣawwur* and *taṣdīq* in Arabic Philosophy and their Greek, Latin and Hebrew Equivalents », *The Moslem World* 33, 2 (1943), p. 114-123 ; réimp. *in* H. A. Wolfson, *Studies in the History of Philosophy and Religion*, éd. I. Twersky et G. H. Williams, 2 vols., Cambridge (Mass.), Harvard University Press, 1973, vol. 1, p. 478-492.

– *The Philosophy of the Kalam*, Cambridge (Mass.)-London, Harvard University Press, 1976.

ZONTA M., « La tradizione giudeo-araba ed ebraica del *De intellectu* di Alessandro di Afrodisia e il testo originale del Commento di Averroè », *Annali di Ca' Foscari* XL, 3 (2001), p. 17-35.

ZOTENBERG H. (éd.), *Catalogues des manuscrits hébreux et samaritains de la Bibliothèque Impériale*, Paris, Imprimerie impériale, 1866.

TABLE DES MATIÈRES

INTRODUCTION 7
Présentation générale du Compendium *du livre* De l'âme 7
Le chapitre sur l'intellect 18
L'argumentation principale 18
Comme l'intellect agent dans la semence 22
Comme le premier moteur dans la dernière sphère 26
Les intelligibles théorétiques, des formes séparées ? L'écueil du platonisme 29
L'intelligible théorétique joint à nous comme une forme matérielle 30
Les caractéristiques communes des formes matérielles comme telles 31
Les intelligibles apparemment distincts des formes matérielles 32
Les traits communs des intelligibles et des formes matérielles 33
Les intelligibles font suite par essence à un changement 34
Les intelligibles sont multipliés par la multiplication de leurs sujets 35
La « matière » des intelligibles théorétiques 45
Le moteur noétique des intelligibles théorétiques et la jonction 59
La question de la jonction à l'intellect agent 62
Le modèle d'Ibn Bāǧǧa ? 72
Une référence paradoxale à al-Fārābī ? 81
La composition de l'homme parfait 86

NOTE DU TRADUCTEUR 93

LE TEXTE DE L'*EPITOMÉ* DU *DE ANIMA* (D. Wirmer) 95

AVERROÈS (IBN RUŠD)

L'INTELLECT
(*COMPENDIUM* DU LIVRE *DE L'ÂME*)

TEXTE ET TRADUCTION 108

NOTES ET COMMENTAIRES 163

INDEX DES NOMS ET DES LIEUX 267
LEXIQUE ARABE-FRANÇAIS 269
BIBLIOGRAPHIE 285
TABLE DES MATIÈRES 315

ACHEVÉ D'IMPRIMER
EN JUIN 2022
SUR LES PRESSES
DE
L'IMPRIMERIE F. PAILLART
À ABBEVILLE

DÉPÔT LÉGAL : 2e TRIMESTRE 2022
N°. IMP. 17036